# THE POLITICS BOOK 政治学大図鑑

# 政治学大図鑑

## THE POLITICS BOOK

ポール・ケリー ほか著
堀田義太郎 日本語版監修
豊島実和 訳

三省堂

## A DORLING KINDERSLEY BOOK

www.dk.com

Original Title: The Politics Book

Copyright © Dorling Kindersley Limited, 2013

Japanese translation rights arranged with

Dorling Kindersley Limited, London

through Fortuna Co., Ltd., Tokyo

For sale in Japanese territory only.

Printed and bound in Hong Kong

# 執筆者

## ポール・ケリー（編集顧問）
ロンドン・スクール・オブ・エコノミクス副学長、政治学教授。著作・編集・共同編集を合わせると11冊にのぼる。専門分野はイギリス政治思想、現代政治哲学。

## ロッド・デイカム
キングズ・カレッジ・ロンドン政治経済学部講師。専門分野は民主主義理論、民主政治、第三セクターと国家の関係。

## ジョン・ファーンドン
科学史・思想史・現代社会の問題に関する著作が多い。科学や環境問題についても執筆を行い、科学図書賞の最終候補者に4回残っている。

## A・S・ホドソン
作家、BushWatch.com.の元編集者。

## イェスパー・ヨンセン
発展途上国の政治・腐敗防止改革に関する助言を得意とする政治学者。ノルウェーのベルゲンにあるクリスチャン・ミケルセン大学のU4腐敗防止資料センター所属。

## ナイアル・キシテイニー
ロンドン・スクール・オブ・エコノミクスで教鞭をとる。専門は経済史・経済発展。世界銀行、国際連合アフリカ経済委員会に所属した経歴を持つ。

## ジェイムズ・ミードウェイ
イギリスの独立系シンクタンク新経済財団の上級エコノミスト。イギリス財務省政策顧問の経歴を持ち、地域開発・科学・革新政策を専門とする。

## アンカ・プースカ
ゴールドスミス・カレッジで国際学を教える上級講師。『革命、民主主義への移行、幻滅　ルーマニアとヴァルター・ベンヤミンの場合　変化の美学』の著者。

## マーカス・ウィークス
哲学を学び、教員を経て、作家となった。芸術や通俗科学についての多くの書籍に寄稿している。

### 監修
**堀田義太郎**〔ほった・よしたろう〕

大阪大学大学院医学系研究科博士課程修了。専攻は倫理学、政治哲学。東京理科大学講師。論文に「リベラリズムとフェミニズム」（『ジェンダーとセクシュアリティ』昭和堂、2013年所収）など。

### 訳者
**豊島実和**〔とよしま・みわ〕

東京大学大学院総合文化研究科博士課程後期満期退学。現在、東京外国語大学、昭和大学ほか講師。専攻は英語学。翻訳家。英和辞典編集委員も務める。

# 目次

10 はじめに

## 古代の政治思想
### 紀元前800年〜30年

20 あなたの望みが善いものであれば、人々も善くなるであろう
**孔子**

28 兵法は国家にとってきわめて重要なものである
**孫子**

32 国家のための計画は学識のある人々のみが携わるべきものだ
**墨子**

34 哲学者が王になるまで、都市は悪から逃れることはないだろう
**プラトン**

40 人間は生まれつき政治的な動物である
**アリストテレス**

44 車輪は一輪のみでは走ることができない
**チャーナキヤ**

48 悪質な大臣が安穏と利益を享受しているようであればそれは滅亡のはじまりである
**韓非子**

49 統治権はボールのように打ち合われる
**キケロ**

## 中世の政治
### 30年〜1515年

54 為政者に正義がなかったら政府は盗賊団以外の何ものだというのか
**ヒッポの聖アウグスティヌス**

56 戦いは忌まわしいものだが義務でもある
**ムハンマド**

58 人は有徳者による統治を拒む
**アル＝ファーラビー**

60 いかなる自由市民も国法によらずに投獄されることはない
**ジョン王の諸侯**

62 戦争が正しいものであるためには正しい動機がなくてはならない
**トマス・アクィナス**

70 政治的に生きるとは良い法に則して生きるということである
**ローマの聖アエギディウス**

71 すべての聖職者はキリストのように生きるべく努め世俗的権力を手放さなくてはならない
**パドヴァのマルシリウス**

72 政府とは政府が犯す不正以外の不正を防ぐものである
**イブン・ハルドゥーン**

74 賢明な統治者は約束を守ることなどできないし守るべきでもない
**ニコロ・マキャヴェッリ**

## 理性と啓蒙の時代
### 1515年〜1770年

86 はじめはすべてが皆のものであった
**フランシスコ・デ・ビトリア**

88 主権は絶対的で永続的な国家の力である
**ジャン・ボダン**

90 自然法は人定法の基礎である
**フランシスコ・スアレス**

92 政治とは人を結びつける技術である
**ヨハネス・アルトゥジウス**

94 自由とは我々が自分自身に対して持つ力である
**フーゴー・グロティウス**

96 人間の状態は闘争状態である
**トマス・ホッブズ**

104 法の目的は自由の保護と拡大である
**ジョン・ロック**

110 立法権と行政権が同一の人間または団体に置かれる場合自由は存在しない
**モンテスキュー**

112 独立した起業家が良い市民となる
**ベンジャミン・フランクリン**

# 革命の思想
## 1770年〜1848年

118 自由を放棄することは人間である
ことを放棄することである
ジャン＝ジャック・ルソー

126 一般的な法の原則が
幸福に基づいている
ことなどない
イマヌエル・カント

130 個人の感情は制御される
べきである
エドマンド・バーク

134 財産に基づく権利が
もっとも不安定である
トマス・ペイン

140 すべての人が
平等に創られている
トマス・ジェファーソン

142 それぞれの民族が
自分たちの幸福の核を内包している
ヨハン・ゴットフリート・ヘルダー

144 政府には悪い選択肢しかない
ジェレミー・ベンサム

150 人民は武器を保有し
携帯する権利を持つ
ジェイムズ・マディソン

154 もっとも尊敬されるべき女性が
もっとも抑圧されている
メアリー・ウルストンクラフト

156 奴隷は現実世界に存在している
ものとして自己の存在を感じる
ゲオルク・ヘーゲル

160 戦争とは手段を変えた
政治の延長である
カール・フォン・クラウゼヴィッツ

161 教養ある賢い政府は
社会の発展段階に応じて
必要なものを理解する
ホセ・マリア・ルイス・モラ

162 巨大すぎる国家は
最終的に衰退する
シモン・ボリーバル

164 奴隷制なくして
アメリカは存在しない
ジョン・C・カルフーン

165 「家族」を攻撃するのは
社会が無秩序化する徴候である
オーギュスト・コント

# 大衆の台頭
## 1848年〜1910年

170 社会主義は新しい農奴制である
アレクシ・ド・トクヴィル

172 「私」ではなく
「私たち」と言おう
ジュゼッペ・マッツィーニ

174 奇抜なことをする人が
ほとんどいないということが、
その時代の大きな危機を表している
ジョン・スチュアート・ミル

182 どのような人間も本人の同意なしに
他者を支配できるほど
優れてはいない
エイブラハム・リンカーン

183 所有とは盗みである
ピエール＝ジョゼフ・プルードン

184 特権階級の人間は
知性も精神も堕落している
ミハイル・バクーニン

186 もっとも少なく統治する政府が
もっとも良い政府である
ヘンリー・デイヴィッド・ソロー

188 共産主義は
歴史上の
難問の答えである
カール・マルクス

194 共和国を宣言した者は
自由の暗殺者となった
アレクサンドル・ゲルツェン

195 我々は国家の中心軸を
探さなくてはならない
伊藤博文

196 力への意志
フリードリヒ・ニーチェ

200 重要なのは
神話だけである
ジョルジュ・ソレル

202 我々は労働者を
あるがままに
受け入れるべきだ
エドゥアルト・ベルンシュタイン

204 我々の
恐るべき隣人を軽視することは
ラテンアメリカにとって
最大の危険である
ホセ・マルティ

206 成功するためには
立ち向かうことが必要だ
ピョートル・クロポトキン

207 女性は殺されるか
投票権を得るかの
どちらかである
エメリン・パンクハースト

208 ユダヤ国家の
存在を否定するなど
ばかげたことだ
テオドール・ヘルツル

210 労働者が
損なわれてしまった国は
手の施しようがない
ビアトリス・ウェッブ

211 アメリカの保護法は
恥ずかしいほどに
不適切である
ジェイン・アダムズ

212 耕作者に土地を！
孫文

214 個人は
決して止まることのない
機械の一つの歯車である
マックス・ヴェーバー

# イデオロギーの対決
## 1910年～1945年

220 非暴力が私の信仰の第一条だ
マハトマ・ガンディー

226 大衆のあるところに政治が起こる
ウラジーミル・レーニン

234 大衆ストライキは歴史的必然性の
ある社会状況で起こる
ローザ・ルクセンブルク

236 譲歩する人は、自分を食べるのは
最後にしてくれと願いながら
ワニに餌を与えている
ようなものである
ウィンストン・チャーチル

238 ファシズムの国家という概念は
すべてを含むものである
ジョヴァンニ・ジェンティーレ

240 裕福な農民から
彼らの存在の拠りどころを
奪わなくてはならない
ヨシフ・スターリン

242 目的が手段を
正当化するとしたら
何が目的を正当化するのか
レフ・トロツキー

246 農民と実業家に
保障を与えることによって
我々はメキシコ人を団結させる
エミリアーノ・サパタ

247 戦争はいかがわしい商売だ
スメドリー・D・バトラー

248 主権は与えられるものではなく
つかみ取るものである
ムスタファ・ケマル・
アタテュルク

250 ヨーロッパは道徳律を失った
ホセ・オルテガ・イ・ガセー

252 我々は4億人で自由を求める
マーカス・ガーヴィー

253 大英帝国との関係が
断たれない限り
インドに本当の自由は訪れない
マナベンドラ・ナート・ローイ

254 主権者とは
例外状態に関して
決定を下す権利を持つ者の
ことである
カール・シュミット

258 共産主義は帝国主義と
同じくらい悪いものである
ジョモ・ケニヤッタ

259 国家は「教育者」と
みなされるべきである
アントニオ・グラムシ

260 政治的権力は
銃身から生まれ育つものである
毛沢東

# 戦後の政治思想
## 1945年～現在

**270** 制限を受けない政府は
重大な害悪である
**フリードリヒ・ハイエク**

**276** 議会制政治と合理主義政治は
同じ体制内で
共存することはできない
**マイケル・オークショット**

**278** イスラムの聖戦の目的は
非イスラム体制の支配を
排除することである
**アブル・アッラ・
マウドゥーディー**

**280** 人間から自由を奪うのは
別の人間だけである
**アイン・ランド**

**282** 広く知られ定着している事実が
歪曲されることもある
**ハンナ・アーレント**

**284** 女性とは何か
**シモーヌ・ド・ボーヴォワール**

**290** いかなる自然物も
単なる資源ではない
**アルネ・ネス**

**294** 我々は白人と
敵対しているのではない、
白人の優位性に抵抗しているのだ
**ネルソン・マンデラ**

**296** 政治が
協調の場であると
信じているのは
低能な人間だけである
**ジャンフランコ・ミリオ**

**297** 迫害に対する闘いの
初期段階においては
被迫害者が迫害者へと転じやすい
**パウロ・フレイレ**

**298** 正義は社会制度における
第一の徳である
**ジョン・ロールズ**

**304** 植民地主義は
その本質において暴力である
**フランツ・ファノン**

**308** 投票か弾丸か
**マルコムX**

**310** 我々は「王の首を切り落とす」
必要がある
**ミシェル・フーコー**

**312** 解放者は存在しない、
民衆は自らを解放する
**チェ・ゲバラ**

**314** 裕福な人々の幸福を
あらゆる人々が
保障しなくてはならない
**ノーム・チョムスキー**

**316** この世で本物の無知ほど
危険なものはない
**マーティン・ルーサー・キング**

**322** ペレストロイカは
社会主義と民主主義を結合する
**ミハイル・ゴルバチョフ**

**323** 知識人は
イスラムへの誤解に基づいて
イスラムを攻撃している
**アリ・シャリアティ**

**324** 戦争の凄惨さゆえに
我々はあらゆる制約を
守れなくなっている
**マイケル・ウォルツァー**

**326** 拡張国家が最小国家よりも
正しいはずがない
**ロバート・ノージック**

**328** どのイスラム法も
女性の権利を侵害せよとは
述べていない
**シーリーン・エバーディー**

**329** 自爆テロは
おもに外国による占領への
抵抗である
**ロバート・ペイプ**

**330** 政治学人名録

**340** 用語解説

**344** 索引

**351** 出典一覧

# はじめに

## はじめに

もし、すべての人が欲しいときに欲しいものを何でも手にすることができるとしたら、政治などというものは存在しないだろう。「政治」と呼ばれている複雑な活動が正確にはどのような意味を持つとしても（この本に書かれているように、「政治」というものはさまざまな意味で理解されてきた）、いまだかつて人類が欲しいものをすべて手に入れたことなど一度もない。欲しいものを手に入れるために、人類は、競い、もがき、妥協し、ときには戦うしかないのである。そのようななかで、自分たちの主張を説明し正当化するために、また、他人の主張に対して異議を唱え、反論し、あるいは弁明するために、人類は必要な言語をつくり上げていく。その言語は、個人または集団の利益を守るためのものであったり、権利・自由・公平な分配・正義といった価値に関するものであったりするだろう。実は、政治活動の中心とは、その初期から、政治的概念をつくり上げる作業にほかならず、そのような概念を用いることで、人類は主張を通し利益を守ることが可能になるのである。

つまり、政治とは「いつどこで誰が何をどのように得るか」という問いなのである。政治的生活を送るということは、ある意味、日常生活において生じる課題に必要な対処を行うことであり、個人行動よりも集団行動の方がうまくいくことが多いと認識することであると言っていい。とはいえ、これだけが政治と政治的概念についての全体像ではない。もう一つの伝統的な政治思想は、古代ギリシャの哲学者アリストテレスの流れをくむものである。アリストテレスは、政治とは、単に欠乏状態での物質的要求を満たすための戦いではないと述べている。複雑な社会ができあがるにつれて、物質的要求とは別にさまざまな問いが生まれてくるのである。誰が統治すべきか。為政者はどのような力を持つべきか。家族のような集団、宗教的権力者はすでに正統性が認められているが、為政者の正統性はどのように主張できるのか。

アリストテレスは、人間が政治的な生活を送るのは自然なことであると言う。これは、見捨てられて孤立した状態よりも複雑な社会のなかにいる方が、人間はうまく生きていけるのだという単純な見解ではなく、社会的関心を集める物事の決定に関して自分の意見を持つことが、人間らしいことなのだという意味でもある。政治とは、生きていくために必要な決まりを定め、団結して追究すべき目的を決定する、意義深い活動なのである。

### 政治的道徳主義

アリストテレスは、すべての人間が政治活動に携わることが許されるべきだとは考えていなかった。アリストテレスの考えた政治制度においては、女性・奴隷・外国人には参政権が与えられておらず、自身に関することも他者に関することも一切の権利が与えられていなかった。それでもなお、政治とは共通の目的に向かう特殊な集団活動であるというアリストテレスの基本的な考え方は、今日にも生きている。しかし、その目的とは何だろう。はるか昔から多くの思想家や政治家たちが、政治によって達成し得る目的、および政治によって達成すべき目的についてさまざまな思想を発達させてきた。そのような思想は政治的道徳主義と呼ばれている。

道徳主義者にとって、政治的生活は倫理学（もしくは道徳学）の一部であるため、道徳的政治思想家のなかに多くの哲学者がいることは驚くには値しない。政治的道徳主義者は、政治は本質的な目的の達成を目指すべきであると主張する。つまり政治はある種の事柄を守るために行われるべきだと言うのである。それらの事柄には、正義・平等・自由・幸福・同胞愛・国家の自

> 政治社会は
> 単なる交際のためではなく
> 意義深い行為を行うために
> 存在するのである。
> アリストテレス

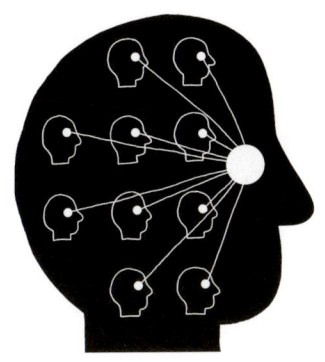  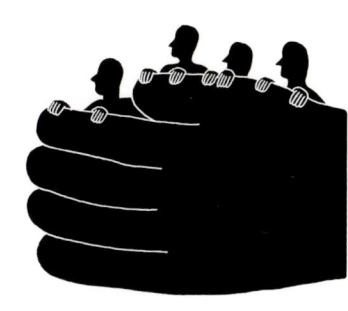

決権といった政治的価値を持つ概念が含まれる。道徳主義のもっとも極端な例として、ユートピアと呼ばれる政治的な理想社会が提示されているが、このユートピアという名前はイギリスの政治家であり哲学者でもあるトマス・モアの著書『ユートピア』に由来する。『ユートピア』は1516年に出版されたもので、想像上の理想国家について書かれている。ユートピア的政治思想は、古代ギリシャの哲学者プラトンの著書『国家』にまでさかのぼれるほど古いものであるが、ロバート・ノージックといった現代思想家たちも、いまなお、思索の過程でこの概念を引き合いに出す。ユートピア的政治思想が全体主義の暴力を正当化するのに使われた過去の歴史から、この思想は危険であると考える理論家もいる。しかし、望ましいかたちで用いられるユートピア思想はより良い社会を希求するものにほかならず、本書に登場する思想家の多くも、追い求めるべき価値や守られるべき価値について論じるためにこの概念を用いている。

## 政治的現実主義

もう一つの有名な伝統的政治思想は、政治が幸福や自由といった道徳的・倫理的価値をもたらすために存在するという考え方を否定し、政治にとって重要なのは力なのだと主張する。力とは、目的を遂げる手段であり、敵を打ち負かす手段であり、また、関係性の均衡を保つための手段なのである。力を手にし、活用することができなければ、どのような崇高な価値も役に立たない。

道徳主義に反対し、力を重視する思想家たちは、現実主義者と呼ばれている。彼らは権力・対立・戦争に焦点を当てており、人間の自発性といったものを信用していないことが多い。この現実主義の理論家のうちで有名な二人と言えば、16世紀イタリアのニコロ・マキャヴェッリと17世紀イギリスのトマス・ホッブズであろう。両者とも内乱と無秩序の時代を生きた理論家である。マキャヴェッリは人間を「不愉快なうそつき」とみなし、高貴でも高潔でもない生き物だと述べている。マキャヴェッリは、力の行使に関する以上に、人間が持つ政治的動機の危険性に関して警告を発している。ホッブズによれば、無秩序な「自然状態」は、万人の万人に対する闘争である。そのような残酷な状態に陥ることがないよう、統治者は、人民との「社会契約」によって与えられた絶対的権力を行使して社会を守るのである。しかし、力に関する議論が盛んだったのは、近代初期のヨーロッパだけではない。実際、20世紀の政治思想の多くは、力の根拠と行使に関するものであった。

## 賢い助言

現実主義と道徳主義は、あらゆる政治活動について、および人間の生活の他の側面と政治との関係について理解しようとする壮大な政治的取り組みである。しかし、すべての政治思想家がそのような広い見方をしてきたわけではない。政治哲学者には昔からの伝統的な立場をとる人々も多く、そのような立場は現実的なもので、可能な範囲内で最善の結果を出すことのみを考える。戦争や紛争をなくすことは不可能であるかもしれず、また、自由や平等といった政治的価値の関係性に関する問題がすべて解決することもないかもしれない。しかし我々は、憲法制定や政策策定においてより良い結果を出すことができるだろうし、できる限り有能な人々が政治に携われるような状況をつくることもできるだろう。中国の哲学者孔子が示したもののような初期の政治思想のなかには、賢い助言者の持つべき技術や徳に関する思想も存在する。

統治の形態に関しては
愚かな人々に
議論させておけば良い。
最善の統治を
行うことができる統治法こそが
最善の統治法なのだ。
**アレキサンダー・ポープ**

# 14　はじめに

## イデオロギーの出現

もう一つの政治思想は、イデオロギー的思想と呼ばれることが多い。このイデオロギー的思想において重要な考え方は、時代によって思想が異なるということである。イデオロギー的思想を提唱したのは、ドイツの歴史哲学者ゲオルク・ヘーゲルとカール・マルクスであった。社会によって慣習や習慣が違うために政治的時代ごとに思想が異なること、そして、歴史とともに思想の重要性も変わるということを彼らは説明している。

プラトンやアリストテレスは民主主義を危険で堕落した制度であると考えていたが、現代の世界においては、ほとんどの人々が民主主義を最高の統治形態とみなしており、権威的体制は民主化されるべきであると考えている。同様に、多くの人々から権利を奪う奴隷制も、かつては自然なものとして受け入れられていたのである。また、20世紀になるまでは、ほとんどの女性が市民とみなされていなかったという歴史もある。

このような変化を概観すると、平等といった概念が重要視されるようになり、逆に奴隷制や王権神授説が支持されなくなった背景には何があるのだろうという疑問が浮かぶ。マルクスは、それぞれの思想に、労働者階級・資本家階級といった社会的な階級の利益がかかわってくるためにこのような歴史的変化が起こるのだと説明する。階級の利益によって、共産主義や社会主義から保守主義やファシズムに至るまで、イデオロギーに基づく政治上の「主義」が生まれた。マルクスが示した社会階級からは、自由主義・保守主義・社会主義・国家主義といったイデオロギーに基づく各主義が生まれただけでなく、さらにそこから多くの政治思想が発達することとなった。

イデオロギーに基づく政治思想には、反対意見や批判が向けられることが多い。もし思想が歴史的変化の反映に過ぎないとしたら、歴史的変化に巻き込まれた人々は受動的な役割を演じていただけで、彼らの理性的な思索や議論にはあまり意味がなかったということになると、批判的立場の人々は主張する。イデオロギー上の闘いは、サッカーの試合のようにも見える。サッカーチームを応援する際には、理性とは正反対の情熱が大切であり、最終的には勝利がもっとも重要なものとな

哲学者はこれまで
世界を解釈してきただけである。
（中略）重要なのは
世界を変えることである。
**カール・マルクス**

る。そのような性質を持つイデオロギーに基づいた政治は、度を越したひどい現実主義に陥り、残酷で不正な手段さえも目的によって正当化されてしまうような状況が生じるのではないかと、多くの人々は懸念している。イデオロギーに基づく政治は、対立する和解不能なグループ同士が永久に繰り広げる闘いのように見える。

この問題に対してマルクスが示した解決法は、労働者階級による革命の成功と科学技術の発展による欠乏状態の解消であった。それにより政治的対立は解決されるとマルクスは考えた。20世紀の状況を知る我々の多くにとって、マルクスの政治に対するこの姿勢はあまりに楽観的なものである。というのも、20世紀の革命によって実際に起こったのは、専制政治から別の種類の専制政治への移行に過ぎなかったことを、我々は知っているからである。このような観点からすると、マルクス主義やほかのイデオロギーは、非現実的なユートピア的道徳主義の最新版に過ぎないと言えるだろう。

## 未来への議論

ゲオルク・ヘーゲルによると、政治思想とは、社会・国家・文化における政治的活動、および政治運動から生まれた抽象概念である。政治思想や、その思想が説明する制度・運動を理解するには、その思想が生まれた歴史や発達過程を調べることが必要となる。我々がどのように現在のこの場所にたどり

# はじめに

着いたかを説明してくれるのは、常に歴史なのである。我々には、その歴史が今後どこへ行こうとしているのかを予測することはできない。

ローマ神話において、知恵の女神ミネルヴァの使いとして描かれるフクロウは、知恵の象徴である。ヘーゲルは、フクロウが「夕暮れどきになってはじめて飛び立つ」と書いた。これはつまり、物事を理解できるのは終わったあとに振り返ってみたときのみであるということである。今後どこへ向かうことになるのかという、未来についての思想をつくり上げようとする楽観的な姿勢に対して、ヘーゲルが警告を発したかたちである。彼のこの警告は、近代国家の出現は歴史の終焉であるという自身が行った有名な主張に対して向けられたものでもある。我々は、自分たちの時代こそもっとも進歩的・合理的で、文明も進んでいると思いがちである。結局のところ我々は、民主主義・人権・開かれた経済・立憲政治が優れたものだと信じているのだ。しかし、これから本書で明らかにしていくように、これらの概念は決して単純なものではなく、現在においてさえすべての社会や民族に受け入れられているわけではないのである。

ここ80年ほどで、帝国が衰退し脱植民地化が進んだ結果として、新しい国民国家が続々と現れた。ユーゴスラヴィアやチェコスロヴァキアといった連邦が、かつてのソヴィエト連邦と同様に分割され、新しい国家になった。ケベック、カタルーニャ、クルディスタン、カシミールといった場所でも国家の主権を求める動きは強い。しかし、民族が独立国家を求めて闘う一方で、国家は複雑な連邦や政治結合を目指してきた。1980年代以降、北米自由貿易協定（NAFTA）やその他の地域協力を目指す組織がつくられ、また、欧州連合（EU）が設立されたことで、いままで以上に密接な政治的統合が求められるようになった。

主権の共有・経済協力・グローバル化の進む新しい政治の世界において、国家主権についての古い思想はうまく機能しないようだ。この点に関して、ヘーゲルの主張はきわめて適切であると思われる。未来の人々の目に我々がどのように映るか、我々には予測できない。同様に、現在我々が常識とみなしている物事が、我々の子孫にとって説得力のあるものかどうかも、我々にはわからない。

現在を理解するためには、歴史のなかで考え出されてきたさまざまな政治思想や政治理論を理解する必要がある。それらの思想を理解することで、現在の世界が持っている可能性を知ることができる。また、そのような理解は、我々が自らの政治の価値に過剰な自信を持つことへの警告ともなる。同時に、社会における人々の生活を組織し統治する必要性は常に変化しており、我々にはその変化を予測することなどできないのだという事実を我々に思い出させてくれる。権力の行使に関して新しい可能性が出てくることで、権力の制御と責任についても新たな必要性が生じる。そしてそれに伴い、新しい政治思想や政治理論が生まれてくるだろう。政治は我々すべてにかかわるものであり、我々は皆、政治の議論に参加すべきなのである。■

政治は
政治家のみに任せておくには
あまりに重大な事柄だ。
**シャルル・ド・ゴール**

# 古代の政治思想

紀元前800年〜30年

# はじめに

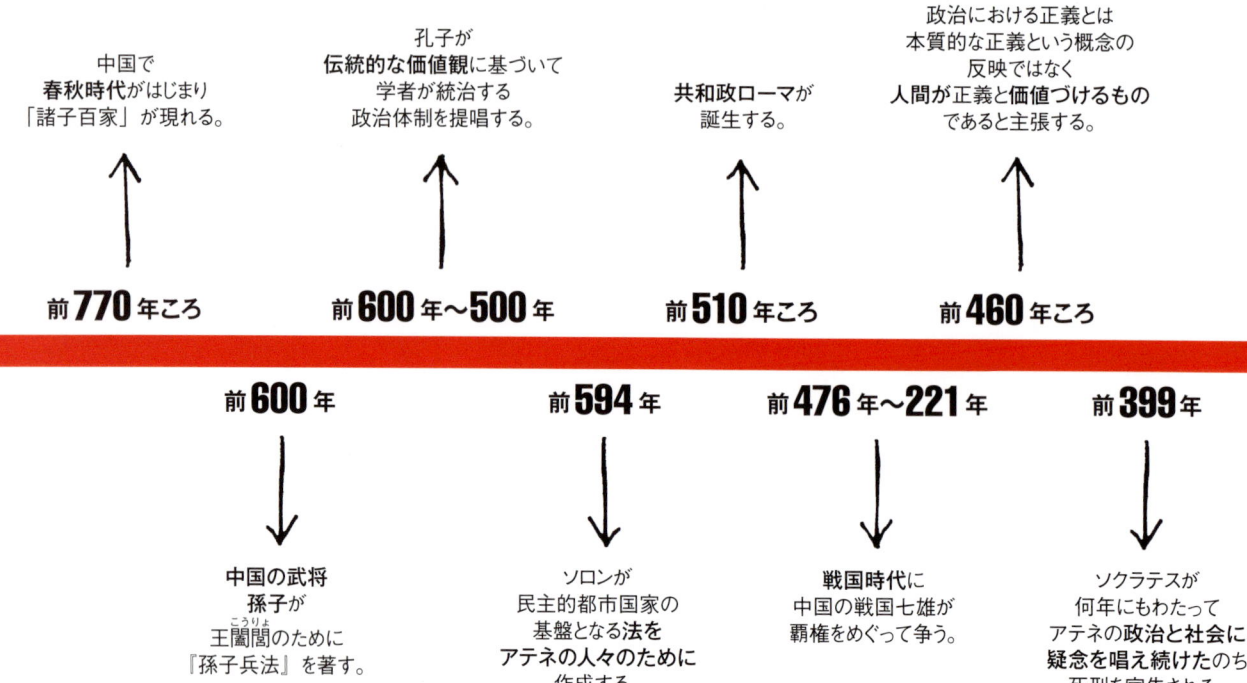

## 中国の政治思想

政治理論は、その起源を古代中国・ギリシャの文明にまでさかのぼることができる。この二つの国では、自らを取り巻く世界に疑問を持ち分析を行う思想家が現れた。彼らの用いた手法こそ、我々が現在哲学と呼ぶものである。紀元前600年ころ、彼らのなかに社会をまとめ上げる方法について考える者が出てきた。最初は、どちらの国においても、この問いは道徳哲学や倫理学の一部であるとみなされた。哲学者は、人々の幸福と安全を守るため、さらには人々が「善い人生」を送ることができるようにするために、社会がどのように組織されるべきであるかを考えた。

## 中国の政治思想

紀元前770年ころから、中国は春秋時代と呼ばれる繁栄の時代に入った。この時代、中国には比較的平和な状態で複数の小国が存在しており、それを王朝がゆるやかにまとめ上げていた。学問が重んじられた時代でもあり、その結果として諸子百家と呼ばれる人々が登場する。この時代の哲学者のなかで飛び抜けて影響力が強かったのは、道徳と政治を統合した孔子である。彼は、伝統的な中国の道徳的価値を維持するべきであると主張し、その上で、有徳な統治者が行政官の助言を受けて国を導くべきであると述べた。

この思想は墨子や孟子に引き継がれた。彼らは、腐敗や専制政治を防ぐべく孔子の思想を発展させたが、紀元前3世紀に諸国間での争いが激化し、春秋時代は終焉を迎える。続く時代は戦国時代と呼ばれ、中国全土の覇権をめぐる戦いの時代となった。そのような時代に現れたのが韓非子をはじめとする法家の思想家で、彼らは国家統治に際して規律を基盤とすべきであると主張した。また、軍事指導者である孫子が、外政・内政に軍事戦略を応用したのもこの時代である。このような権威主義的な政治哲学によって、新しい国家に安定がもたらされた。しかし、のちに中国は、儒教主義に戻ることとなる。

## ギリシャの民主主義

ちょうど同時代に、ギリシャでは文明が繁栄していた。中国同様、当時のギリシャは統一された一つの国ではなく、さまざまな政治制度を持つ都市国家の集合体で、その都市国家の多くは、君主または貴族によって統治されていた。そのなかのアテネが、紀元前594年、政治家ソロンによって導入された法のもとに民主主義の政体を確立した。アテネはギリシャの文化的中心地となり、知的な活動の場となった。哲学者はアテネに集まり、理想的な国家を構成するものは何か、国家の目的は何か、国家はどのように統治されるべきかといったことについて議論した。プラトンが「哲人王」による統治

# 古代の政治思想

中国の哲学者墨子が**完全な実力主義**に基づいて徳や能力によって大臣や顧問を選ぶべきであると述べる。

『政治学』においてアリストテレスが都市国家の統治のさまざまな形態を描きポリティアと呼ばれる**立憲政治**がもっとも実用的であると述べる。

孟子が中国で**儒教の思想**を広める。

漢王朝が儒教を中国の**国教**とする。

前470年ころ～391年　　前335年～323年　　前372年～289年　　前200年

前380年ころ～360年　　前370年ころ～283年　　前300年　　前54年～51年

『国家』においてプラトンが善い人生を理解するために必要な知恵と知識を有する「**哲人王**」による統治を主張する。

チャーナキヤの助言によりチャンドラグプタがインドに**マウリヤ朝**を創り上げる。

中国統一の過程で商鞅や韓非子による権威主義的思想が**法家の思想**の中心となる。

キケロがプラトンの『国家』をもとに『国家論』を著し**より民主的な統治**を提唱する。

---

を提唱したのもここアテネであり、その弟子アリストテレスがさまざまな形態の統治を比較し、その優劣を論じたのも同じくアテネであった。彼らの思想が、のちの西洋の政治哲学の基礎をかたちづくることとなる。

アリストテレスの時代が終わるとともに、古代ギリシャの「黄金期」は幕を閉じた。それはちょうど、アレクサンドロス大王が遠征を開始したころである。マケドニアを出発した彼はアフリカ北部へ入り、さらにアジアをヒマラヤまで進んだ。しかしインドにおいて彼は組織的な抵抗に遭う。そのころ、インド亜大陸にはいくつもの小国が存在したが、革新的な政治思想家チャーナキヤが現れてチャンドラグプタを育て、チャンドラグプタのもとに統一王朝（マウリヤ朝）を創り上げていく。チャーナキヤの政治思想は現実的で、厳しい規律を重んじ、人々の道徳的安寧よりも国家による経済面・物質面での保証を目的としていた。この現実主義に基づいた統治によってマウリヤ朝は外敵を退け、インドのほとんどの地域を100年以上続く統一王朝としてまとめ上げることに成功したのである。

## ローマの出現

同じころ、ヨーロッパでも大国が現れた。紀元前510年ころに専制君主政が倒され、共和政ローマが台頭しはじめたのである。共和政ローマは、アテネで行われていた統治に似たある種の議会制民主主義を採用した。毎年市民によって選ばれる執政官二人が政府を率い、選ばれた元老院が彼らに助言を与えるというかたちである。この体制のもとでローマは力をつけ、ヨーロッパ本土のほとんどの地域を支配した。しかし紀元前1世紀にさまざまな党派が権力をめぐって争うようになり、市民間の争いがローマ国内に広がった。そして紀元前48年、ユリウス・カエサルが覇権を握って事実上の皇帝となり、共和政に終止符が打たれた。ローマには再び君主政が敷かれ、帝政ローマへの基礎が築かれる。その後ローマは500年にわたってヨーロッパの大部分を支配することとなる。■

あなたの望みが
善いもの
であれば、人々も
善くなる
であろう

孔子（紀元前551年〜前479年）
Confucius

# 22 孔子

**背景**

イデオロギー
**儒教**

焦点
**父権的温情主義者**

前史
**紀元前1045年** 中国周王朝時代には政治的決断は天命であるとして正当化される。

**紀元前8世紀** 春秋時代がはじまり「諸子百家」が出現する。

後史
**紀元前5世紀** 墨子が親族重用主義・身内びいきの可能性を指摘し、そのような事態に陥らない統治法を提案する。

**紀元前4世紀** 孟子が儒教の思想を広める。

**紀元前3世紀** それまでよりも権威主義色の強い法家の説が、政治体制に影響力を持つようになる。

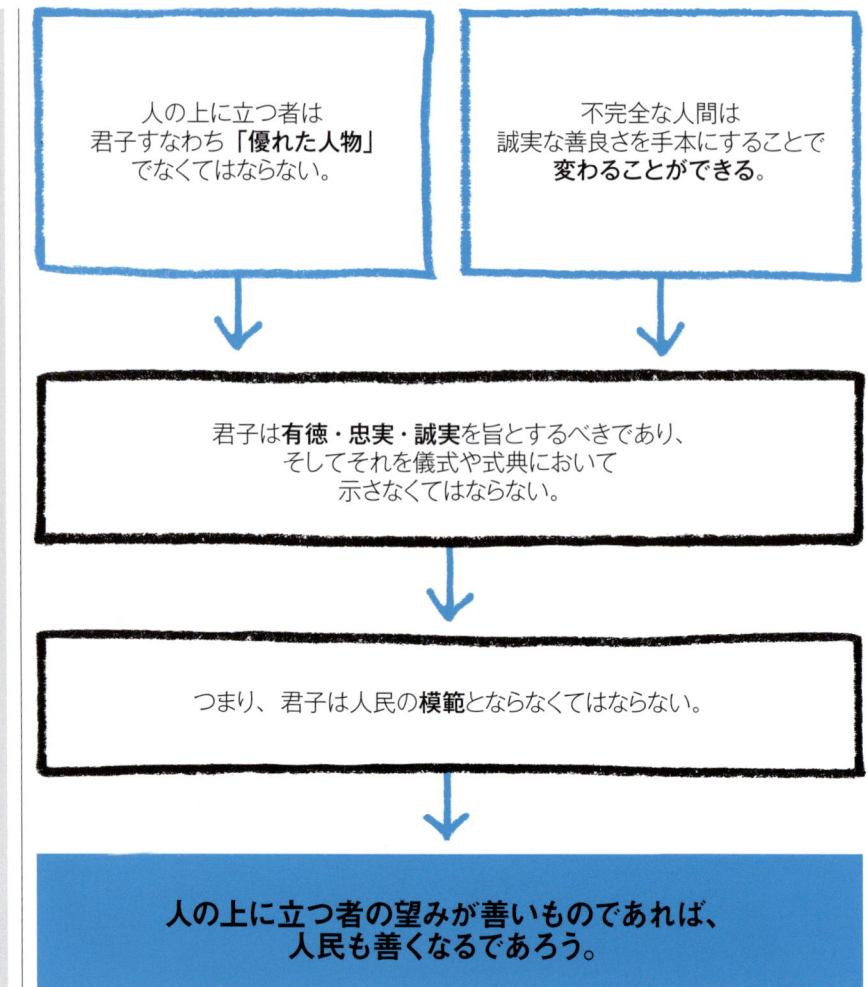

人の上に立つ者は君子すなわち「**優れた人物**」でなくてはならない。

不完全な人間は誠実な善良さを手本にすることで**変わることができる**。

君子は**有徳・忠実・誠実**を旨とするべきであり、そしてそれを儀式や式典において示さなくてはならない。

つまり、君子は人民の**模範**とならなくてはならない。

**人の上に立つ者の望みが善いものであれば、人民も善くなるであろう。**

---

のちに西洋でラテン語訳のコンフューシャス（Confucius）という名で知られるようになった孔夫子（「孔先生」という意味の敬称）は、中国の政治的歴史の転換期に現れた。彼は中国の春秋時代の末期を生きた人物である。春秋時代とは、繁栄と安定を誇った約300年間を指し、芸術、文学、そして特に哲学が栄えた時代であった。そのような土壌からいわゆる諸子百家が登場し、思想に関するさまざまな議論が自由に行われた。そしてそのなかから新しい思想家や学者が現れるが、彼らの多くは貴族の邸宅に仕え、顧問として重宝されていた。

彼らの新しい思想は中国社会の構造改革において原動力の一つとなった。その学者たちは血縁関係ではなく、実力によって地位を与えられていた。このような能力主義の発生は、神の命によって統治権を与えられていると信じていた世襲の統治者たちにとっては挑発的とも言えるものであった。そして時代は、中国の覇権をめぐる闘争期へと突入する。この時期は戦国時代と呼ばれ、力を持った強い政府の必要性が次第に明らかになっていく時代であった。

**君子**

教養のある中流階級の若者の多くと同様に、孔子も仕官する道を選び、行政官として働くなかで統治に関する自らの思想を深めていった。統治者・大臣・臣民の関係を間近に見ることで、当時の政治状況の危うさを痛感した孔子は、彼の信じる道徳哲学に基づいて統治者が正しく統治できるように新しい枠組みづくりに取り掛かった。

孔子の道徳観は中国の慣習に深く根差しており、忠義・義務・敬意といった伝統的な徳を中核としていた。これらの徳は「君子」（立派な人物、優れた人物）に備わっているべきもので、君子の徳がほかの人々の模範となることが期待された。そしてその社会に暮らす全人民は、君子の徳を手本とする

# 古代の政治思想 23

**参照：** 孫子 28-31 ■ 墨子 32-33 ■ 韓非子 48 ■ 孫文 212-13 ■ 毛沢東 260-65

べきであると孔子は考えた。人間の本質は完璧なものではないが、君子の真の徳を手本とすることによって改善できるのだと孔子は言う。また同様に、公正で寛大な政府を手本とすることで、社会全体も善い方向に変えることができると彼は考えた。

この相互作用に着目した考え方（公正で寛大な態度をとれば、公正で寛大な反応が返ってくるという考え方）は、孔子の道徳哲学および政治哲学の基盤である。社会を善いものにするために、統治者は臣民に望む徳を自らが示さなくてはならないのである。そうすれば臣民は、忠義と敬意から統治者の示した徳を真似し自分のものにしていくであろう。孔子の教えと格言が収められた『論語』には次のように書かれている。「もしあなたが善いことを望めば、人々も善くなるであろう。統治者の徳は風である。統治者のもとにある臣民の徳は草である。風が吹けば、草は風に従ってそよぐのである」。しかしながら、孔子の思想を効果的に実現するためには新しい社会構造が必要であった。なぜなら、伝統的な貴族による統治を維持しつつ、能力主義によって行政官を登用できるような階層制度をつくらなくてはならないからである。この改造のために孔子が持ち出した概念もまた伝統的な徳であった。それは社会を家族に喩えるもので、統治者の寛大さと臣民の忠義を、愛情あふれる父親と従順な息子の関係（中国人にとってはもっとも大切な関係である）として考えるというものだった。

孔子は五輪という人間関係（君主と臣下、父と息子、夫と妻、兄と弟、友人同士）が存在すると考えた。これらの関係に関して彼が強調したのは、世代・年齢・性別に応じた各人の立場だけでなく、両者それぞれに果たすべき義務があるという事実、および目上の者から目下の者に対する責任も、目下の者から目上の者への責任と同じくらい重要であるという事実であった。これらの関係を社会に拡大して考えると、相互の権利と責任が社会の結束を強め、それぞれの階層に属する人々が自分の上の階層の人々への忠義と敬意

## 孔子

中国の歴史において重要人物であるにもかかわらず、孔子の人生についてはほとんど知られていない。一般に信じられてきたところによると、紀元前551年に中国は魯の国の曲阜に生まれたとされる。本名は孔丘といい（かなり後になってから敬称で「孔夫子」と呼ばれるようになる）、彼の生家は立派で裕福な家庭であった。しかし父親が亡くなったあとは、家族を養うために働き、その空き時間に官吏になるための勉学に励んだ。周王朝の行政官として登用された孔子はそこで国の統治法についての思想を発展させたが、彼の提言は受け入れられず職を辞した。その後は中国各地を旅して回り、彼の哲学や統治論を説いて歩いた。最後は曲阜に戻りそこで紀元前479年に亡くなっている。

### 主著

『論語』
『中庸』
『大学』
（すべて12世紀に中国の学者によって編まれたものである。）

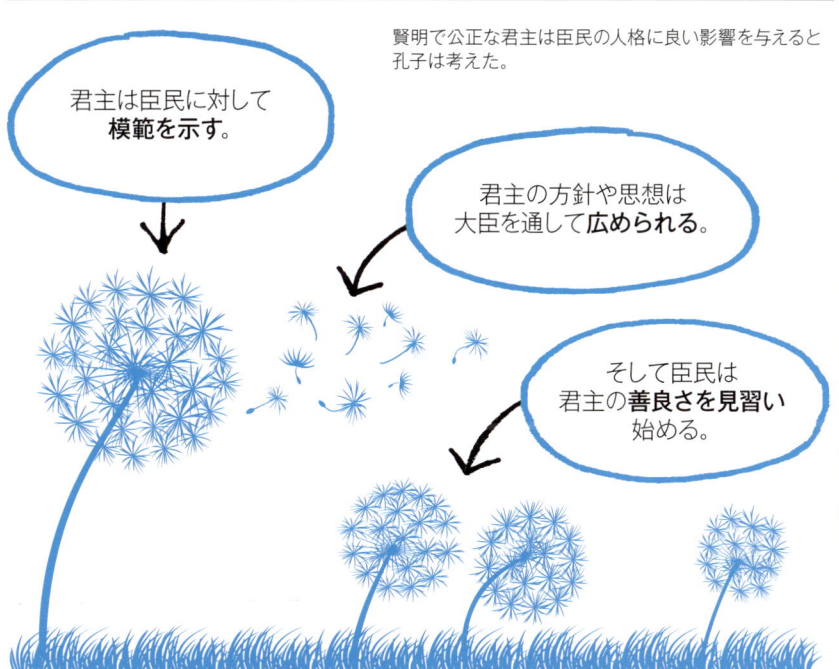

賢明で公正な君主は臣民の人格に良い影響を与えると孔子は考えた。

君主は臣民に対して**模範を示す**。

君主の方針や思想は大臣を通して**広められる**。

そして臣民は君主の**善良さを見習い**始める。

# 24　孔子

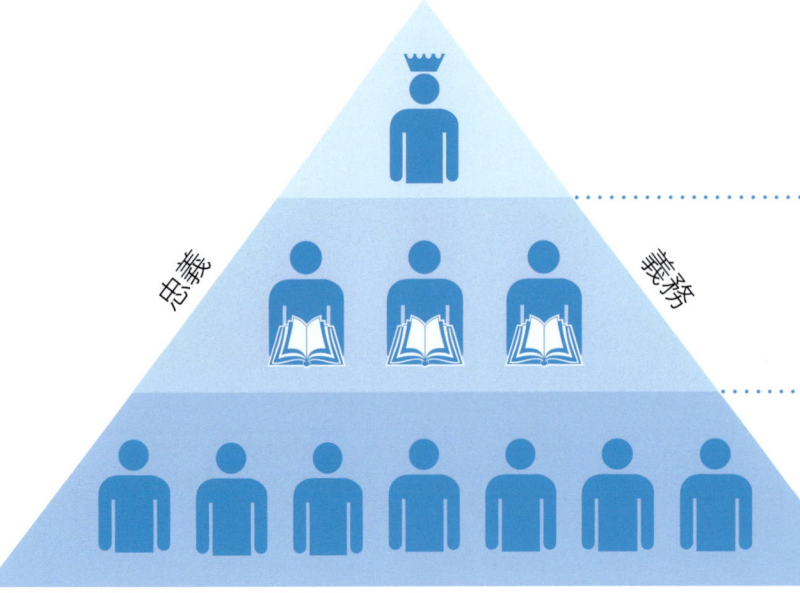

を持てる世の中を創り上げることができると孔子は主張する。

## 世襲による統治の正当化

孔子の考える階層の一番上には君主が位置し、君主は当然のこととして世襲によってその地位を手にする。この点に関しては孔子の政治思想は保守的なものであると言うことができる。社会の人間関係を家族の人間関係によって説明したのと同様に、伝統的な両親（特に父親）に対する敬意を祖先への敬意に拡げることで世襲制の原理が正当化される。そして父親が家族の長であるのと同様に、国家も家長の立場にあたる君主によって治められるべきだということになる。

そうは言っても、孔子は君主という立場が常に絶対的なものだとは考えていなかった。不正な統治者や愚かな統治者は、臣民の抵抗に遭い退位させられることもあると考えていたのである。しかしそれ以上に孔子の革新的な思想が際立っていたのは、君主のすぐ下の階層についてであった。彼は、君主のもとで大臣・顧問・行政官として仕えるのは学者であるべきだと主張したのである。君主と人民のあいだに挟まれる彼らの立場は重要である。なぜなら彼らは君主に対しても人民に対しても忠義を示す義務を負うことになるからである。こういった重大な責務のために、そのような立場に立つ人はもっとも才能と教養のある人々のなかから選ばれなくてはならないのである。そしてまた、公職につく者は誰であっても、高い道徳性を持つ君子でなくてはならない。孔子の考えた制度においては君主が大臣を選ぶが、その際は君主自身の善良な人格によって善良な大臣が選ばれるとされていた。「国家を治めるには適切な人材を選ばなくてはならない。適切な人材を得られるかどうかは君主の人格にかかっている。そのような人格を創り上げるには、君主自身が義務を果たして生きなくてはならない。義務を果たす生き方をするには、仁愛の心をしっかりと持たなくてはならない」と孔子は述べている。

官吏の仕事はおもに顧問の役割を果たすことであり、大臣は行政や中国社会の構造に精通しているばかりでなく、歴史・政治・外交に関する十分な知識を有していることが求められた。なぜなら、君主に対して近隣諸国との同盟・戦争などについての助言をしなくてはならないからである。しかし同時に、能力で選ばれた官吏には君主の独裁を防ぐという重要な役割も求められていた。そのために官吏は、君主には忠義を示し人民には仁愛を示すことで、善い社会をつくり上げなくてはならない。君主がそうであるように、官吏もまた模範的な君子でなくてはならず、君主に対しても臣民に対しても良い影響をもたらすことが期待されていたのである。

望ましい統治が行われている
場所においては
君主は君主であり
臣下は臣下である。
また、父は父であり
子は子である。
**孔子**

古代の政治思想

## 儀式の重要性

孔子の思想が書かれた著作の多くは、礼儀作法・儀礼の手引書と理解することもでき、さまざまな状況下での君子の適切な振る舞いについての詳細な記載が見られる。しかし孔子はそのような振る舞いが単にかたちだけのものであってはならないと強調している。孔子が概説した儀式は単なる社交上の常識ではなく、もっと深遠な目的を持っており、儀式に参加する人々にはその儀式がきちんとした意味を持つように振る舞うことが求められた。官吏は徳をもって義務を果たさなくてはならず、また徳をもって行動していることが他者からもわかるように振る舞わなくてはならないのである。このようなわけで、それが他者からはっきりと見える場である式典や儀式を孔子は重要なものであると考えていた。式典や儀式においては、各人の社会における地位や立場も明確に表れることから、孔子が式典や儀式を重要視していたという事実は、彼の保守性を示すものであると考えられる。

式典や儀式は、社会的階層において自分より上の人間に対する献身を示し、自分より下の人間に対する配慮を示す良い機会であった。孔子は、このような儀式におけるしきたりが社会全体に浸透するべきであると考えた。つまり、正式な王家の儀式や国家的儀式から日々の他者とのやりとりに至るまですべての場面において、各人が細心の注意を払って自分の果たすべき役割をまっとうすることが必要であるとしたのである。そのようにして、誠実で正直な気持ちで徳を行うときにのみ、人々はそれを手本として見習おうとするのである。このことから孔子は、誠実さと正直さが忠義に次いで大切な徳であると述べている。このような儀式や式典は、宗教的なものであることが多いが、孔子はその点はあまり重視していなかった。彼の道徳哲学は宗教に基づいてはおらず、したがって彼の考える政治制度においても、社会には宗教のための場があるのだという程度の認識がなされているに過ぎない。実際、彼の思想をまとめた書物においては神への言及がほとんどなく、唯一見られる言及は、天命に従って社会がまとめられ統治されること、そしてそれによって権力を奪い合っている諸国が統一されることを望むという程度の内容である。孔子は世襲による統治が正当であると固く信じていたが、その統治権を神から与えられたものとして正当化する必要性は特に感じていなかったのである。

統治権が神から与えられた権利であるという説を暗に退けたこと、および世襲ではなく能力によって官吏を採用する制度をつくったことには、孔子のもっとも急進的な面が表れている。孔子は、礼儀作法・儀礼に関する厳格な規則に支えられた階級社会を支持しており、そのような社会で各人が自分の地位や立場をきちんとわきまえるべきであると主張する。しかし、この主張は社会の流動性を否定するものではない。能力のある（かつ優れた人格を備えた）人物は、その出自にかかわらず政府内で最高の立場まで昇進することが可能であった。同時に、権力を持つ者がどれだけ立派な家柄の出身であったとしても、その地位に必要な素質を示すことができなければ、その地位をはく奪される可能性があった。この原則は統治者であっても適用された。専制君主の暗殺に関してさえ、孔子は、暴君を排除するために必要な行為であるとみなし、正当な統治者に対する殺人行為とは考えないのである。このように社会階級が柔軟性を備えることによって、社会階級へのより確かな敬意が生まれる。そして、その敬意から政治上の合意が生まれやすくなり、それこそが強固で安定した政府の基盤となる。

> 君子は人民を統治する際にその人民の性質に従って彼らにとって正しい方法で治める。そして人民が悪行を改め次第統治をやめる。
> **孔子**

中国山東省にて、儒教の儀式を行って見せる役者。見学に来る現代人は儒教の儀式に関する知識をあまり持っていないが、伝統的な形式を守って演じて見せることで慎みや敬意の重要さを伝える。

## 犯罪と刑罰

孔子の道徳哲学の原則は、法や刑罰の分野にも及んだ。孔子以前の法制度は、宗教的に正しいとされる行動規範に基づいていたが、孔子は神によって定められた法の代わりとなる、より人文主義的な法を提唱した。彼は社会構造に加えて「敬意を持って接してもらえる者は、敬意を持って行動するようになる」という相互作用に基づいた関係性も提示した。「己の欲するところを人に施せ」という黄金律を孔子は否定のかたちで用い、「己の欲せざるところは、人に施すことなかれ」とした。これによって、特定の犯罪に着目していたところから悪行全般を防止する方向へと焦点が移る。ここでもまた孔子は、よい手本を見習うことでもっとも効果的に犯罪が防止されると考えている。「自分より優れた人物と出会った場合はその人と同等になれるように考えよ。自分よりも優れていない人物と出会った場合は自分自身を省みよ」と孔子は述べている。

厳格な法を課し厳しい罰を与えるのではなく、悪行に対する羞恥心を教え込むことが犯罪を防ぐ最善の方法であると孔子は考えた。法で規制され刑罰で抑え込まれれば、人は罪を犯さないかもしれない。しかしそれでは善悪の本当の意味を学ぶことにはならない。それに対して手本を見習い敬意を持って従う場合には、人は些細な罪にも羞恥心を覚えるようになり、本当の意味での善良さを身につけることができるのだと孔子は主張する。

## 忌避された思想

孔子の道徳哲学・政治哲学は、人間は本質的に善良で社会性があるという考えと、厳格で儀礼を重んじる中国社会の伝統的構造を組み合わせたものである。孔子自身が行政官であったことを考えれば、彼が学者を能力主義で登用するのが重要だと主張したことは驚くにはあたらない。しかし彼の思想は疑わしいものととらえられ、孔子の考えた制度が彼の存命中に採用されることはなかった。支配者的立場にあった王族や貴族は、統治権が神から与えられた権利であるという説を彼が暗に否定したことを快く思わず、大臣や顧問に対して付与すべきであるとされた権力に対して脅威を覚えた。行政官は、統

> 徳をもって統治する者は
> 北極星のようなものである。
> 北極星はその場所を動かず
> 周囲の小さな星々が
> 敬意をもって
> 仕えるのである。
> **孔子**

治者の独裁化を抑制する権限がそれまで以上に付与されることを歓迎したかもしれないが、手本を示すことで人民を統治することができるという孔子の考えを信用せず、法と刑罰を用いて権力を行使する権利を手放すことを望まなかった。

のちの政治家・思想家・哲学者のなかにも儒教主義を批判する人々がいた。孔子の死後間もなく生を受けた中国の哲学者であった墨子は、孔子の近代的な能力主義の思想、および手本を示すことで統治するという考え方には同調したものの、家族関係を強調する考え方は親族重用主義・身内びいきにつながるのではないかと考えた。また、武将でもあり思想家でもあった孫子は、墨子と同じころに活躍しているが、孔子の政治思想の基盤となった道徳哲学について考えるような余裕はなかった。彼はより実用主義の統治法を支持し、国家防衛のためには権威主義的な制度、さらには無慈悲な制度さえも導入すべきであると主張した。そのような状況ではあったが、孔子の死後200年ほどかけて、儒教の考え方は少しずつ中国社会に取り込まれていく。孟子

中国の皇帝が行政官登用試験である科挙制度を束ねる様子を描いた宋王朝時代の絵。この制度は孔子の思想に基づいたものであった。

儒教が中国の国教とされたとき、宗教的要素も儒教の一部として取り込まれた。南京にあるこの寺院のような儒教の寺院が国中に建立された。

（紀元前372年〜289年）が支持したことなどもあり、紀元前4世紀には儒教主義はかなり一般に受け入れられるようになっていった。

## 国家の哲学

儒教は平和な時代には適していたかもしれないが、その後に続いた戦国時代や中国全土を統一しようと奮闘していた時代においては、力強さが足りないと感じた人々も多かった。そのような戦いの時代には孔子の思想は受け入れられず、法家の説と呼ばれる、より現実的で権威主義的な思想に基づいた統治制度が支持された。そのような風潮は、皇帝が新しい王朝を建て中国全土を掌握したと主張するに至っても続いていた。しかし紀元前2世紀には中国に平和が戻り、漢王朝が儒教を国教化する。それ以来、儒教は中国社会の構造に著しい影響を及ぼし続け、特にもっとも優秀な学者を行政官として登用する際の試験には強い影響が見られる。605年に導入された行政官登用試験である科挙制度は、儒教の経典に基づいてつくられており、これは20世紀に入り中華民国が成立するまで用い

られていた。

儒教は中国の共産主義政権下においても完全に姿を消してはおらず、文化大革命に至るまで、中国の社会構造にわずかながら影響を残していた。今日になっても儒教思想の一部が中国人の生活に深く根づいており、社会における人間関係の処し方や、親に対して子どもが示す忠義心などはその表れである。中国が毛沢東の共産主義体制から中国特有の混合型経済へと移行していくなか、いままた儒教の思想について真剣に考える人々が増えている。■

> 知っていることは知っていると述べ知らないことは知らないと述べよ。それが本当に知っているということである。
> **孔子**

# 兵法は国家にとってきわめて重要なものである

孫子（紀元前544年ころ〜前496年ころ）
Sun Tzu

## 背景

**イデオロギー**
現実主義

**焦点**
外交と戦争

**前史**
**紀元前8世紀**　中国哲学の「黄金期」がはじまり、諸子百家と呼ばれる人々が登場する。

**紀元前6世紀**　孔子が伝統的価値観に基づいた市民社会の枠組みを提示する。

**後史**
**紀元前4世紀**　インドにおいて、チャーナキヤがチャンドラグプタ・マウリヤに助言を与え、マウリヤ朝建国の手助けをする。

**1532年**　ニコロ・マキャヴェッリの『君主論』が、彼が亡くなって5年後に出版される。

**1937年**　毛沢東が『遊撃戦論』を著す。

紀元前6世紀後期、春秋時代と呼ばれる中国の平和な繁栄期が終焉に近づいていた。春秋時代は哲学者が活躍した時代であり、彼らの思想の大部分は道徳哲学や倫理学に焦点を当てていた。そこから生まれた政治哲学は、おもに国家が内政を道徳的に正しく執り行う方法について論じるものであった。この政治哲学の議論がもっとも盛り上がったのは孔子の時代である。孔子は、君主が統治し学者の官僚制によって行政管理される階層制度と、中国の伝統的な徳とを統合することで新しい考え方を提示した。

しかし春秋時代が終わりを迎えるころ、中国国内の諸国では政治的安定が崩れ、人口の増加に伴って諸国間の緊張が高まっていった。諸国の統治者は内政問題を扱うだけでなく、近隣の

# 古代の政治思想    29

参照： チャーナキヤ 44–47 ■ 韓非子 48 ■ ニコロ・マキャヴェッリ 74–81 ■ 毛沢東 260–65 ■ チェ・ゲバラ 312–13

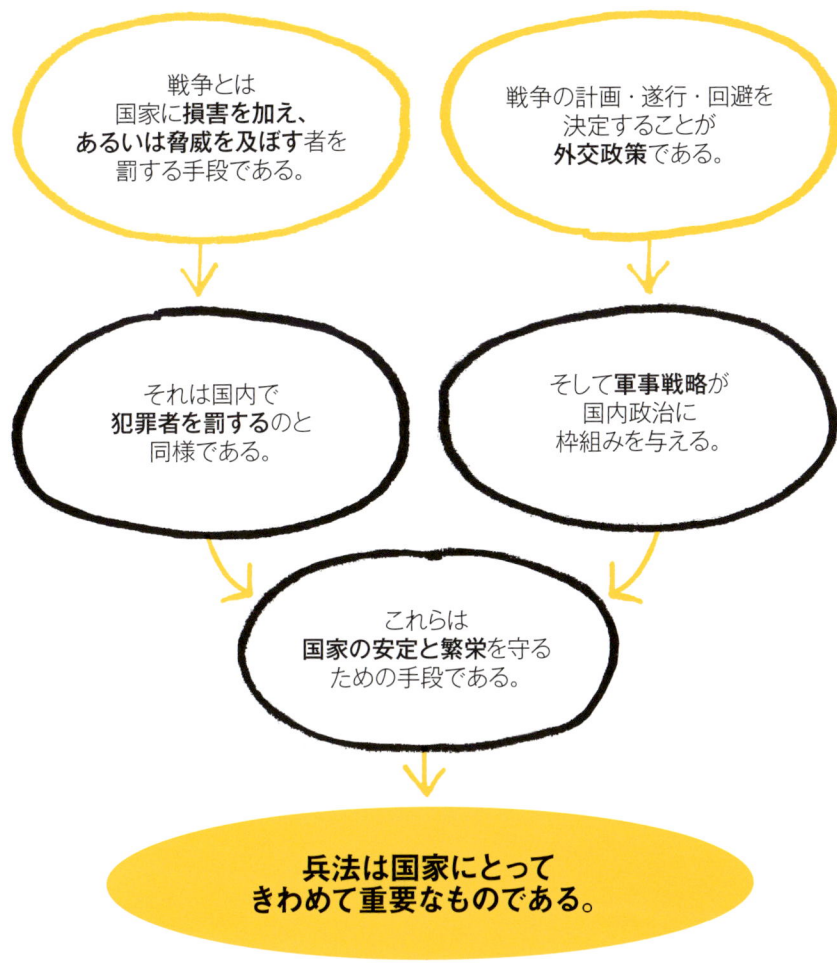

テラコッタ製の軍隊が秦始皇帝の墓に並べられた。軍隊が彼にとって重要であったことがうかがわれる。秦始皇帝は孫子の200年後の時代に生きたが、孫子の著作を読み込んでいた。

国々の攻撃から自国を守ることも必要となった。

## 軍事戦略

このような状況下で軍事顧問が文官と同じくらい重要視されるようになり、政治思想にも軍事戦略が取り込まれるようになった。この点についてもっとも影響力が強かったのは、呉の国王軍の武将であった孫子によって書かれたとされる『孫子兵法』であった。『孫子兵法』の冒頭には次のように書かれている。「兵法は国家にとってきわめて大切なものである。兵法は生死にか かわる事柄であり、生き残るか滅びるかの分かれ道である。無視することなど決してできない」。この考え方は、当時の政治哲学とは明らかに異なるものであった。『孫子兵法』は、戦争と軍事諜報部が国家にとって重要なものであるということをはじめて明記した書物である。『孫子兵法』では、国家の繁栄を守り維持するために現実的に必要となる事柄が論じられている。孫子以前の思想家は市民社会の構造をおもに扱っていたが、『孫子兵法』は国際政治に焦点を当てており、戦争の計画と遂行および軍隊と諜報部維持のための経済という観点からのみ行政につ いて論じている。

　孫子による兵法の詳細な説明は、あらゆる種類の政治組織に枠組みを提示してくれるものだとみなされてきた。戦争を計画する際に考慮すべきものとして、孫子は「戦争の原則」を示している。そのなかには天候や地形といった現実的で科学的な事柄に加え、統治者が与える道徳面での影響、将軍の能力と資質、軍隊の編成と規律などの項目も含まれる。これらの原則から読み取ることができるのは、孫子の念頭には階層構造があったということである。君主がその階層の頂点に位置し、将軍から助言を受け、将軍に命令を下し、軍隊を組織し率いるという図である。

　孫子の意見では、君主の役割は道徳面で人民を導くことである。実際に戦争に参加する前に、人民は自分たちの大義が正しいものであると納得する必要があり、君主は自ら手本を示すことで人民を納得させ統率すべきなのである（この自ら手本を示すべきであるという孫子の考え方は、孔子の見解と同じであった）。市民社会における官僚と同様に、将軍も君主の顧問役と君主

## 戦いの五事

道によって兵士と統治者とが一致団結する。

将軍は陰陽や天候といった天を理解しなくてはならない。

戦略を立てる者は高低・遠近・広狭といった地を考慮しなくてはならない。

将（指揮者の力量）は知恵・誠実さ・慈悲心・勇気に表れる。

組織化し適切な指示系統を備えることで法（軍規）が浸透する。

の命令を遂行する役割の両方を担っていた。

当然の流れとして、孫子は将軍の素質を非常に重要視しており、将軍を「国の砦」と呼んでいる。将軍がこれまでに蓄積してきた訓練と経験に基づいて君主への助言が行われるわけであり、それが直接的に方針の決定につながることとなる。そしてまたその訓練と経験が、軍隊を組織していく上できわめて重要になるのである。最高司令官として、将軍は戦闘部隊の後方支援に至るまでを指揮するが、なかでも特に兵士の訓練や規律の監督が要となる。『孫子兵法』には、規律は徹底して守らせるべきであり、違反した場合は厳しく罰するべきだと書かれている。しかし同時に、報酬と刑罰のバランスをきちんととることで、厳しくなり過ぎないように注意すべきであるとも書かれている。

### 戦うべきときを知る

この軍事的階層構造は当時の中国社会の構造の縮図であったが、『孫子兵法』は、国際政治に関して非常に革新的な提言をもたらした。それ以前およびそれ以降の将軍の多くと同様に、孫子は軍隊の目的は、国家を守り国民の幸福を保障することであると考え、戦争は常に最後の手段でなくてはならないと主張した。優れた将軍とは、いつ戦うべきでいつ戦うべきでないかを理解しなくてはならず、また、敵の抵抗を抑えるには武力による以外にも方法があるということを忘れてはならない。将軍はまず、敵の計画を阻止することを試みるべきであり、それに失敗したときは敵の攻撃から自国を守るべきである。さらにそれに失敗したときにのみ、攻撃という手段を用いるべきだと孫子は述べる。

戦争が必要とされることがないように、常に防衛力を高く保ち、近隣の国々と同盟を結んでおくべきであると孫子は主張する。お金のかかる戦争は双方にとって得策ではなく、多くの場合、平和的和解に持ち込む方が賢明である。戦争が長引いた場合、特に敵国の都市を包囲する戦略をとっている場合などは膨大な量の資源をつぎ込むこととなり、たとえその戦いに勝ったとしても、損失が利益を上回ることになりかねない。さらに、人民も犠牲を強いられることになるため、戦争の大義が道徳的に正しいのだと信じている彼らの気持ちが揺らいでしまうことも考えられる。

### 軍事諜報部

国際関係安定の鍵は諜報機関であると孫子は主張する。当時、諜報機関は軍の管理下にあり、諜報員が重大な情報を軍へと運んでいた。それはたとえば、敵対する可能性のある国家が何を考えているか、どの程度の戦力を有するかといった情報で、その情報をもとに、将軍は、戦争になった場合に勝てる可能性があるかどうかを君主に提言することができた。このような情報戦において次に大切なのは策略であると孫子は述べる。たとえば自国の防衛状況に関して、あえて嘘の情報を流すことによって戦争を回避できることが多々ある。そしてまた孫子は、人々が戦争で敵を打ち負かそうとする行為について、それは愚行であるとして反対した。なぜなら、そのようにして勝利を手にしても得られる恩恵が減ってしまうからである。打ち負かした兵士を支配下に置いても、その兵士には恨みが残っているであろうし、奪い取った領地の資源や富も損なわれていることが多いためだ。

己を知り
敵を知れば
百戦しても
負ける恐れはない。
孫子

# 古代の政治思想　31

統治者は、力によってではなく手本を示すかたちで導くものだ。
孫子

中国の万里の長城は、紀元前7世紀に建設が始まった。新たに獲得した領土をこの長城で囲い込むことによって外敵から守った。孫子によれば、このような防衛手段が攻撃力と同じくらい重要となる。

『孫子兵法』に書かれた非常に実用的な助言の根底にあるのは、正義・適正・中庸といった道徳的価値観を中核とする中国の伝統文化である。軍事戦略・国際政治・戦争は、すべてこれらの価値を維持するために行われるのであり、これらの価値観に則って行われなくてはならないのだと『孫子兵法』には書かれている。国家は国内の犯罪者を罰する際に法を使うのと同様に、外部からその国家に損害を加え、あるいは脅威を及ぼす者を罰するために軍事力を用いるのである。道徳的に正しい方法でそれが行われれば、その国家の国民はより幸福になり、領地や富を手にすることができる。『孫子兵法』は、中国統一のために戦っていた諸国の統治者・将軍・大臣たちのあいだで広く読まれ、多大な影響を与えた。さらには毛沢東やホー・チ・ミンといった後世の革命家たちにも強い影響力を持つこととなった。現在でも多くの陸軍士官学校で必読の書とされており、また、政治・ビジネス・経済に関する科目においても、指定教材に含まれていることが多い。■

## 孫子

有名な『孫子兵法』の著者と考えられている孫武（後に敬称の孫子「孫先生」として知られるようになる）は、紀元前544年に中国の斉または呉で生まれたとされる。若いころのことは一切知られていないが、のちに呉の国の将軍として名を馳せ、隣接する楚国との戦いを何度も勝利に導いた。

彼は王闔閭の、軍事に関する重要な顧問役となり（現在の契約制の軍事コンサルタントに相当する）、闔閭のために指南書を書いた。その指南書が『孫子兵法』であるが、短い13の章からなる簡潔な本で、紀元前496年に彼が亡くなったのち、中国の覇権をめぐって戦う諸国の統治者や日本・韓国の軍事思想家などに広く読まれた。最初に翻訳版が出たのはヨーロッパで、1782年にフランス語に翻訳された。おそらくはナポレオンにも影響を与えたのではないかと考えられている。

**主著**

紀元前6世紀　『孫子兵法』

# 国家のための計画は学識のある人々のみが携わるべきものだ
## 墨子（紀元前470年ころ〜前391年ころ）
Mozi

**背景**

イデオロギー
**墨家思想**

焦点
**能力主義**

前史
**紀元前6世紀** 中国の哲学者老子が道教を提唱し、「道」に従って行動すべきであると主張する。

**紀元前5世紀** 伝統的価値観に従って組織され学者によって構成される政府を、孔子が提案する。

後史
**紀元前4世紀** 商鞅や韓非子の権威主義的思想が、秦の国で法家の説として採用される。

**紀元前372〜前289年** 孟子がある種の儒教主義への回帰を主張する。

**20世紀** 墨子の思想が、孫文の中華民国や共産主義の中華人民共和国に影響を与える。

紀元前8世紀から紀元前3世紀にかけて、諸子百家を生み出した中国哲学の「黄金の時代」が続いた。その時代も終わろうというころ、当時の思想家は、自分たちの道徳哲学を社会組織や政治組織の現実的な側面に適用しはじめた。最初にこれを行ったのは孔子であった。孔子は、伝統的な家族関係に基づいた階層制度を提示し、式典や儀式を通すことでその階層は強化できると主張した。その階層のなかでも、特に行政官（官吏）の地位が重要であると孔子は考えた。行政官は支配者を助け、助言を与える

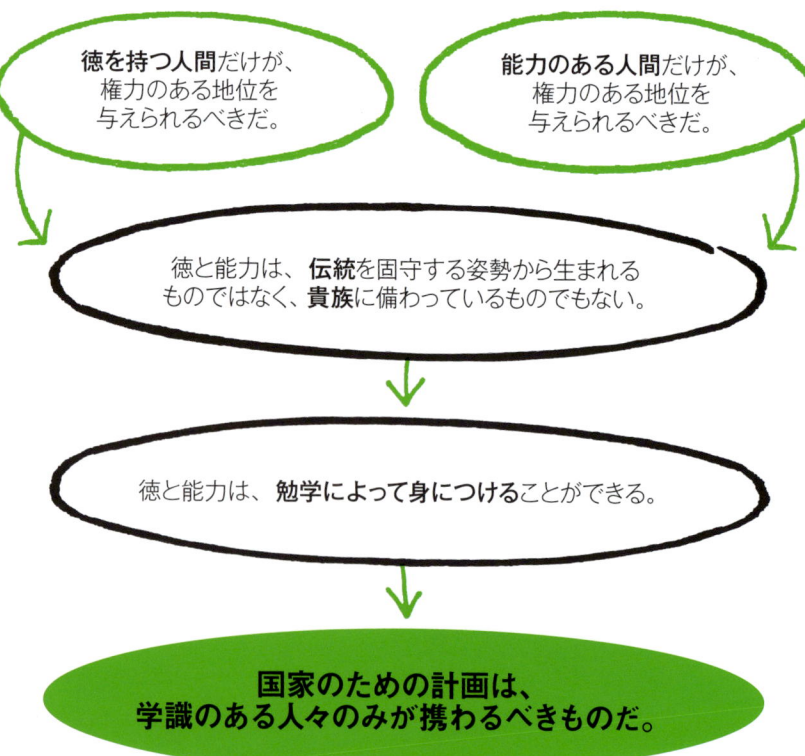

# 古代の政治思想

参照： 孔子 20–27 ■ プラトン 34–39 ■ 韓非子 48 ■ 孫文 212–13 ■ 毛沢東 260–65

墨子によれば、大工のような熟練した職人も、修練と素質次第で政府の有能な行政官になれるという。

立場にある。行政官が大切であるという孔子の見解をさらに発展させたのは墨子であった。

孔子も墨子も、国家の安寧は行政官の能力と信頼性にかかっていると考えていたが、行政官を選ぶ方法については意見が異なっていた。孔子は貴族の因習にこだわりすぎていると墨子は考えた。貴族が行政官としての徳や才能を必ずしも持っているとは限らない。高官になるための資質や技術は、出自とは関係なく、本人の才能と勉学によって得られるものであると墨子は考えていた。

## 統一規範

「尚賢」とは才能のある者を重く用いるべきだという概念で、墨子の能力主義思想をよく表しており、墨子の政治思想の基盤ともなっている。この概念は、墨子の道徳哲学の以下のような面とも関係がある。彼は、人間は生まれながらに善良であると信じており、人間は「兼愛」（あらゆる人への平等な愛）のなかで生きるべきだと考えた。同時に、人間は自己の利益のために行動する傾向があることも墨子は認めていた。そのような傾向が特に強く表れるのは争いの場であるが、そもそも争い

が起こるのは道徳性の欠如からではなく、何が道徳的に正しいと考えるかが、人によって異なるためである。したがって政治指導者のすべきことは、一貫した道徳規範で人々をまとめ、強力で倫理的な政治制度によってその規範を守らせることである。この規範は最善の社会を実現するために何が必要であるかをもとにつくられるべきで、その作成には学識ある人々のみが持つ知識と知恵が必要とされる。

墨子が行政官は実力で選ばれるべきだと主張した背景には、間違いなく、低い身分から高官にまで上り詰めた彼自身の経験がある。貴族が大臣を任命する際には、親族重用主義や身内びいきが生じる可能性があると墨子は考えていた。また彼は、国民全体の幸福のために国家を繁栄に導くことを政府は目指すべきであると主張した。墨子の信奉者は多数に上ったものの、墨子の思想は当時の中国の統治者には受け入れられなかった。とはいえ、彼の政治思想のうちのいくつかは、のちに政治制度に組み込まれた。たとえば、統一された道徳規範を守らせるべきだという彼の主張は、紀元前4世紀に興った独裁的な法家主義政体にきわめて強い影響を与えた。また、20世紀になると、中国の指導者である孫文や毛沢東によって、墨子が主張していた機会の

### 墨子

墨子は、孔子が亡くなったころに中国山東省滕州市の職人の家（あるいは、もしかすると奴隷の家）に生まれたと考えられている。本名を墨翟といい、大工・技術者であり貴族の邸宅に仕えていた。その後官僚（官吏）となり、徐々に頭角を現し、役人や顧問の勉学の場を設けた。彼の哲学思想・政治思想は信奉者を集め、彼は墨子（「墨先生」）と呼ばれるようになる。墨子の信奉者たちは墨家と呼ばれ、墨子の打ち立てた質素・平和という原則に従って戦国時代を生きた。墨子の死後、彼の教えが『墨子』にまとめられた。紀元前221年に秦王朝

が中国を統一し、法家の説に基づく政権を樹立したのち、墨家は歴史上から姿を消す。20世紀初期になって墨家の思想が再発見されることとなる。

### 主著

紀元前5世紀　『墨子』

有徳な人々を重用することが統治の基本である。
墨子

平等という概念が再発見されることとなる。■

哲学者が王になるまで、都市は悪から逃れることはないだろう

**プラトン（紀元前427年〜前347年）**
Plato

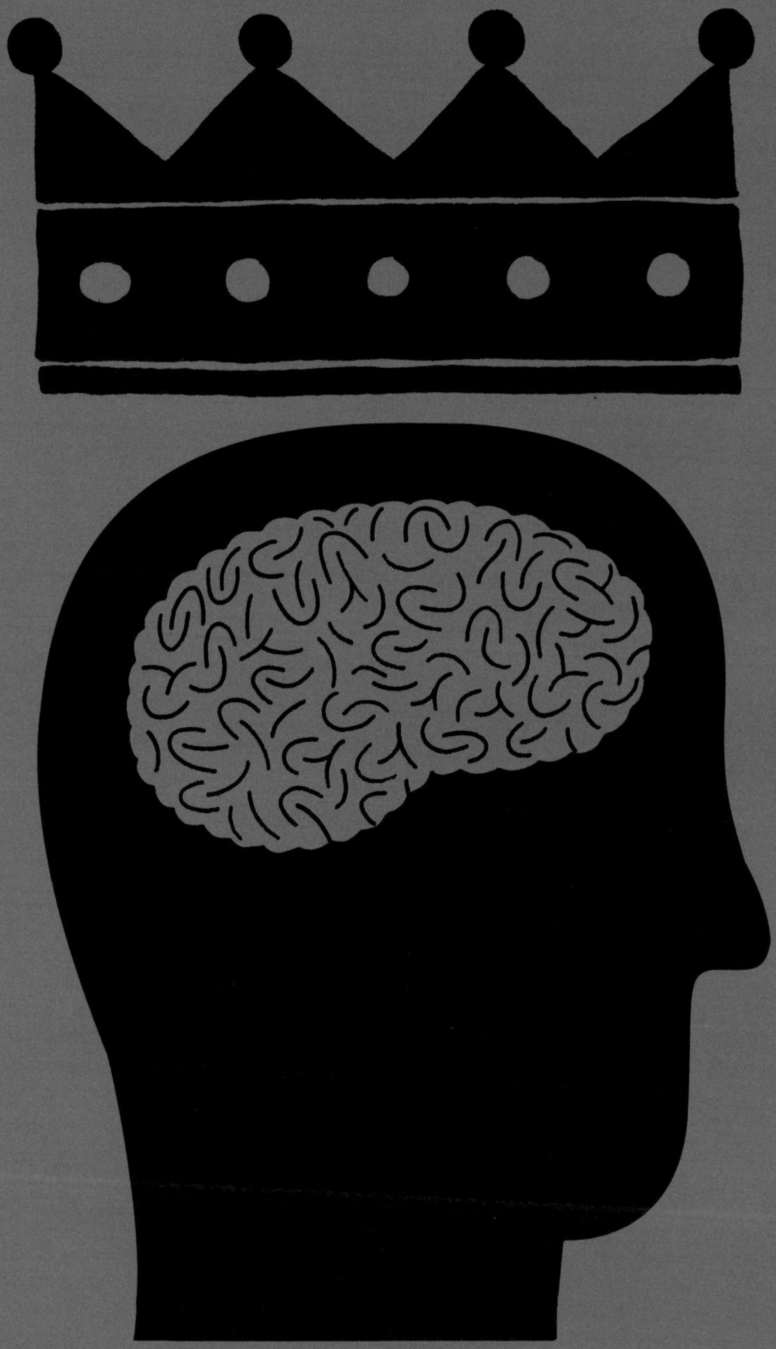

# プラトン

## 背景
**イデオロギー**
**合理主義**

焦点
**哲人王**

### 前史
**紀元前594年** アテネの政治家ソロンがギリシャの民主主義の基礎となる法を作成する。

**紀元前450年ころ** ギリシャの哲学者プロタゴラスが、政治的な正義とは、本質的な正義という概念の反映ではなく、人間が正義と価値づけるものであると述べる。

### 後史
**紀元前335年～前323年** アリストテレスが、優れた国家統治法のなかでもっとも実用的なのはポリティア（立憲政治）であると述べる。

**紀元前54年～前51年** キケロが『国家論』を著し、プラトンの『国家』で示されたものよりも民主的な統治形態を提唱する。

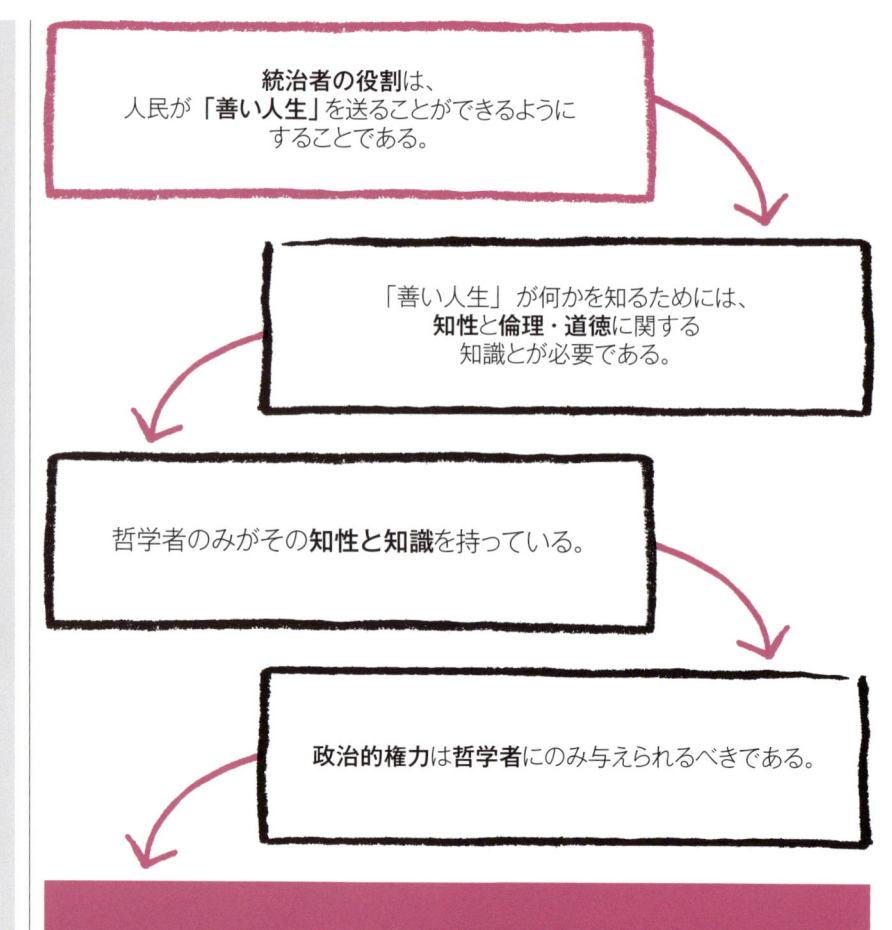

---

**統治者の役割**は、人民が「**善い人生**」を送ることができるようにすることである。

↓

「**善い人生**」が何かを知るためには、**知性**と**倫理・道徳**に関する知識とが必要である。

↓

哲学者のみがその**知性と知識**を持っている。

↓

**政治的権力**は**哲学者**にのみ与えられるべきである。

↓

**哲学者が王になるまで、都市は悪から逃れることはないだろう。**

---

紀元前6世紀が終わろうとするころ、ギリシャ文化に「黄金期」が訪れた。現在、古典時代と呼ばれているその時代は、その後200年間続くこととなる。文学・建築・科学、そして特に哲学が花開いた時代であり、のちにその文化を礎に西洋文明が発展する。

古典時代の最初期に、都市国家アテネの人々は専制的な統治者を倒し、ある種の民主主義体制を敷いた。政府の役人は市民のなかからくじで決められ、その決定は民主的な集会において行われた。集会ではすべての市民が発言し投票することができた。この集会は代表者によって行われるのではなく、全市民が参加するものであった。ただし、ここで言う「市民」に該当する人々は決して多くはない。30歳以上の自由民の男性で、両親もアテネ人であることが市民の条件であった。女性・奴隷・子ども・若者・外国人・アテネ外から移り住んだ者は、この民主主義には参加できなかった。とはいえ、この政治体制のおかげでアテネは文化的な中心地となり、当時のもっとも先進的な思想家が集まってくることとなった。なかでも優れていた思想家の一人がアテネ人のソクラテスであった。彼は一般に受け入れられている正義や徳といった概念に、哲学的な立場から疑義を唱えてみせた。その問答法が人気となり若い弟子が集まったが、同時に権力者の注意も引いてしまうこととなる。権力者たちはアテネの直接民主主義の集会に働きかけ、若者の心を惑わせた罪でソクラテスに対して死刑の決定を出させた。ソクラテスの若い弟子の一人であったプラトンは、物事に疑問を持ち問答を行うという姿勢をソクラテスから受け継いだ。プラトンは師ソクラテスの死刑が不当であると感じ、アテネの体制に幻滅する。

プラトンはその後、ソクラテスと同じくらい影響力を持つ哲学者となる。晩年に近づくにつれて、彼はその優れた思考力を政治へと向けるようになる。なかでも彼の著作『国家』は有名

# 古代の政治思想　37

参照：孔子 20-27　■　墨子 32-33　■　アリストテレス 40-43　■　チャーナキヤ 44-47　■　キケロ 49　■
アウグスティヌス 54-55　■　アル＝ファーラビー 58-59

> " 民主主義は
> 専制政治に陥るものだ。
> プラトン "

である。プラトンはソクラテスが死刑になったことでアテネの政治体制に失望しており、またプラトン自身が貴族の出身であったこともあって民主主義に好感をいだいてはいなかった。しかし、ほかの既存の政治体制にも賞賛すべき点は見出せず、どのような政体も国家に「悪」をもたらすものだと考えていた。

## 善い人生

プラトンのこの「悪」という概念を理解するためには、古代ギリシャ人がもっとも重要な目標と考えていた「善い人生」という概念を知らなくてはならない。「善く生きる」とは、物質的満足や名誉、あるいは単なる快楽を得られるかが問題なのではなく、知恵や敬虔さ、そして何よりも正義といった重要な徳に沿って生きることを指す。国家の目的は、それらの徳が大切にされる社会をつくり、市民が善い人生を送ることができるようにすることだとプラトンは信じていた。財産・自由・安定を守るといったことが意味を持つのは、市民が善く生きられるような状況

ソクラテスは、自らの思想を捨て去るよりは毒を仰ぐことを潔しとした。ソクラテスに対する裁判と有罪判決を目の当たりにしたプラトンは、アテネの民主政治の制度が真に優れたものと言えるのか疑問をいだくようになる。

をつくったあとのことである。しかしながら、プラトンの見たところ、そのような目標を達成できている政治政体はいまだ存在せず、既存の政治政体が持つ欠陥のせいで、このような徳とは正反対の「悪」が助長されているように思われた。

このような状況に陥った原因は、君主制であれ（数名による）寡頭制であれ民主制であれ、統治者が国家や人民のためではなく自分自身の利益のために政治を行う傾向があるせいだとプラトンは主張した。なぜこのようなことが起こるのかといえば、善い人生をつくり上げるための徳について多くの人が知らないせいであるとプラトンは説明する。そのせいで人々は正しくないものを望むようになり、特に名誉や富などの一時的な喜びを欲するようになるのである。その結果得られるものが政治的権力であるが、政治の場ではさらに問題が大きくなる。人々の上に立ち統治したいと望むこと（これは正しくない願望であるとプラトンは考える）によって市民間の争いが引き起こされる。すべての人々がより強い権力を求めることで、最終的には国家の安定と結束が損なわれる。そのような権力争いに勝利した者は皆、自分の願望を叶えるために敵対する人間の権力を奪おうとするのである。そしてそこに

不正が生じる。不正とは当然「悪」であり、プラトンが善い人生の基盤とみなす徳とは相反するものである。

そのような社会においても、善い人生とは何であるかを理解している人々がいる。それは哲学者であるとプラトンは述べる。名誉やお金がもたらす喜びよりも上にある徳の価値を知っているのは哲学者のみであり、哲学者は善い人生を追究することに自分の人生を捧げているのだと彼は言う。そのため哲学者は名声も富も求めず政治的権力を求めることもないのである。そして、政治的権力を求めないという点で、逆説的ではあるが、哲学者こそが理想的な統治者なのである。額面通りにとれば、プラトンは「哲学者がもっとも知恵がある」と言っているかのように解釈できる。そして、哲学者であるプラトンが「哲学者が統治者にふさわしい」と述べたことは、「哲学者は統治したいという欲求を持たない」というプラトン自身の発言と矛盾するようにも思われる。しかしながら、プラトンの主張にははるかに深い意味が込められているのである。

## 理想的な原型

ソクラテスのもとで学んだプラトンは、徳とは生まれつき持っているもの

# プラトン

ではなく、知識や知恵によって獲得するものだという考え方を受け継いでいた。また、有徳な人生を送るためには、何よりも徳の本質を理解することが必要だというソクラテスの見解にも賛成していた。プラトンは、師ソクラテスの思想を発展させ次のように述べた。我々が正義・善・美といった性質を持つ個々の事例を認識したとしても、それは正義・善・美そのものを理解したことにはならない。我々は、それを真似ることはできるだろうが（たとえば、「これが正義だろう」と自分が考える行動をとる）、それは単なる真似でしかなく、本当にそれらの徳に沿った行動をしているわけではないのである。

イデア論においてプラトンは、これらの徳（そして存在するすべてのもの）の理想的な原型とも呼べるものがあるのではないかと述べている。その原型は我々が理解したと思っているものの純粋な本質である。つまり我々は、その本質である原型を見ることはできず、いつも原型の例を見ているに過ぎないのである。それらの例は本質の一部分でしかなく、我々はあたかも真実の不完全な影を見ているようなものだとプラトンは述べる。

プラトンがイデアと呼ぶその理想的な原型は、我々が住んでいる世界の外に存在する。そのため我々は、哲学的思考・探究によってしかイデアを知ることができない。したがって何が善い

> **自ら統治することを拒んだ場合の最大の報いは自分よりも劣った者の支配下に置かれるということである。**
> プラトン

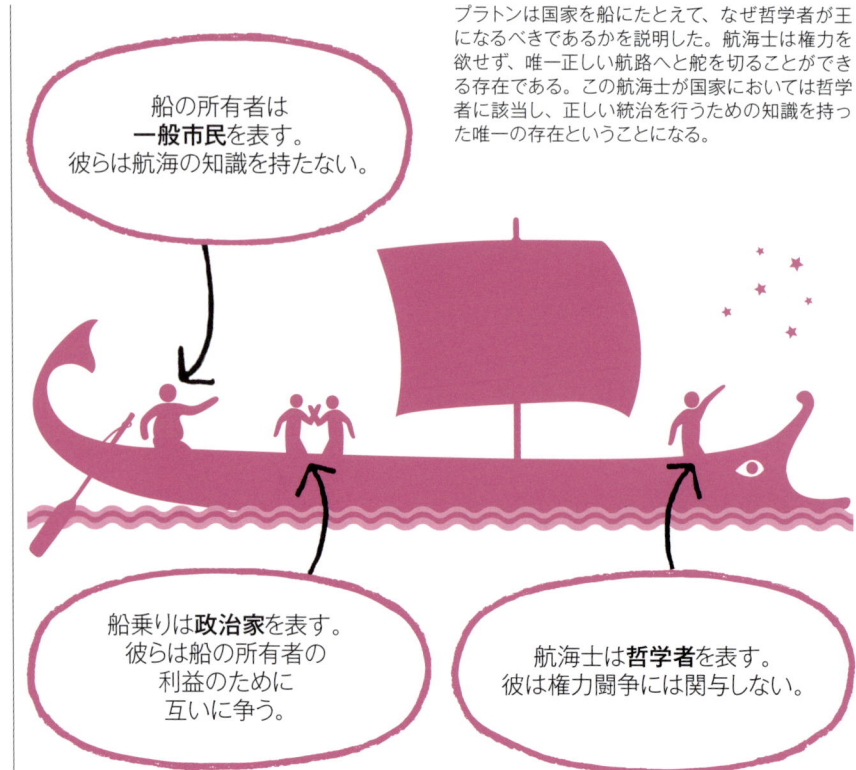

プラトンは国家を船にたとえて、なぜ哲学者が王になるべきであるかを説明した。航海士は権力を欲せず、唯一正しい航路へと舵を切ることができる存在である。この航海士が国家においては哲学者に該当し、正しい統治を行うための知識を持った唯一の存在ということになる。

- 船の所有者は**一般市民**を表す。彼らは航海の知識を持たない。
- 船乗りは**政治家**を表す。彼らは船の所有者の利益のために互いに争う。
- 航海士は**哲学者**を表す。彼は権力闘争には関与しない。

人生をつくり上げるのか、徳の影を真似るのではなく真に有徳な人生を送るとはどういうことなのか、それを説明することができるのは哲学者だけなのである。実際、人民が善く生きるために国家は有徳者によって統治されるべきであるということ、そしてほかの人々が何よりもお金や名誉を重んじるなか、哲学者だけが知識や知恵ひいては徳を大切にするのだということをプラトンは論証してみせている。つまり、哲学者が関心を寄せていることだけが国家にとって有益なものなのである。以上のことから言えるのは、「哲学者が王になるべきである」ということだ。哲学者には強制的にでも権力を持たせるべきで、そうすることによって既存の統治体制のために起こってしまう争いや不正を避けることができるのだとプラトンは述べている。

## 王への教育

哲学者を王にするという提案はさすがに非現実的であるとプラトンも認めている。その上で彼は、「あるいは、現在王位についている者が、誠実に十分に哲学的に物事を考えるべきである」と述べた。つまり、王位についている者やつく可能性の高い者を教育するという案を、より現実的なものとして提案したのである。のちに、対話篇『政治家』および『法律』においてプラトンは、王が哲学的考え方をできるような理想的な国家を描いている。そのような国家では、社会において有用なほかの技能に加えて、善い人生を理解するために必要な哲学的技能の教育も行われる仕組みになっている。しかしプラトンは、すべての市民が哲学的技能を学べるだけの資質や知性を有しているわけではないと指摘する。さらに彼は、哲学的技能を学ぶべきなのは一部の知的エリート層であるとし、彼らに対しては学ぶように勧めるのではなく強制的に学ばせるべきだと言う。「生まれ持った才能」ゆえに権力を与えられる人々には、国家に対する忠誠心を

# 古代の政治思想　39

> **民主主義は（中略）矛盾と混乱に満ちている。対等な人々を平等に扱おうとするが対等でない人々までも平等に扱おうとする。**
> **プラトン**

持たせるために、家族から離れコミューンで養育されることが義務づけられるべきであるとプラトンは主張する。

プラトンの政治に関する著書は、古代世界、特にローマ帝国において大きな影響力を持っていた。そして彼の思想には、孔子や墨子といった中国の学者が政治哲学のなかで提唱した徳の概念や教育に関する考え方と共通する部分もあった。また、将来統治者となるべき人物の教育に関するプラトンの著書が、インドのチャーナキヤに影響を与えた可能性さえ考えられる。中世になると、プラトンの思想はイスラム帝国やキリスト教ヨーロッパにも広がり、聖アウグスティヌスがその思想を教会の教えに組み込む。しかしのちにアリストテレスが現れたことで、プラトンの思想は顧みられなくなる。アリストテレスの思想が民主主義を支持するもので、ルネサンス期の政治哲学者にとってプラトンの思想よりも共感できるものであったためである。

のちの時代の思想家は、プラトンの政治思想は権威主義やエリート主義が強過ぎて受け入れ難いと感じた。民主主義を確立しようと奮闘していた近代の世界においては、そのような思想は支持を得難い状況だったのである。プラトンは全体主義者であるという批判を受けた。また、それよりは理解のある人々にも、父権的温情主義（全人民にとって何が最善であるかを知っているとされる選ばれた者が中心となって統治する形態）の支持者であると言われた。しかし最近になってまた、プラトンの中心的思想の一つである「哲人王」という概念が、政治思想家に評価されるようになってきている。■

皇帝ネロは、燃えているローマを黙ってかたわらで見つめていたと言われる。このような専制君主を創り出したとして、プラトンの哲人王という概念が批判されることがある。

## プラトン

プラトンは紀元前427年ころに生まれ、本名はアリストクレスといった。肩幅の広いたくましい体格であったため、のちにプラトン（「幅広い」という意味）とあだ名で呼ばれるようになった。アテネの立派な家の出身で、政治家になることが期待されていたと思われる。しかし彼は哲学者ソクラテスの弟子となる道を選ぶ。そして師ソクラテスが自らの思想を捨てることを拒み毒を仰いだとき、その場に居合わせた。

プラトンは地中海沿岸を広く旅したのち、アテネに戻り、哲学の学園アカデメイアを設立する。そこで学んだ生徒のなかには若きアリストテレスも含まれていた。教鞭をとる傍ら、プラトンは対話形式の書物を多数著した。その多くは哲学と政治に関する探究の書であり、しばしば師ソクラテスが登場している。プラトンは晩年に至っても精力的に教育と執筆活動を行ったと考えられている。そして紀元前348年あるいは347年に、およそ80歳で亡くなった。

**主著**

紀元前399年ころ～387年　『クリトン』

紀元前380年ころ～360年　『国家』

紀元前355年ころ～347年　『政治家』、『法律』

# 人間は生まれつき政治的な動物である

**アリストテレス（紀元前384年～前322年）**
Aristotle

## 背景

**イデオロギー**
民主主義

**焦点**
政治的な徳

**前史**
**紀元前431年** アテネの政治家ペリクレスが、民主政はすべての人に平等に正義をもたらすものだと述べる。

**紀元前380年ころ～前360年** プラトンが『国家』において知恵を有する「哲人王」による統治を唱える。

**後史**
**13世紀** トマス・アクィナスがアリストテレスの思想をキリスト教の教義に組み込む。

**1300年ころ** ローマの聖アエギディウスが市民社会に生きるには法の支配が重要であると主張する。

**1651年** 人間が「残酷な」自然状態から逃れるためには社会契約が必要であるとトマス・ホッブズが述べる。

古代ギリシャは、現在一般的に国家と呼ばれているもののような統一された国民国家ではなかった。当時のギリシャには地域ごとに独立した小国がいくつも存在し、それらの諸国がそれぞれ中心部に都市を有していた。それらの諸国はポリスと呼ばれる都市国家で、それぞれが独自の統治形態をとっていた。たとえばマケドニアのように君主政をとっている国もあれば、アテネのようにある種の民主政をとっている国もあった（アテネの民主政は現在の民主政とは異なるが、少なくとも一部の市民は政治に参加することができた）。

アリストテレスはマケドニアで育ちアテネで教育を受けているため、ポリスという概念をよく理解しており、ポリスのさまざまな形態にも詳しかっ

**古代の政治思想** 41

**参照：** プラトン 34–39 ■ キケロ 49 ■ トマス・アクィナス 62–69 ■ アエギディウス 70 ■ トマス・ホッブズ 96–103 ■ ジャン=ジャック・ルソー 118–25

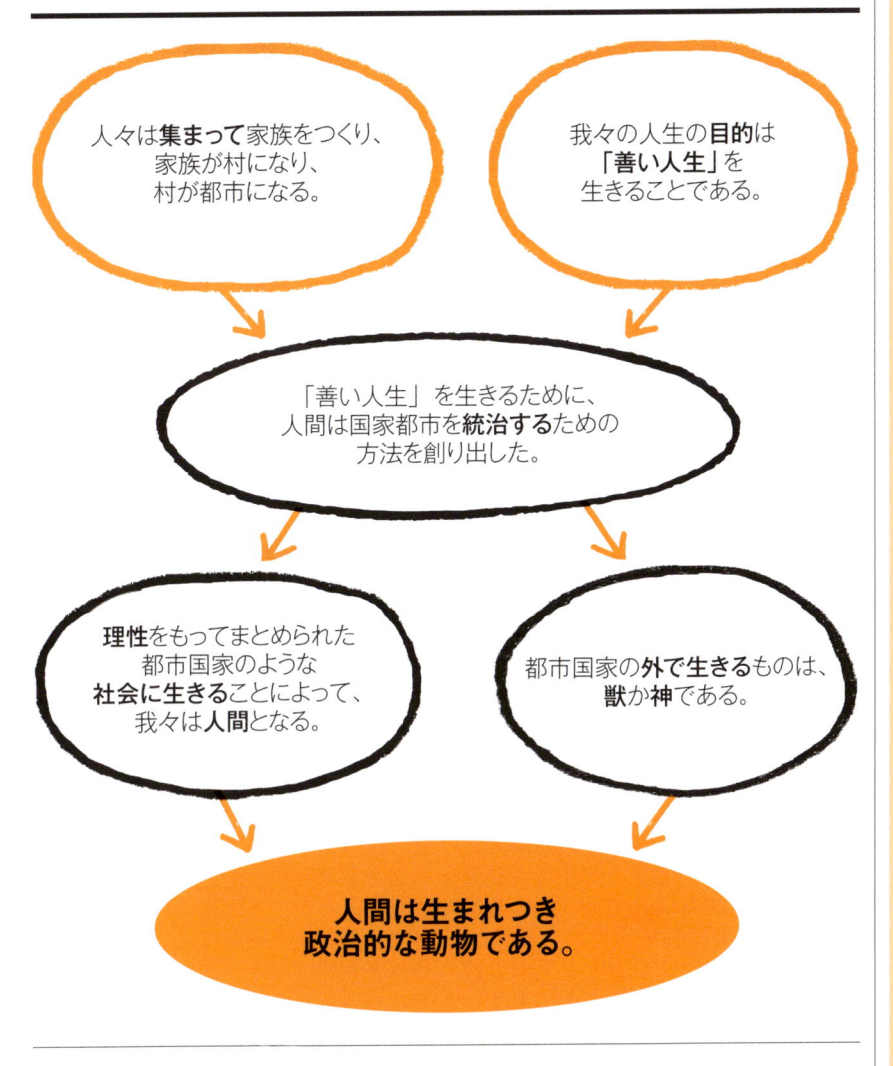

```
┌─────────────────┐      ┌─────────────────┐
│ 人々は集まって家族をつくり、│    │ 我々の人生の目的は │
│  家族が村になり、  │      │  「善い人生」を   │
│  村が都市になる。  │      │  生きることである。│
└────────┬────────┘      └────────┬────────┘
         │                        │
         ▼                        ▼
        ┌──────────────────────────┐
        │ 「善い人生」を生きるために、│
        │ 人間は国家都市を統治するための│
        │     方法を創り出した。    │
        └──────┬────────────┬──────┘
               │            │
               ▼            ▼
   ┌──────────────┐   ┌──────────────┐
   │ 理性をもってまとめられた │  │ 都市国家の外で生きるものは、│
   │  都市国家のような │     │   獣か神である。  │
   │ 社会に生きることによって、│ └──────┬───────┘
   │  我々は人間となる。│           │
   └──────┬───────┘                │
          │                        │
          ▼                        ▼
        ┌──────────────────────────┐
        │    人間は生まれつき      │
        │   政治的な動物である。   │
        └──────────────────────────┘
```

た。彼はまた分析することが得意であったため、都市国家の長所の考察においてその才能を発揮した。加えてイオニアにしばらく滞在し動植物を特徴にしたがって分類していた時期があり、のちにその技術を援用して倫理学と政治学においても分類を行っている。アリストテレスにとっては倫理学と政治学はともに自然科学であり実用科学であった。彼の師プラトンが知識とは知性を用いた思索によって習得できるものだと考えていたのに対し、アリストテレスは知識は観察によって身につくものだと考えていた。したがって政治学は、経験によって得られた資料をもとに、自然界の生物分類学と同様の手法で系統立てるべきものであるとアリストテレスは主張した。

## 生まれながらに社会的

アリストテレスの観察によれば、人間は生まれつき社会集団をつくる傾向がある。個人が家族をつくり、家族が集まって村になり、さらに都市になる。ミツバチや牛は群れをつくって生きるという性質を持っている。また狼についても、アリストテレスが観察すれば

## アリストテレス

アリストテレスは、マケドニアの王家に仕える侍医の息子として、現代のギリシャ北東部のハルキディキ半島にあったスタゲイロスで生まれた。17歳でアテネに送られ、プラトンが主宰するアカデメイアでプラトンが亡くなるまでの20年間教育を受ける。驚くべきことに、アリストテレスはアカデメイアを引き継ぐプラトンの後継者に指名されなかった。その後、アリストテレスはイオニアへ移り野生生物の研究を行っていたが、マケドニア王ピリッポス2世に招かれて若き日のアレクサンドロス大王の家庭教師を務めた。
アリストテレスは紀元前335年にアテネに戻り、アカデメイアのライバル校となる学園をリュケイオンに開設した。そこで教鞭をとるかたわら、科学・哲学・政治学に関する自らの思想を系統立て、数多くの本を書いた。しかしその著作の多くは現在残っていない。紀元前323年にアレクサンドロス大王が亡くなったのち、アテネにおける反マケドニア感情に耐え切れず、アリストテレスはエウボイア島に移ったが、その翌年に亡くなった。

**主著**

紀元前350年ころ
『ニコマコス倫理学』
『政治学』
『弁論術』

# アリストテレス

群れで生活する動物であると定義するかもしれない。同様に人間も生まれつき社会集団を形成する生き物であり、アリストテレスは「人間とは生まれながらに政治的な動物である」と定義づけしている。ここで言う「政治的動物」とは、ポリスにおいて社会的な生活を営む性質を持つという意味であって、現在「政治的」と言ったときに想起されるような、政治的活動に携わるという含みはない。

人間が大きな市民社会のなかで生活する性質を持つという指摘は、現代の我々の目から見るとたいして有意義な指摘には見えないかもしれないが、ここで注目すべきは、ポリスはアリの巣と同じように自然につくられるものであるとアリストテレスが明記している点である。このようなとらえ方は、市民社会を人工的につくり上げたものとみなし、野蛮な「自然状態」から人間を保護してくれるものと考える立場とは対極をなす。アリストテレスにとっては「自然状態」など理解できないものであり、人間がポリス以外の場所で生活することも想像すらできないことであった。ポリスの外に住むものといえば、人間を超越した存在(すなわち神)、あるいは人間より下等な存在(すなわち獣)のいずれかであるとアリストテレスは信じていた。

## 善い人生

ポリスは人工的につくられたものではなく自然現象としてできあがるものなのだという見方を土台にして、アリストテレスの都市国家に関する倫理学と政治学が打ち立てられた。自然界の研究を通して彼は、この世に存在するすべてのものは目的を持っているのだという見解を持つに至り、人間の場合には「善い人生」を送ることが目的だと考えた。「善い人生」を送るとは、正義・善良さ・美といった徳を追究することだと彼は言う。そしてポリスの目的は、我々人間がそれらの徳に従って生きることができるようにすることである。人々がともに暮らすことを可能にし、市民の財産と自由を守ってくれる国家というものを、古代ギリシャ人は、徳に沿った人生を実現するための手段とみなしていた。

アリストテレスはポリス内でさまざまな「種」や「亜種」を特定していった。人間という種を他の動物と区別するものは生まれ持った知力と言語能力であり、その能力ゆえに人間は社会集団を形成し共同体をつくり協力関係を築くことができるのである。ポリスという共同体において、市民は国家の治安・経済的安定・正義を守るための体制をつくり上げる。それは社会契約に従わなくてはならないからではなく、人間にそのような性質が備わっているためであるとアリストテレスは考える。ポリスにおける人々の生活を統治する方法はいろいろあるが、その目的は人々がともに暮らすためではなく(集団で暮らすのはもともと人間の性質である)、善く生きるためである。そして実際に人々が善く生きることが

> 法は秩序であり
> 優れた法は強固な秩序である。
> アリストテレス

できるか否かは、彼らがどのような統治の形態を選ぶかにかかっているとアリストテレスは主張する。

## 統治形態の種類

アリストテレスは徹底したデータ分析で知られる人物であり、自然界の包括的な分類法を考案したことでも知られている。のちに、特に『政治学』のような著作において、彼は同じ方法を統治の仕組みを分類する際にも用いている。彼の師プラトンが理想的な統治形態について理論的に説いたのに対して、アリストテレスは既存の政体を調べてそれぞれの長所と短所を分析する方法をとった。その際に彼は、二つの単純な問いを出発点とした。それは、誰が統治するかと、誰の利益のために統治が行われるかである。

一つめの問いに対する答えとして、アリストテレスは基本的に三つの種類の統治形態があるとした。一人による統治、選ばれた若干名による統治、そして多数の人々による統治である。二つめの問いに関しては、すべての人民のための統治(適正で望ましい統治)と、統治者個人あるいは統治者層の利益のための統治(欠陥のある統治)の二つがある。全体で見ると六種の統治

古代アテネにおいては、市民はプニュクスと呼ばれる石の演壇で政治について論じた。健全な社会であるためには、市民が政治に積極的に参加することが不可欠であるとアリストテレスは考えた。

# 古代の政治思想

形態があり（ここでもアリストテレスは「種」による分類を行っている）、それらが対になって存在していると考えられる。まず統治者が一人の場合、人民全体のために行われるものは君主政と呼ばれるのに対し、統治者自身の利益のための腐敗した統治であれば専制政と呼ばれる。次に数名による統治の場合、人民全体のために行われるものが貴族政であり（ギリシャにおいては世襲政ではなく、優秀な貴族によって統治が行われた）、それに対して自分たちの利益のための腐敗したかたちは寡頭政である。そして多数の人々による統治の場合では、ポリティアと呼ばれる形態が全体の利益のための望ましい統治であるのに対して、民主政が腐敗したかたちであるとアリストテレスは考えた。なぜなら民主政においては、一人一人の利益のためではなく、大多数の人々の利益となるように統治が行われるからである。

アリストテレスは、欠陥のある統治形態が持つ利己主義は不平等や不正につながると述べている。そうなると国家は不安定になり、人民の有徳な人生を支えるという国家の役割や能力が脅かされる。しかし実際には、彼の調べた都市国家のなかにこれら六種類のうちの一つに完全に納まるようなものはなく、すべての都市国家が二つ以上の種類の特徴を併せ持っていた。

アリストテレスはポリスを一つの「有機体」のように捉え、市民をその有機体の一部とみなす傾向があったが、都市国家に住む個人個人の役割についても考察を行っていた。ここでもまた彼は、人間が生まれつき社会的な生き物であることに着目し、都市国家の市民とは単に代表者を選ぶのではなく積極的に参加するかたちで市民社会の構成員として生きるものだと定義した。そのような積極的参加が「望ましい」政治体制（君主政、貴族政、ポリティア）において行われれば、市民の有徳な人生を送る能力が伸ばされる。しかし「欠陥のある」政治体制（専制政、寡頭政、民主政）においては、市民は統治者の自己利益の追求に巻き込まれてしまう。それは専制政においては暴君の権力追求であり、寡頭政においては独裁者の富の追求であり、民主政においては民主主義者による自由の追求である。あらゆる統治形態のなかで、ポリティアこそが善い人生を送ることができる最高の場であるとアリストテレスは結論づけた。民主政については「欠陥がある」政治形態であると述べているものの、ポリティアに次ぐ二番目に望ましい政体であって、貴族政治や君主政治よりも優れた政体であるとアリストテレスは言う。たしかに市民一人一人は立派な統治者ほどの知恵や徳を持っていないかもしれない。しかし市民が集まった「多数」であれば、「一人」の統治者よりも優れた統治ができる可能性はある。

古代ギリシャのポリスに関する詳細な描写や分析を読むと、その後に現れた国民国家とはほとんど関連がないように思われる。しかしアリストテレスの思想は、中世を通じてヨーロッパの政治思想に対してより強い影響力を持つようになる。彼の思想は権威主義的である（そして奴隷制を擁護し、女性に低い地位しか与えていない）と批難されることが多いのも事実であるが、立憲政治を支持している点に関しては、のちの啓蒙思想の時代に現れる思想を先取りしたものであったと言える。■

## アリストテレスによる六種の統治形態

|  | 一人による統治 | 選ばれた数名による統治 | 多数による統治 |
|---|---|---|---|
| 適正な統治 | 君主政 | 貴族政 | ポリティア |
| 腐敗した統治 | 専制政 | 寡頭政 | 民主政 |

> 民主主義国家の根幹は自由である。
> アリストテレス

# 車輪は
# 一輪のみでは
# 走ることができない

チャーナキヤ（紀元前350年ころ～前275年ころ）
Chanakya

**背景**

イデオロギー
**現実主義**

焦点
**功利主義**

前史
**紀元前6世紀**　中国の将軍孫子が『孫子兵法』を著し、政治に分析的手法を取り入れる。

**紀元前424年**　マハーパドマ・ナンダがナンダ朝を創建し、軍事戦略は将軍に任せるようになる。

後史
**紀元前65年ころ**　チャーナキヤが創建を手助けしたマウリヤ朝が全盛をきわめ、南端部を除いたインド亜大陸ほぼ全土を統治下に収める。

**1904年**　チャーナキヤの著書が再発見され、1915年に英訳される。

　**紀**元前5世紀から4世紀にかけて、ナンダ朝がインド亜大陸の北半分において徐々に勢力を伸ばしていた。ナンダ朝は敵対国家を次々と勢力下に収め、西から迫るギリシャとペルシャによる侵略の脅威と戦った。拡大を続けるナンダ朝の統治者は軍事戦略に関しては将軍の助言に従っていたが、同時に政策や統治に関しては大臣の助言を求めるようになっていった。この時代には学者が大臣になることが多く、特にタクシャシラ大学（紀元前600年ころに、現在のパキスタンの一部にあたるラーワルピンディーに建てられた）の出身者がとり立てられることが多かった。タクシャシラ大学では多くの有能な思想家が各自の思想を展開していたが、おそらくもっとも重要な人物はチャーナキ

# 古代の政治思想　45

**参照:** 孔子 20-27 ■ 孫子 28-31 ■ 墨子 32-33 ■ プラトン 34-39 ■ アリストテレス 40-43 ■ ニコロ・マキャヴェッリ 74-81

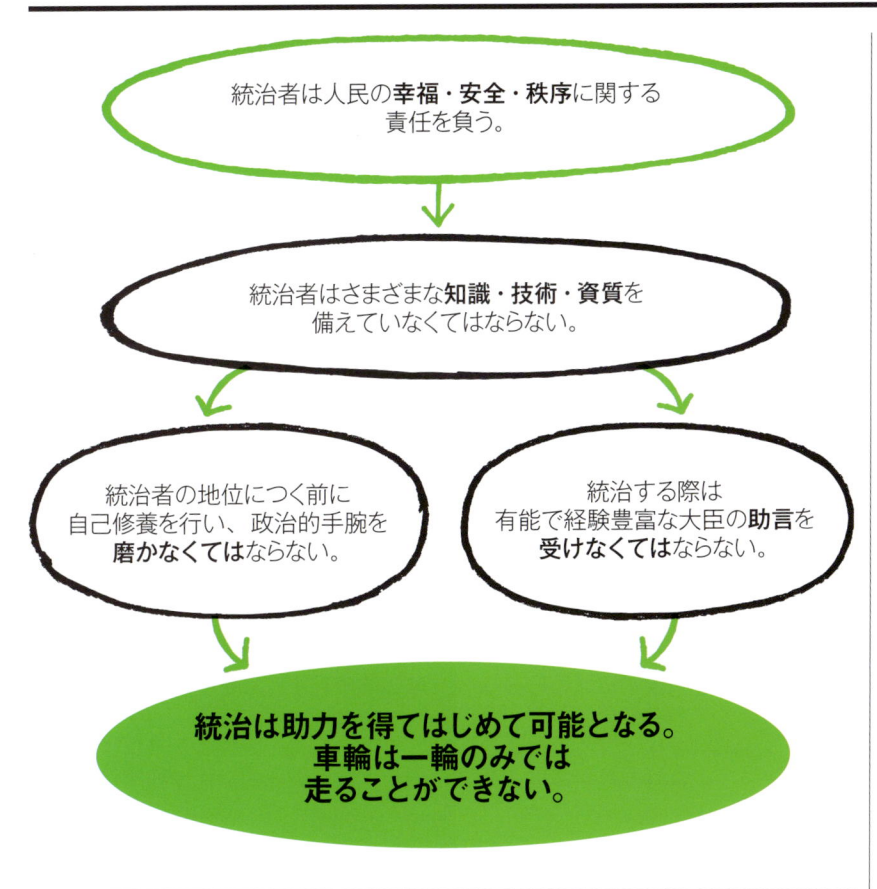

```
統治者は人民の幸福・安全・秩序に関する
責任を負う。
          ↓
統治者はさまざまな知識・技術・資質を
備えていなくてはならない。
       ↙        ↘
統治者の地位につく前に      統治する際は
自己修養を行い、政治的手腕を  有能で経験豊富な大臣の助言を
磨かなくてはならない。     受けなくてはならない。
       ↘        ↙
統治は助力を得てはじめて可能となる。
車輪は一輪のみでは
走ることができない。
```

ヤ（カウティリヤ、ヴィシュヌグプタとも呼ばれる）であっただろう。彼は『実利論』（Arthashastra という書名は「物質的利益に関する科学」または「統治術」という意味である）を著し、政治手法についての知恵と彼自身の思想とを統合してみせた。冷静で、ときには冷酷なほどの彼の政治分析は注目に値する。

## 統治者への助言

『実利論』では国家の統治者に望まれる道徳的資質が論じられているものの、より前面に出ているのは当時のインドの実情に関する記述である。どのように権力を獲得し維持するかという点についての、率直な言葉づかいでの描写が目を引く。国家運営において大臣と顧問が重要な役割を果たしている様を描き出し社会構造を明瞭に文書化したのは、インドにおいては『実利論』がはじめてであった。

国家を繁栄に導くという点がチャーナキヤの政治思想の中核であり、国家を統治する上での最終目標は人民の幸福であるということを、彼は繰り返し述べている。それこそが統治者が負うべき責任であると彼は考えており、秩序と正義をもたらし敵対する国家に勝つことによって、統治者は国民の幸福と安全を保障しなくてはならないと主張した。国家や人民に対する義務を遂行するために必要な力は、次のような諸要素によって決まると彼は『実利論』において述べている。その要素とは、統治者本人の個人的資質・顧問の能力・領土・富・軍・同盟国である。

国家を率いる立場にある統治者は、統治機構において中心的役割を果たさなくてはならない。そのためには適切な資質を有する統治者を選ぶことが重要であるとチャーナキヤは主張するが、さらに、統治者の個人的資質だけでは十分とは言えないと述べている。資質に加えて、統治者は、その職務のために専門的に学ばなくてはならないのである。つまり統治者は、軍事戦略・法・行政・外交や政治の手法といった国家統治に必要となるさまざまな技術を習得しなくてはならず、加えて人民に忠誠と服従を誓わせるために自己修養・倫理学についても学び、道徳的権威を手にしなくてはならないのである。したがって、統治者としての地位につく前に、豊富な経験と知識を有する教師からそれらを学ばなくてはならないのだとチャーナキヤは述べる。

賢明な統治者であれば、就任後もすべて自分で判断するのではなく、信頼のおける大臣や顧問に助言を求めるべきである。国家を治めるにあたっては、統治者に加えて大臣や顧問の存在も重要であるとチャーナキヤは考えた。『実

アショーカの獅子柱頭は、マウリヤ朝中央に位置するサルナートの柱の先端部に建てられている。チャーナキヤはこの強力な帝国を築く手助けをした。マウリヤ朝はインドのほぼ全土を統治下に収めるまでに強大化した。

> すべての物事は
> 相談からはじまる。
> チャーナキヤ

『実利論』においてチャーナキヤは「国家の統治は、助けてくれる人々がいてはじめて可能となる。車輪は一輪のみでは走ることができないのだ」と述べている。これは、独裁政治に陥ることなく、国家の大事は大臣と相談の上で決定せよという、統治者に対する戒めである。

したがって、必要な条件を備えた大臣を任命することは、人民が統治者を選ぶのと同様に重要である。大臣はさまざまな知識や技術を提供してくれる人々である。彼らは完全に信頼のおける人物でなくてはならず、統治者が彼らの助言を信用できるのはもちろんのこと、国家と人民のためになる最終決定を確実に行ってくれる人物であり、必要な場合には、堕落した統治者が自己利益に走るのを防いでくれる人物であることが求められる。

## 結果は手段を正当化する

チャーナキヤを同時代のインドで活躍したほかの政治哲学者とはっきり区別するのは、人間の本質に関する認識であった。『実利論』は道徳哲学書ではなく、統治に関する実用的な手引書であり、国家の安寧と安全のためにはあらゆる必要な手段を用いるべきであるという記述が随所に見られる。『実利論』では、学識と自己修養をもって国を治める統治者が理想的であると述べられ、統治者の道徳的資質に関する言及も見られるものの、権力の獲得・維持のために公明正大とは言えないような手段をどのように駆使すべきかについても躊躇なく論じられているのである。またチャーナキヤは人間の長所・短所に対する鋭い観察眼を持っていたが、彼の論点は常に政治であり、人間の長所・短所を利用するとしても、その目的は統治者の権力を強め敵国の国力を削ぐためだけであった。

このことは領土防衛・領土獲得に関する彼の考え方に顕著に表れている。統治者と大臣は軍事戦略を決定する前に敵国の力を注意深く見極めなくてはならないとチャーナキヤは言う。そうすることでさまざまな戦略のなかから最善のものを選ぶことができる。たとえば、懐柔策をとる、敵軍に内部対立を起こさせる、他国の統治者と便宜上の同盟を結ぶ、あるいは単純に軍事力をもって攻撃する、といった戦略が考えられる。そこから選んだ戦略を実行する際、統治者は冷静さに徹し、策略・賄賂をはじめ、考え得るあらゆる手段を用いるべきだと彼は述べている。これは一見、彼が統治者に備わっているべきだと主張する道徳的権威に反するように思われるが、勝利が確定したあとは統治者は「敗北した敵の持つ悪い部分を、自分の持つ徳で置き換えるようにすべきである。敵に良い部分があったとしたら、自分はその点に関しては敵の二倍の徳を持っていなくてはならない」とチャーナキヤは述べている。

## 諜報活動

『実利論』には統治者に対する助言として、軍事顧問が必要であることや決定の際には情報収集が重要であることも書かれている。近隣諸国によってもたらされる脅威がどの程度かを評価したり、領土獲得が可能であるかを判断したりする際には諜報活動が不可欠となる。しかし、チャーナキヤはさらに、社会の安定を確保するためであれば国内における諜報活動も必要悪だと述べるのである。国内においても国際関係においてももっとも重要なのは国家を守ることであって、道徳性はその次に位置づけられる。国家の安寧のためであれば諜報活動も正当化され、敵対する者の脅威を減ずるために必要ならば政治的暗殺すらも正当化されるとチャーナキヤは主張する。

権力の取得・維持のためには非道徳的な手段も辞さず、法や秩序は厳格に

> 統治者は一つの車輪であり、それだけでは国家を的確に導くことはできない。

> 大臣は二つめの車輪であり、国家を前進させる手助けをする。

チャーナキヤは二輪戦車を引き合いに出し、統治者はその一つの車輪であり、大臣がもう一つの車輪なのだと述べた。この戦車を動かし正しい方向へ向かわせるためには、二つの車輪が必要である。

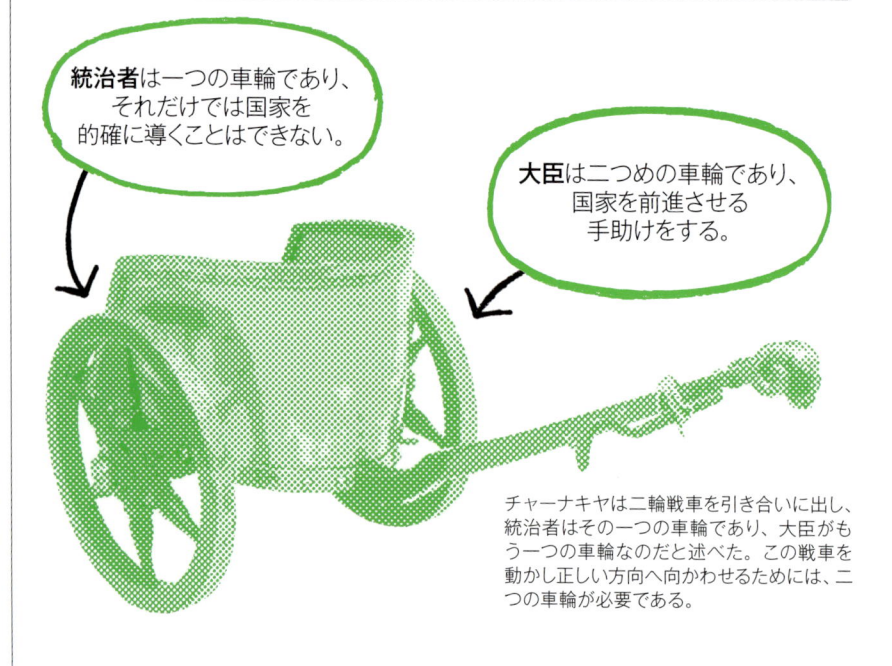

# 古代の政治思想　47

> "
> 大臣の目を通して見ると他者の弱点が見えてくる。
> **チャーナキヤ**
> "

守られるべきだとする態度のために、チャーナキヤは鋭い政治意識を持っていると評価され、あるいは冷酷であると言われることもあった。また『実利論』は、約2000年後に出版されることとなるマキャヴェッリの『君主論』に似ているとされてきた。しかしながら統治者が大臣とともに統治するという中心原則は、むしろ孔子や墨子、あるいはプラトンやアリストテレスとの共通点の方が多いと言えるだろう。チャーナキヤはタクシャシラ大学で学んでいた時代に彼らの思想に触れていたのかもしれない。

## 証明された哲学

『実利論』において示されている助言は、その有用性が直ちに証明された。というのも、チャーナキヤに師事していたチャンドラグプタ・マウリヤがその提言を採用し、紀元前321年ころにナンダ王を倒してマウリヤ朝を創建することに成功したのである。マウリヤ朝はインド亜大陸の大部分を統治下に収めたはじめての帝国であった上に、アレクサンドロス大王が率いるギリシャ軍の侵略の脅威を退けた。チャーナキヤの思想は、その後数世紀にわたってインドの統治や政策決定に影響を及ぼすこととなり、それは中世になってインドがイスラム勢力やムガル帝国の支配下に置かれるようになるまで続い

インドの戦いにおいては象が重要な役割を果たした。敵が象に怯え、戦わずに撤退することも多々あった。チャーナキヤは象を用いた新しい戦術を考え出した。

た。

　忘れ去られていた『実利論』が再発見されたのは20世紀初期であり、それ以来インドの政治思想において再度重要視されるようになった。特に1948年にイギリスからの独立を勝ち取って以降、インドでは非常に大切な書物として扱われている。このようにチャーナキヤは、インドの政治史において最重要人物の一人であるにもかかわらず、西洋においてはほとんど知られていなかった。チャーナキヤが注目すべき政治思想家としてインド国外で認知されるようになったのは、つい最近のことである。■

---

### チャーナキヤ

インドの哲学者チャーナキヤの出生地は定かではないが、彼がタクシャシラで学び、そして教鞭をとったことは知られている。政治に携わるべくタクシャシラを出たあとはパータリプトラへ行き、その地でダナ・ナンダ王の顧問となった。さまざまな説があるもののすべての説で一致しているのは、争いごとがあったためにチャーナキヤがナンダ王宮を去り、ナンダ王に対抗させるべく若いチャンドラグプタ・マウリヤを育てたのだという点である。チャンドラグプタはダナ・ナンダ王を倒しマウリヤ朝を打ち立て、その王朝は現在のインドの南端部を除くほぼ全土を統治するに至る。

チャーナキヤはチャンドラグプタの最高顧問であったが、チャンドラグプタの息子ビンドゥサーラが、チャーナキヤが彼の母親に毒を盛ったという偽りの告発を行ったとされ、その後チャーナキヤは自ら餓死を選んだと伝えられている。

### 主著

**紀元前4世紀**
『実利論』
『処世術』

# 悪質な大臣が安穏と利益を享受しているようであればそれは滅亡のはじまりである

**韓非子（紀元前280年〜前233年）**
Han Fei Tzu

## 背景

**イデオロギー**
法家思想

**焦点**
国法

**前史**
**紀元前5世紀** 孔子が伝統的な家族関係に基づいた階層を提唱し、君主と大臣が模範を示すことで統治すべきであると説く。

**紀元前4世紀** 墨子が完全な能力主義を主張し、大臣や顧問は能力と徳によって選ばれるべきだと述べる。

**後史**
**紀元前2世紀** 戦国時代の終焉後に興った漢王朝が、法家思想を退け儒教を採用する。

**589年〜618年** 中国全土の統一を目指した隋王朝が、法家思想の原理を再度取り入れる。

紀元前5世紀から紀元前3世紀にかけて、春秋時代の中国では諸侯が中国全土の覇権をめぐって争っていた。そこで生まれたのが、そのような混乱した時代に適した政治哲学である。商鞅（紀元前390年〜前338年）、慎到（紀元前350年ころ〜前275年）、申不害（紀元前337年没）といった思想家が現れ、それまでよりも権威主義的な統治を提唱し、彼らの主張は法家の説と呼ばれるようになった。この思想を形式化し、国政で実際に用いたのが韓非子である。法家の思想は、模範を示すことで人民を導くと主張した孔子の思想や、人間の性善説を支持した墨子の思想を否定し、人間の性質に対してより否定的な立場をとる。人間とはもともと刑罰を逃れ自己の利益を得ようとする生き物であると、法家の思想家は考える。そのような性質を持った人間をうまく統治できる国家とは、個人の権利よりも国家の安寧を優先する機構を持ち、望ましくない行為を罰する厳格な法を持った国家であると彼らは主張する。

そのような法の執行にあたるのは統治者の選んだ大臣であるが、その大臣もまた法のもとに置かれ、彼らに対しては統治者が賞罰を与えた。このようにして統治者を頂点に置く階級組織を維持することで、官僚の堕落や陰謀を防ぐことができたのである。戦時中の国家の安全にとってきわめて重要なことは、統治者が大臣を信頼できるということ、そして大臣が自らの昇進のためではなく国益のために行動するということである。■

> 法によって国家を治めるとは正しいことを称賛し不正なことを咎めるということである。
> 韓非子

**参照**：孔子 20-27 ■ 孫子 28-31 ■ 墨子 32-33 ■ トマス・ホッブズ 96-103 ■ 毛沢東 260-65

古代の政治思想　49

# 統治権は
# ボールのように
# 打ち合われる
## キケロ（紀元前106年〜前43年）
Cicero

## 背景
**イデオロギー**
共和主義

**焦点**
混合政体

**前史**
**紀元前380年ころ**　プラトンが『国家』を著し、理想的な都市国家についての考えを述べる。

**紀元前2世紀**　ギリシャの歴史家ポリュビオスが『歴史』を著す。そこには共和政ローマの勃興や混合政体によって権力の分立が保たれる様が描かれている。

**紀元前48年**　ユリウス・カエサルが歴史上他に類を見ないほどの権力を手にする。彼の独裁によって共和政ローマは幕を閉じる。

**後史**
**紀元前27年**　オクタウィウスがアウグストゥスという名を与えられ、事実上ローマ帝国の初代皇帝となる。

**1734年**　モンテスキューが『ローマ盛衰原因論』を著す。

紀元前510年ころに設立された共和政ローマには、ギリシャの都市国家との類似点が多かった。そして体制上の大きな変更が行われないまま500年近く統治が続いた。共和政ローマの統治体制は三つの異なる形式が組み合わされたものであった。それは、君主政（ただし君主ではなく執政官が頂点に立つ）と、貴族政（元老院に貴族が多く含まれる）と、民主政（市民が集会を開く）であった。そしてこの三者がそれぞれに別の領域で権力を持ち、互いに均衡を保っていた。このような混合型の政体が安定を維持し独裁を防いでくれる理想的な統治形態であると、ほとんどのローマ市民が考えていた。

## 抑制と均衡

ローマの政治家キケロは、そのような混合型の体制を強く支持していた。特に、ユリウス・カエサルが独裁的権力を手にすることでこの体制が崩れそうになったとき、キケロは強力な反対姿勢を見せた。共和政が失われれば、政府は破壊的な循環に逆戻りするだろうと彼は警告する。権力は君主から独裁者に渡り、さらに貴族や民衆に奪われるだろう。そしてまた、民衆が手にした権力を、寡頭政治家や独裁者が奪い取ることとなるだろう。混合型の体制によって保たれていた抑制と均衡が損なわれれば、統治権は「ボールのように打ち合われる」ようになるだろうと、キケロは主張した。彼の予言は正しかった。カエサルの死後間もなく、ローマは皇帝アウグストゥスの支配下に置かれ、その後も何代もの独裁者に統治権を握られることとなったのである。■

ローマの軍旗にはSPQR（ローマの元老院と人民）という文字が記されていた。この表現には、混合政体による統治の素晴らしさへの誇りが表れている。

**参照**：プラトン 34-39 ■ アリストテレス 40-43 ■ モンテスキュー 110-111 ■ ベンジャミン・フランクリン 112-13 ■ トマス・ジェファーソン 140-41 ■ ジェイムズ・マディソン 150-53

# 中世の政治

## 30年～1515年

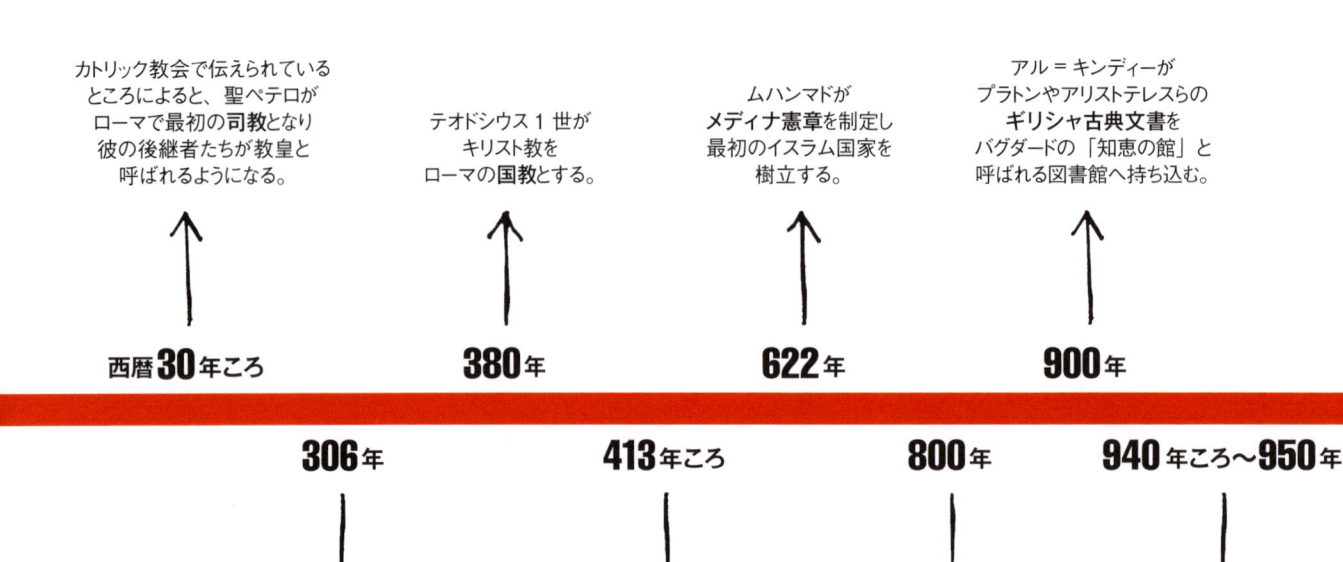

# はじめに

西暦30年ころ — カトリック教会で伝えられているところによると、聖ペテロがローマで最初の**司教**となり彼の後継者たちが教皇と呼ばれるようになる。

306年 — コンスタンティヌス1世がローマ帝国で最初の**キリスト教徒の皇帝**となる。

380年 — テオドシウス1世がキリスト教をローマの**国教**とする。

413年ころ — ヒッポの聖アウグスティヌスが**正義を持たない政府**は盗賊団と同じようなものであると記す。

622年 — ムハンマドが**メディナ憲章**を制定し最初のイスラム国家を樹立する。

800年 — カール大帝がローマ皇帝となり事実上、**神聖ローマ帝国**の基礎を築く。

900年 — アル゠キンディーがプラトンやアリストテレスらの**ギリシャ古典文書**をバグダードの「知恵の館」と呼ばれる図書館へ持ち込む。

940年ころ〜950年 — アル゠ファーラビーが『有徳都市』において**プラトンとアリストテレスの思想**を援用し、イスラム国家の理想像を描く。

---

ローマ帝国は、紀元前1世紀に建国されて以来、着実に力をつけ、ヨーロッパ・アフリカ地中海沿岸・中東にまで支配を広げていった。2世紀にはその勢力は頂点を極め、繁栄と安定を誇るローマ帝国の文化が、アテネ・ローマ諸国の学問や哲学を飲み込んでいく。そして同時期に、ローマ帝国内に新しい宗教が根を下ろしつつあった。キリスト教である。

そこから1000年間、政治思想はヨーロッパの教会に支配されることとなり、中世の政治理論はキリスト教神学によってかたちづくられていった。7世紀に、もう一つの強力な宗教、イスラムが現れる。アラビアで興ったこの宗教は、アジア・アフリカへと広まり、キリスト教優勢のヨーロッパの政治思想にまで影響を与えた。

## キリスト教の影響

プロティノスらローマの哲学者はプラトンの思想にまでさかのぼって研究し、「新プラトン主義」が初期のキリスト教徒の哲学者たちに多大な影響を及ぼした。ヒッポの聖アウグスティヌスはプラトンの思想をキリスト教の教えに即して再解釈し、神の法と人間の法の違いは何か、「正戦」と呼び得るものは存在するのか、といった問いに取り組んだ。

キリスト教以前のローマ帝国では哲学や理論の研究は盛んではなかった。そしてヨーロッパにキリスト教が広まってからは、政治思想はキリスト教の教義に押され、古代ギリシャ・ローマの思想はほとんど顧みられなくなった。政治思想が盛んにならなかったおもな原因は、教会と教皇が政治権力を持っていたことにある。事実上、中世ヨーロッパは教会に支配され、この状況は、800年にカール大帝が神聖ローマ帝国を建国したことにより決定的となる。

## イスラムの影響

同じころアラビアでは、ムハンマドがイスラムを創始し、帝国主義へと向かう。イスラムは強力な宗教へと発展し、急速に政治的権力も獲得していった。キリスト教と違い、イスラムは宗教とは無関係な政治思想に対しても寛容で、広く学問を推し進め、ムスリム以外の思想家の研究をも奨励した。イスラム帝国の多くの都市に古典文書保存のための図書館が建設され、学者たちはプラトンやアリストテレスの思想をイスラム神学のなかに取り込んでいった。バグダードのような都市は学問の中心地となり、アル゠キンディー、アル゠ファーラビー、イブン゠シーナー（アヴィケンナ）、イブン゠ルシュド（アヴェロエス）、イブン゠ハルドゥーンといった学者たちが政治理論を研究した。

そのころ、ヨーロッパでは「学者」という地位は聖職者のものとみなさ

# 中世の政治

**980年ころ〜1037年**
アヴィケンナがイスラム神学に**合理的哲学**を融合し新たな政治思想への可能性を開く。

**1095年**
イスラムの支配下にある聖地エルサレムの奪還のために、キリスト教徒が**第1回十字軍**を派遣する。

**1300年**
トマス・アクィナスが**枢要徳・対神徳**を定め自然法・人間の法・神の法を区別する。

**1377年**
イブン・ハルドゥーンが政府の役割は**不正を防ぐ**ことであると述べる。

**1086年**
イングランド王ウィリアム1世が**ドゥームズデイ・ブック**の編纂を命じ世界でもっとも初期の国勢調査が行われる。

**1100年**
イングランド王ヘンリー1世が**自由憲章**を制定し国王を法の支配下に置いて権力の乱用を防ぐ。

**1328年**
パドヴァのマルシリウスが教皇ヨハネス22世と対立する神聖ローマ帝国のルートヴィヒ4世を擁護し、**非宗教的な法**を支持する。

**1513年**
ニコロ・マキャヴェッリが『君主論』を著し**現代政治学**の実質的基礎を築く。

---

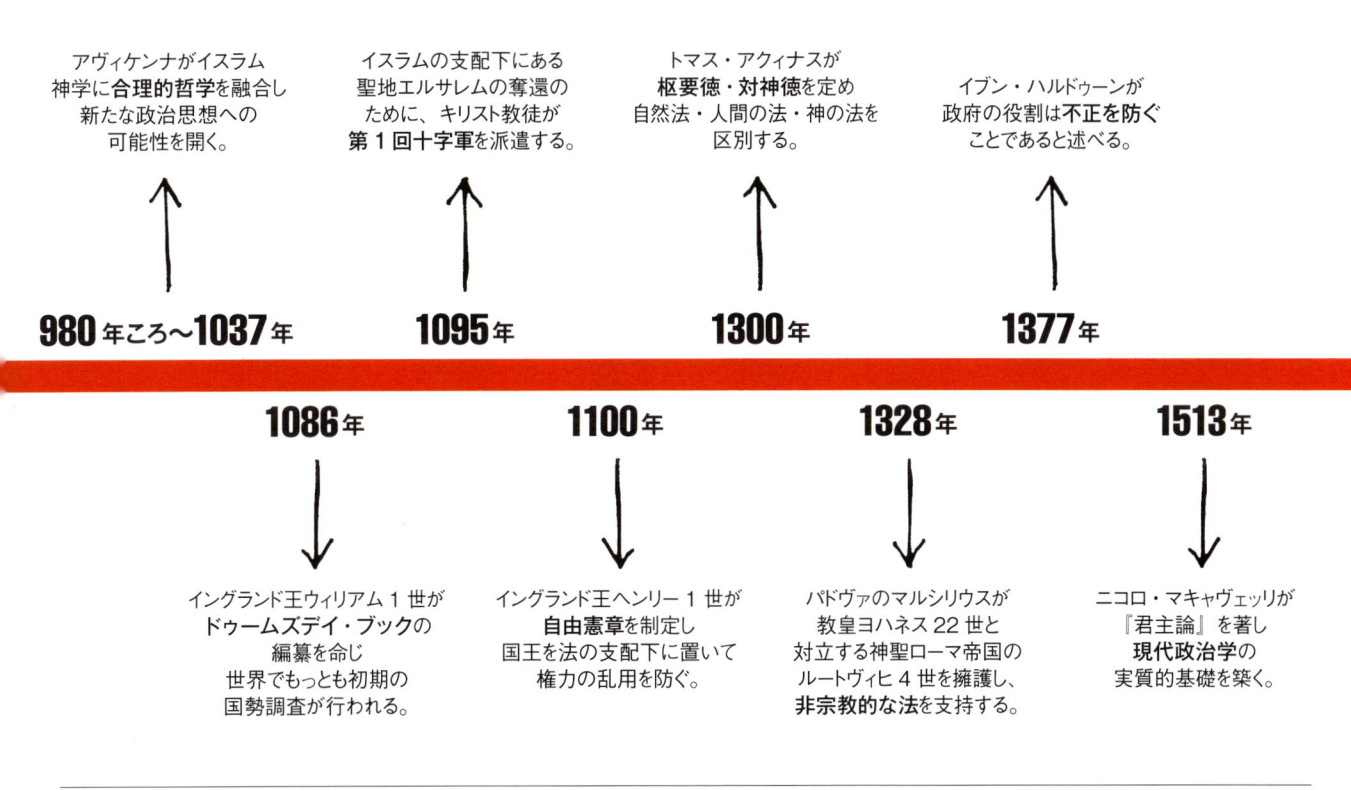

れ、社会構造は教会によって規定され、キリスト教徒以外の人々には活躍の機会がほとんど与えられていなかった。そのような中世ヨーロッパに新鮮な思想が導入されたのは、イスラムの影響であったと言えよう。ヨーロッパの学者たちは、イスラムの保護下にあった古典文書から、かつての思想を学ぶことになったのである。イスラムの学者が保存した文書や翻訳した文書が、12世紀にキリスト教徒の学者の目に触れるようになり、特に両宗教が共存していたスペインでは、多くの文書が読まれることとなった。そのような文書の存在はキリスト教世界全体に知れ渡り、教会上層部が難色を示していたにもかかわらず瞬く間に広まり、翻訳が行われた。その際に、文書の本文だけでなく、ムスリムによって付された注釈も読まれ、翻訳されていったのである。

## 難しい問題

新世代のキリスト教徒の哲学者たちは古典思想に精通しており、たとえばトマス・アクィナスは、アリストテレスの思想をキリスト教神学に取り込もうと試みた。このような動きによって、「国王という権限は神から与えられたものなのか」といったそれまでは避けられていた疑問が表面化し、「人間の法対神の法」といった議論が再燃した。知識人たちのあいだに世俗的な思想が入り込んだことは神聖ローマ帝国に大きな影響を与え、その結果、それぞれの民族国家が独自性を主張しはじめ、為政者たちが教皇と対立するようになった。また、国内政治における教会の権威が疑問視されるようになり、ローマの聖アエギディウス、パドヴァのマルシリウスといった哲学者が、対立する両者のうちの片方に与するようになっていく。

中世が終わるころ、新しくできた国々が教会の権力に立ち向かうようになる。と同時に人々は、国王の権力に対しても疑問をいだきはじめた。イギリスでは、ジョン王が諸侯に権限のいくつかを移譲せざるを得ない状況に陥り、イタリアでは専制君主がフィレンツェ共和国などの国々に権力を奪われた。フィレンツェ共和国はルネサンス発祥の地であり、ルネサンス思想のシンボル的存在ニコロ・マキャヴェッリがきわめて現実的な道徳を備えた政治哲学を生み出して世界に衝撃を与えた地である。■

# 為政者に正義がなかったら政府は盗賊団以外の何ものだというのか

## ヒッポの聖アウグスティヌス（354年〜430年）
Augustine of Hippo

## 背景

**イデオロギー**
キリスト教

**焦点**
正しい統治

**前史**
**紀元前4世紀** プラトンが『国家』と『法律』において理想的な国家における正義の重要性を強調する。

**紀元前1世紀** キケロが共和政ローマの終焉とそれに代わる皇帝による統治に異を唱える。

**306年** コンスタンティヌス1世がキリスト教徒としてはじめてのローマ帝国皇帝となる。

**後史**
**13世紀** トマス・アクィナスがアウグスティヌスの理論を援用して正戦を定義する。

**14世紀** イブン・ハルドゥーンが政府の役割は不正を防ぐことであると述べる。

**1600年ころ** フランシスコ・スアレスとサラマンカ学派が自然法哲学を提唱する。

---

**380**年、キリスト教が事実上ローマ帝国の国教となった。その後、教会の権力と影響力が強まるにつれて、教会とローマ帝国との関係に問題が生じてきた。この問題をはじめて取り上げたのが、ヒッポの聖アウグスティヌスである。彼は学者であり、教育者であり、キリスト教に改宗した人物である。アウグスティヌスはプラトンについて研究し、古典哲学をキリスト教に組み込んだ。彼の政治思想の基礎となったのもまた、プラトンの思想であった。

ローマ市民であったアウグスティヌスは、法治国家の伝統を大切にしていた。が、その一方で、学者としてはアリストテレスとプラトンに賛同しており、国家の目的は市民が有徳な善い人生を送れるようにすることであると考

---

国家には統治者または政府が存在し、また、**人民の行動や経済を統制する**法が存在する。

盗賊団は首領のもとにまとまり、**規律の維持や略奪品の分配**のための掟を持つ。

↓

正しくない統治者が支配する国は、**領土や資源を奪い取るために**隣国に戦争を仕掛ける。

それぞれの盗賊団が**領土を所有し、**隣接する土地で**略奪行為を行う。**

↓

**為政者に正義がなかったら、政府は盗賊団以外の何ものだというのか。**

# 中世の政治

参照：プラトン 34-39　■　キケロ 49　■　トマス・アクィナス 62-69　■　フランシスコ・スアレス 90-91　■　トマス・ホッブズ 96-103

> 正義がなければ
> 法のもとで人々を
> まとめ続けることなど
> できない。
> **アウグスティヌス**

えていた。キリスト教徒にとっての「有徳な善い人生」とは、教会によって定められた神の法に従って生きるということである。しかし、実際には、神の法に従った生き方を実践できている人はきわめて少数で、大多数の市民は罪を犯しながら生きているのだと、アウグスティヌスは考えていた。彼は「神の国」と「地の国」とを区別し、「地の国」では多くの罪が横行していると述べた。そのような中で神の法に基づいた法をつくり、人々が「神の国」で暮らせるようにするには、教会の力をもってする以外にないとアウグスティヌスは説く。神の法に基づいてつくられた正しい法の存在こそが、国家と盗賊団の違いである。盗賊や海賊は首領のもとで徒党を組んで、隣人への略奪行為を行う。盗賊団にも「法」と呼べるような規則があるかもしれないが、その規則は正しいものではないのである。さらに、罪の蔓延する「地の国」においてすら、権威者が法を用いた統治を行うことで秩序を保つことが可能であると、アウグスティヌスは指摘する。我々には、そのような秩序が必要なのである。

## 正戦

アウグスティヌスの正義を貫く姿勢はキリスト教の教義に根ざしたものであり、戦争に関しても徹底した正義感を持っている。彼は、すべての戦争を悪とみなし、他国に対する攻撃や略奪は不正義であるとする一方で、「正戦」が存在することは認めている。他国の侵略に対する自衛などの正しい動機に基づいた戦い、または平和を奪回するための戦いを正戦と位置づけ、戦いを避けられなかったという事実に対する深い遺憾の念をいだきつつ最終手段として戦う場合にのみ是認できるものであると述べている。

このような世俗法と神の法との衝突、そしてその二つの法の折り合いをつけようとする試みは、教会と国家との権力闘争へと発展し、その対立は中世を通して続くこととなる。■

キリスト教の原理に従って生きるとはどのようなことか、アウグスティヌスの考えは、彼の著書『神の国』に記されている。そのなかで彼は、ローマ帝国と神の法との関係について述べている。

---

## ヒッポの聖アウグスティヌス

アウレリウス・アウグスティヌスは、ローマ帝国の支配下にあった北アフリカのタガステ（現在のアルジェリアのスーク・アハラス）で、非キリスト教徒の父と、キリスト教徒の母とのあいだに生まれた。彼はマダウルスでラテン文学を、カルタゴで弁論術を学ぶ。カルタゴでペルシャのマニ教を知り、また、キケロの著書を通して哲学に興味を持つようになる。373 年までタガステとカルタゴで教鞭をとるが、その後ローマ、さらにミラノへと移り住む。ミラノで出会ったキリスト教神学者で司祭のアンブロジウスに影響を受け、プラトン哲学を学び、のちに改宗してキリスト教徒となる。387 年に洗礼を受け、391 年にタガステで司祭に任命される。最終的にはヒッポ（現在のアルジェリアのボーヌ（アナバ）に落ち着き、宗教コミュニティーをつくり、396 年にその地で司教となる。自伝とされる『告白』に加えて、神学や哲学に関する著作も多い。430 年、ヒッポがヴァンダル族に包囲されるなかで亡くなった。

### 主著

387 年～ 395 年　『自由意思論』
397 年～ 401 年　『告白』
413 年～ 425 年　『神の国』

# 戦いは
# 忌まわしいものだが
# 義務でもある
## ムハンマド（570年〜632年）
**Muhanmad**

### 背景

**イデオロギー**
**イスラム（教）**

**焦点**
**正しい戦争**

**前史**
**紀元前6世紀** 孫子が『孫子の兵法』において、国家にとって軍隊は必要不可欠なものであると述べる。

**413年ころ** アウグスティヌスが、正義のない政府は盗賊団以外の何ものでもないと述べる。

**後史**
**13世紀** トマス・アクィナスが正しい戦争の条件を定義する。

**1095年** ムスリムからエルサレムと聖地パレスチナの支配権を奪い取るために、キリスト教徒が第1回十字軍の遠征を行う。

**1932年** アブル・アッラ・マウドゥーディーが『イスラムの理解へ』において、イスラムの教えには政治を含むあらゆる人間の生活の局面が含まれていると主張する。

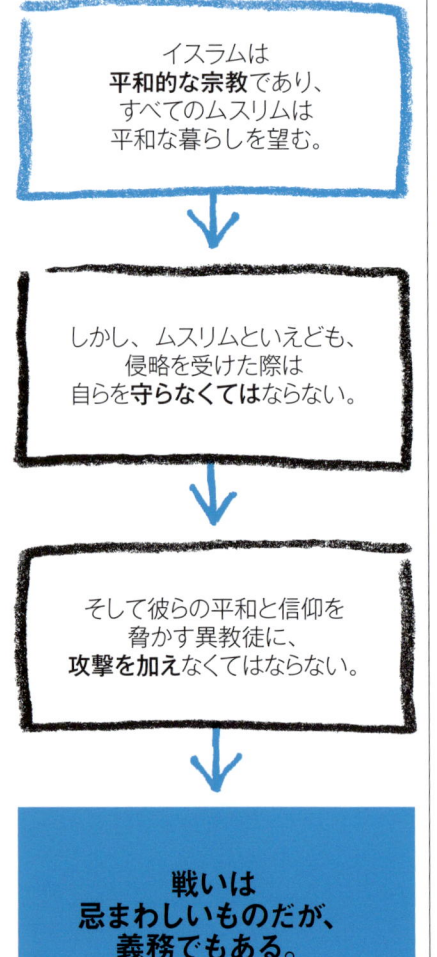

---

イスラムは**平和的な宗教**であり、すべてのムスリムは平和な暮らしを望む。

↓

しかし、ムスリムといえども、侵略を受けた際は自らを**守らなくては**ならない。

↓

そして彼らの平和と信仰を脅かす異教徒に、**攻撃を加え**なくてはならない。

↓

戦いは忌まわしいものだが、義務でもある。

---

ムスリムにイスラムの預言者として崇められているムハンマドは、イスラム帝国の基礎を築いた人物でもある。彼はイスラム帝国の精神的指導者であったと同時に、政治的・軍事的指導者でもあった。ムハンマドは信仰を理由にメッカを追放され、622年にヤスリブへと逃れる（ムハンマドのこの移住は「ヒジュラ」と呼ばれるようになった）。そこで多くの信奉者を得た彼は、ヤスリブをイスラムの都市国家としてまとめ上げた。ヤスリブはメディナ（「預言者の町」）と改称され、世界ではじめてのイスラム国家となった。ムハンマドはメディナ憲章を制定し、それがイスラムの政治的伝統の基礎となった。

メディナ憲章は、メディナ内部に存在する各共同体の権利と義務について述べ、法治主義を説き、戦争についても言及している。メディナ内のユダヤ人は、同憲章において独立した共同体として認められており、彼らとメディナとのあいだで合意されたお互いの義務についても記載されている。メディナ憲章で定められた義務のなかには、メディナの全国民が一丸となって戦わなくてはならないというものも含まれていた。メディナが他国の脅威にさらされた場合は、どのような信仰を持つ者であれ、すべての国民が協力して戦わなくてはならないというものである。重要なことは、イスラム国家メディナ内における平和を保つことであり、また、ムハンマドが信奉

中世の政治 57

参照：アウグスティヌス 54–55 ■ アル=ファーラビー 58–59 ■ トマス・アクィナス 62–69 ■ イブン・ハルドゥーン 72–73 ■ アブル・アッラ・マウドゥーディー 278–79 ■ アリ・シャリアティ 323

イスラムの巡礼者は、サウジアラビアの聖なる都市メディナにある「預言者のモスク」の近くで祈りをささげる。メディナはムハンマドにより最初のイスラム国家が建設された都市である。

者と兵士を集めてアラビア半島を統一できるような政治体制をつくり上げることであった。

メディナ憲章の力は精神面と世俗面の両面に及ぶもので、「意見の不一致が生じた場合は、神とムハンマドにその答えを求めるべきである」と記されている。神はムハンマドを通して語るのであり、したがってムハンマドの言葉は絶対的な神の権威に裏打ちされているとみなされた。

## 平和を好むが平和主義ではない

メディナ憲章は、のちに完成するイスラムの聖典コーランの内容と大部分が一致しているが、コーランでは、政治的規範よりも宗教的義務について詳しく述べられている。コーランによれば、イスラムは平和を愛する宗教であるが、平和主義の宗教ではない。ムハンマドは、イスラムは異教徒から守られるべきであると繰り返し訴えており、場合によっては先制攻撃も許容されると述べているようにも受け取れる。ムスリムは暴力を避けるべきだとされているが、イスラムを守り、広めていくためであれば、暴力も必要悪であるとみなされるようである。ムハンマドは、信仰を守ることがすべてのムスリムの道徳的義務であると述べている。

この義務は、イスラムにおけるジハードという概念（「聖戦」、ただし直訳すると「奮闘すること」「努力すること」）によく表れている。ジハードは、もともとは、ムハンマドのイスラム国家メディナを攻撃してきた近隣の都市に向けられたものであった。それらの都市を一つずつ制圧していくにつれて、戦うことがイスラムを広める手段となっていき、政治的にはイスラム帝国の拡大を意味するようになっていった。

コーランはジハードを宗教的義務であるとしており、戦いは憎むべきものであるが必要なものでもあるとする。その一方でコーランは、戦争行為には厳格な規定があるとも述べている。そのような規定に基づいた「正しい戦争」の条件（正しい動機と目的を持ち、正当性があり、最終手段として選択されたものであること）は、キリスト教ヨーロッパにおいて考え出された条件ときわめてよく似ている。■

### ムハンマド

ムハンマドは 570 年にメッカに生まれた。父親の亡くなった直後のことであった。ムハンマドが 6 歳のときに母親も亡くなると、彼は祖父母と叔父に育てられ、彼らにシリアとの隊商交易を任されるようになる。30 歳代後半でヒラー山の洞窟に祈りに通うようになった彼は、610 年に天使ガブリエルによる最初の啓示を受けたと言われている。彼はその教えを説きはじめ、次第に信奉者を増やしていくが、信奉者ともどもメッカを追われることとなる。彼らは 622 年にメディナへと逃れるが、その移住はイスラム暦のはじまりとして祝われている。632 年にムハンマドが亡くなるまで、アラビアのほぼ全土が彼の支配下にあった。

**主著**

622 年ころ　メディナ憲章
632 年ころ　コーラン
8 世紀および 9 世紀　『ハディース』

> アラーの名のもとに
> アラーの教えに従って
> アラーを信じない者たちと戦え。
> **スンニ・ハディース**

# 人は
# 有徳者による
# 統治を拒む

アル＝ファーラビー（870年ころ～950年）
Al-Farabi

## 背景

**イデオロギー**
イスラム（教）

**焦点**
政治的な徳

**前史**
**紀元前380年ころ～前360年**
プラトンが『国家』において哲人王による支配を提案する。

**3世紀** プロティノスといった哲学者がプラトンの作品を再解釈し、神学的・神秘主義的思想を導入する。

**9世紀** アラブの哲学者アル＝キンディーがバグダードの図書館「知恵の館」にギリシャの古典文書を持ち込む。

**後史**
**980年ころ～1037年** ペルシャのアヴィケンナがイスラム神学に合理的哲学を取り入れる。

**13世紀** トマス・アクィナスが枢要徳・対神徳を定義し、自然法・人間の法・神の法の違いを明確化する。

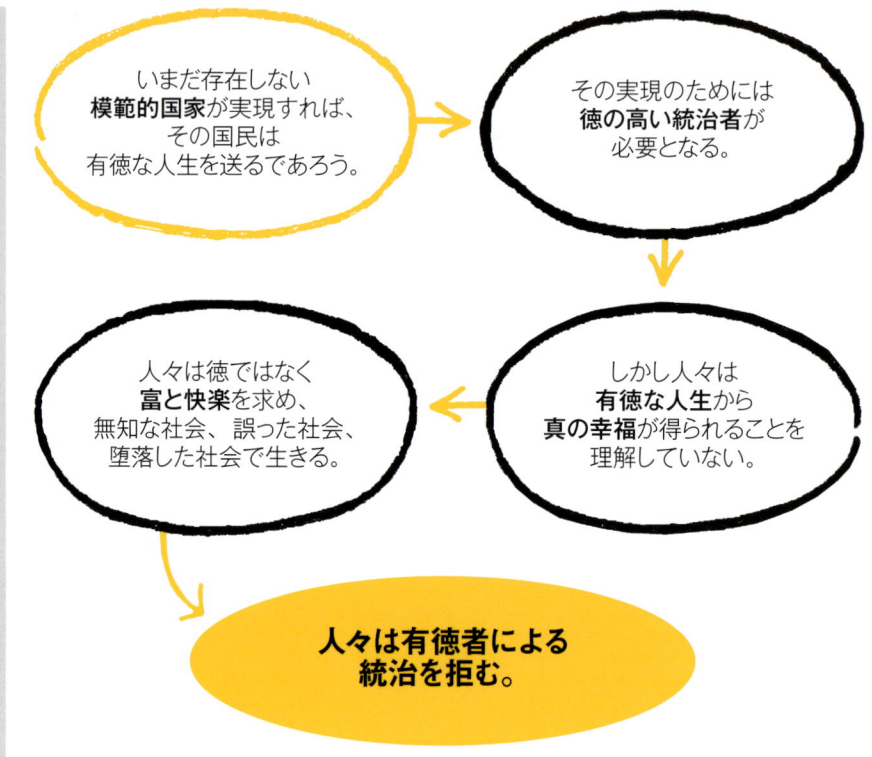

---

いまだ存在しない**模範的国家**が実現すれば、その国民は有徳な人生を送るであろう。

→ その実現のためには**徳の高い統治者**が必要となる。

↓

しかし人々は**有徳な人生**から**真の幸福**が得られることを理解していない。

←

人々は徳ではなく**富と快楽**を求め、無知な社会、誤った社会、堕落した社会で生きる。

↓

**人々は有徳者による統治を拒む。**

---

7世紀から8世紀にかけてイスラム帝国が拡大され、イスラム黄金期と呼ばれる時期がやってくる。この時期には文化・学問が非常に盛んになり、イスラム帝国の大都市の多くに図書館が建設された。それらの図書館にはギリシャやローマの偉大な哲学者の著書が収められ、それらの書物の翻訳が行われた。特にバグダードは学問の中心地として知られるようになり、アル＝ファーラビーが哲学者として、またギリシャの哲学者アリストテレスの著書の注釈者としての名声を博したのも、バグダードであった。アリストテレス同様、アル＝ファーラビーも、快適で幸せな人生を送るた

# 中世の政治

参照：プラトン 34-39 ■ アリストテレス 40-43 ■ アウグスティヌス 54-55 ■ トマス・アクィナス 62-69

> 模範的国家の目標は
> 人民の物質的財産だけでなく
> 人民の将来の運命をも
> 保障することである。
> **アル＝ファーラビー**

めには、人間は都市国家のような社会のなかに身を置く必要があると考えていた。アル＝ファーラビーの考えでは、そういった社会としては都市国家が最小規模のもので、民族国家や帝国、さらには世界国家のような大規模の社会に所属することによっても、人間は幸福な人生を送ることができるとされた。

アリストテレスの思想に通じていたアル＝ファーラビーだったが、彼の政治思想にもっとも影響を与えたのは、実はアリストテレスの師、プラトンであった。特に、理想国家とその統治法についての考えは、プラトンによるところが大きい。正義といった徳の本質を理解する「哲人王」による統治をプラトンが支持したように、アル＝ファーラビーは『有徳都市』において、徳の高い指導者によって統治される模範的な都市を描いている。そのような指導者が、徳の高い人生を送るように人々を導くことによって、人々は本当に幸福な人生を送ることができると、アル＝ファーラビーは述べている。

## 神の知恵

アル＝ファーラビーがプラトンと異なる点は、理想的な統治者の徳とはどのようなもので、どこからくるのかという考え方である。アル＝ファーラビーはそれを神の知恵であるべきだと考える。アル＝ファーラビーは、哲人王ではなく「哲人預言者」が統治者であるべきだと主張する。その哲人預言者のことを、アル＝ファーラビーは「正しいイマーム」と呼んでいる。

そのような有徳都市は政治的な理想郷であるものの、いまだ実現にはほど遠いとアル＝ファーラビーは言う。現実世界に存在するさまざまな政治形態について書いた上で、彼は、それらの政治形態がなぜ彼の理想に及ばないのかに関して三つの大きな理由を指摘している。それは、無知・誤り・堕落である。無知な国家において、人々は、有徳な人生を送ることによって得られる本当の幸せについて知らない。誤った国家において、人々は徳の本質を理解していない。堕落した国家においては、人々はどうすれば徳の高い人生を送れるかを知っているものの、そのような人生を送ることを選ばない。それら三種類の不完全な国家において、人々は有徳な人生ではなく富と快楽を求める。無知な国と誤った国の人々の魂は、死後消滅するとアル＝ファーラビーは考えた。それに対して堕落した国の人々の魂は、永遠の後悔に苛まれる。有徳都市の人々の魂だけが、永遠の幸せを享受することになる。しかしながら、無知な国、誤った国、堕落した国の人々と、それらの国の指導者たちが地上の快楽を追い求める限り、彼らは、自分たちの求めるものを与えてくれないような、徳の高い指導者による統治を拒絶する。その結果、理想的な有徳都市は、いまだに実現されないのである。■

アル＝ファーラビーはイラクのバグダードで自らの思想を深めた。バグダードはイスラム黄金期の学問の中心地であり、今でも世界最古の大学を有する都市である。

---

### アル＝ファーラビー

アブー・ナスル・アル＝ファーラビーは、イスラムの哲学者に（アリストテレスに次ぐ）「第二の師」と仰がれているが、その人生に関する確かな情報はほとんどない。彼はおそらく870年ころにファラブ（現在のカザフスタンのオトラル）で生まれ、その地の学校と、現在のウズベキスタンにあるブハラの学校に通ったと考えられている。その後、901年にバグダードに移り、研究を続けたとされる。バグダードでアル＝ファーラビーは、キリスト教徒の学者とイスラムの学者とともに、錬金術と哲学を研究し、音楽家としても言語学者としても名を馳せた。彼は裁判官および教師として、人生の大半をバグダートで過ごしたが、多方面に旅をしており、エジプト、ダマスカス、ハラン、アレッポを訪れた。彼の著作の多くは、アレッポで、シリアの支配者であったサイフ・アル＝ダウラのもとで、法廷での仕事をしている間に書かれたと言われている。

### 主著

**940年ころ～950年**
『有徳都市』
『知性に関する書簡』
『書簡に関する本』

# いかなる自由市民も国法によらずに投獄されることはない
## ジョン王の諸侯（13世紀初期）
**Barons of King John**

### 背景

**イデオロギー**
議会主義

**焦点**
自由

**前史**
**紀元前509年ころ** ローマにおいて君主政が終焉を迎え、共和政治がそれに代わる。

**紀元前1世紀** ユリウス・カエサルが元老院から権力を奪ったのち、キケロがローマ共和政への回帰を主張する。

**後史**
**1640年代** イングランド内戦とそれに続く君主政の廃止により、議会の同意なしには統治が成立しない体制となる。

**1776年** アメリカの独立宣言に「生命、自由、幸福の追求」が生得権として記される。

**1948年** パリの国連総会において世界人権宣言が採択される。

---

イングランドのジョン王は、王位についているあいだに急速に人気を失っていった。その原因は、フランスとの戦争における失敗と、王のもとで騎士として仕え税を納める諸侯に対する横暴な態度である。1215年には諸侯の反抗に遭い、ロンドンに集結した彼らと交渉の場を持たざるを得なくなった。諸侯は、要求を詳細に記した文書を提出した。それは、100年前にヘンリー1世によって出された自由憲章を手本としたもので、事実上、王の権力を制限し、諸侯の特権を擁護するものであった。「諸侯の要求条項」は諸侯の財産・権利・義務に関する条項であるが、同時に王を法のもとに置くことを定めるものでもあったのだ。

> 我々は、権利と司法を何人にも売り与えず、また、権利と司法を拒否あるいは遅らせることはしない。
> **マグナカルタ 40条**

### 暴政からの自由

特に次の39条には重大な意味があった。「いかなる自由市民も、己と同等の市民による合法的裁判、または国法による以外、逮捕・監禁されたり、権利・財産をはく奪されたり、法の保護を奪われ追放されたり、他の方法によって地位を追われたりすることはなく、また、他の自由市民に対して直接暴力を行使することや、第三者に依頼して間接的に暴力を行使することはしない」。この諸侯の要求条項には、のちに制定される人身保護令状の概念が暗に含まれていたのである（人身保護令状では、拘束された人間を法廷へ出廷させることが定められ、独裁者の権力の乱用から個人を守ることが義務づけられる）。つまり、この概念を盛り込んだ諸侯の要求条項によって、独裁者から個人の自由を守ることが、はじめて明確に保障されたわけである。ジョン王はこの要求を承諾せざるを得ず、のちにマグナカルタ（「大憲章」という意味のラテン語）として知られることになるこの要求条項に調印した。

残念ながら、ジョン王の同意はかたちだけのものであり、この条項の多くの項目は無視されるか撤回されることになる。しかしながら、重要な条項は生き残り、マグナカルタの精神はイギリスの政治的発展に大きな影響を及ぼしていくのである。自由市民に有利な

中世の政治　**61**

参照：キケロ 49 ■ ジョン・ロック 104–09 ■ モンテスキュー 110–11 ■ ジャン＝ジャック・ルソー 118–25 ■ オリヴァー・クロムウェル 333

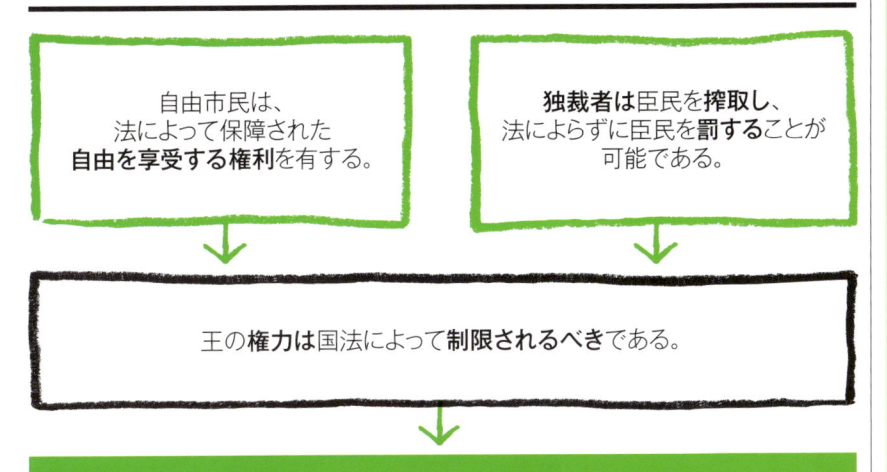

> 自由市民は、法によって保障された**自由を享受する権利**を有する。

> **独裁者は**臣民を**搾取し**、法によらずに臣民を**罰する**ことが可能である。

↓

> 王の**権力**は国法によって**制限されるべき**である。

↓

> **いかなる自由市民も、国法によらずに投獄されることはない。**

かたちで王の権力を制限したことは、王の権力に左右されない議会が出現する基礎となった（当時の「自由市民」とは封建領主のみを指し、農奴は含まれなかった）。権力に屈せず抵抗し続けたド・モンフォールが 1265 年に立ち上げた議会は、そのような独立性を持つはじめての議会であり、諸侯に加えて、選挙により選ばれた代表者、騎士、都市選出議員を構成員とするはじめての議会でもあった。

## 議会の確立に向けて

17 世紀イングランドでは、内戦のなか、王も法律のもとに置くべきだという考えが高まり、マグナカルタはオリヴァー・クロムウェル率いる議会派の旗印となった。当時、マグナカルタは一部の特権階級のみに適用されるものであったが、独裁者の権力から個人の自由を守る法という意味では先駆的な存在であった。マグナカルタはまた、多数の権利宣言だけでなく、多くの現代国家（特にイギリスの植民地であった国々）の憲法に含まれる権利に関する条項にも多大な影響を与えることとなった。■

イギリスのロンドンにある議会両院は、1215 年、諸侯が「王は会議体の同意なしに追加の課税を行うことはできない」と要求した事件をきっかけに生まれた。

### イングランドの諸侯

征服王ウィリアム（1028 〜 87 年）がつくった領主制度は、王により封建的に土地の所有権を与えられるというもので、土地所有者には一定の義務が課された特権が与えられた。領主は土地を所有する権利をもらう代わりに王に税金を納め、さらに、王から要請があったときには王のために戦う騎士団を派遣するという「義務的奉仕」も課せられていた。そのような義務を果たす代わりに、王の会議体に参加する特権を与えられていたが、それは、王に召集された場合に限られた。その会議体は定期的に開かれるものではなく、場所もよく変わり、特定の会場があるわけではなかった。

ジョン王（上の写真）の時代の諸侯は力ずくで王にマグナカルタを認めさせたが、13 世紀中に力を失っていき、イングランド内戦のあいだにほぼ完全に失墜した。

**主著**

1100 年　自由憲章
1215 年　マグナカルタ

# 戦争が正しいものであるためには正しい動機がなくてはならない

トマス・アクィナス（1225年〜1274年）
Thomas Aquinas

# トマス・アクィナス

## 背景

**イデオロギー**
自然法

**焦点**
正しい戦争

**前史**
**紀元前44年** キケロが『義務について』で戦争に反対し、国の防衛や平和の回復のための最終手段として用いられる以外は認められないと述べる。

**5世紀** ヒッポの聖アウグスティヌスが、国家は徳を高めることに努めるべきだと述べる。

**620年代** ムハンマドがムスリムに対して、イスラムを守るために戦うことを求める。

**後史**
**1625年** フーゴー・グロティウスが『戦争と平和の法』において、国際法についての箇所で正戦論に言及する。

**1945年** 国際連合憲章が、国際紛争において国際連合の承認なしに武力を行使することを禁ずる。

---

ローマカトリック教会は、中世ヨーロッパにおいて数世紀にわたって学問を独占していた。4世紀末にローマの皇帝コンスタンティヌスがキリスト教を国教と定めて以来、政治思想はキリスト教の教えに支配されてきた。国家と教会の密接な関係が哲学者や神学者にも影響を与えており、ヒッポの聖アウグスティヌスなどはその顕著な例である。アウグスティヌスはプラトンの著作『国家』で展開される政治的分析をキリスト教の教義と統合してみせ、そこを出発点として、学者たちがキリスト教的政治思想を組み立てていくこととなる。しかし、12世紀になり、イスラムの学者たちとの交流を通してギリシャの古典書物の翻訳版がヨーロッパに入ってくるようになると、ヨーロッパにもほかの哲学者の思想に興味を持つ者が出てくる。特にアリストテレスや、彼の著作をイスラム世界に紹介したアンダルシアの博識家アヴェロエスの思想に興味が集まった。

## 論証に基づく手法

中世後期に現れたキリスト教徒の思想家のなかで圧倒的な存在感を持っていたのは、イタリアの学者トマス・アクィナスであった。彼は当時新しくできたばかりのドミニコ会の会員であった

> 正義が平和への障害を
> 取り除くという点において
> 平和は正義の産物である
> と言えるだろう。
> しかし、人間の愛の精神こそが
> 平和を産み出すことを考えれば
> 平和は愛の賜物であると言っていい。
> **トマス・アクィナス**

が、ドミニコ会はスコラ哲学の伝統を重んじる会であり、単にキリスト教の教義を教え込むのではなく、教育の手法として推論や論証を活用していた。この考えに沿って、アクィナスは、プラトンやアリストテレスといった哲学者が提唱した合理的な論証手法とキリスト教神学とを統合した。聖職者であったため、彼の最大の関心は神学にあったが、当時は教会が政治を牛耳っていた時代であり、神学と政治とのあいだには現在のような明白な境界線は存在しなかった。アクィナスは哲学の合

---

国家の**目的**は人民が**善い人生**を送れるようにすることである。 → したがって、国家が戦争の必要性を認めるべきときは、**戦争が善を促し悪を排除する**ときのみである。 →

戦争は、**権力者または政府**の権威のもとにおいてのみ発動されるべきである。 → 権威を持つためには、権力者あるいは政府は、**正義をもって統治**しなくてはならない。 →

**戦争が正しいものであるためには、正しい動機がなくてはならない。**

# 中世の政治　65

**参照：** アリストテレス 40-43 ■ キケロ 49 ■ アウグスティヌス 54-55 ■ ムハンマド 56-57 ■ マルシリウス 71 ■ フランシスコ・スアレス 90-91 ■ マイケル・ウォルツァー 324-25

理性とキリスト教神学の教義とを統合する議論のなかで、世俗的権力と神の力との対立や、多くの国で生じつつあった教会と国家との衝突といった問題の解決にあたった。また、その論法を援用して、どのような時に戦争が正当であると言えるのかといった倫理的な課題にも取り組んだ。

## 最高の徳としての正義

アクィナスは道徳的哲学という枠組みにおいて明快に政治問題を論じるなかで、神学的考察同様、政治的考察の際にも、論理的に考えることが大切であると強調している。その議論の出発点として、彼はヒッポの聖アウグスティヌスの著作を引き合いに出す。アウグスティヌスは、国家の目的は市民が有徳な善い人生を送れるようにすることであるというギリシャの古典的思想を、キリスト教思想のなかに組み込むことに成功した人物である。アウグスティヌスは、そのような状態こそが神の法にかなうものであり、不正を防ぐことにつながるのだと説いている。プラトンやアリストテレスの著書に傾倒していたアクィナスにとって、正義とは、彼の政治哲学全体を支えるもっとも重要な徳であり、正義という概念こそが統治の要であった。正しい法を持っていることが、統治の正当性を授けられた正しい政府の証しであり、持たない政府は悪しき政府とみなされる。また、国家としての行動の道徳性を決定づけるのも正義であり、これはアク

アクィナスの思想において、キリスト教の価値観を守るための戦争は肯定されていた。1096～99年の一度目の十字軍遠征では、エルサレムを奪い取り何千人もの人々を虐殺したが、これも正しい戦争であるとみなされる。

## トマス・アクィナス

イタリアのロッカセッカで、アクイノの伯爵の息子として生まれたアクィナスは、モンテカッシーノで教育を受けたのち、ナポリの大学で学んだ。ベネディクト会の修道士になることが期待されていたが、彼は1244年に、当時できたばかりのドミニコ会に入会し、1年後にパリに移った。1259年ころには、ナポリ、オルヴィエト、そしてサンタ・サビーナに新設された学校で教鞭をとった。また、ローマで教皇の顧問を務めた。

アクィナスは1269年にパリへ送り返されているが、その理由は、アヴェロエスやアリストテレスの哲学がキリスト教の教義と合わないのではないかという論争が起こったためであると考えられる。1272年、アクィナスはナポリに新しいドミニコ会の大学を創った。彼はナポリ滞在中に、ある神秘的な体験をしており、その体験後に、自分がいままで書いてきたものはすべて「無価値で」あったように思うと述べている。1274年にリヨンの公会議に助言者として出席するように要請されたが、リヨンへ向かう途中で病に倒れ、そのまま亡くなった。

### 主著

1254年～1256年　『命題集解釈書』
1258年ころ～1260年　『対異教徒大全』
1267～73年　『神学大全』

# トマス・アクィナス

> 戦争に行く唯一の言い訳は
> 平和に無事に
> 暮らせるようになるかもしれない
> ということだけである。
> **キケロ**

ィナスの「正戦」に関する理論にもっとも明確に示されている原理である。

### 正戦の定義

アウグスティヌスの主張を出発点としてアクィナスは次のように述べている。キリスト教は信者に平和主義を説いてはいるものの、正当な理由のない攻撃に対して、ときに、平和を守るため、あるいは平和を取り戻すために戦うことが必要なこともある。しかしながら、そのような戦争は防衛のためのものでなくてはならず、先制攻撃は許されない。また、一定の条件が満たされているときのみ認められるものである。その条件をアクィナスは「戦う権利」と呼んでおり（これは「戦争における正当な行為」とは異なる）、この権利を有するときのみ、その戦争は正当なものと言えるのだと考える。

アクィナスは正戦の条件として「正しい意図・政治的権威・正しい目的」の三つを挙げている。これらの原則は正戦に関する理論の基本的な基準として、今日に至るまで利用されている。キリスト教徒にとって「正しい意図」と言えば「平和の回復」以外あり得なかったが、ほかの二つの条件は、より世俗的な観点からのものである。「政治的権威」とは、戦争は国や国の統治者といったしかるべき権威によってのみ行われるということを意味するが、その一方で「正しい目的」という原則によって、その権威による戦力使用の範囲を限定している。つまり、戦力の利用は人々の利益になる場合にのみ認められ、個人的な利益や栄光を目的とする場合には許されないという原則である。これらの条件を満たすために必要となるのは、正しい行動をとることが法によって定められている、適切な政府や統治者の存在である。そしてそのためには、教会と国家、両者の要求を偏りなく配慮するような、正当な統治論に基づいた政治体制が求められる。

### 自然法と人定法

国家とその権威に関して以上のような認識を持っていたことが、同時代のほかの思想家には見られないアクィナスの政治哲学の特徴であった。アクィナスはプラトンとアリストテレスについて研究した結果、正義こそがもっとも大切な徳であると信じるようになったために、社会における法の位置づけについても考えるようになり、この法に対する興味が彼の政治思想の基盤となったのである。当時の社会の発展に伴い、アクィナスは神の法と人間の法との違い、つまりは教会の法と国家の法との違いについても考察を深めていく。

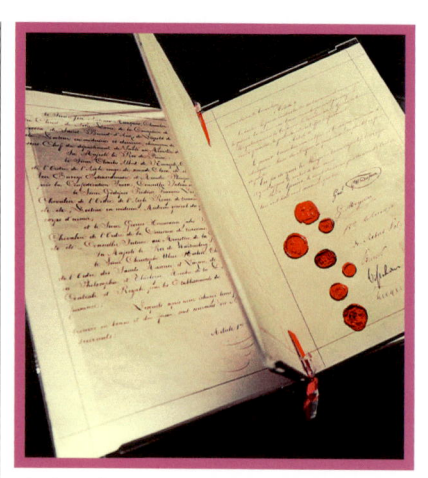

ジュネーヴ条約は1864年から1949年のあいだに締結された四つの条約からなり、全体的に、正しい戦争という概念に基づいてつくられている。戦時中の兵士や民間人の公正な扱いについて定めたものである。

---

## 戦争の権利

アクィナスにとって
正しい戦争のための**正しい意図**とは、
平和の回復のみである。

正しい戦争は
**政治的権威**のもとでのみ、
行われるものである。

**正しい目的**で戦争を行うためには、
その戦争が人々にとって有益な
ものでなくてはならない。

# 中世の政治

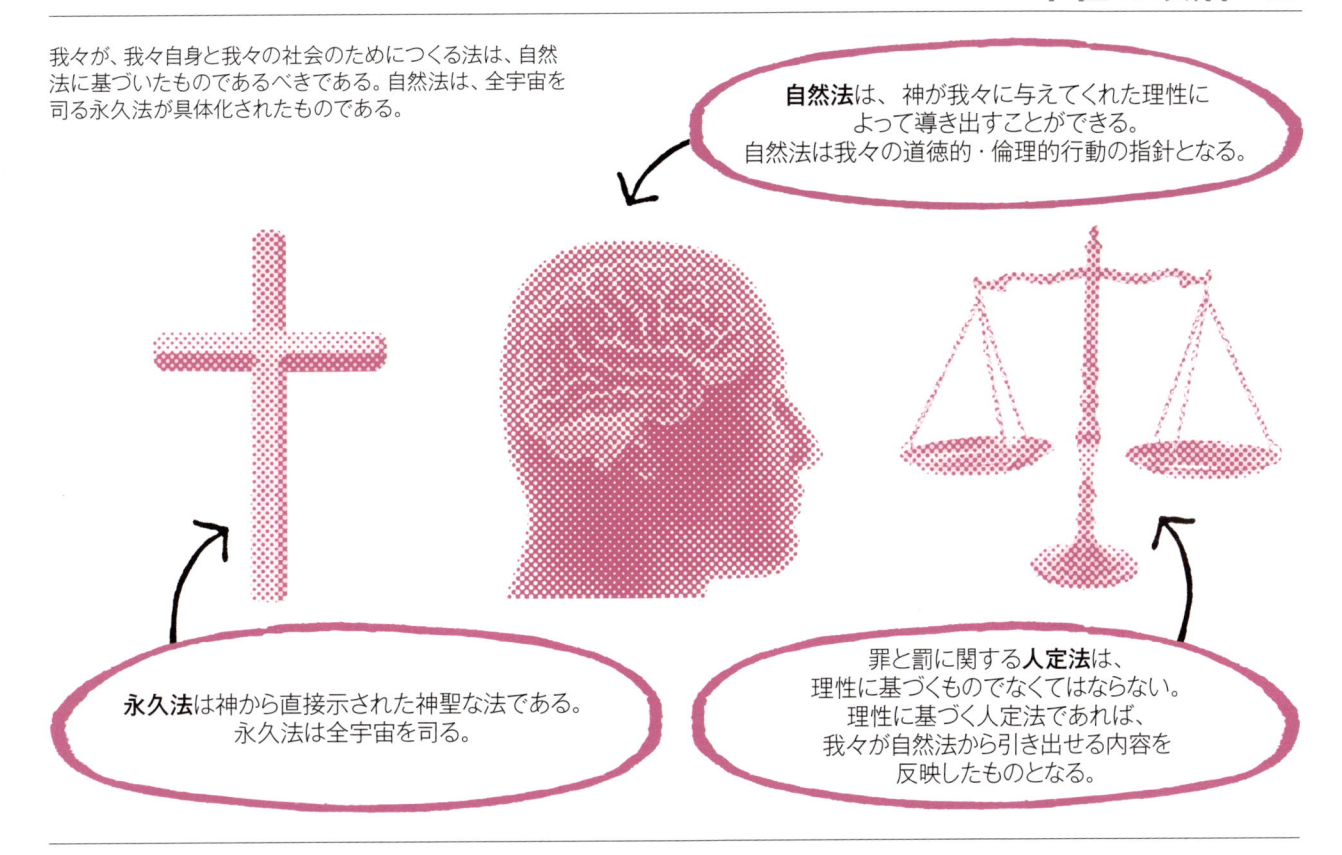

我々が、我々自身と我々の社会のためにつくる法は、自然法に基づいたものであるべきである。自然法は、全宇宙を司る永久法が具体化されたものである。

**自然法**は、神が我々に与えてくれた理性によって導き出すことができる。自然法は我々の道徳的・倫理的行動の指針となる。

**永久法**は神から直接示された神聖な法である。永久法は全宇宙を司る。

罪と罰に関する**人定法**は、理性に基づくものでなくてはならない。理性に基づく人定法であれば、我々が自然法から引き出せる内容を反映したものとなる。

　キリスト教徒であったアクィナスは、宇宙を司るのは神の永久法であると信じていた。そして、唯一理性を持った被造物である人間は、宇宙と特別な関係にあるのだと考えた。つまり、理性的に考える能力があるおかげで、人間はアクィナスが「自然法」と呼んでいる法を持つことができるのである。我々人間は、人間の性質について考察し、行動の道徳性について推察することによって、この自然法に到達するのだ。アクィナスの説明によれば、自然法は、神の法と相反するものではなく、我々人間は、自然法に従うことによって、神の永久法に従うことにもつながっていくという。

　理性とは、神によって与えられた、自然法を導き出すための能力である。自然法とは、社会的動物である人間の性質に合わせたかたちで、神の永久法を人間に適用したものである。ただし、道徳や美徳に関する法である「自然法」を、「人定法」と混同してはならない。人定法は、人間の日常生活に関する法であり、我々の社会生活を円滑にするために我々がつくり上げた法である。この人定法は、それをつくった人間同様、間違っていることもあり、とうてい正義とは呼べないこともある。それゆえ、人定法が信頼に足るものかどうか判断する際は、自然法と比べることが必要となる。

> 人間のなかに理性が存在することはこの世界に神が存在するようなものである。
> **トマス・アクィナス**

## 強い社会性

アクィナスは、自然法を持てるのは人間に理性的な思考があるからだとする一方で、人定法を定める理由に関しては、人間の別の性質を挙げている。それは、人間が共同社会を必要とする生き物であるという点である。この考え方は、アリストテレスが『政治学』において提唱したものと酷似している（アクィナスはアリストテレスの『政治学』について長大な注釈書も書いている）。アリストテレスの主張は、人間は生まれながらにして「政治的な動物」であるというものであった。共同社会をつくりたいという強い思いを持っているという点において、人間はほかの動物と明らかに異なっている。アリストテレス同様アクィナスは、人間とは自然に家族を形成し、そこから村、さらには都市国家、国民国家といった政治的社会をつくり上げ、秩序のある社会組織を生み出す生き物であると述べている。このような国家が完璧な共

# 68　トマス・アクィナス

ケロッグ＝ブリアン条約は、1928年に15か国によって調印されたもので、調印国が戦争をはじめることを禁じている。これは、戦争は平和回復のためのみに行われるべきであるという、アクィナスの原則と一致する。

同社会であるというアリストテレスの考えに、アクィナスはおおよそ同意しているものの、アクィナスにとっての社会は、古代ギリシャ人たちにとっての社会と同じではなかった。古代ギリシャの社会という概念が、13世紀の教会の見解とは相容れないものであったためである。

ギリシャの哲学者によれば、社会の目的とは、その市民が徳と理性に従って「善い人生」を送れるようにすることであった。アクィナスの考えは少し異なっており、キリスト教神学と彼自身の自然法という概念を用いて、社会の目的を説明した。アクィナスにとっての社会の役割は、市民が理性を磨き、それによって道徳観を理解できるように、つまりは自然法を理解できるようにすることである。そうすれば市民は、自然法に従って、また、キリスト教徒として神の法に従って、善い人生を送ることができるようになるのだと考えていた。

## 正しい統治

次に答えるべき問いは「このような政治的共同社会の目的を叶えるために、もっとも適した政府の形態はどのようなものか」であった。ここでもアクィナスはアリストテレスの考えを取り入れており、統治者の人数や、その統治が正しいか否かによって、さまざまな種類の統治形態を分類した。統治者が一人の場合、それが正しいものであれば君主政、正しくないものであれば専制政と呼ばれる。統治者が数名の場合は、正しいものは貴族政、正しくないものは寡頭政となる。そして、人民による政治の場合、正しいものは共和政、もしくは市民による政治であり、正しくないものは民主政と呼ばれる。

これらの政治形態が正しいか否かは、その国家に秩序をもたらす法にかかっている。アクィナスは法を「共同体の責任者によって公益のために定め

> **❝**
> 長い目で見れば
> 正しい戦争は、人間の魂にとって
> 繁栄のなかで
> 平和を享受するよりも
> はるかに望ましい。
> **セオドア・ルーズヴェルト**
> **❞**

られる、理性的な秩序づけ」と定義している。この定義には、彼が正しい統治の基準とみなすものが端的に表れている。法は理性に基づいてつくられるべきであり、教会が神の法を国家に押しつけるべきではない。理性に基づいてつくられた法に従うことで、いずれは自然法に沿って生きることが可能になるのである。

## 秩序の維持

アクィナスはさらに、社会の秩序を保つためには人定法が必要であると述べている。自然法があれば、正しいか否かの判断が可能であり、何が犯罪で何が不正なのかを判断するための道徳性も手に入る。しかし、罪にふさわしい罰や、その罰をどのように与えるべきかを決めるのは、人定法なのである。秩序のある文明社会を維持するためには、そのような人定法が必要となる。罪を犯す可能性のある人間に対して、人定法は抑制力となり、また、公益を尊重して行動するように促す力も持つ。そして、「はじめは罰を恐れる心から行っていた善行を自発的に行うようになり、やがては徳のある人間になる」ようにと促すことができるかもしれないのである。人定法が正しいかどうかは、その法がどれほど自然法に沿ったものであるかによって判断される。自然法に沿わないような法は、そもそも法などと呼ばれるべきではない。

アクィナスの法の定義に含まれる「公益のために」という箇所は、政治形態の正しさを判断するための要素であると言えるかもしれない。制定される法は人民全体の利益につながるべきであって、統治者の利益のためのものであってはならない。そのような望ましい法のある国家においてのみ、人民は自由に知的・道徳的成長を望むことが可能なのである。しかしながら、もう一つ疑問が残る。誰が統治すべきか、

# 中世の政治

という問いである。アリストテレス同様アクィナスは、統治に必要な道徳性を理解するに足るだけの論理的思考力を多くの人民は持っていないと考えていた。したがって、一般の人民に統治を任せるべきではなく、公正な人物による統治、君主政、あるいは貴族政という形態が望ましいと思われる。しかしアクィナスは、そのような人々に任せた場合であっても堕落する可能性があるとし、混成組織による統治形態までも考えていた。また、驚くべきことに、キリスト教の教えに沿った人生を送れるような国家を想定していたにもかかわらず、非キリスト教徒を統治者とすることも可能であると考えていたのである。非キリスト教徒の統治は完璧なものとは言えないだろうが、それでも人定法に従って正しい統治を行うことは可能である。そのような国家においては、人民も理性を発達させ、道徳性を身につけるようになるだろう。そのようにして自然法に従って生きていれば、いずれ、その国家はキリスト教社会へと転ずるだろうと彼は考えた。

## 急進的思想家

アクィナスの時代から900年近くたった現在の我々の目から見れば、アクィナスは単にアリストテレスの政治思想を再発見し繰り返しているだけのように見えるかもしれない。しかし、中世キリスト教を背景に置いて考えると、彼の思想は、政治思想における急進的な変化であり、伝統的なローマカトリック教会の権力に対する挑戦であったと言える。その急進性にもかかわらず、彼の学識と信心深さゆえに、彼の思想はすぐに教会に受け入れられ、カトリック政治哲学の多くの部分の基礎となり、今日に至るまで継承されている。

アクィナスが正戦の条件として挙げた「正しい意図・政治的権威・正しい目的」という三原則は、政治の公正さに関するアクィナスのより広い思想と完全に一致する。その思想とは、正しい政治は、自然法に基づくものであり、神の権威よりも理性の原則に従うべきであるというものであった。アクィナスの自然法という概念は、後世の多くの正戦論に影響を与え、さらに、神学者と法律家の両方に受け入れられた。

国際連合は、第二次世界大戦後、1945年に設立された。国際平和を推し進め、アクィナスであれば自然法と呼んだであろう原則を広めることを目的とする。

続々と現れる新しい民族国家が教皇制からの独立を要求するなかで、ヨーロッパの教会と世俗的権力の対立が激化し、その後の数世紀間、人定法の必要性が際立ってゆくこととなる。■

アクィナスが示した正しい戦争の条件は「正しい意図・政治的権威・正しい目的」の三つであるが、これらは現在でも有効であり、反戦運動にかかわる多くの人々が拠りどころとしている。

# 政治的に生きるとは良い法に則して生きるということである

## ローマの聖アエギディウス（1243年ころ～1316年）
### Giles of Rome

---

**背景**

**イデオロギー**
立憲政治

**焦点**
法の支配

**前史**

**紀元前350年ころ**　アリストテレスが『政治学』で、人間は生まれつき政治的な動物であると述べる。

**13世紀**　トマス・アクィナスがアリストテレスの思想をキリスト教哲学と政治思想に取り込む。

**後史**

**1328年**　ルイ4世とローマ教皇ヨハネス22世の対立に際して、マルシリウスがルイ4世に与し、その世俗的権力による統治を支持する。

**1600年ころ**　フランシスコ・スアレスが『法律についての、そして立法者たる神についての論究』で王権神授説に異議を唱える。

**1651年**　トマス・ホッブズが『リヴァイアサン』で、自然状態における人生はきわめて「孤独で、貧しく、不快で、残酷で、短い」ものであると記し、社会の全市民を守るために社会契約が必要であると述べる。

---

ギリシャの哲学者アリストテレスの教えはヨーロッパでは長いあいだ顧みられることがなかったが、13世紀に教会に受け入れられるようになった。それはおもに、ドミニコ会の修道士トマス・アクィナスと、アクィナスの影響を受けたローマの聖アエギディウスの著書のおかげであった。アエギディウスは、アリストテレスの著作に対する重要な注釈書を書き、アリストテレスの思想を発展させた人物である。なかでも、人間は「政治的動物」であるという部分を深化させた。アリストテレスの思想においては、「政治的」とは、政治形態に関するものではなく、ポリスや市民社会での生き方に関してであった。

アエギディウスにとって「政治的に生きる」とは、市民社会の一員として生きることであり、徳に従って善い人生を送るためには欠かせないものであった。なぜなら市民社会とは、市民の道徳性を維持し守るために、法によって規制された集団だからである。良い法は、正義などの徳に従って生きることを求めるものだとアエギディウスは言う。つまり、社会の一員として生きる（アエギディウスの言葉では「政治的に生きる」）ためには、そのような良い法に従うことが必要であり、法に従わないのであれば社会の外で生きることになる。したがって、法こそが独裁政治と「政治的」生活とを区別するものなのである。独裁者は、法律に従わないことで、自らを市民社会の外に置いているのだと解釈できる。

アエギディウスは、政治的社会を統治するのにもっとも適した形態は世襲君主政であると考えていたが、大司教であったため、彼の忠誠心は教会と世俗的権力とのあいだで揺れていた。最終的に彼は教皇の側につき、王は教会に従うべきであると述べた。■

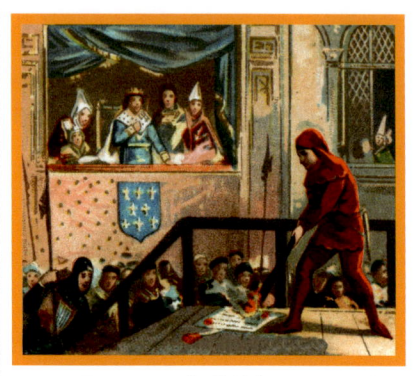

フランス国王フィリップ4世が「ウナム・サンクタム」を公衆の面前で焼き捨てるよう指示した。この文書は、国王は教皇に服従すべきだとするもので、アエギディウスはこの原則を支持していた。

**参照**：アリストテレス 40–43　■　トマス・アクィナス 62–69　■　マルシリウス 71　■　フランシスコ・スアレス 90–91　■　トマス・ホッブズ 96–103

# 中世の政治学

## すべての聖職者はキリストのように生きるべく努め世俗的権力を手放さなくてはならない

### パドヴァのマルシリウス（1275年〜1343年）
**Marsilius of Padua**

---

**背景**

**イデオロギー**
世俗主義

**焦点**
教会の役割

**前史**
**紀元前350年ころ** アリストテレスが『政治学』において、都市国家の行政や司法の場での市民の役割を記す。

**30年ころ** カトリックの説によると、聖ペテロがローマで最初の司教となる。その後の司教は教皇と呼ばれるようになる。

**800年** カール大帝がローマ皇帝となり神聖ローマ帝国が建国される。

**後史**
**1328年** 新たに神聖ローマ帝国皇帝となったバイエルン王ルートヴィヒが、ローマ教皇ヨハネス22世を退位させる。

**1517年** ドイツの神学者マルティン・ルターがカトリック教会の教義・儀式を批判し、宗教改革が開始される。

---

**神**学者の多くは、教会が、特に教皇が、政治的権力を持つべきではないと考えていたが、それを公言するのは難しかった。それに比べて、パドヴァのマルシリウスは、聖職者というよりも学者の立場から、自らの意見を言いやすい状況にあった。

マルシリウスは、神聖ローマ帝国皇帝に選ばれたバイエルン王ルートヴィヒとローマ教皇ヨハネス22世との対立に際して『平和の擁護者』を著し、ルートヴィヒを支持した。その説得力のある著作において、マルシリウスは、教会には統治のための機能などないのだと論じている。歴代の教皇が神から「完全な力」を授かったと主張しているのに反駁し、そのような主張は国家に対して有害であると述べた。

アリストテレスの『政治学』を引用して、マルシリウスは、人民の意志に基づいてつくられた政府こそがうまく機能するのだと論じている。人民は統治者を選ぶ権利を持ち、法の制定に参加する権利を持つ。人間社会のさまざまな事柄をうまく治めるには、人民によって定められ運用される法を用いるのが最良なのである。神の法によって強制的に統治するべきではなく、そのようなことは聖書においても認められていない。聖職者はこの世界において人々に何かを強制する力を持つものではなく、人々の教師であるべきなのだとキリストも述べている。したがって教会も、キリストとその弟子たちに倣い、政治権力を国家に返すべきなのだとマルシリウスは主張する。そうすれば、多数の人民によって選ばれた統治者が、法・秩序・経済・軍事といった政治の専門分野を統括し、国をうまく治めることができるのである。■

---

> 選挙によって選ばれた公職者は選挙で選ばれたというだけで十分に権威を持つものでありそれ以外の許可・承認は一切必要としない。
> **パドヴァのマルシリウス**

---

**参照：** アリストテレス 40-43 ■ アウグスティヌス 54-55 ■ アエギディウス 70 ■ ニコロ・マキャヴェッリ 74-81

# 政府とは
# 政府が犯す不正以外の
# 不正を防ぐものである
**イブン・ハルドゥーン（1332年〜1406年）**
Ibn Khaldun

## 背景

**イデオロギー**
**イスラム**

**焦点**
**権力の崩壊**

**前史**
**紀元前1027年〜前256年** 中国の周王朝時代の歴史家が、帝国が滅びて新しい帝国にとって代わられる「王朝循環」について記す。

**950年ころ** アル＝ファーラビーが『有徳都市』において、イスラム国家の理想像と政府の欠点とを描き出す際に、プラトンとアリストテレスを引き合いに出す。

**後史**
**1776年** イギリスの経済学者アダム・スミスが『国富論』において分業に関する原則について述べる。

**1974年** アメリカの経済学者アーサー・ラッファーが、税率と政府の歳入の関係に関するラッファー曲線を考案する際に、イブン・ハルドゥーンの理論を用いる。

---

政治的社会のまとまりは、アサビーヤという**共同体の連帯感**によって強まる。

⬇

これが**政府の基礎**であり、不正を防ぐものである。

⬇

社会の発展に伴い、共同体の連帯感は弱まり、**政府の腐敗がはじまる**。

⬇

政府は自らの利益のために**国民を搾取し**、不正を行うようになる。

⬇

腐敗した政府にとって代わるべく、**新たな政府が出現する**。

⬇

**政府とは、政府が犯す不正以外の不正を防ぐものである。**

# 中世の政治　73

**参照：** アリストテレス 40–43 ■ ムハンマド 56–57 ■ アル・ファーラビー 58–59 ■ ニコロ・マキャヴェッリ 74–81 ■ カール・マルクス 188–93

イギリスの人類学者アーネスト・ゲルナーは、政治理論史上もっとも優れた「政府」の定義として、イブン・ハルドゥーンの「政府とは、政府が犯す不正以外の不正を防ぐものである」を挙げている。これは政府に対する現代的な皮肉ともとれるし、マキャヴェッリのような現実主義的見方ともとれる。実際、政治の不安定さの原因分析において、14世紀に用いられるようになった革新的手法の中心にあったのはこの定義であった。

## 基礎となる共同体

同時代のほかの政治思想家とは異なり、イブン・ハルドゥーンは、歴史学的・社会学的・経済学的視点から政府の興亡を研究した。アリストテレス同様、彼は、人間は社会集団を形成する生き物だと認識しており、その現象をアラビア語を用いて「アサビーヤ」（「共同精神」「連帯意識」または「部族主義」を意味する）と呼んだ。この社会的連帯意識により、政府のような国家機関ができあがる。そういった機関の目的は、市民の利益を守り、市民を攻撃から守ることである。

どのような形態の政府であれ、政府は必ず崩壊の可能性を内包する。それは、政府の権力が強まるほど、政府は市民の幸福への関心を失い、政府の利益を追求するようになるためである。そしてついには、人民を搾取し、不正を犯し、不和を生むようになっていく。不正を防ぐためにつくられたはずの政府が、自ら不正を犯すようになるわけである。そうなるとその社会集団ではアサビーヤが低下し、腐敗した政府にとって代わるべく、新たな政府が出現する土壌が整う。このような政府の変遷に伴い、文明が興り廃れるのだと、イブン・ハルドゥーンは言う。

## 腐敗から衰退へ

イブン・ハルドゥーンはまた、権力者の存在によって引き起こされる経済的影響についても指摘している。政治的社会が形成されてしばらくは、税金はアサビーヤを維持する必要経費のみに使われるものの、文明化が進むにつれて、統治者は自らのますます豪華になる生活を維持するために、より高い税金を課すようになる。これは人民の結束を揺るがす不正であるばかりか、経済を阻害するものですらある。重税は生産性を落とすため、長期的に見れば歳入の減少につながるのである。ハルドゥーンのこの理論は、20世紀のアメリカで経済学者アーサー・ラッファーによって再発見されることになる。イブン・ハルドゥーンの分業についての諸理論や労働価値説もまた、主流の経済学者によってのちに再発見されている。

政府の交代が繰り返される事態は避けがたいものであると認めつつも、イブン・ハルドゥーンは、ある種の統治形態がほかよりも望ましいと述べている。彼の説では、イスラム国家のカリフのような単独の統治者のもとでアサビーヤによる政治を行うかたちが最善であるとされる（イスラム国家がカリフに統治される場合、宗教のおかげで社会的連帯感がより強まる）。逆に、独裁者の下ではアサビーヤがもっともうまく機能しない。政府は必要悪であると言えるものの、人間が人間を統治するために不正が生じる可能性があるため、政府の権力は最小限に抑えるべきであるとハルドゥーンは言う。■

> 国家が心理戦に敗れたとき　それはその国家の終焉を意味する。
> イブン・ハルドゥーン

### イブン・ハルドゥーン

イブン・ハルドゥーンは1332年にチュニジアのチュニスに生まれ、政治関係者の多い家庭で育てられた。コーランとイスラム法を学んだのち、北アフリカのマグレブ地方でいくつかの公職に就いたが、そこで、多くの政権の不安定な状況を目の当たりにした。フェズという地で働いていた際に政変が起こり、投獄される。解放されたのち、スペイン南部のグラナダに移り、そこでカスティリャ王国の残酷王ペドロとの和平交渉を行う。その後、北アフリカに戻りいくつかの政権で職を得るが、改革の試みを何度かくじかれたのち、保護を求めて砂漠に住むベルベル人のもとへと逃げ込む。1384年にカイロに落ち着き、そこで『歴史』を書き上げた。1401年、エジプトとモンゴル皇帝ティムールとの和平交渉のためにダマスカスへ向かうが、これが最後の旅となる。

### 主著

1377年　『歴史序説』
1377年〜1406年　『歴史』
1377年〜1406年　『自叙伝』

賢明な統治者は
約束を
守ることなどできないし
守るべきでもない

ニコロ・マキャヴェッリ（1469年〜1527年）
Niccolò Machiavelli

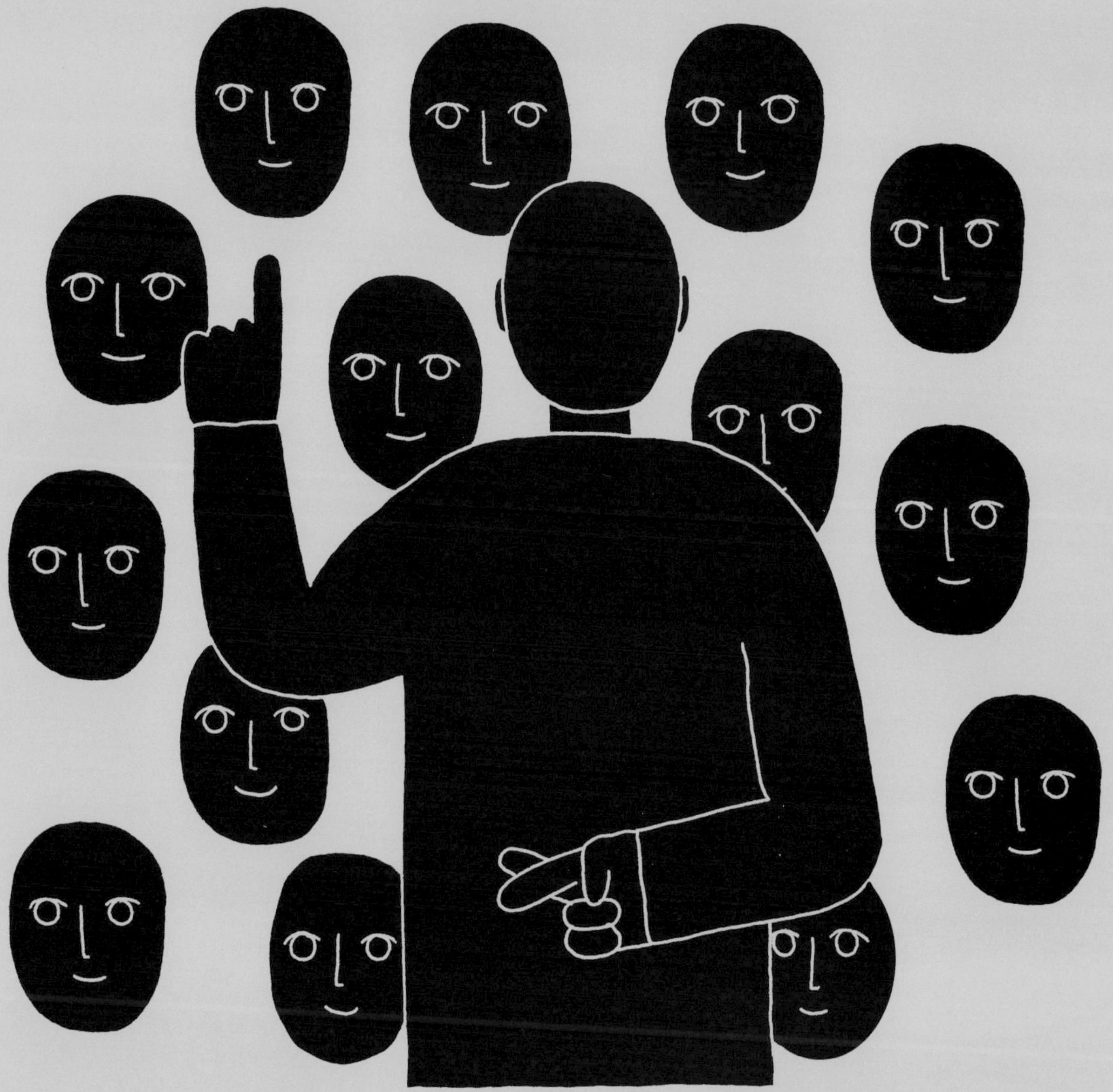

# ニコロ・マキャヴェッリ

## 背景

**イデオロギー**
現実主義

**焦点**
国政術

**前史**

**紀元前4世紀** チャーナキヤが、統治者は国家の安寧のために、できることをすべてすべきだと説く。

**紀元前3世紀** 韓非子が、人間は本質的に私利を求め罰を逃れようとするものであるとし、自らの法律尊重主義の政府において厳格な法を制定する。

**紀元前51年** ローマの政治家キケロが『国家論』で共和政治を支持する。

**後史**

**1651年** トマス・ホッブズが『リヴァイアサン』において、自然状態における人生はきわめて「孤独で、貧しく、不快で、残酷で、短い」ものであると述べる。

**1816~30年** カール・フォン・クラウゼヴィッツが『戦争論』において、戦争の政治的側面を論じる。

---

ニコロ・マキャヴェッリは、おそらくもっともよく知られている（そしてもっともよく誤解されている）政治思想家である。そのマキャヴェッリの著書から生まれた「マキャヴェッリ流の」（マキャヴェッリアン）という表現は、操作がうまく狡猾で、自己の利益ばかり尊重し、「目的が手段を正当化する」と信じているような政治家を指す。しかし、マキャヴェッリが『君主論』で提唱した政治哲学ははるかに広く先進的なもので、この用語ではうまくとらえられていない。

マキャヴェッリが生きた時代は、のちにルネサンスと呼ばれるようになる時代の初期にあたる政治的動乱期であり、ヨーロッパの歴史における転換期であった。神がすべてを支配するという中世キリスト教世界の概念が覆され、人間は自らの運命を決めることができるのだという考え方が生まれた時期である。ルネサンスの人文主義の影響で教会の権力が弱まるなか、マキャヴェッリの出身地フィレンツェのような有力な都市国家が共和国へと成長していく。しかしそれらの共和国は、たとえばメディチ家のような、権力を拡大しようとする有力な一族によって、繰り返し脅かされ支配下に置かれることとなる。このような時代にフィレンツェ共和国で外交官として公職に就いていた経験を通して、また古代ローマの社会・政治の研究を通して、マキャヴェッリは政治理論の研究において非伝統的な手法を身につけていく。

## 現実主義的手法

マキャヴェッリは、社会はどのようであるべきかという見方はしなかった。彼は「想像力をまじえることなく、物事の本質を直接理解する」ことを目指していた。それはつまり、物事の核心をつかもうとしていたということである。マキャヴェッリは、政治を哲学や倫理学の下位部門として見るのではなく、真に現実的な視点から扱おうとしていた。

それまでの政治思想家が、国家の目標は市民の道徳性を高めることであるとしていたのに対して、マキャヴェッリは、国家は市民の幸福と安全性を保障するべきであると考えた。その結果、彼は、それまで使われてきた善悪の概念を排し、代わりに有用・必要・成功・危険・有害といった概念を用いた。道徳性よりも上に有用性を置いたことで、立派な指導者に望まれる資質についての彼の見解は、イデオロギーや道徳的正しさではなく、有能さや賢明さに基づいたものとなった。

マキャヴェッリの政治哲学の中心にあったのは、人間的な見方で人間社会をとらえるという考え方で、これは、キリスト教教会に強制された宗教的な

---

国家の安寧は統治者の責任である。 → したがって、謀略も含め、あらゆる可能な手段で国家を安寧に導くべきである。

統治者本人の道徳性は、国家の利益よりも大切なものではない。 → 統治者は、用いた手段ではなく、結果で判断されることになる。

→ **賢明な統治者は、約束を守ることなどできないし、守るべきでもない。**

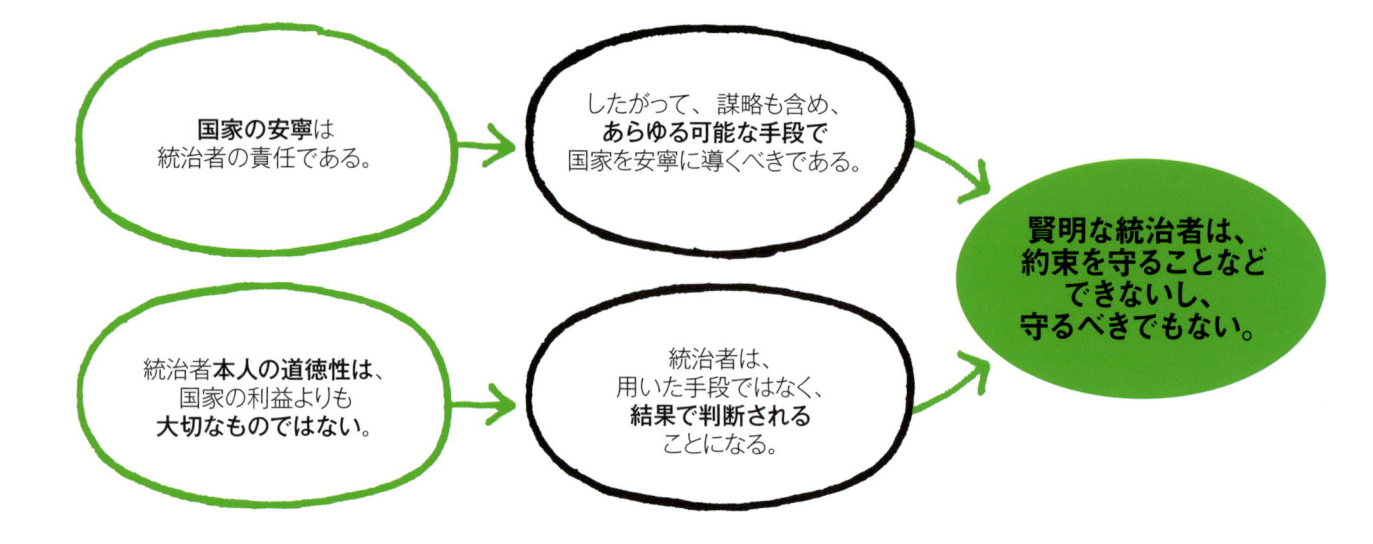

# 中世の政治

**参照:** チャーナキヤ 44-47 ■ 韓非子 48 ■ イブン・ハルドゥーン 72-73 ■ トマス・ホッブズ 96-103 ■ カール・フォン・クラウゼヴィッツ 160 ■ アントニオ・グラムシ 259

- 騙されやすい
- 本能的に自己防衛に走る
- 個性がない
- 気まぐれ

優れた指導者は、牧羊犬が羊の群れを操るように、人民の人間性の弱点をうまく利用して、良い結果を出すことができる。

考え方とはまったく異なるものであった。この思想を生み出すために彼がはじめにしたことは、人間の本質の分析であった。歴史を通して人間の行動を観察し、彼は、大半の人間が本質的に自己中心的で近視眼的、気まぐれで騙されやすいという結論に至った。彼の見方はやや悲観的ではあるが現実的であり、それ以前の政治思想家とは明らかに異なるものであった。このような人間の欠点は、効率的で安定した社会をつくる上で障害になるようにも思われる。が、立派な指導者さえ得られれば、実は有益に作用することもあるのだとマキャヴェッリは述べている。

## 人間の特性の利用

たとえば、人間がもともと持っている自己中心的という性質は、自衛本能などに表れる。しかしながら、敵の攻撃や厳しい環境にさらされたときに、人間は、勇気・勤勉・協力といった特性を見せるのである。マキャヴェッリは、人間がもともと持っている徳とは呼べないような性質と、社会のなかで後天的に獲得する性質（有徳な行動であり、社会にとって有益なもの）とをはっきり区別している。人間が持つその他の否定的特性も、公益のために利用することができる。たとえば、人間には自分でよく考えずに他を真似る傾向がある。この性質は、指導者の模範的行為を真似させたり、協力して行動させたりする際に役に立つと、マキャヴェッリは言う。また、気まぐれで騙されやすいという性質を指導者がうまく利用すれば、容易に人々に望ましい行動を起こさせることができる。さらに、自己中心的であるという性質は、利己心や野心として表れるが、正しい方向へ向けられれば強力な推進力となる。この性質は、指導者に備わっている場合に、特に力を発揮する。

人間の望ましくない本質を、社会に役立つ性質として利用するために必要となる二つの重要な要素は、社会の構造と、マキャヴェッリが「賢明な」指導力と呼んでいるものである。賢明な指導力とは、国をうまく治めるのに役に立つような指導力のことである。

## 新しい指導者への提言

マキャヴェッリの有名な（そしていまでは悪名高い）『君主論』は、「君主の鑑」と呼ばれる指導者への実用指南書として書かれたものだが、このような指南書は、中世・ルネサンス期には一般的なものであった。『君主論』は新しい指導者に向けて書かれ、当時大きな権力を持っていたメディチ家の人間に献上された。その内容は、国をうまく治めるために、人間の基本的性質をどのように操るべきかに関する提言である。しかし後世の解釈では、マキャヴェッリは、当時一般的だった指南書というかたちを利用して、支配者階級だけが知っていた秘密を、より多くの人々に知らしめたのではないかとも言われている。人間は本来自己中心的であるが、順応性もあるのだということ

## ニコロ・マキャヴェッリ

サンドロ・ボッティチェッリの「東方三博士の礼拝」(1475年)には、当時の権力者メディチ家が描かれている。メディチ家は、マキャヴェッリが『君主論』を書いた時代にフィレンツェを支配していた。

を説明した上で、マキャヴェッリは、賢明な統治を行うために、統治者に必要となる資質へと論を進める。

### 統治者の資質

マキャヴェッリは、統治者としての資質を表す語として「ヴィルトゥ」(virtù、技量)を当てている。これは、現代の徳(virtue)に似ているので紛らわしいが、道徳的な徳を表す語でもなければ、教会によって示された徳の概念を表す語でもない。マキャヴェッリはキリスト教徒であり、日常生活では徳が大切であると述べているが、統治者の行為に関して言えば、道徳性よりも、実用性や国家の安全性の方が重要であるとしている。統治者についての議論では、彼は、キリスト教の中庸の徳とは正反対の、ローマ時代の徳に従うようである。ローマの徳とは、野心を持ち栄光を追求する軍事指導者に見られるものである。野心や栄光の追求なども人間の自己中心的な性質の表れであるが、マキャヴェッリは、これもまた公共の利益のために利用することができると考える。

マキャヴェッリは、軍事指導者と政治指導者の類似点を挙げ、大胆さ、統制力、組織力といったヴィルトゥの他の側面も、両者に共通するものだと指摘した。また、行動を起こす前に状況を理性的に分析することの重要性を強調し、その分析の際には、人々が理想的にはどのように行動すべきかではなく、人々が実際に(自分の利益のために)どのように行動するかを考えて判断しなくてはならないと述べている。マキャヴェッリの考えでは、社会における対立は、人間の自己中心的な性質によって引き起こされる避けられない事態である(中世キリスト教思想においては、自己中心性は、人間の本質とはみなされない)。人々の自己中心性に対処するため、指導者は、戦争で用いるような策略を利用することが必要になる。

マキャヴェッリは、かなりの程度まで人間が自分の運命を制御することができると信じていたものの、偶然の要素が存在することも認めていた。その偶然の要素を、彼は「フォルトゥーナ」(fortuna、運命)と呼んでいる。このフォルトゥーナは、個人の性質で言うところの「気まぐれ」に対応するもので、統治者は、人民の気まぐれな性質と同時にフォルトゥーナにも対峙しなくてはならないのである。政治生活とはヴィルトゥとフォルトゥーナの絶え間ない争いであり、あたかも戦争のようなものであるとマキャヴェッリは考える。

### 謀略は有用

軍事理論を用いて政治を分析した結果として、マキャヴェッリは、政治生活の核心は謀略であると述べる。戦争で勝利するのに、諜報活動や策略が不可欠であるように、政治における成功にも、秘密・陰謀・計略といった要素が欠かせない。謀略を用いることは軍事理論では古くからの常識であり、政治指導者の多くも謀略を用いてきているのだが、西洋において陰謀を用いる政治理論を明示したのはマキャヴェッリが最初であった。国家は市民の道徳を守るべきだというそれまで主流の考え方に対して、陰謀を用いるという理論は対極に位置するものであったため、マキャヴェッリの説は伝統的思想から異常なまでに逸脱したものとなった。

陰謀や計略は、個人の生活においては道徳的に許されるものではないが、国家の指導者にとっては、うまく統治するための賢明な手段であり、公共の利益のためであれば正当化できるとマキャヴェッリは考える。さらに、人間

> "
> 君子は
> 約束を反故にする理由に
> 事欠かない。
> ニコロ・マキャヴェッリ
> "

# 中世の政治

> **政策を評価するときは
> その政策で用いられた
> 手段ではなく
> その政策によって達成された
> 結果によって
> 判断するべきである。**
> ニコロ・マキャヴェッリ

の性質の望ましくない面をうまく利用するためには、統治者は、あえて計略を用いることが必要であり、常に正直に約束を守るようなことはすべきではないのである。謀略も使えないようでは、その統治は危うくなり、国の安定も危険にさらされる。自分が直面した争いに対処せざるを得ない指導者にとって、まさに、目的こそが手段を正当化するのである。

## 結果が重要

君主が統治者として成功したか否かは、その君主の行為の結果と、それが国家にもたらした利益によって判断されるのであって、その君主の道徳性やイデオロギーによって判断されるわけではない。マキャヴェッリは『君主論』のなかで次のように書いている。「人間の行為は、特に君主の場合そうなのであるが、正義であるかどうかは問題ではなく、その結果だけが重要なのである。君主は、他国を征服すること、あるいは自国を守ることのみに専念すべきである。なぜなら、結果さえ良ければ、常にその手段は立派で素晴らしいものであったと世界のすべての人に評価されるものだからだ。大衆は、いつも、物事の見かけや結果のみを見て判断する。そして『世界』と呼ばれているものは、『大衆』以外の何ものでもないのである」。しかし、これはあくまでも方便であって、社会生活における行動の模範ではないとマキャヴェッリは強調する。公共の利益のために行われるときにのみ許されることである。また、陰謀や計略は目的のための手段であるべきで、それ自体が目的になってはならない。したがって、これらの手法は政治指導者や軍事指導者のみが使うべきであるし、使う際も厳格な管理のもとに限るべきである。

マキャヴェッリが軍事から取り入れたもう一つの方策は、武力と暴力の利用である。これもまた個人の生活においては道徳的に許されないが、公共の利益のために用いられる場合は許容される。力を用いることで、相手に恐怖を与えることができ、その統治者の安全を確保することができるのである。指導者は恐れられる方がいいのか、愛される方がいいのか、という問いに対して、マキャヴェッリは彼特有の現実主義的な答えを出している。理想的な世界においては、指導者は、恐れられ同時に愛されるべきであるが、現実世界において、それはなかなか難しい。

そうであれば、現実世界においては、恐れられることの方が、国家を望ましい状態に保つためには有利である。なぜなら、恐れられることで、指導者はきわめて強力な立場に立つことができるからである。ヴィルトゥ（技量）を行使して権力を獲得した統治者は、敵を倒し人民の尊敬を得ているため、もっとも安全な地位にいると言える。が、人民の支持を失わず、権力を維持するために、常に自分の権威を主張し続けなくてはならない。

## 理想的な共和国

『君主論』は、統治者になることを目指す人間に献上されたものであったが、マキャヴェッリ自身はフィレンツェ共和国の政治家であった。『君主論』ほど有名ではないが、同じくマキャヴェッリの著作である『ディスコルシ』において、彼は、どのようなかたちの君主政治や寡頭政治よりも、共和政治が優れているのだと強く主張している。また、生涯カトリック教徒であったにもかかわらず、マキャヴェッリは、

> 統治者の目的は、人民の**幸福で安全な生活を守る**ことである。

> それを効果的に行うためには、統治者は、ときに、**謀略・背信・隠蔽**を行わなくてはならない。

マキャヴェッリは、個人の生活において、目的達成のために不正な手段を用いることを是認したわけではないが、統治者は、国の将来のためであればあらゆる手段を用いるべきであると述べた。

# ニコロ・マキャヴェッリ

> 愛と恐怖が同時に存在することは難しい。したがって、どちらかを選ばなくてはならないときは愛されるよりも恐れられた方がはるかに安全な立場を守ることができる。
> **ニコロ・マキャヴェッリ**

イタリアの独裁者ベニート・ムッソリーニは、力強く無慈悲な指導者で、愛される以上に恐れられた。彼は『君主論』からインスピレーションを得たと言っている。

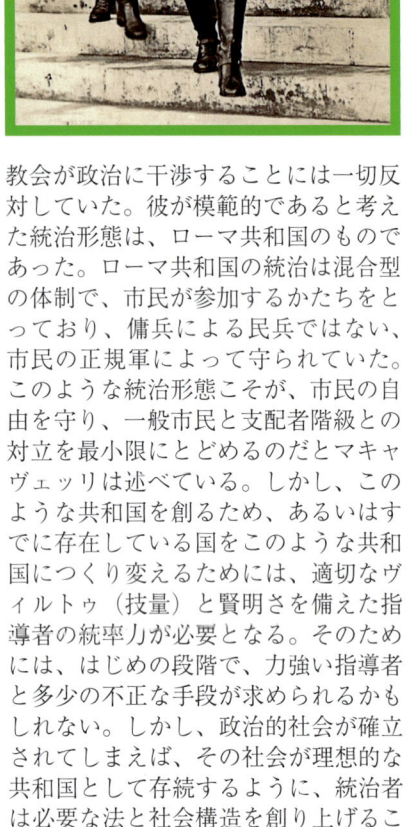

教会が政治に干渉することには一切反対していた。彼が模範的であると考えた統治形態は、ローマ共和国のものであった。ローマ共和国の統治は混合型の体制で、市民が参加するかたちをとっており、傭兵による民兵ではない、市民の正規軍によって守られていた。このような統治形態こそが、市民の自由を守り、一般市民と支配者階級との対立を最小限にとどめるのだとマキャヴェッリは述べている。しかし、このような共和国を創るため、あるいはすでに存在している国をこのような共和国につくり変えるためには、適切なヴィルトゥ（技量）と賢明さを備えた指導者の統率力が必要となる。そのためには、はじめの段階で、力強い指導者と多少の不正な手段が求められるかもしれない。しかし、政治的社会が確立されてしまえば、その社会が理想的な共和国として存続するように、統治者は必要な法と社会構造を創り上げることができるのである。このようなやり方こそが、望ましい目的を達成するための現実的な手段と呼べるものであろう。

個人的経験と客観的な歴史研究に基づいたマキャヴェッリの哲学は、教会の支配、および政治において伝統的に信じられてきた道徳性に反旗を翻すものであったため、最終的にマキャヴェッリの著書は、カトリック教会の権威によって禁書とされた。政治を、哲学や倫理学の研究対象としてではなく、現実的な視点から研究したことによって、マキャヴェッリは、国家の目的は道徳ではなく実益であり、政治は道徳的意図をもって行うのではなく結果を出すことを第一に考えて行うべきであると考えるようになった。

## 根強い影響力

『君主論』はマキャヴェッリの死後、何世紀にもわたって強い影響力を持ち続け、特に、イギリス国王ヘンリー8世、神聖ローマ帝国皇帝カール5世、オリヴァー・クロムウェル、ナポレオンといった指導者たちによく読まれていた。また、マルクス主義の思想家アントニオ・グラムシ、ファシストの独裁者ベニート・ムッソリーニといったさまざまな人々が、この本からインスピレーションを得たと述べている。

マキャヴェッリに対する批判もまた、さまざまな政治的立場の人々によってなされている。カトリック教会は、マキャヴェッリがプロテスタントを支持したと言い、逆にプロテスタント教会は、彼がカトリックに与していたと述べた。マキャヴェッリは、主だった政治思想に対して甚大な影響を与え続けた。また、マキャヴェッリこそがルネサンスの申し子であったと言ってよい。彼は宗教よりも人文主義に重きを置き、信仰や教義よりも経験主義を重視した。そして、政治史研究に、はじめて客観的・科学的手法を取り入れた人物でもあった。

さらに、この客観的視点が、人間の性質に関する彼の悲観的な分析につながったと考えられる。マキャヴェッリのこの分析は、自然状態における生活の野蛮さを描いたトマス・ホッブズへと続く流れの源流となった。また、実益を重視するというマキャヴェッリの考え方は、19世紀の自由主義において中核となる。そして、より広く見ると、政治から道徳性やイデオロギーを排除した彼の思想が基となり、のちの政治学で現実主義と呼ばれる動きへと発展し、特に国際関係において大いに活用されることとなる。

## 「マキャヴェッリ流の」行動

「マキャヴェッリ流の」（マキャヴェリアン）という表現が広く使われているが、これは軽蔑的な表現で、裏で何かを操作したり、謀略を用いたりした政治家、または、そうであろうと疑われている政治家に対して用いられる。アメリカ合衆国の大統領であったリチャード・ニクソンは、政敵の本部に侵入し盗聴器を仕掛けた事実を揉み消そうとした人物で、その事件の責任をとって大統領職を辞任しているが、彼こそが現代のマキャヴェリアンの代表例である。実は、マキャヴェッリは『君主論』において、はっきりとは書かなかったものの、もう一つ別の指摘を行っているのではないかという説がある。それは、成功した統治者はすべからく「マキャヴェッリ流の」方法をとっていたかもしれない、しかしそれが調査されず、露見しなかっただけかもしれないという指摘である。その統治者が成し遂げた成果が注目されたことで、成功のために使った手段は見過ご

中世の政治　81

> 誰もがあなたの外見を見ている。
> しかし
> 本当のあなたを知る人は
> ほとんどいない。
> **ニコロ・マキャヴェッリ**

どこまで許容するのか。マキャヴェッリについて考える際、我々は自問してみなくてはならないだろう。■

されただけかもしれないのである。我々は指導者を評価する際に、彼らが使った手段よりも、その結果で判断する傾向があるようだ。

この論をさらに進めると、我々は、戦争の敗者に関して、道徳的に問題がありそうだと判断する一方で、勝者についてはまったく非難しないということが、たびたびあることに気づくだろう。「歴史は勝者によって書かれる」という有名なパターンである。政府の政策がうまくいったとき、その裏に謀略がありそうな場合に、それを我々は

リチャード・ニクソンは1974年にアメリカの大統領職を退いた。彼は民主党全国委員会の本部に侵入し盗聴器を仕掛けたとされ、その行為が「マキャヴェッリ流」と表現される。

### ニコロ・マキャヴェッリ

ニコロ・マキャヴェッリはフィレンツェで法律家の息子として生まれた。その後、フィレンツェ大学で学んだとされるが、実際は、1498年にフィレンツェ共和国政府で働くようになるまでの生活については、ほとんどわかっていない。公職についてから14年間は、外交の仕事でイタリア、フランス、スペインをめぐっている。

1512年にフィレンツェ共和国は襲撃に遭い、再びメディチ家の支配下に置かれることとなる。マキャヴェッリは、メディチ家に対する陰謀を企てたとされ、不当にも投獄され尋問を受ける。解放されたのちはフィレンツェ近郊の農園に退き、そこで執筆活動に専念し、『君主論』やその他の政治的・哲学的著作を書き上げる。マキャヴェッリは、再度メディチ家の信任を得ようと努めたものの、受け入れられていない。1527年にメディチ家はフィレンツェから追放されるが、新しい共和国政府もマキャヴェッリの登用を拒んだ。マキャヴェッリはメディチ家と結びつきがあるため、という理由であった。彼はその年のうちに亡くなっている。

### 主著

1513年ころ（出版は1532年）
『君主論』
1517年ころ（出版は1531年）
『ディスコルシ』（『ローマ史論』）
1519〜21年　『戦術論』

# 理性と啓
# 時代
## 1515年〜1770年

蒙の

# はじめに

**1517年** — マルティン・ルターが『95ヶ条の論題』をヴィッテンベルクの教会のドアに貼りつけ、カトリック教会の権力に異議を唱える。

**1532年** — スペインの探検家フランシスコ・ピサロが南米のインカ帝国を征服する。

**1576年** — ジャン・ボダンが『共和国六書』において理想の統治形態を描く。

**1590年** — 豊臣秀吉は、小田原城包囲ののち日本を統一し、厳格な身分制度を制定する。

**1597年** — フランシスコ・スアレスが『形而上学討論集』においてトマス・アクィナスの政治思想を再考する。

**1602年** — オランダ東インド会社が設立され、世界初の多国籍企業となる。

**1620年** — ピルグリム・ファーザーズがアメリカのマサチューセッツ州にプリマス植民地を建設する。

**1625年** — フーゴー・グロティウスが『戦争と平和の法』において国際法の基礎を示す。

---

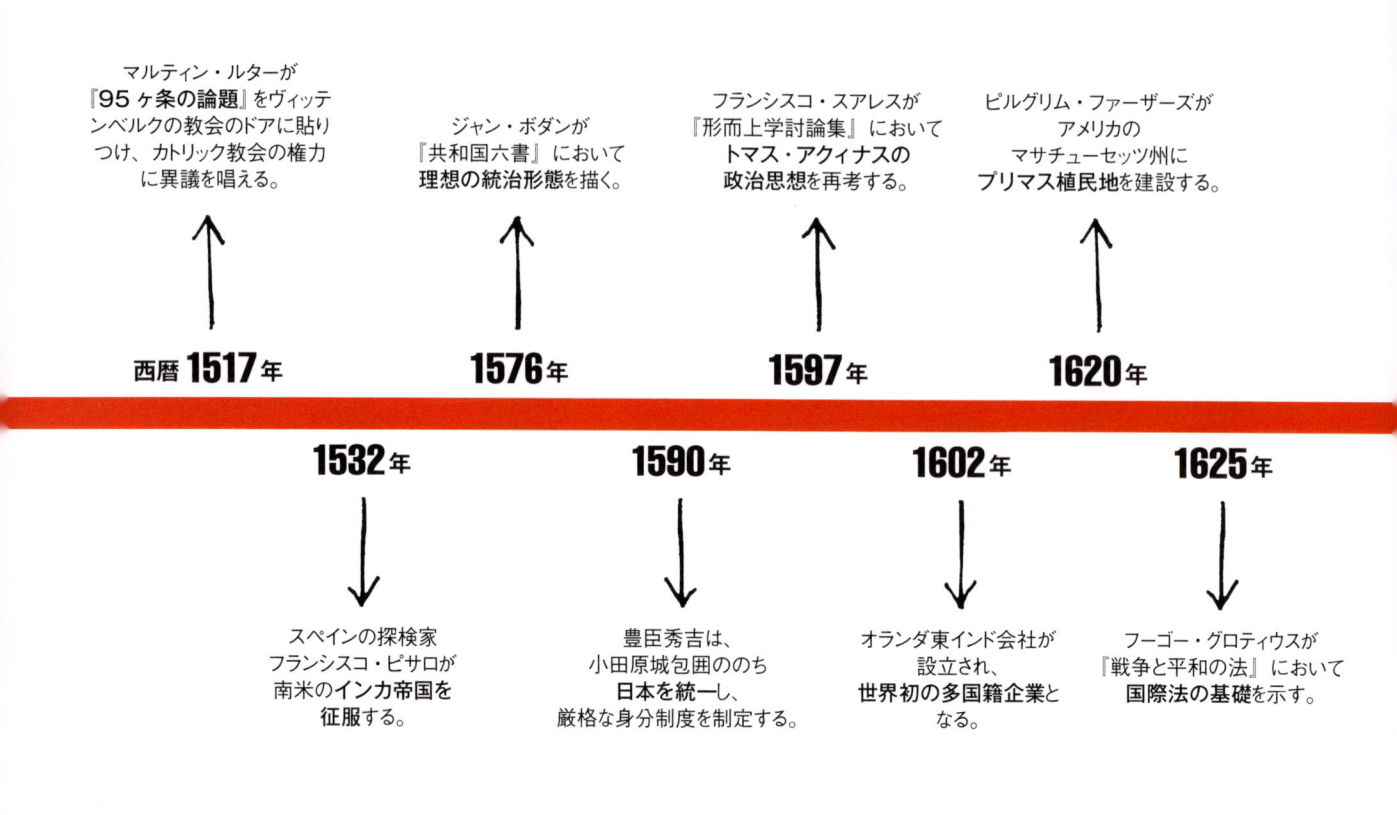

西洋の現代政治思想の大半は、ヨーロッパにおいて「中世」のあとに続いた「理性の時代」に生まれたものである。中世から理性の時代へ移行した背景には、印刷機の発明、国民国家の勃興、南北アメリカ大陸の発見などがある。1517年、マルティン・ルターの『95ヶ条の論題』により、宗教の正統性への疑念が表面化し、プロテスタントの宗教革命、さらにはカトリックの反宗教革命へとつながっていく。

ヨーロッパの諸集団の権力や統治がぶつかり合う領域においては、市民集団や宗教集団の激しい対立が生じた。宗教上の教義が失われたなか、政治的秩序を構築し正当なものへと押し上げるための新しい方法を人々は必要としていた。そのようななかで二つの概念が中核となる。一つは、王の支配権は神から与えられたとする「王権神授説」、もう一つは、正しい道徳的原則にたどり着けるように人間の行動を分析した「自然法」である。この二つの概念が、絶対主義国家を正当化するために使われた。

## 絶対主権

フランスでは、ジャン・ボダンが絶対主権を持った強力な中央集権を支持した。そのような体制を築くことで、ヨーロッパにおいて教皇の権力が衰えたあとの党派闘争を避けることができると考えたのである。トマス・ホッブズは、イングランドにおいて、血なまぐさい内戦の時代に執筆活動を行っていた。彼は強力な主権が必要であるという点でボダンと同意見であったが、王権神授説には不賛成であった。当時、王権神授説を正当化するために、ボダンの著作がしばしば引用されていたのである。ホッブズにとって、統治のための権力は神から与えられるものではなく、統治される人民との社会契約によって得られるものであった。統治権は人民との明示的・非明示的契約によって与えられるという考え方、さらに、その契約が破られた場合には統治者は合法的な方法で権力の座を追われるという考え方は、現代の政治制度においても中心となる思想である。

中央集権に関して重要な思想を残した思想家としてほかに、ヨハネス・アルトゥジウスとモンテスキューがいる。アルトゥジウスは、政治とは平和と繁栄を守るために人々をまとめ上げる技術であると述べた。モンテスキューは、立法権と行政権の分権の原則に基づいて政府はつくられるべきであると主張した。彼らのような思想家は、強力な中央集権国家に反対の立場をとっていた。

## 啓蒙の時代へ

サラマンカ学派に属していたフランシスコ・デ・ビトリアやフランシスコ・スアレスといった神学者は、合理性に

# 理性と啓蒙の時代

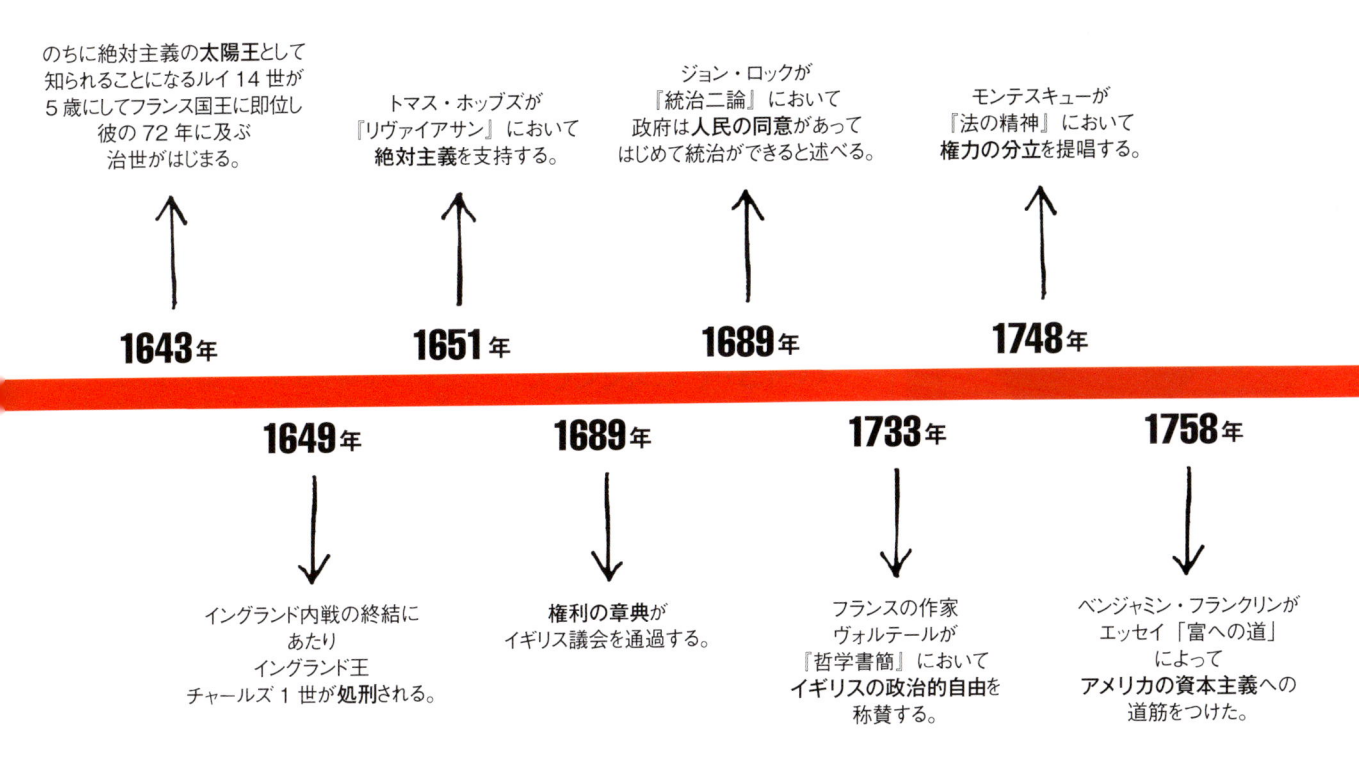

**1643年** — のちに絶対主義の**太陽王**として知られることになるルイ14世が5歳にしてフランス国王に即位し彼の72年に及ぶ治世がはじまる。

**1651年** — トマス・ホッブズが『リヴァイアサン』において**絶対主義**を支持する。

**1689年** — ジョン・ロックが『統治二論』において政府は**人民の同意**があってはじめて統治ができると述べる。

**1748年** — モンテスキューが『法の精神』において**権力の分立**を提唱する。

**1649年** — イングランド内戦の終結にあたりイングランド王チャールズ1世が**処刑**される。

**1689年** — **権利の章典**がイギリス議会を通過する。

**1733年** — フランスの作家ヴォルテールが『哲学書簡』において**イギリスの政治的自由**を称賛する。

**1758年** — ベンジャミン・フランクリンがエッセイ「富への道」によって**アメリカの資本主義**への道筋をつけた。

---

基づいた聖書の解釈をはじめた。この解釈に基づいて、デ・ビトリアはこの時代に教会の名のもとに行われた植民地支配を批難する。スアレスは、人定法・自然法・神の法を区別し、王権神授説はこの三つの法をないまぜにした誤った解釈であると主張した。

その後、この時代の学者は、神学ではなく純粋な理性に基づいて分析を行うようになる。この分析はいわゆる「啓蒙の理念」に近いものである。「啓蒙」という言葉は、1784年にイマヌエル・カントが創り出したもので、他の導きなしに自分自身の知性を用いる能力や自由を指している。

ボダンやホッブズといった学者は、絶対主義を支持するために政治的安定に焦点を当て、自然法という概念を用いた。それに対して啓蒙主義者は、自由主義理論や国際法の土台として自然法を用い、人間は人定法で定められた以上の権利を有するのだと主張した。

## 個人の権利

国際法の父として知られるフーゴー・グロティウスは、自由と権利は神に与えられたものなどではなく、人間に元来備わっているものであると述べた。自由主義を発展させる上で、また、法において権利と義務の概念を分離する上で、この考え方は重要なものであった。さらに進んで、ジョン・ロックは個人の権利と自由のために闘った人物である。彼は、政府と法の目的は人間の自由を守り拡大することであると述べた。ホッブズ同様、ロックは社会契約を支持していた。しかし、ホッブズほど徹底した絶対主権を唱えてはおらず、政府の権力は制限されるべきであり、政府は人民を守るべきものであると主張した。

アメリカの啓蒙主義は、独立宣言の基礎をつくったのみならず、ヨーロッパの啓蒙主義の絶頂とされる1789年のフランス革命の理念とも密接なつながりがあった。ベンジャミン・フランクリンはこの時代の中心的人物であり、市民は起業家精神を持つのが望ましいという彼の思想が、資本主義の発展に大きな影響を与えた。

人間の権利と自由、抑制と均衡、国際法、議会制民主主義、理性、といった概念はすべて、この時代の思想家によってはじめて探究された概念なのである。■

# 主権は絶対的で永続的な国家の力である

## ジャン・ボダン（1529年〜1596年）
Jean Bodin

### 背景

**イデオロギー**
絶対主義

**焦点**
主権の力

**前史**
**紀元前380年** プラトンが『国家』において、理想的な国家は哲人王によって統治されるべきだと主張する。

**1532年** ニコロ・マキャヴェッリの『君主論』が出版され、君主に対する提言がなされる。

**後史**
**1648年** ヴェストファーレン条約によって、ヨーロッパの国民国家の近代的体制が創られる。

**1651年** トマス・ホッブズが『リヴァイアサン』において、絶対主権による統治といえども人民との社会契約の上に成り立つべきだと述べる。

**1922年** カール・シュミットが、主権統治者は戦争などの例外的状況下では法の効力を停止する権利があると主張する。

---

権力を競い合うような社会構造は、**内戦や混乱状態を引き起こす**。

↓

それゆえ、神の意に沿うような、**絶対的権力を持った主権者が一つだけ存在するべきである**。

↓

主権者の権力が絶対的であるためには、その権力が**永続的**でなくてはならず、他者に与えられたり時間的制限を伴うものであってはならない。

↓

**主権は、絶対的で永続的な国家の力である。**

---

国家がその領土内において主権を有するべきだという考え方が生まれたのは、かなりの部分がフランスの法学者ジャン・ボダンの著作のおかげである。ボダンはフランスの宗教戦争（1562〜98年）の時代を生きたが、この戦争は、カトリックとユグノーと呼ばれたプロテスタントとの対立が主な原因であった。ボダンは、この時代の複数の権力が複雑に入り組んだ社会構造は危険であると考えた。教会、貴族、君主がそれぞれ、人民の忠誠を得ようとして対立し、そこから市民戦争や無秩序状態へと発展していくことが多々あったためである。ドイツの神学者マルティン・ルターや、その後に続くイギリスの哲学者ジョン・ロック、アメリカ建国の父トマス・ジェファーソンといった思想家は、そのような争いを避けるために、教会と国家の権力をはっきりと分けるべきであると述べている。それに対してボダンは、平和と繁栄のためには、強力な中央集権が必要であると考えた。

『共和国六書』においてボダンは、主権は絶対的で永続的でなくては効力を発揮しないと述べた。絶対主権が保障されることで、強力な中央集権によって領土を統治できる。争いを避けるためには、主権は別の党派や人民によって、法・義務・条件で縛られるべきではないのである。絶対権力が必要であるというボダンの主張は、ヨーロッパにおいて絶対君主政が成立する際の

# 理性と啓蒙の時代 89

参照：プラトン 34-39 ■ トマス・アクィナス 62-63 ■ ニコロ・マキャヴェッリ 74-81 ■ トマス・ホッブズ 96-103 ■ ジョン・ロック 104-09 ■ カール・シュミット 254-57

> 「主権君主は
> 権力を与えてくれた
> 神に対してのみ責任を負う。」
> **ジャン・ボダン**

理論面での強力な根拠となった。彼はまた、主権は永続的でなければならないと述べた。主権は他者から与えられるべきものでもなく、時間的な制限を受けるべきものでもない。なぜならそれは、絶対主義の原則に反するからである。ボダンは国家組織を指す際に、英語の「コモンウェルス」（commonwealth、公共の利益で結ばれた社会）に該当するラテン語「レス・プブリカ」（*res publica*）を用いており、レス・プブリカ繁栄のために、政治的社会には絶対的な主権が必要であると主張している。そのような絶対的な主権は、自由に法を制定することができ、また、法を破ることも許されるべきであるとボダンは言う。

## 王権神授説

ボダンは、自然法と王権神授説に基づいて主権の正統性を主張している。自然法の定める社会的道徳も、王権神授説で神が授けるとされる君主の統治権も、ともに神から直接与えられるものであると彼は考える。この点においてボダンは、フランスの哲学者ジャン＝ジャック・ルソーのような啓蒙思想家とは立場が異なり、彼らがのちに展開する「主権は統治者と人民のあいだの契約によって生まれる」という説に反対であった。また、ボダンは民主主義を嫌ってはいたものの、主権者が無条件に主権を持ち支配できるのだというマキャヴェッリの意見には同意しなかった。統治者は絶対的な権力を持たなくてはならないが、同時に、神の意に沿い、自然法に従うことが求められるのである。

ヴェストファーレン条約は、1648年にヨーロッパ列強のあいだで締結された一連の条約の総称であるが、各国が相互の領土を尊重するべきであるというボダンの思想に基づいている。この条約によって、ヨーロッパは、中世の各国の政治制度を脱し、近代的な国家制度へ移行することとなった。ヴェストファーレン体制は、その後の国際関係の枠組みを創り上げたもので、各主権国の政治的自決、相互承認、および内政不干渉の原則に基づいたものであった。■

フランスの宗教戦争において、カトリック側は教皇を最高の権力者とみなしたのに対し、プロテスタント側は王を権力者として支持した。

## ジャン・ボダン

ジャン・ボダンは、裕福な洋服店の息子として、1529年にフランス北西部アンジェの近くで生まれ、とても若いうちにカルメル修道会に入会する。1545年、哲学者ギョーム・プレヴォーに学ぶためにパリへ移った。その後、トゥールーズで法学を学び、1560年にパリへ戻り、王の顧問となり、のちに検察官になる。ボダンの著作は多分野にわたり、歴史、経済、自然史、法、魔術、宗教についての著書がある。彼の著書は彼の存命中もその死後も長く影響力を持っていたが、彼の宗教観は異端とも言えるもので、おおいに議論を呼んだ。ボダンはカトリック教徒であったが、教皇の権威に疑問を持ち、後年には他の宗派との建設的対話を始めようとした。

**主著**

1576年　『共和国六書』

# 人間の状態は闘争状態である

トマス・ホッブズ（1588年～1679年）
Thomas Hobbes

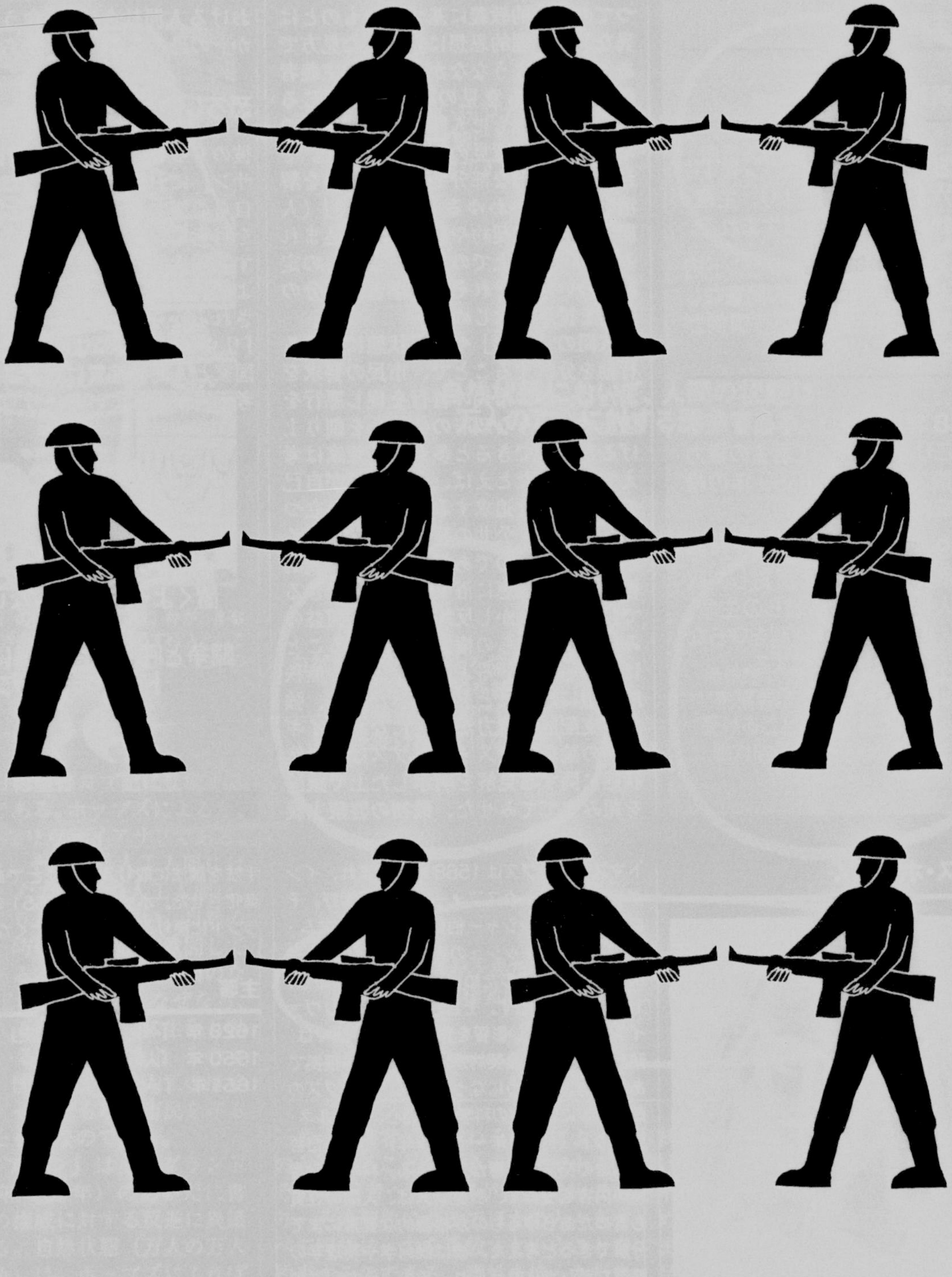

# 革命の思想
## 1770年〜1848年

# 自由を放棄することは人間であることを放棄することである

ジャン＝ジャック・ルソー
（1712年〜1778年）
Jean-Jacques Rousseau

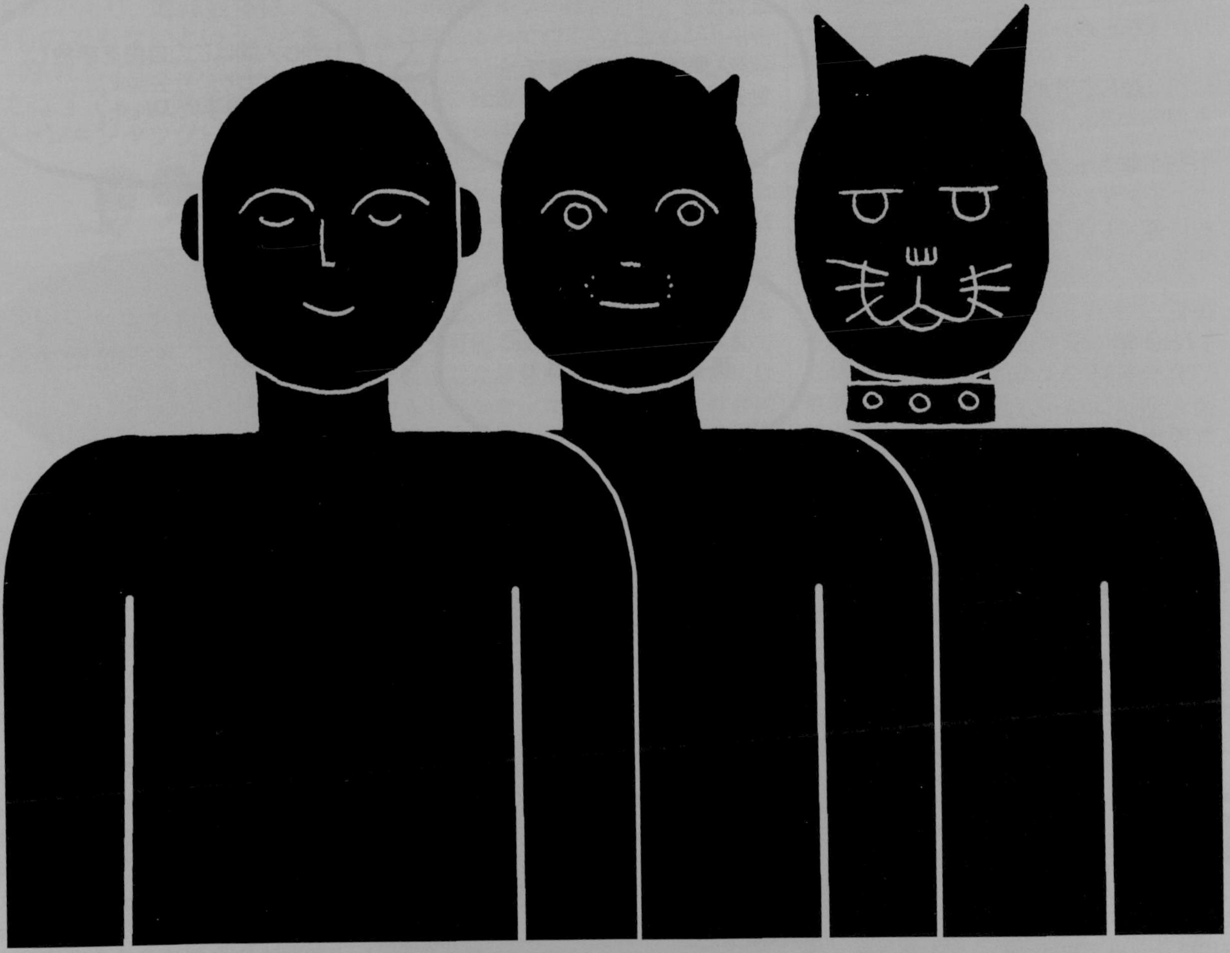

# 財産に基づく権利がもっとも不安定である

トマス・ペイン（1737年〜1809年）
Thomas Paine

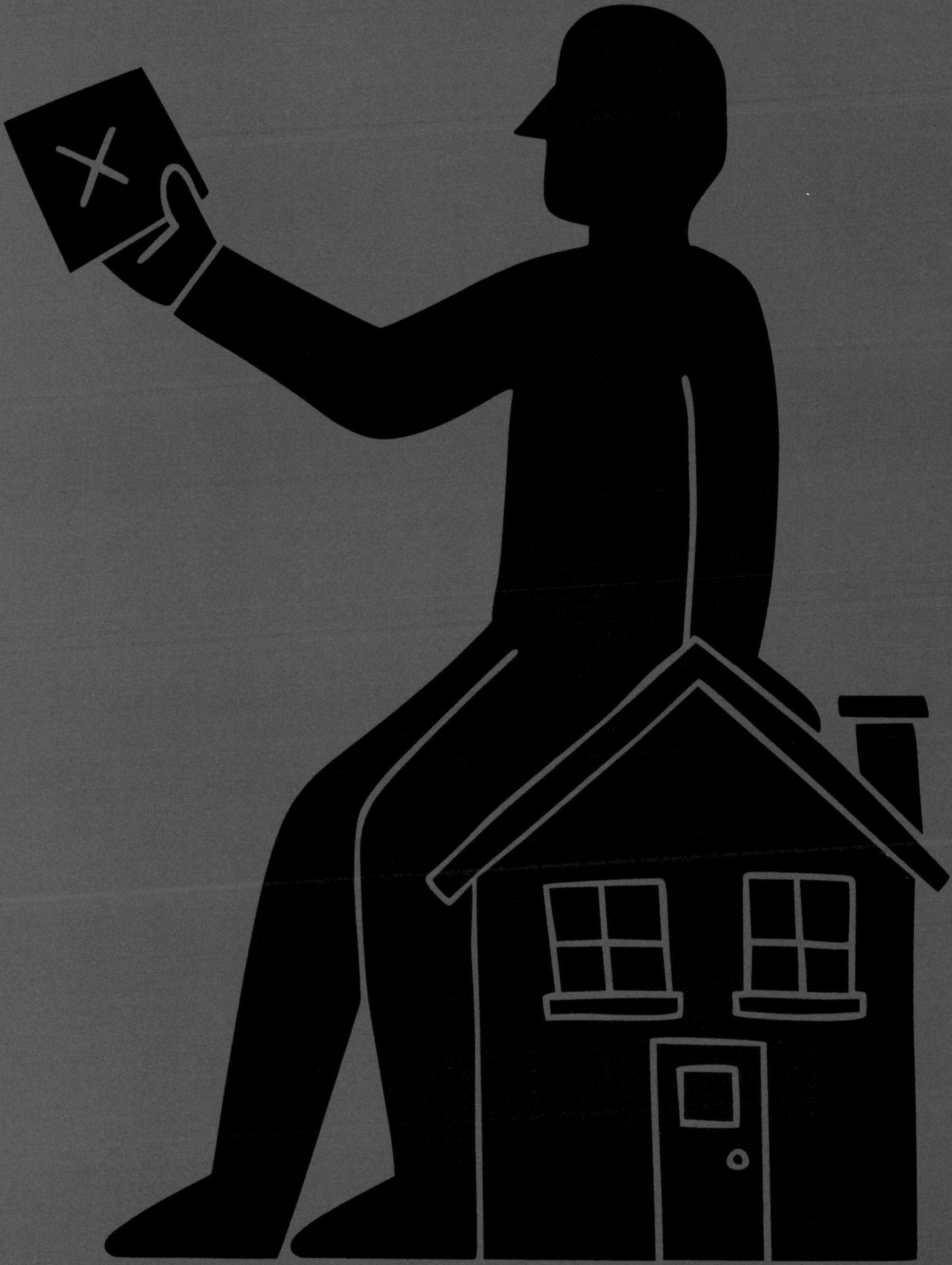

# 136 トマス・ペイン

## 背景

**イデオロギー**
共和主義

**焦点**
男子普通選挙

**前史**
**紀元前508年** アテネの民主政において、すべての男性市民に選挙権が与えられる。

**1647年** オリヴァー・クロムウェルの新式軍隊の一部過激派が男子普通選挙を求め、君主政の終焉を望む。

**1762年** ジャン＝ジャック・ルソーが『社会契約論』を著し、主権は人民にあると主張する。

**後史**
**1839〜48年** イギリスにおいてチャーティスト運動が勢いを増し、男子普通選挙を要求する。

**1871年** 新たに統一されたドイツ帝国において、男子普通選挙が行われる。

**1917〜19年** 第一次世界大戦が終結し、ヨーロッパ中で民主共和政が君主政に取って代わる。

---

財産を所有していることにより投票権が認められた。

↓

財産を持つ者はその**立場と特権を悪用**し、**自己の利益**のために社会運営を行う。

↓

この状況に貧困層は怒りを覚え、自分たちの要求が無視された場合には**富裕層に対抗するために立ち上がる**だろう。

↓

**財産に基づく権利がもっとも不安定である。**

↓

**権利**は、財産の有無にかかわらず**付与されるべきもの**だ。

---

**16**49年に国王チャールズ1世の裁判と処刑が行われ、イギリス革命は盛り上がりを見せたが、17世紀の終わりにはその勢いは失われていた。1688年の「名誉革命」では君主政が復活し（ただし、君主は議会のもとに置かれた）、イギリスは一時的な安定を得た。しかし、正式な憲法がつくられることもないまま、オリヴァー・クロムウェルによる共和政の試みも短期間で終わった。新しい体制は、国民を代表しているとは言えない堕落した下院、選挙で選ばれていない堕落した上院、そして名目上はいまだに国家の頂点に位置することになっている君主、という寄せ集めであった。

新しい政府が守るべき制限事項を提示した1689年の権利の章典は妥協の産物であり、ほぼ誰のことも満足させないような代物であった。特に、この章典によって権利を保障されない人々が満足であるはずはなかった。アイルランド人、カトリック教徒、非英国国教徒、貧民、職人、さらには比較的裕福な中産階級や国家の職員さえも蚊帳の外であった。トマス・ペインはこのような時代に登場し、1774年にアメリカへ移住したのち、頭角を現した。ペインの煽動的な著書は広く人気を博したが、そのなかにおいて彼は、クロムウェルの時代に盛んであった民主主義や共和主義を支持する議論を再度盛り上げようと試みている。

## 民主主義の必要性

1776年にフィラデルフィアで匿名で出版された『コモン・センス』においてペインが主張したのは、イギリスから北アメリカに入植した人々は、イギリス帝国とその立憲君主政から完全に独立すべきであるということであった。ペイン以前に活躍していたホッブズやルソーと同様に、彼は、人間とは、お互いに自然と愛着を持つようになり社会を形成するものだと述べた。そのようなつながりが、家族、友人、仕事

# 革命の思想　137

**参照：** トマス・ホッブズ 96-103 ■ ジョン・ロック 104-09 ■ ジャン=ジャック・ルソー 118-25 ■ エドマンド・バーク 130-33 ■ トマス・ジェファーソン 140-41 ■ オリヴァー・クロムウェル 333 ■ ジョン・リルバーン 333 ■ ジョージ・ワシントン 334

> 後世のための
> 計画を立てるとき
> 我々は、
> 徳は世襲ではないことを
> 忘れてはならない。
> **トマス・ペイン**

関係と複雑化するにつれて、人々は規則を必要とするようになってくる。そういった規則が体系化されて法となり、その法を制定・執行する機関として政府が設立される。法は人々のために機能するようにつくられるが、人口が増えるにしたがって、全員で決定を下すことが困難になる。そこで必要となるのが、代表者を選出する民主主義である。

民主主義は、社会が必要とすることと政府が必要とすることとの均衡をとるための、もっとも自然な方法であるとペインは考える。投票は社会と政府のあいだの調整機能となる。投票という手段を用いて社会が政府をつくることで、社会が必要としていることをよりうまく拾い上げられるような政府ができると考えられるためである。それに対して、君主政のような制度は不自然である。なぜなら、世襲の原理は社会とは無関係なものであり、また、君主が自分自身の利益のために行動する可能性もあるからだ。ジョン・ロックが提唱したような混合型の立憲君主政であっても危険性はぬぐえない。なぜなら、君主はより強力な権力を簡単に手に入れ、法の裏をかくことができるからである。したがって、ペインは、君主政は完全に撤廃した方が良いと考えていた。

そのようなわけで、イギリス帝国との戦争においてアメリカがとるべき最善の策は、君主政に関する事柄について一切の妥協を許さないという道であった。完全な独立を手にしなくては、民主的な社会をつくることはできない。ペインは断固として完全な民主共和政を要求し、イギリス帝国からの独立を求める戦争での勝利を通して、それはただちに実現された。ペインは1787年にイギリスに戻り、2年後にフランスを訪れた。そして、フランス革命の強力な支持者となった。

## 革命の省察

フランスからイギリスに戻ったペインは、突然目を覚まさせられるような経験をする。ブリストルの下院議員で近代保守思想の創始者の一人であるエドマンド・バークは、アメリカの植民地には独立する権利があると強く主張していた。ペインが1787年にイギリスに戻って以来、バークとペインは友好関係にあった。ところが、そのバークがフランス革命を猛烈に批難していたのである。バークは『フランス革命の省察』において、フランス革命はそのあまりの過激さゆえに社会の秩序を脅かすものであると批判した。彼は社会を有機的統一体とみなし、突然の変化にはうまく反応できないものだと考えていた。アメリカの革命やイギリスの「名誉革命」は、長い時間をかけて獲得された権利を直接脅かすことなく、制度の明らかな欠陥を修正しただけであった。特に、財産に関する権利を損なうことは一切なかった。しかし、当時のフランスの状況はまったく異なっており、旧体制が暴力で倒されたのである。

バークの批判を受けて、ペインは自らの立場を擁護すべく、1791年上旬に『人間の権利』を出版してバークに反論した。当局の検閲にもかかわらず『人間の権利』は、イギリスで出されたフランス革命を支持する書籍のなかで、もっともよく知られ、もっとも広く読まれるものとなった。ペインは、あらゆる世代が既存の権力に縛られる

ウィリアム・ホガースの風刺画「ベンチ」に描かれた裁判官は、怠慢・無能・賄賂まみれで、社会における権利のことなど考えていない。

# 138 トマス・ペイン

フランス議会は、フランス革命によってできた国民公会に起源を持つ。国民公会は、フランスではじめて男子普通選挙によって選ばれた国家統治のための議会であった。

ことなく、その時代に合うように政治的・社会的組織をつくり変える権利を持っていると主張する。世襲によって統治者となっている君主には、この権利を蹂躙する資格などない。財産ではなく権利こそが、唯一、代々受け継がれるべきものである。1792年に出版された『人間の権利』第二部では、社会福祉についての提案が行われている。1792年の終わりまでに、『人間の権利』は第一部と第二部を合わせて20万部を売り上げた。

## 君主政の終焉

当局の脅しに遭っても、「教会・国王派群衆」と呼ばれる人々が彼の肖像画を燃やしても、ペインはさらに過激な主張を行うのだった。彼の著書『先の国王宣布の布告者に寄せる手紙』は、国家が定めた「煽動的名誉毀損罪」(国家を批難する文書を規制するための罪状)を支持した「多数の腐敗した地区や団体」を糾弾するために書かれたものである。ペインは、このような言論統制を新しいかたちの専制政治であると批難し、さらに、選挙で選ばれた議員からなる議会をつくり、イギリスの新しい共和国憲法を起草するべきだと主張した。この主張は、フランスの国民公会を手本とした革命が必要であると明言したも同然であった。ペインは『先の国王宣布の布告者に寄せる手紙』が出版される少し前にフランスに出国しており、本人不在のまま煽動的名誉毀損罪が言い渡された。

『先の国王宣布の布告者に寄せる手紙』の主張は短いものの、バークに対して正面から反論を行っている。1689年のイギリスの権利の章典では、立憲君主政において国民が享受する権利を保障しているが、この章典は悪用も可能なものであった。そこから生じ得る堕落の例としてもっとも不愉快なものを、ペインはいくつか挙げている。さらに彼は、制度自体を改善したいという思いもいだいていた。世襲財産を最高法規で擁護したことによって、この制度は堕落し、悪用されることとなった。ウィリアム・ピットの政府による専制などは、まさにこの財産保護の結果として引き起こされたことである。その政権の頂点には世襲の君主が立ち、議会は国王と財産を守る以外の機能を果たさなかった。もはや腐敗した議会を改善するだけでは十分ではなく、完全につくり変えることが必要だと、ペインは述べた。

## 男子普通選挙

主権を持つのは国王ではなく人民であり、人民は、自分たちが正しいと思うように法をつくり廃止することができる。しかし、当時の制度のもとでは、人々が政府をつくり変えることは許されていなかった。政府をつくり変えられない以上、フランスの国民公会のような選挙による新しい議会をつくるべきであるとペインは主張した。

「一般意志」こそが国家の主権をか

私有財産に応じて投票権を与える制度では、富裕層と貧困層のあいだに不平等が生まれ、腐敗と権力の独占につながる。

男子普通選挙を導入することで、その不均衡が是正され、政策を策定する際にも富裕層と貧困層両方の権利が考慮されるようになる。

> 富裕層が
> 貧困層の権利を守るとき
> 貧困層は
> 富裕層の財産を尊重する。
> **トマス・ペイン**

たちづくるべきであり、また、透明性のある公正な選挙によって議会議員を選出することで、個人の利益追求や堕落した行為を防ぐことができるだろう。男子普通選挙によって議員が選出され、その議員がイギリスの新憲法を起草する責任を負うこととなるのだ。当時のイギリスの選挙において買収行為などの不正が行われるおもな原因は、所有する財産によって選挙権が与えられるという制度にあるとペインは考えた。富裕層にも貧困層にも同じように権利が与えられる制度においてのみ、富裕層と貧困層のあいだに互いへの敬意が生まれる。そしてその結果、互いに相手から何かを奪い取ろうという風潮が生じにくくなるのだと、ペインは主張する。

### 改革への礎

『先の国王宣布の布告者に寄せる手紙』は、『コモン・センス』や『人間の権利』ほど評価されていない。しかし、共和国・新憲法・男子普通選挙による国民議会を求める過激なまでの彼の意見は、その後の50年間、イギリスにおいて改革を志す人々の要求として受け継がれる。1790年代以降、ロンドン通信協会が国民議会の設立を求め、1840年代にはチャーティスト運動家によって全国規模の大会が組織される。このチャーティスト運動には国家権力も脅威を覚え、1867年の第二次選挙法改正では、ついに、選挙権から財産の条件が撤廃される。

ペインの思想がもっとも影響力を持っていたのは、彼が住んでいたアメリカやフランスにおいてであった。特にアメリカにおいて、ペインは独立と憲法作成に携わった建国の父の一人であり、彼の著書の影響で何千人もの人々が民主主義や共和主義に傾倒するようになる。■

1848年4月10日、ロンドンのケニントン・コモンにおいて、チャーティストによる大集会が開かれた。チャーティストはトマス・ペインが提唱したものと同じような選挙改革を要求していた。

---

### トマス・ペイン

トマス・ペインはイギリスのセットフォードで生まれた。賃金と労働条件の向上を求める運動に加わったことで収税吏としての仕事を失い、1774年にアメリカへ移住し、ベンジャミン・フランクリンの勧めでペンシルヴェニアの雑誌の編集者となった。1776年に出版された『コモン・センス』は、入植者200万人のあいだで広く読まれ、3か月で10万部を売り上げた。1781年には、アメリカの革命のためにフランス国王から多額の支援を得る際の交渉において活躍した。1790年にロンドンに戻り、フランス革命に触発されて『人間の権利』を著し、煽動的名誉毀損罪を言い渡される。フランスに逃れたペインは国民公会の委員に選ばれ、恐怖政治の続くあいだフランスに留まることで刑の執行を免れる。1802年、ジェファーソン大統領の招きに応じてアメリカに戻り、その7年後にニューヨークで亡くなった。

**主著**

1776年 『コモン・センス』
1791年 『人間の権利』
1792年 『先の国王宣布の布告者に寄せる手紙』

# すべての人が平等に創られている
## トマス・ジェファーソン（1742年～1826年）
Thomas Jefferson

## 背景

**イデオロギー**
国家主義

**焦点**
普遍的権利

**前史**
**1649年** イギリスの国王チャールズ1世が「公共の利益、人民の権利、自由、正義、平和に反する」行為により裁判にかけられ処刑される。

**1689年** ジョン・ロックが王権神授説を否定し、主権は人民にあると主張する。

**後史**
**1789年** フランス革命後に出された「人間と市民の権利の宣言」に、人は皆「平等な権利を持った自由な存在である」と記される。

**1948年** 国際連合が「世界人権宣言」を採択する。

**1998年** DNA鑑定により、ジェファーソンが自分の奴隷であったサリー・ヘミングスとのあいだに子どもをもうけていた可能性が示される。

---

アメリカ独立宣言はもっとも有名な英語の文章の一つである。すべての人が「生命、自由、幸福の追求」の権利を有するという宣言は、良い人生とは何か、そして良い人生を可能にする条件とは何かを定義づける際に、現在も一つの指針となっている。

独立宣言は、アメリカの革命時代に起草されたものである。アメリカの革命とは、イギリスの支配下にあった13の植民地が、イギリス国王の支配に対して起こした反乱を指す。イギリスはこれらの植民地の支配権をめぐってフランスと争っていたが、1763年までに一連の戦いで勝利を収め支配権を手に入れており、その戦争にかかった巨額の費用を取り戻すべく植民地に税を課していた。イギリス議会にはアメリカ植民地からの議員は一人もいなかったにもかかわらず、アメリカ植民地に関する事柄も、イギリスの議会で決定されていた。議員を出せずに税だけを課される状況に対してボストンで起こった抗議行動は、イギリスの軍隊が介入する事態へと発展し、ついには戦争へと突入していく。1774年の第一次大陸会議において、植民地側は独自の議会を設立することへの許可を要求した。そして1年後の第二次大陸会議では、イギリス国王ジョージ3世が彼らの要求をことごとく拒絶するなか、完全な独立を強く求めた。

### 旧世界から新世界へ

第二次大陸会議の代議員に選ばれていたトマス・ジェファーソンは、独立宣言の草案作成を委任される。ジェファーソンはアメリカ啓蒙思想を代表する人物の一人であり、その啓蒙思想がアメリカの革命を引き起こす知的原動力となった。

ヨーロッパからの入植者は、絶対君主政や腐敗した寡頭政の政府に支配された、みじめで不平等な旧世界の社会を振り返る。そのような社会では戦争が多発し、宗教的寛容さもなく、最低限の自由すら与えられていなかった。ジェファーソンをはじめとする新世界の知識人は、イギリスの自由主義哲学

> 我々に命をくださった神は同時に自由も授けられた。命と自由をともに力で破壊することは可能かもしれないがその二つを分かつことはできない。
> **トマス・ジェファーソン**

**参照：** フーゴー・グロティウス 94-95 ■ ジョン・ロック 104-09 ■ ジャン=ジャック・ルソー 118-25 ■ トマス・ペイン 134-39 ■ ジョージ・ワシントン 334

# 革命の思想 141

---

**すべての人が平等に創られている。そして、生まれながらの、奪うことのできない権利を授けられている。**

↓ ↓

- **世襲による統治は、人々の持つ奪うことのできない権利を侵すものである。**
- **共和政のみが人々の持つ奪うことのできない権利を侵さない制度である。**

↓

**植民地はヨーロッパの世襲による統治と決別し、独立した共和国になるべきである。**

---

## トマス・ジェファーソン

トマス・ジェファーソンはヴァージニアのシャドウェルに生まれた。彼は大農園の所有者で、のちに弁護士となり、さらには1801年にアメリカ合衆国第三代大統領となった。第二次大陸会議でヴァージニアの代議員を務めていたが、アメリカの啓蒙思想を代表する人物であったため、1776年6月の独立宣言の起草を委任されている。

大農園の所有者であったジェファーソンは100人を超える奴隷を有しており、そのような自らの立場と、平等を旨とする自分の信念との折り合いをつけようと苦心している。彼の作成した独立宣言の草稿に含まれていた奴隷の所有を批難する文章は、大陸会議によって削除された。1783年にイギリスに勝利したあとで、ジェファーソンは再び新共和国における奴隷の所有を禁止する法案を提出するが、大陸会議における投票で否決された。1808年に大統領職を退いたのちも、ジェファーソンは公人として精力的に活動しており、1819年にはヴァージニア大学を設立した。彼は1826年7月4日に亡くなっている。

### 主著

1776年　独立宣言
1785年　『ヴァージニア覚書』

---

者ジョン・ロックなどの思想を取り入れた。ロックは人間の「自然権」を主張し、政府には人民との「社会契約」を守る義務があるのだと述べた思想家である。

ロックはイギリスの立憲君主政を擁護していたが、ジェファーソンらは彼の著作に急進的な解釈を加えた。私有財産や思想の自由を支持するロックの主張に、ジェファーソンは共和主義を付け加える。これは、1776年上旬に『コモン・センス』を出版して共和主義思想を広めたトマス・ペインの影響を強く受けてのことである。独立宣言は植民地主義との決別であったのみならず、「すべての人が平等に創られている」という概念に抵触し、人々の「奪うことのできない権利」を侵すような世襲政の統治の時代に幕を下ろすものでもあった。

1776年7月4日、13州の代表によって調印された独立宣言では、君主政の独裁政治の廃止が宣言されており、その効力はいまだに有効である。フランス革命はこの独立宣言を下敷きにしたものであり、また、ガンディーからホー・チ・ミンに至るまで、将来の独立運動の指導者にも独立宣言は大きな影響を与えている。■

ジェファーソンが独立宣言の草稿を大陸議会に提出するところが描かれている。それを聞いた人々が自ら望んで戦いに参加してくれるようにと、最終的にできあがった独立宣言は、通りで読み上げられた。

# それぞれの民族が
# 自分たちの幸福の核を
# 内包している

**ヨハン・ゴットフリート・ヘルダー**
**(1744年〜1803年)**
Johann Gottfried Herder

## 背景

**イデオロギー**
国家主義

**焦点**
文化的アイデンティティー

**前史**
**98年** ローマの元老院議員であり歴史家であるタキトゥスが『ゲルマニア』においてドイツの徳を称える。

**1748年** モンテスキューが、民族的特徴と政府の性質は風土の影響を受けていると述べる。

**後史**
**1808年** ドイツの哲学者ヨハン・フィヒテが、民族的ロマン主義運動が高まりを見せるなかで「民族」という概念について詳細に議論する。

**1867年** カール・マルクスが、愛国主義とは「誤った意識」であると批判し、愛国主義のせいで人々は自分がより良い待遇を与えられるべきであることに気づかないのだと述べる。

**1925年** アドルフ・ヒトラーが『我が闘争』においてドイツ民族の人種的優位性を主張する。

---

人は自分の育った場所によって**かたちづくられる**。

↓

なぜなら、言語と風景を共有することが、**民族精神**の形成を助けるからである。

↓

この民族精神によって、**独自の民族的特徴**を持った共同体がつくられる。

↓

人々の幸福はこの**民族共同体**にかかっている。

↓

**それぞれの民族が自分たちの幸福の核を内包している。**

---

**18**世紀のヨーロッパでは、啓蒙主義の哲学者が、どのようにして理性の光によって人類を迷信の世界から救い出せるかを思案していた。しかしヨハン・ヘルダーは、理性のみによって普遍的真理を探究することは間違いであると考えた。なぜなら、そのような立場では、人間が文化的・物理的環境によって異なっているという事実をとらえられないからである。人には帰属意識が必要であり、ものの見方はその人の育った環境によってつくられるものだと、ヘルダーは考えた。

## 民族精神

自我の意識を形成するには言語がきわめて重要な要素であり、したがって、自然的分類を行うと人間は民族に分けられることになるとヘルダーは主張した。ここで言う民族とは、必ずしも国家と同じ区分になるとは限らず、言語・習慣・民族としての記憶を共有する文化的な民族を指している。共同体は民族意識によってつくられるものである。そしてその民族意識は言語から生まれ、母国の物理的特徴の影響を受けながらできあがるものだとヘルダーは述べた。自然と風景は人々を育て、支え、また、人々に民族意識を持たせるものだとヘルダーは考えていた。

人々の幸せはこの民族共同体にかかっている。「それぞれの球体が重心を持っ

# 革命の思想 143

**参照:** モンテスキュー 110-11 ■ ジュゼッペ・マッツィーニ 172-73 ■ カール・マルクス 188-93 ■ フリードリヒ・ニーチェ 196-99 ■ テオドール・ヘルツル 208-09 ■ マーカス・ガーヴィー 252 ■ アドルフ・ヒトラー 337

> 自然なものによって
> 人々は教育される。
> そしてもっとも自然な状態とは
> 一つの家族が拡張し
> 一つの民族的特徴を備えた
> 一つの民族を形成することである。
> **ヨハン・ゴットフリート・ヘルダー**

ているように、それぞれの民族が、その民族内部に幸福の核を持っている」のだとヘルダーは主張する。それぞれの民族が育まれてきた環境から連れ出された場合、人々は、この重心とのつながりを失い、生まれつき持っていた幸福を奪われてしまうのである。ヘルダーは他国への移住のみならず、他民族が移り住んでくることについても懸念している。統治を行う上で唯一真の基盤となる、民族文化による組織的統一性が乱されることになると考えたためである。「一人の王のもとにさまざまな人種や民族を取り込むという不自然なかたちの国家拡大ほど、統治という目的にそぐわないものはない」と彼は述べている。ヘルダーは植民地主義や帝国建設の危険性に関してこのように述べたのだが、彼の思想は現代の多文化主義との関連で論じることもできる。

## 愛国主義の高揚

ヘルダーの思想は、当時高まりつつあった民族的ロマン主義をあと押しするものであった。民族的ロマン主義は着実に広がり続け、ギリシャ人からベルギー人に至るまでさまざまな民族が民族性や民族自決を主張するようになり、19世紀にはヨーロッパ全土に波及した。しかしこの主張には人種・民族の優位性が結びつけられることが多く、ついにはドイツ人によるユダヤ人迫害、そして「民族浄化」へとつながっていく。もちろん、ヘルダーにユダヤ人大虐殺の直接の責任があるとは言えないだろうが、彼はたしかに「ユダヤ人はこのドイツにはなじまない」と述べたのである。また、ヘルダーの提唱した「民族の重心」という考え方は、それぞれの民族内部に存在する考え方や文化の多様性を無視したものであり、民族に対する固定観念を強化するものである。ヘルダーは、民族文化を過度に重視しており、経済・政治・さまざまな人々との社会的接触といったほかの要素を無視している。そのため、彼の思想は、現代の国際化された社会にはあまり当てはまらない。おそらくヘルダーは、人々の持つさまざまな優先事項のなかで、民族性が常に最優先されると思い込んでしまったのだろう。実際にはそのような優先順位は、家族との関係や宗教観などによって左右されるものなのである。■

ヘルダーが擁護した愛国心は、ナチ党のイデオロギーの重要な部分となった。これは1938年に使われていた旅行会社のパンフレットであるが、ここで描かれている伝統的な民族舞踊を楽しむ男女は、非ユダヤ系である。

## ヨハン・ゴットフリート・ヘルダー

ヘルダーは1744年にプロイセンのモールンゲン（現在のポーランドのモラッグ）で生まれた。17歳のときにカントのもとで学び、その後ケーニヒスベルク大学でヨハン・ハーマンの指導を受ける。卒業後はリガで教鞭をとるが、そののち、パリを経てシュトラスブルクへと移る。シュトラスブルクにおいて彼は作家のゲーテと出会い、ゲーテに多大な影響を与えている。ゲーテ率いるドイツロマン主義文学運動は、詩人が民族を創るのだというヘルダーの主張によって勢いを増したとされる。ヘルダーはゲーテのつてでワイマールに移り、そこで言語・民族性・人々の世界に対する反応などについて思想を深めた。彼はまた、ドイツ人の民族精神が表れている民謡を集めはじめた。のちにヘルダーはバイエルンの選帝侯より貴族の位を与えられ、「フォン・ヘルダー」と名乗ることを許された（「フォン」は貴族であることを表す）。ヘルダーは1803年にワイマールで亡くなっている。

### 主著

1772年 『言語起源論』
1773年 『歌曲における民衆の声』

# 政府には悪い選択肢しかない

## ジェレミー・ベンサム（1748年〜1832年）
Jeremy Bentham

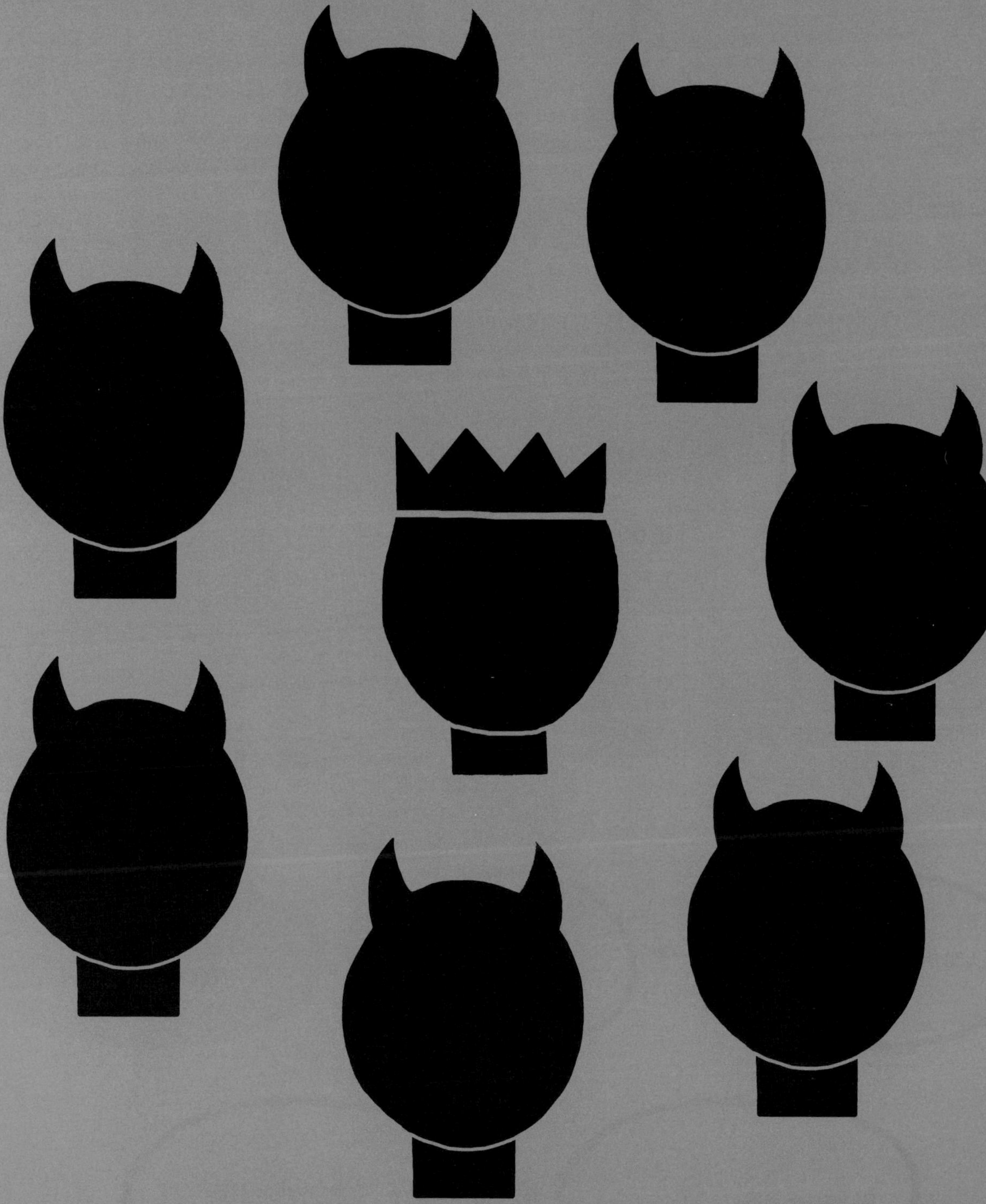

# ジェレミー・ベンサム

## 背景

**イデオロギー**
功利主義

**焦点**
公共政策

**前史**

**1748年** モンテスキューが『法の精神』において、イギリスでは社会のさまざまな部分において権力の均衡が保たれることで自由が維持されているのだと主張する。

**1748年** デイヴィッド・ヒュームが、良いものと悪いものはその有用性によって見分けられると述べる。

**1762年** ジャン＝ジャック・ルソーが『社会契約論』において、人民が直接承認した法以外は法ではないと主張する。

**後史**

**1861年** ジョン・ステュアート・ミルが「多数者の専制」の危険性を警告し、政府は、個人の自由が他者の自由を侵害するときにのみ干渉を行うべきだと述べる。

---

イギリスの哲学者ジェレミー・ベンサムの著書に一貫して見られる思想は、政府は悪い選択肢しか持ち得ないというものである。それは、彼がまだ若く弁護士の研修生であった1769年から、その50年後にイギリスのみならずヨーロッパ全体の政治思想に多大な影響力を持つ人物となって亡くなるときまで変わらなかった。

1769年は「もっとも興味深い年であった」と、ベンサムはそのおよそ半世紀後に書いている。そのころ彼はモンテスキュー、ベッカリーア、ヴォルテールといった哲学者の著作を読んでいた。彼らは皆、当時のヨーロッパ大陸において啓蒙思想を先導する進歩的な指導者であった。しかし、若いベンサムにインスピレーションを与えたのは、イギリスの二人の作家、デイヴィッド・ヒュームとジョゼフ・プリーストリーであった。

## 道徳と幸福

1748年の『人間知性研究』においてヒュームは、良いものと悪いものを区別する一つの方法は有用性による判断であると述べた。つまり、有効に使われた場合にのみ、本当に良いものだとみなされるわけである。しかし、明敏でまじめな弁護士であったベンサムにとっては、この定義はあいまい過ぎた。では、ヒュームの言う「有用性」を道徳的な有用性に限定して考えたらどうだろう。ある行為が良いものであるかどうかを判断する際に、良い効果をもたらすかどうかという有用性に加えて、人々を幸福にするか否かを基準にしてみてはどうだろうか。

このような観点で見ると、道徳とは根本的に、幸福を生み出し不幸を避けるためのものである。道徳のほかの属性とされるものは、必要もないのに付け加えられたものであり、ひどい場合には道徳の核心を隠すために故意につくり上げられたものなのである。ベンサムの考えでは、このような混乱を引き起こしたのはおもに宗教である。しかし、政治的に極端な理想主義に走る人々もまた、このような混乱を招いた張本人であるとベンサムは言う。そのような人々は人間の権利の主張に終始し、その結果、本当に重要なのは人々を幸福にできるかどうかなのだという点に考えが及ばないのである。

これは、私的・道徳的次元だけでなく、公的・政治的次元においても同じことだとベンサムは主張する。もし、私的道徳と公的政治とが同時にこの一つの目標を目指すことができれば、この目標に同意した男性も女性もすべての人々が協力して、目的達成のために努力することができるはずである。

それでは、幸福かつ有効な結果とはどのようなものか。ベンサムは現実主義者であったため、最良の行動でさえ、良い結果とともに悪い結果も生み出してしまうことを認めていた。たとえば、

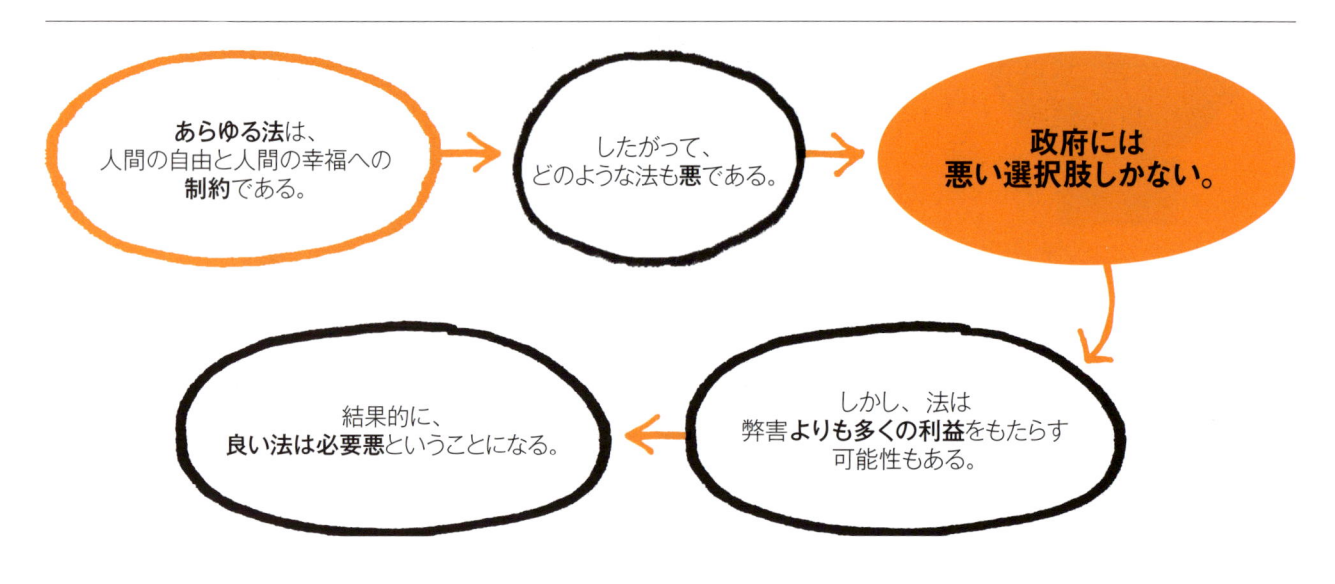

---

**あらゆる法**は、人間の自由と人間の幸福への**制約**である。
→ したがって、どのような法も悪である。
→ **政府には悪い選択肢しかない。**
→ しかし、法は**弊害よりも多くの利益**をもたらす可能性もある。
→ 結果的に、**良い法は必要悪**ということになる。

革命の思想 **147**

**参照:** ジャン=ジャック・ルソー 118-25 ■ イマヌエル・カント 126-29 ■ ジョン・スチュアート・ミル 174-81 ■ フリードリヒ・ハイエク 270-75 ■ ジョン・ロールズ 298-303

一人の子どもがお菓子を二つ持っていて、別の子どもがお菓子を一つ持っていたとしよう。そこにお菓子を持っていない子どもが来た場合、子どもたちの親がとるべきもっとも公平な行動は、お菓子を二つ持っている子どもからお菓子を一つ取り上げて、持っていない子どもに与えることだろう。しかしこの場合でも、子どもがお菓子を一つ失うという欠点がある。同様に、政府のとる行動も、ある人々には利益をもたらすが、ほかの人々には不利益をもたらすことになってしまう。そのようなときの判断基準としてベンサムが考えたのは、苦痛よりも喜びを多く生み出す行為が良い行為だ、というものであった。

悪い政府は多数派を犠牲にして、**少数の富裕層**が快適に暮らすことを容認するかもしれない。

良い政府は**最大多数**の最大幸福を生み出す。

人間の幸福の総量を計算する際に、財産や地位にかかわらず、どのような人も一人は一人と数えられるべきであると、ベンサムは考えていた。

## もっとも良い行為とは

プリーストリー著『統治の第一原理に関する一論』(1768年) を読んだことが、ベンサムにとって1769年が特別な年であった理由の二つめである。ベンサムがプリーストリーから学んだ考え方は、最大人数に最大幸福をもたらすことのできる行動が良い行動であるというものであった。つまりは算数である。政治を単純化して考えると、人々を悲しませる量よりも幸福にする量の方が多いかどうかという問いに収斂される。ベンサムは「幸福計算」という数学的手法を開発し、政府の行動がより多くの幸福をもたらすか否かを計算できるようにした。

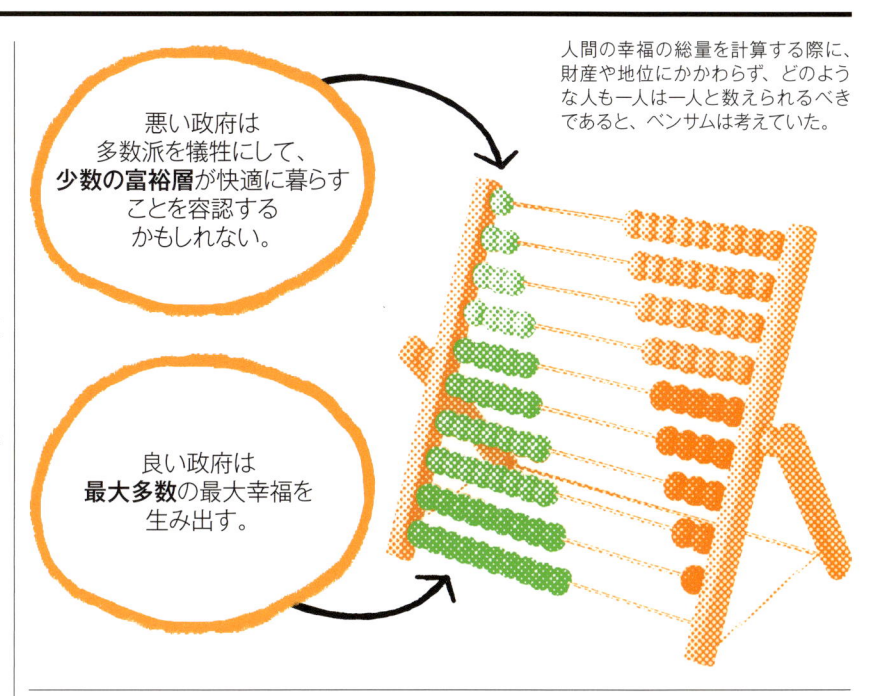

「政府には悪い選択肢しかない」という考え方が生まれたのはこの瞬間であった。法とは、いかなるものであっても、個人の自由を制限するものである。法があるために、人は、自分が望む通りに行動することを妨げられることとなる。極言すれば、すべての法が悪なのである。しかし、何もしないことが悪となる場合もある。干渉すべきか否かの決断は、算数で行えば良い。つまり、新しい法が害よりも利益をもたらす場合にのみ、その法は良いものだと判断できる。ベンサムは、政府を医者に喩えて説明する。ある治療が害よりも利益をもたらすと確信する場合にのみ、医者はその治療を行うべきなのである。ベンサムの生きた時代には、医者が患者の病気を治そうとして血を抜き取り、そのためにかえって病状を悪化させてしまうことも多く、この比喩には説得力があった。そしてまた、犯罪者に対する刑罰を決める際には、立法者は犯罪の直接的影響だけでなく、二次的影響も考えなくてはならないとベンサムは言う。たとえば強盗は、強盗の被害者のみに害を与えているわけではなく、その地域社会にも恐怖をもたらすものである。その刑罰を決定する際には、強盗が犯罪によって得た利益の量よりも重い罰を与えなくてはならない。

## 不干渉の政府

ベンサムは経済の分野に関しても持論を展開し、スコットランドの経済学者アダム・スミスの説を支持した。アダム・スミスの主張は、政府による制約がない状態において市場がもっともよく機能するというものであった。ベンサムの時代以降、多くの人々がアダム・スミスの論を援用し、立法者に対して「不干渉」の政府を求め、官僚制度縮小と規制緩和を主張するようになった。さらに、新しい法 (特に人々の行動を変えようとする法) の導入を避けるような保守的な政府を擁護する際にも、彼の論が用いられた。

それに対してベンサムは、アダム・スミスを支持しつつも、さらに急進的

> 正しいか否かを判断する基準は最大多数の人々にもっとも良い結果をもたらすことができるか否かである。
> **ジェレミー・ベンサム**

# ジェレミー・ベンサム

> 良いこととは喜びであり苦痛から逃れることである。悪いこととは苦痛であり喜びを失うことである。
> **ジェレミー・ベンサム**

な主張を交えている。ベンサムの意見では、すべての人がこの上なく幸せになるときを待って、政府が傍観を決め込むことは許されない。そもそも、すべての人がこの上なく幸せになる瞬間などやってこない。つまり、政府には常にやるべきことがあるのである。ほぼすべての人々が死ぬまで幸福を探求し続けるのと同様に、政府も常により多くの人々を幸福にするように努力を続けなくてはならない。

ベンサムの道徳の計算は、幸福の恩恵だけでなくその代価も強調するものである。誰かが幸せになるためには、ほかの人がその代価を払わなくてはならない可能性があることをベンサムは指摘している。たとえば、非常に裕福な少数の人々が快適に暮らすためには、ほかの多くの人々が不快な思いをしながら暮らさなくてはならない。人間の幸福量の計算において、ベンサムは、どのような人であっても一人は一人として計算する。したがって、このように少数の人々のみが幸福となる不均衡状態は道徳に反することであり、このような状況を是正するために絶えず努力することが政府の義務なのである。

## 実用的民主主義

では、統治者が乗り気でないときに、富を再分配するようにと統治者を説得するにはどうしたら良いだろうか。その答えは、参政権を拡大して、より民主的な統治を導入することだとベンサムは言う。もし統治者が多くの人々の幸福を増大させることに失敗すれば、その統治者は次の選挙で選ばれなくなるのである。民主主義において政治家は、自らの再選を確実なものにするために、多くの人々の幸福度を上げることに心を砕く。ルソーからペインに至るまで、多くの思想家が民主主義を強く求め、民主主義とは自然権であり、それなくしては人は人間性を否定されてしまうのだと主張している一方で、ベンサムは完全に実用的な理由で民主主義を求めており、民主主義とは目的を達成するための手段であると考えていた。自然法・自然権という概念は、ベンサムにとっては「無意味なことを大げさに言い立てている」に過ぎなかった。

代価と恩恵、利益と損失までを考慮して、参政権を拡大すべきだとするベンサムの主張は、イギリスの資本家や実業家にとって説得力のあるものだった。彼らは産業革命において台頭してきた新勢力で、現実主義的な見方をする人々であったため、理想主義や人間の自然権についての議論よりもベンサムの主張に共感した。ベンサムの現実的な「功利主義」の主張は、イギリス

社会における不平等とは、少数の裕福層が貧困層とともに存在する状況を指す。これは道徳的に容認されることではなく、政府が富の均衡を保つ役割を果たさなくてはならないとベンサムは考えた。

ベンサムの思想はチャールズ・ディケンズによって風刺された。ディケンズの小説『困難な時代』において登場人物のグラドグラインド氏は、主観を交えず厳然たる事実のみを大切にして学校を運営しており、そこには楽しむ余地は一切残されていない。

における1830年代の議会の改革や自由主義への移行をあと押しした。今日、功利主義的なベンサム流の手法は日々の公共政策決定の際の指針であり、政府があらゆることを考慮した上で大多数の人々にとって有益な公共政策を策定するための基盤となっている。

## 厳然たる事実

しかし、理念から切り離されたベンサムの功利主義の手法には、実際にいくつかの問題がある。イギリスの作家チャールズ・ディケンズは、ベンサムに続いて登場した新しい功利主義者たちを嫌い、小説『困難な時代』(1854年)において彼らを風刺した。一貫した現実主義の姿勢で、人生を厳然たる事実の連続としかみなさない彼らを、ディケンズは、想像力を踏みつけ人間の精神をむしばむ人物として描写した。ベンサムは思いやり深い人で、このような批判を受けることは想定していなかったであろうが、ディケンズが問題視しているのは明らかにベンサムのすべての事柄を算数としてとらえようとする姿勢なのである。

ベンサムに対してしばしばなされる

革命の思想 149

批判の一つは、ベンサムの手法ではどうしても「犠牲」を生んでしまうという事実である。最大幸福の原理に従うと、全体的な効果として多くの人々に幸福がもたらされる場合には、大きな不公平が容認される可能性がある。たとえば、テロリストによる悲惨な爆破事件があったとしよう。その事件のあと、警察は、大きな重圧のもとで犯人捜しを行うことになる。警察がその犯人像に合った人を逮捕してくれれば（そしてその後、さらなる爆破事件が起こらないようであれば）、多くの人々は幸福になり恐怖も収まるだろう。たとえ、その逮捕された人物が実際に事件を起こした人物ではなく冤罪であったとしても、である。

ベンサムの論に従うと、無実の人間を罰することになったとしても、その人たちの苦しみよりも一般市民の幸福の方が大きくなるのであれば、それは道徳的に容認されることになると、ベンサムを批判する人々は主張する。ベンサムの支持者の反論としては、そのように無実の人間が犠牲者にされてしまう社会に生きることは、一般市民にとっても不幸なことである、という主張が可能であろう。ただしそれは、市民が真実を発見できる場合に限る。無実の人間に罪をかぶせたことに市民が気づかなければ、ベンサムの論に従うと、その冤罪は正当化されることになるだろう。■

功利主義は、多数の人々を幸福にすれば良いという主張であったため、冤罪を正当化するのに用いられてきた。たとえば、アイルランド共和軍による爆破事件で、無実にもかかわらず逮捕されたジェリー・コンロンの件などがある。

## ジェレミー・ベンサム

ジェレミー・ベンサムは、1748年、ロンドンのハウンズディッチで裕福な家庭に生まれた。彼は弁護士になることが期待され、若干12歳でオックスフォード大学に入学し15歳で卒業、ロンドンで弁護士の研修生となった。しかし、弁護士の用いる詭弁に落胆し、彼は法律学と哲学に、より興味を持つようになる。ベンサムは執筆活動のためにロンドンのウェストミンスターに移り、その後40年にわたって、法・道徳に関する論評や自らの考えを本にまとめていく。ベンサムはまず、イギリスの法的権威ウィリアム・ブラックストンを批判し、イギリスの法に本質的な問題はないとする彼の想定を覆す。その後、道徳と政策に関する理論をつくり上げるが、これがのちの功利主義的倫理の基礎となる。ベンサムが提唱した功利主義的倫理は、彼が亡くなる1832年にはすでにイギリスの政治思想において主流の考え方となっていた。

### 主著

1776年 『政府論断片』
1780年 『道徳および立法の諸原理序説』
1787年 『パノプティコン』

# 人民は武器を保有し携帯する権利を持つ

## ジェイムズ・マディソン（1751年～1836年）
James Madison

---

### 背景

**イデオロギー**
連邦主義

**焦点**
一般市民の武装

**前史**
**紀元前44年～前43年** キケロが王に対する弾劾演説を行い、自然界における野生動物と同様に、人間も自衛ができなくてはならないと主張する。

**1651年** トマス・ホッブズが『リヴァイアサン』において、人間は生まれながらに自衛のために力を行使する権利を持つと主張する。

**後史**
**1968年** アメリカにおいてロバート・ケネディーとマーティン・ルーサー・キングが暗殺され、銃の所有に関する連邦規制が導入される。

**2008年** アメリカの最高裁判所において、修正第2条は自衛のために自宅に銃を保有する個人の権利を認めるものだという判断がなされる。

---

アメリカ建国の父たちが合衆国憲法の最後の仕上げを行っていた1788年、権利章典を追加すべきだという要求が出された。その結果、人々が武器を保有し携帯する権利を持っているという主張が修正第2条に加えられ、「人民が武器を保有し、また携帯する権利は、これを侵してはならない」という言葉で表された。この言い回しはきわめて重要な意味を持っている。なぜなら、この表現が現在の銃規制に関する議論の焦点であり、アメリカの国民が銃を保有し携帯する権利を憲法がどこまで保障しているのかという議論の中心部分だからである。

権利章典の起草者はヴァージニア生まれのジェイムズ・マディソンであった。マディソンは憲法自体の制定に携

# 革命の思想 151

**参照：** キケロ 49 ■ トマス・ホッブズ 96-103 ■ ジョン・ロック 104-09 ■ モンテスキュー 110-11 ■ ピエール=ジョゼフ・プルードン 183 ■ ジェイン・アダムズ 211 ■ マハトマ・ガンディー 220-25 ■ ロバート・ノージック 326-27

---

> 中央連邦政府は**多数派の力**に左右される可能性がある。

↓

> 多数派の力により、連邦政府が常備軍を使用して、**連邦政府の意志を州に押しつける**事態が起こるかもしれない。

←

> 各州の人民は連邦政府の強力な常備軍に対抗して**自衛する**ために、市民軍をつくることが認められなくてはならない。

↓

> **人民の武器を保有し携帯する権利は、侵されるべきではない。**

---

わった重要人物の一人でもある。自分自身の思想を直接実践に移すことができたという点で、マディソンは特異な政治思想家であったと言えるだろう。彼の政治思想は、200年たったいまも世界の主要各国における政治活動の基盤となっている。また、マディソンはアメリカ大統領に選ばれており、自らつくった政治組織の頂点に立ったこととなる。

権利章典は啓蒙思想の体現であると考える人々がいる。啓蒙思想とは、ジョン・ロックにはじまり、トマス・ペインによる人権の要求で最高潮に達した思想である。しかし、トマス・ペインが著書において民主主義（おもに普通選挙の権利）の重要性を強調したのに対し、マディソンの意図は、より実用的なものであった。マディソンは啓蒙思想よりもむしろ、イギリスの政治の伝統をくんでいたと言えるだろう。イギリス議会は、啓蒙思想家のように人民の普遍的・基本的な自由を守る努力をするよりも、統治者の権力が議会の権力を超えることがないようにと心を砕いてきた伝統を持つ。

## 多数派からの保護

トマス・ジェファーソンに宛てた手紙で書いているように、マディソンが権利章典を起草した理由は、他者の要求を満たすためという一点に尽きる。彼個人は、憲法の制定と適切な政府の創設だけで、基本的権利の保護は十分に保障されていると考えていた。しかし、権利章典を追加したことで、憲法には欠陥があり基本的権利を守るのに十分ではなかったと暗に認めたことになる。また、権利章典で具体的な権利名を挙げることで、個別に名前を挙げられない権利の保護がおろそかになるのではないかという懸念も生じる。さらに、権利章典はアメリカにおいて幸せ

1786～87年のシェイズの反乱では、反乱市民軍がマサチューセッツの裁判所占拠を試みた。この反乱は政府軍によって鎮圧され、アメリカの憲法における強い政府の原則を強化する結果となった。

な歴史をたどっていないということも、マディソンは認めている。

それでもやはり、権利章典は支持すべきものであると考えられる根拠も存在する。建国の父の多くと同様に、マディソンは、多数派の持つ力を危惧していた。「民主主義は暴徒による支配以外の何物でもない。民主主義の名のもとに51パーセントの市民が残りの49パーセントの市民の権利を奪うのである」と、トマス・ジェファーソンは書いている。権利章典があることによって、少数派を多数派から守ることができるかもしれない。

「我々の統治する社会において、真の権力は多数派の人々に握られている。個人の権利の侵害が懸念されるのは、市民の意見に反するような政府の行為によるものではなく、政府が多数派の単なる道具となるような行為においてなのである」とマディソンは書いている。つまり権利章典は、多数派が民主主義によって手にする力から、財産所有者を保護するためにつくられたものなのである。

## 市民軍の合法化

また、マディソンには、権利章典を起

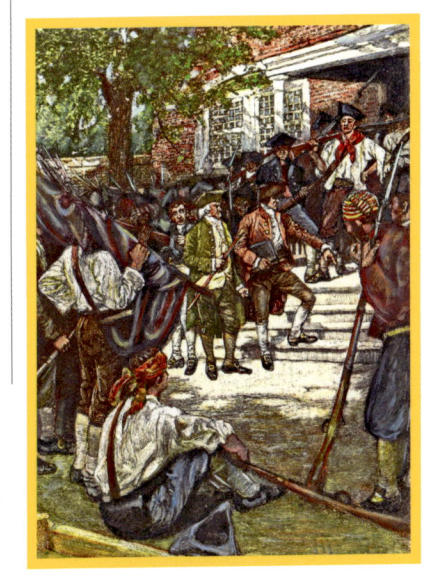

# 152 ジェイムズ・マディソン

マディソンは、連邦政府のもと、憲法の存在によって基本的権利は確実に保護されると考えていたが、民主主義における多数派の力に対抗する手段として権利章典をつくった。

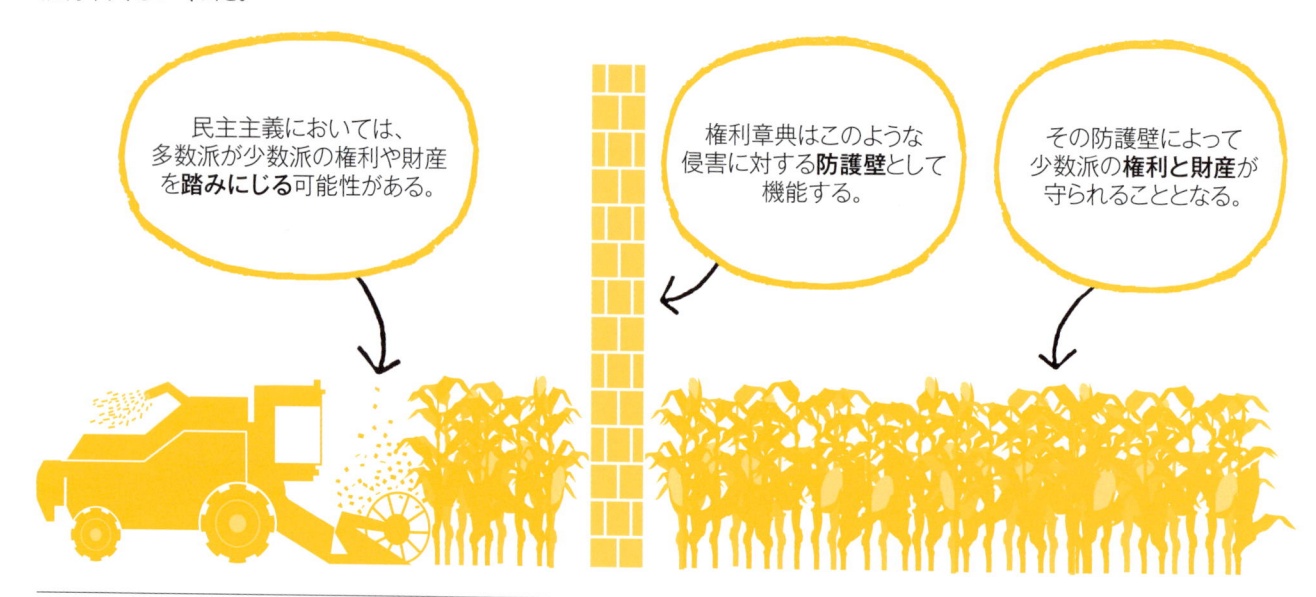

> 民主主義においては、多数派が少数派の権利や財産を**踏みにじる**可能性がある。

> 権利章典はこのような侵害に対する**防護壁**として機能する。

> その防護壁によって少数派の**権利と財産**が守られることとなる。

草しなくてはならない政治的な理由があった。権利章典を加えなければ、いくつかの州の代議士から憲法制定の支持が得られないということをマディソンは理解していたのである。結局のところ、独立戦争とは中央集権体制による専制政治を覆すために戦われたものであったため、代議士のなかには新しい中央政府に対しても懐疑的な人々がいた。そのような代議士が欲した権利は自然法ではなく、連邦政府から州（そして財産所有者）を守るための権利であった。

ここで登場するのが修正第2条である

> 最終的な権威を有するのは人民だけである。
> ジェイムズ・マディソン

る。強力なアメリカ新政府に対して、人民が自衛する権利を奪わないとマディソンは約束した。州や市民には市民軍をつくって自衛する権利があり、かつてイギリス国王と戦った際と同様に、自己防衛のために戦う権利があるということを保障したのである。このような状況から、政府の強力な軍に対抗するために、地域社会が団結するだろうことは予測できた。実際、修正第2条の最終版には「規律ある民兵は自由な国家の安全にとって必要であるから、人民が武器を保有し、また携帯する権利は、これを侵してはならない」と書かれている。つまり修正第2条は、市民軍と「人民」（地域社会と言い換えても良いだろう）が国家の安全を守るために武器を持つことを許可しているのであって、個人の武器所有について述べているのではないのである。

## 個人の自己防衛

マディソンは、個人の犯罪行為から個人が自分の身を守るために武器を持ち歩くという状況を想定していたわけではない。しかし現在、修正第2条のマディソンの言葉は、そのような意味で解釈されるようになっており、多くのアメリカ人が銃の所持は憲法で認められているのだと主張し、銃規制を求める動きに対しては憲法違反であるとして異議を唱える風潮が広まっている。このような解釈を認めないようにするための試みが何度も法廷で行われているが、いままでのところすべて失敗に終わっている。アメリカの憲法では、国家の防衛に加えて自分自身の身を守るために武器を所持することが認められているのだという主張が強いためである。マディソンの意図とはまったく異なるが、銃を保有し携帯する権利は基本的権利であると考える人々も増えてきている。マディソンが権利章典を起草する1世紀前、イギリスの哲学者ジョン・ロックは、自己防衛の権利を自然権として確立する際に文明化前の「自然な」時代を想定し、それを手掛かりとして考えた。野生動物は追い詰められれば力で自分自身を守るだろう。それと同様に、人間も力による自衛を行うのが自然であろうとロックは主張した。ここで含意されるのは、統治とは、不自然に人々を押さえつけるものであり、人々はその統治者に対して自衛権を行使する必要があるかもし

# 革命の思想　153

れないという可能性である。このようなロックの主張を取り入れて権利章典を解釈することで、権利章典では暴力的な手段による自己防衛が、奪うことのできない生得の権利として保障されているのだと主張する人々もいる。

しかし、マディソンら建国の父たちが、ロックの思想ではなくスコットランドの哲学者デイヴィッド・ヒュームの統治論を念頭に置いていた可能性もある。ヒュームはきわめて現実的で、ロックのように文明化によって権利が抑制される以前の自由な時代などというものを想定したりはしなかった。ヒュームによれば、人々が統治機構を欲するのは、その方が物事がうまく進むからである。そして権利とは、法によって定められるほかの事柄と同じように、交渉の上で同意されるものだと考える。したがって、武器の所持に関する原則などは存在せず、それは単に、人々が同意するかしないかの問題に過ぎないのである。自由や権利とは、人々の同意によって成り立つ信条の一つであるとヒュームは考える。その信条を守ろうと決めた人々が、多くの場合は話し合いによって、それを法というかたちにまとめようと決めるのである。このような立場から考えると、武器を携帯する権利に関して基本的な原則は存在せず、それはむしろ合意の問題だということになる。そしてその合意のために、民主主義的多数決は必ずしも必要ではない。

## 終わらない議論

銃規制はアメリカにおいて重大な問題であり、全米ライフル協会のような圧力団体が、銃所有者に対するあらゆる制限に反対運動を行っている。現在は銃規制に反対している人々の方が優勢であるらしく、ほぼすべての州で小火器の所持が認められている。ただし、銃の所持に関して一切規則のない州はほとんどなく、たとえば銃を隠して持ち歩くことは許されるかなど、さまざまな点が議論されている。アメリカでは銃犯罪の件数が多く、2012年7月にコロラド州オーロラの映画館で起こった事件など、銃による大量殺人事件も増加した。それに伴い、もはや辺境開拓の国でもないアメリカで銃規制を行わないことが本当に適切なのかと、疑問をいだく人々が増えている。

マディソンのつくった権利章典が、若干の修正を加えられただけで、現在もアメリカの政治体制の中心部に座しているという事実は注目に値する。権利章典がなかったとしても、良い政府であれば、そこに記されているような権利は保護してくれただろうと考える人々もいるだろう。マディソン自身もそのように言うかもしれない。しかし、アメリカの権利章典が、現在までに直接実践に移された政治理論のうちでもっとも強力なものであるだろうことに変わりはない。■

自然法の支持者は、襲われた際に野生動物が行う自然な自己防衛を引き合いに出し、あらゆる手段で自衛することができるという個人の権利を正当化する。

---

## ジェイムズ・マディソン

ジェイムズ・マディソン・ジュニアはヴァージニア州ポートコンウェイに生まれた。彼の父親はモントピーリアというタバコ農園を有していたが、その農園はオレンジ郡で最大のものであり、100名前後の奴隷が働いていた。1769年にマディソンはニュージャージー大学（現在のプリンストン大学）に入学した。アメリカ独立戦争のあいだ、彼はヴァージニア州の議会で議員をしており、トマス・ジェファーソンに目をかけられていた。1780年、29歳で大陸会議の最年少議員となり、法の起草と議員をまとめ上げる能力を認められる。マディソンが起草したヴァージニア案は、アメリカ合衆国憲法のもととなった。また、彼は憲法について説明し、その批准を奨励する目的で、『フェデラリスト』の85論文を共著で著している。マディソンは新しくできた民主共和党において指導的立場にある党員の一人であった。1809年、ジェファーソンに続き第四代アメリカ合衆国大統領となり、2期を務め上げた。

### 主著

1787年　アメリカ合衆国憲法
1788年　『フェデラリスト』
1789年　権利章典

# もっとも尊敬されるべき女性がもっとも抑圧されている
## メアリー・ウルストンクラフト（1759年～1797年）
Mary Wollstonecraft

---

**背景**

**イデオロギー**
フェミニズム

**焦点**
女性の解放

**前史**
**1589年** イギリスの小説家ジェイン・アンガーが『女性の擁護』において、男性は女性を性欲の対象としてしか見ていないと批判する。

**1791年** フランスの劇作家オランプ・ド・グージュが『女権宣言』において「女性は生まれながらに自由であり男性と対等である」と述べる。

**後史**
**1840年代** アメリカとイギリスにおいて、女性の財産が夫から法的に守られるようになる。

**1869年** ジョン・ステュアート・ミルが『女性の解放』において、女性に選挙権が与えられるべきであると主張する。

**1893年** ニュージーランドで女性に選挙権が与えられ、世界でもっとも早く女性の参政権が認められた国の一つとなる。

---

女性は男性の**経済支援**に頼る。

女性は男性を喜ばせるためだけに**教育される**。

↓

女性は、男性の支援を得るために自らの**性的魅力**を利用するようになる。

↓

自らの性的魅力を**利用しない**女性は尊敬に値するが、**男性の援助を得られず**、しかも自活するために必要な教育も受けていない。

↓

**もっとも尊敬されるべき女性がもっとも抑圧されている。**

---

**17**92年に出版されたイギリスの作家メアリー・ウルストンクラフト著『女性の権利の擁護』は、もっとも古く有名なフェミニズムの書の一冊である。この本が出版されたのは思想面での議論が活発な時代であり、政治的な動乱期でもあった。啓蒙思想が広まるなかで政治的議論が盛り上がり、男性の権利が次々と確立されていった。その流れは君主政が倒されたフランス革命をもって最高潮に達した。そしてまさにその年に、ウルストンクラフトによって『女性の権利の擁護』が書かれたのである。しかしこのころ、社会における女性の立場について論じる人はまだほとんどいなかった。事実、フランスの哲学者ジャン＝ジャック・ルソーは政治的自

革命の思想 **155**

参照：ジョン・ステュアート・ミル 174-81 ■ エメリン・パンクハースト 207 ■ シモン・ボリーバル 284-89

> 完璧な美貌を持つことよりも
> 義務を果たして自らの
> 食い扶持を稼ぐことの方が
> どれほど尊敬に値するだろう。
> **メアリー・ウルストンクラフト**

由を熱心に説いた人物であったにもかかわらず、その著書『エミール』において、女性は男性に喜びを与えることのできる良い妻になるためだけに教育されるべきであると述べたのである。

## 働く自由

ルソーの女性についての認識がどれほど誤ったものであるかを示すために、ウルストンクラフトは『女性の権利の擁護』を著した。世界を活性化させるためには、男性と同様に女性にも幸福が不可欠なのだと彼女は主張した。しかし、当時の女性は男性に依存していたために、周囲の期待にとらわれて身動きがとれない状態であった。彼女たちは自らの美貌を利用して、男性の愛情を勝ち取ろうと必死だった。このような駆け引きをしない女性こそが尊敬されるべき女性であるが、そのような女性は非常に不利な立場に立たされていたのである。

女性は、自分で生計を立てる自由を手に入れ、男性に頼らず自立できるようになる必要があるとウルストンクラフトは主張した。この自由を手にするためには、教育が不可欠である。女性は知性の面で男性に劣っているのだと信じる人々に対して、彼女は、それは女性への教育が不十分であるために生じる誤解

だと訴えた。十分な教育と機会が与えられれば、女性にもさまざまな職業の可能性が開けるのだと、彼女は主張する。「教育と機会が与えられなかったがために、どれほど多くの女性が人生を無駄にしただろう。彼女たちは医者になることも、農園を管理することも、お店を経営することもできたかもしれない。自らの勤勉さで自立することが可能だったかもしれないのである」と彼女は述べている。女性の自立と教育は、男性にとっても良いことであるとウルストンクラフトは考える。なぜなら、お互いへの愛情と尊敬に基づいた結婚が可能になるからである。彼女は教育の改革も提案しており、私立教育と公立教育を組み合わせることや、より積極的な参加を促す民主主義的な教育の導入などを提唱していた。

女性の教育と解放についてウルストンクラフトが行った提案は、彼女の存命中、ほとんど注目されなかった。彼女が亡くなったあとも、人々の注意を引いたのは、彼女の思想ではなく型破りな生き方だった。しかしのちに、彼女の影響を強く受けた人々が立ち上がる。そのなかには、1869年にケンブリッジ大学に女性のためのガートン・カレッジを創設したエミリー・デイヴィスなどがいた。そのような動きはあったものの、変化には時間がかかり、最終的にケンブリッジ大学が女性に学位を授与することを決めたのは、『女性の権利の擁護』が出版されてから150年以上ものちのことであった。■

18世紀のヨーロッパ社会で女性が良い暮らしを手に入れるためには、女性的な魅力が不可欠であった。女性が男性を魅了して養ってもらわなくてはならないという事実を、ウルストンクラフトは忌み嫌った。

### メアリー・ウルストンクラフト

ウルストンクラフトは1759年に生まれるが、当時すでに彼女の両親は財産を失いつつあった。20歳代前半という若さでロンドンに進歩的な学校を設立し、その後、アイルランドでキングズバラ夫人の子息の家庭教師となる。キングズバラ夫人の虚栄心と高慢さは、ウルストンクラフトが女性観をつくり上げる際に大いに参考になった。

1787年、ウルストンクラフトはロンドンに戻り、急進的な雑誌『分析的書評』に寄稿するようになる。1792年には、彼女は革命を祝うためにフランスを訪れるが、そこでアメリカ人作家ギルバート・イムレイと恋に落ちる。彼らは子どもを一人もうけるが、結婚はせず、やがて彼らの関係も終わりを迎える。ウルストンクラフトはスウェーデンに移り、自殺未遂を起こす。ロンドンに戻った彼女はウィリアム・ゴドウィンと結婚するが、彼とのあいだにできた一人娘のメアリーを産んですぐに亡くなっている。この娘はのちに結婚してメアリー・シェリーとなり、小説『フランケンシュタイン』を著すこととなる。

### 主著

1787年 『少女の教育についての論考』
1790年 『男性の権利の擁護』
1792年 『女性の権利の擁護』
1796年 『女性の虐待あるいはマライア』

# 奴隷は
# 現実世界に
# 存在しているものとして
# 自己の存在を感じる

**ゲオルク・ヘーゲル（1770年～1831年）**
Georg Hegel

---

**背景**

**イデオロギー**
**理想主義**

**焦点**
**人間の意識**

**前史**
**紀元前350年**　生まれながら指導者としての資質を持つ人間と、生まれながら従属的な性質を持つ人間がいるので、奴隷制は自然なものであると、アリストテレスが主張する。

**1649年**　精神の存在を否定するためには精神を働かせて否定の作業を行わなくてはならず、それは逆に精神の存在を証明することになると、ルネ・デカルトが述べる。

**後史**
**1840年代**　カール・マルクスが、階級間の争いを分析する際にヘーゲルの弁証法を用いる。

**1883年**　フリードリヒ・ニーチェが、善悪の判断において自らの直感を信じる「超人」という概念を創り出す。

---

ドイツの哲学者ゲオルク・ヘーゲルの偉大な著書『精神現象学』は、人間の意識についての難解で抽象的な議論であり、もともとは政治とはあまり関係がなかった。しかし、我々が自己意識を持つに至る過程について彼が導き出した結論は、社会がどのように構成されているかに関する深い洞察に満ちたもので、そこから、人間関係に関する難しい問いが生まれてきた。

　ヘーゲルの哲学は、思考している際に精神がどのように世界を見ているのかという点を中心に扱う。それぞれの人間の意識がどのように世界観を形成するのかについて、彼は理解しようとしていた。彼の議論の中心は、自己意識であった。人間の精神は常に承認されること

# 革命の思想　157

参照： アリストテレス 40-43 ■ フーゴー・グロティウス 94-95 ■
ジャン=ジャック・ルソー 118-25 ■ カール・マルクス 188-93 ■
フリードリヒ・ニーチェ 196-99

> 二つの精神が出会うとき、それらは**承認されることを求めて**争う。

↓

> 生命よりも自由を重んじる精神は**主人**となり、
> 自由よりも生命を重んじる精神は**奴隷**となる。

↓

> **主人の意識**は、奴隷がいることでその存在を**確立する**。

↓

> 奴隷は、実際に触れることのできる現実世界において
> 主人のために労働することで、**自分の意識を発見する**。

↓

> **奴隷は現実世界に存在しているものとして
> 自己の存在を感じる。**

## ゲオルク・ヘーゲル

ゲオルク・ヘーゲルはドイツの公国ヴュルテンベルクのシュトゥットガルトで生まれた。フランス革命により騒がしい時代であったが、彼は南ドイツの静かなプロテスタントの環境で生涯の大半を送った。ヘーゲルがテュービンゲン大学の学生だったころ、フランス革命が絶頂期を迎えた。彼はイェーナでナポレオンを目にする機会を得ている。そのイェーナの地で、彼は『精神現象学』を書き上げた。ニュルンベルクのギムナジウムで８年間校長を務めたのち、ヘーゲルはマリー・フォン・トゥーハーと結婚し、偉大な論理学の書の執筆に没頭する。1816 年、若くして妻が亡くなり、ヘーゲルはハイデルベルクへ移る。ハイデルベルク大学での哲学の講義で残された記録に、彼の思想の多くが記されている。コレラが大流行するなかベルリンに戻り、1831 年に亡くなる。彼のような複雑な思想家にはおそらくふさわしいだろうが、彼の最後の言葉は「そして彼は私を理解しなかった」であったと伝えられている。

### 主著

1807 年　『精神現象学』
1812 〜 16 年　『大論理学』
1821 年　『法の哲学』

---

を求めるものであり、その承認を通して自己意識に至ることができるのだとヘーゲルは考えた。だからこそ彼は、人間の意識とは社会的・相互的な作用だと定義づけたのである。はっきりとした自己意識を持たないまま生きることも可能であるとヘーゲルは言う。ただし、自己意識を持たない精神は、自由にはなれない。自由な精神には自己意識が不可欠なのである。そして精神が自己意識に目覚めるためには、自分の精神に対して、他者の自己意識が反応するという現象を経験しなくてはならないのである。

## 主人と奴隷

二つの精神が出会うとき、その両者にとって重要なことは承認されることであると、ヘーゲルは考える。どちらも、相手の精神に承認してもらうことで、自分の存在を確かめたいのである。しかし、一人の人間は一つの世界観しか持つことができないため、どちらがどちらを承認するのか、つまり、どちらの世界観が勝利するのかという戦いが生じる。なぜ一つの精神がほかの精神を殺さなくてはならないのかを、ヘーゲルは説明してみせている。ここで問題となるのは、一つの精神が別の精神を破壊してしまった場合、勝者が必要とする存在への確証を、敗者はもはや与えることができないということである。この葛藤を逃れる方法は、主人と奴隷の関係を結ぶこと、つまり、一方が他方に「服従」することで

# 158 ゲオルク・ヘーゲル

ある。生命よりも自由に価値を置く者が主人となり、自由よりも生命に価値を置く者が奴隷となる。この関係は文字通りの主人と奴隷のあいだのみならず、二つの精神が出会うあらゆる場面で生じるものである。

死ぬよりは服従する方が良いと考え、主人の支配に甘んじているような人間だからこそ奴隷になるのだと、ヘーゲルが考えていたと解釈することもできる。彼は、「自由を手に入れるためには、生命を危険にさらす必要がある」と述べている。死への恐怖こそが、歴史を通して圧政の原因であり、奴隷制や階級差別が生じた理由であると、ヘーゲルは主張する。この点に関して、彼はナポレオンを高く評価しており、目的を果たすために自分の命を懸けるナポレオンの姿勢を称賛している。奴隷制は何よりも精神面の問題であると、ヘーゲルは考える。その好例と言えるのが、のちに現れるフレデリック・ダグラス（1818年～1890年）だろう。彼はアメリカで奴隷として生まれるが、自らの力で奴隷の境遇から脱出した人物である。逃亡し、主人のもとに連れ戻されたとき、彼は、たとえそれが死を意味することになろうとも立ち上がって戦おうと心に誓ったという。のちに自由の身になってから「あのあと、どれほど長期間、奴隷の身分に留まることになったとしても、本当の意味で自分が奴隷であった時代は、あのとき、すでに終わったのである」と書いている。

## 弁証法的関係

今日では、死ぬか奴隷になるかなどという選択は、受け入れ難いものであろう。しかし、主人と奴隷の関係としてヘーゲルが展開した議論は、文字通りの主人と奴隷の関係よりも難解で複雑な関係を扱っている可能性がある。彼は、その関係から主人以上に奴隷が利益を得るかもしれない場合について述べている。そのような関係を、ヘーゲルは弁証法を用いて示した。ここでは命題が「精神」であり、反対命題が「精神同士が出会った結果」、そしてその二つを総合した命題が「主人と奴隷という関係」である。この弁証法は、必ずしも本当の奴隷所有者と奴隷の関係を描いているわけではない。ヘーゲルは二つの精神のあいだで生じる支配をめぐる戦いについて論じているのである。そして、彼の考えでは、その二つの精神が協力関係を築くという解決策は存在せず、必ず、主人と奴隷の関係に落ち着くこととなる。さらにこの関係がどのように発展していくかについても、ヘーゲルは説明している。主人と奴隷の関係が確立されるという総合命題によって、主人の精神はその存在を確かめることができる。はじめは、すべてが主人を中心に回っているように

新しい秩序を思い描く構想力と、戦いで見せた勇気によって、ナポレオン・ボナパルトは「尊敬せずにはいられない」人物になったとヘーゲルは言う。ナポレオンは「主人」の精神を持っていた。

# 革命の思想 159

奴隷は、実際に体を使った労働に従事するなかで、自己の存在を承認するようになる（したがって「自由」を手に入れる）と、ヘーゲルは述べる。これは、主人には経験できないことである。

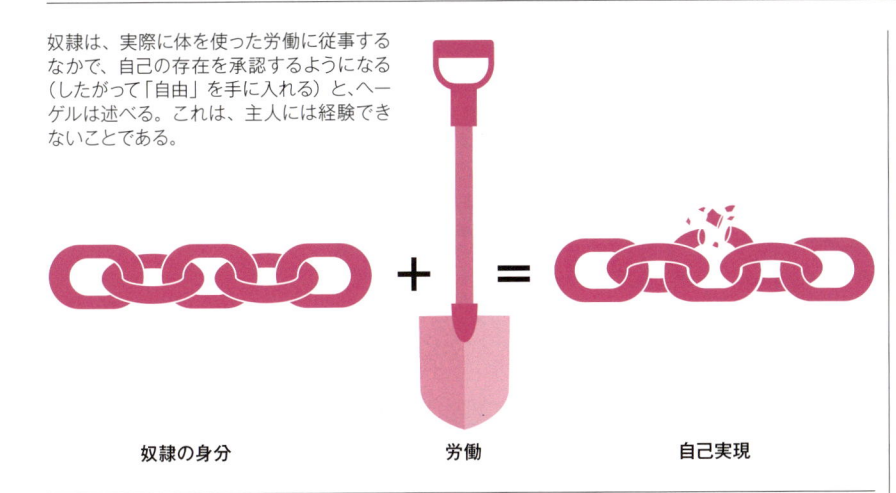

奴隷の身分 ＋ 労働 ＝ 自己実現

思われる。奴隷を持ち、自分の欲求を満たすために奴隷を働かせる能力を持っているという事実によって、主人は自由と自己意識を確立することができる。その一方で、奴隷の独立した自己意識は完全に失われる。しかしながら、ここまできた時点で、別の弁証法的関係が動きはじめるのである。

主人は自らは何も行わず、自分の存在と自由を確認するために奴隷を利用する。つまり、主人は実際には奴隷との関係性に依存しているわけであり、彼はまったく自由ではないということである。それに対して奴隷は、それが主人のためとはいえ、実際に自然のなかで実在する物質を用いて労働に励んでいる。この労働を通して、奴隷は、実際に触れることのできる現実世界の物質によって、自分の存在を確かめることができるのである。これは、一切の労働を行わない主人には不可能なことである。「（主人のために）働くことを通して、奴隷は自分が現実世界に存在しており、それが客観的な事実なのだと感じる」ことができるのだ。物をつくり、労働を行うなかで、「（奴隷は）自分にふさわしいあり方で自分が存在していることを明白に感じ取ることができるようになり、他者に頼ることなく自分が存在しているのだという意識を持つことができるようになる」のである。ここに至って、主人と奴隷の関係は逆転してしまっている。つまり、主人は独立した精神を失い、奴隷が独立した精神を獲得しているのである。

結局のところ、ヘーゲルによる主人と奴隷の関係についての弁証法は、奴隷よりも主人にとって有害なものであるという結論に行き着くようである。

## 奴隷のイデオロギー

それでは、奴隷がこの新しい自己実現に至ったときに、まだ死ぬまで戦う覚悟ができていなかった場合、何が起きるだろう。そのようなときには、奴隷は、自らの立場を正当化するために「奴隷のイデオロギー」を打ち立てるのだとヘーゲルは言う。それはたとえば、禁欲主義（精神の自由のために、現実世界における自由を拒絶する）、懐疑主義（現実世界における自由の価値を疑問視する）、不幸の自覚（宗教に救いを見出し、宗教の世界に逃げ込む）などが考えられる。

この主人と奴隷の関係はさまざまな場所で見ることができると、ヘーゲルは述べる。強い国家と弱い国家との戦争において、社会の階級間、またはその他の集団間の争いにおいて、このような関係性が散見される。人間とは承認されることを求めて死ぬまで戦う存在であり、その戦いがなくなることは決してないと、ヘーゲルは主張する。

## ヘーゲルの影響

カール・マルクスはヘーゲルの思想に強い影響を受け、彼の弁証法を取り入れた。しかし、ヘーゲルの意識についての深い議論はあまりに抽象的で神秘的であると感じ、マルクスは唯物論の手法を選んだ。人間は恐怖によってのみ奴隷状態に追い込まれるのだというヘーゲルの主張を、ある人々はきわめて示唆に富んでいると考える。反対に、服従は選択であるというヘーゲルの主張を、被害者を批難するものだと感じ、力の関係が複雑に絡み合う現実世界では意味をなさない机上の空論であるとみなす人々もいる。ヘーゲルは現在ももっとも難解な政治哲学者の一人であり、彼の思想についてはいまも盛んに議論が行われている。■

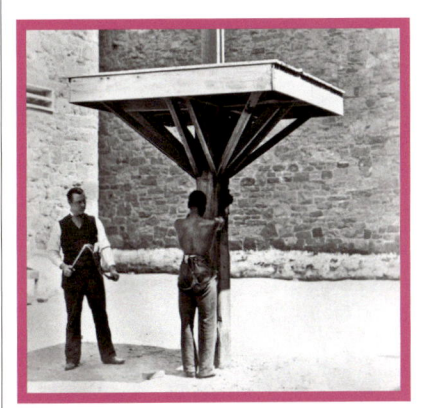

> " ある人間が奴隷である場合それはその本人の意志によって奴隷という立場にいるのである。（中略）奴隷制の罪悪は、奴隷所有者や征服者の側ではなく奴隷本人や征服された人間の責任である。
> **ゲオルク・ヘーゲル** "

ヘーゲルの理論に従えば、主人に鞭打たれようとしているこの奴隷は、自分の責任で奴隷の立場に甘んじていることになる。ヘーゲルに批判的な人々は、奴隷という立場自体が明らかに不当なものであると主張する。

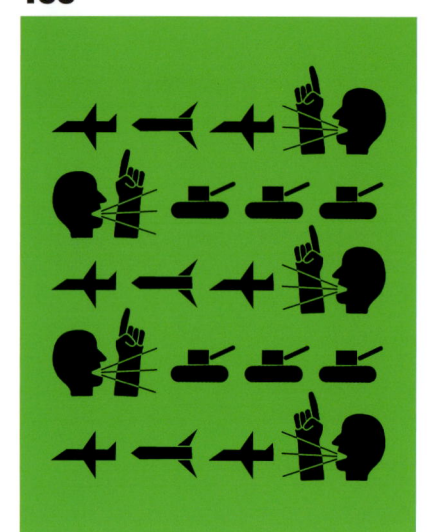

# 戦争とは手段を変えた政治の延長である
## カール・フォン・クラウゼヴィッツ（1780年〜1831年）
Carl von Clausewitz

## 背景
**イデオロギー**
現実主義

**焦点**
外交と戦争

**前史**
**紀元前5世紀** 孫子が戦術は国家にとって不可欠なものであると述べる。

**1513年** ニコロ・マキャヴェッリが、君主は平和なときでも戦争に備えるべきだと主張する。

**1807年** ゲオルク・ヘーゲルが、歴史とは二つの異なる承認のせめぎ合いであり、その結果として主人と奴隷の関係が生まれるのだと述べる。

**後史**
**1935年** ドイツの将軍エーリヒ・フリードリヒ・ヴィルヘルム・ルーデンドルフが、国内の物資および国民の士気を総動員する「総力戦」という概念を打ち出す。

**1945年** アドルフ・ヒトラーが地下壕での自決を前に、遺言のなかで「偉大なるクラウゼヴィッツ」と名前を挙げる。

軍事理論において使われた表現のなかで、「戦争とは手段を変えた政治の延長である」という文言ほど影響力を持つものはほとんどない。これは、プロイセンの軍人カール・フォン・クラウゼヴィッツの死後、1832年に出版された彼の著書『戦争論』にある一文である。この文言は、哲学者が国家の役割を探求していたのと同様に、戦争の役割を哲学的に理解しようと模索するなかで、クラウゼヴィッツが創り出した表現の一つである。ここで「政治」と訳したドイツ語のPolitikには「政治」と「政策」の意味があり、統治の原則から実際の統治の際の政治までを意味する。

1871年、オットー・フォン・ビスマルクがヴィルヘルム1世をドイツのプロイセン皇帝として即位させた。ビスマルクがフランスとの戦争を起こしたのは、この政治的目標を達成するためであった。

### 戦争から政治へ
クラウゼヴィッツによると、戦争とは対立する二つの意見の衝突である。「戦争は大規模な決闘に過ぎず、敵対する相手に自分たちの意思を押しつけるための暴力行為だ」と、クラウゼヴィッツは述べている。その目的は、敵対する相手の武装を解除させ、こちらの意思に従わせることである。しかし、戦争によって決定的な一撃で相手を倒すことなどできない。戦争で負けた国は、敗戦によって被った損害を政治によって回復させようとするのである。戦争は予期せぬ危険ではなく慎重に計画されたものなのだとクラウゼヴィッツは主張する。戦争とは常に、一つの国が別の国に自国の意思を強要するための政治的行為なのである。

戦争は、政治的目的達成のための一つの手段に過ぎない。ほかの手段を選ぶことも可能ななかでの一つの選択肢なのである。クラウゼヴィッツは戦争を選択する政治家が悲観主義者であると指摘しているわけではなく、戦争を行う人々は常にその先にある重要な政治的目的を認識しているのだと主張しているのである。■

参照：孫子 28–31 ■ ニコロ・マキャヴェッリ 74–81 ■ トマス・ホッブズ 96–103 ■ ゲオルク・ヘーゲル 156–59 ■ スメドリー・D・バトラー 247

革命の思想　**161**

# 教養ある賢い政府は社会の発展段階に応じて必要なものを理解する

ホセ・マリア・ルイス・モラ（1780年〜1850年）
José María Luis Mora

## 背景

**イデオロギー**
自由主義

**焦点**
近代化

**前史**
**1776年** アメリカの革命における指導者たちが、人間性にとって有益なものになるように政治制度を改革しているところであると宣言する。

**1788年** イマヌエル・カントが、進歩とは勝手に起こるものではなく、教育によって促されるものであると述べる。

**後史**
**1848年** オーギュスト・コントが、社会の発展は三段階からなり、最終的に啓蒙された実証的な科学の時代に至ると述べる。

**1971年** ペルーの司祭グスタボ・グティエレスが『解放の神学』を著し、キリスト教徒は、不当な経済的・政治的・社会的状態からの解放を先導しなくてはならないと主張する。

1830年代、メキシコは混乱状態にあった。独立戦争が長引いた結果、メキシコは分裂し、厳しい状態に陥っていた。1821年に念願のスペインからの独立を勝ち取ったにもかかわらず、メキシコではその後の55年間で75人もの大統領が誕生し、裕福な土地所有者・軍・教会は、変わらず権力を持ち続けた。18世紀の啓蒙主義の哲学者、およびフランス・アメリカ合衆国の政治的発展からの影響を強く受けていたラテンアメリカの自由主義者たちは、この確立した権力が社会の進歩の妨げになると考えていた。メキシコの若い自由主義者ホセ・マリア・ルイス・モラは、このメキシコの頑固な保守主義を崩そうと立ち上がった。彼は、社会は前進するか死ぬかのどちらかであると主張した。親が子どもの成長段階に応じて世話をすべきであるのと同様に、「賢い政府は社会の発展段階に応じて必要なものを理解する」べきだと、彼は述べた。

近代化を求めたモラの主張は、聞き入れられなかった。彼は、マクシミリアンの皇帝就任に反対したために投獄されたが、サンタ・アナ大統領が倒されたのち、パリへ亡命した。独立から50年後のメキシコは、一人当たりの所得が史上最低となっていた。■

マクシミリアンは、モラのような自由主義者からの強い反対を受けるなか、1864年にメキシコの皇帝となった。その3年後、マクシミリアンは倒され、処刑された。

**参照**： プラトン 34-39　■　イマヌエル・カント 126-29　■　オーギュスト・コント 165　■　カール・マルクス 188-93　■　アントニオ・グラムシ 259

# 巨大すぎる国家は最終的に衰退する
## シモン・ボリーバル（1783年～1830年）
Simón Bolívar

### 背景
イデオロギー
**自由共和主義**

焦点
**革命戦争**

前史
**1494年** トルデシリャス条約によって、アメリカ大陸はスペインとポルトガルとで分割される。

**1762年** ジャン＝ジャック・ルソーが王権神授説に反対する。

後史
**1918年** 第一次世界大戦終結後、アメリカ大統領ウッドロー・ウィルソンが、国民自由主義の原則に基づいたヨーロッパ再建計画を提示する。

**1964年** チェ・ゲバラが国際連合において演説を行い、ラテンアメリカはまだ本当の独立を手に入れていないと主張する。

**1999年** ウーゴ・チャベスがベネズエラの大統領となり、自らボリーバル主義と称する政治イデオロギーを掲げる。

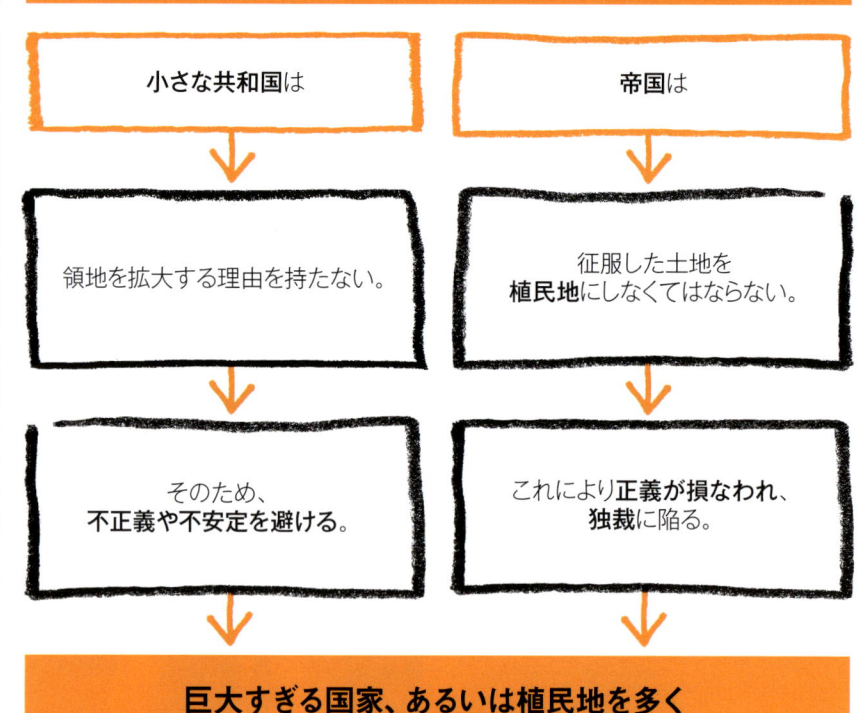

---

小さな共和国は → 領地を拡大する理由を持たない。 → そのため、**不正義や不安定を避ける。**

帝国は → 征服した土地を**植民地**にしなくてはならない。 → これにより**正義が損なわれ、独裁**に陥る。

**巨大すぎる国家、あるいは植民地を多く持ちすぎている国家は、最終的に衰退する。**

---

**14**92年、クリストファー・コロンブスがアメリカはスペインのものであると宣言したことで、スペインは五大陸にまたがる大帝国となった。それらの土地を管理するために、スペイン人は現地のエリートの協力を仰いだ。ベネズエラの革命家シモン・ボリーバルは、帝国の広大さは発展のために望ましいことではあるが、同時に弱みにもなり得ると考えた。

### 小さいが強力な共和国

ナポレオンがスペインに侵略し、兄を王座につけた1808年、スペインの力に翳りが見えはじめた。そのときこそアメリ

# 革命の思想

参照：ニコロ・マキャヴェッリ 74-81 ■ ジャン=ジャック・ルソー 118-25 ■ ジェレミー・ベンサム 144-49 ■ チェ・ゲバラ 312-13

> 「小さな共和国の特性は永遠に存続するということである。
> シモン・ボリーバル」

カ大陸のスペイン領が独立する好機であるとボリーバルは考えた。彼は18年間にわたって自由を求めて闘い続け、その過程で一年間ジャマイカに追放されたこともある。国の将来を案じていたボリーバルは、どの程度の大きさの国であれば、国として統治するのに十分なほど大きく、国民に最大の幸せを保障できるくらい十分に小さいかを考えていた。

ボリーバルは「ジャマイカ書簡」においてこの点を掘り下げている。彼は、なぜ君主政に反対するのかについて、次のように述べている。国王とは「常に自分の所有物を増やしたい」と望むものであるため、王国は本質的に拡張志向となる。それに対して共和国は、「国家の維持・繁栄・栄光だけに専念する」ものである。

アメリカ大陸のスペイン領は17の独立した共和国になるべきだとボリーバルは考えた。そしてその共和国は、国民を教育し、国民の正当な望みの実現を助け、国民の権利を守ることに熱心であるべきだと説いた。その17か国には領地拡大を望む理由はないはずである。なぜなら、それを試みても大切な資源を使い果たしてしまうだけで、利益は得られないからである。加えて「巨大すぎる国家、あるいは植民地を多く持ちすぎている国家は、最終的に衰退する」のである。さらに悪いことに、「自由を重視していたはずの統治が専制政治となり」、国家の基盤となっていた原則が無視され、ついには「独裁政治へと堕落していく」ことが考えられる。つまり、小さな共和国は永遠に存続できるのに対して、大きな共和国は帝国となり安定性を失ってしまうのだとボリーバルは主張する。

## アメリカ大陸の共和国

アメリカ大陸のスペイン領であった国々は、自由のために闘い続々と独立を勝ち取った。そうして現れた共和政の国々は、国の大きさに関してはボリーバルの描いた理想通りであった。ただし国民の享受する自由という面に関しては、彼の理想と異なることもあった。政治的権力が少数のエリートによって独占されてしまったからである。これには、ボリーバル自身のエリート主義が影響していることが考えられる。また、彼が全面的な民主主義を信用していなかったことが影響を与えている可能性もある。

ボリーバルならば批難したであろう行動を正当化するために、彼の名前を乱用している政治家がいるのも確かである。しかし、「解放者」と呼ばれたボリーバルの革命思想は、いまもラテンアメリカにおいて崇められている。■

ベネズエラのウーゴ・チャベス支持者の集会において、ボリーバルの肖像画が高く掲げられている。チャベスは自らの政治運動をボリーバル主義革命と呼び、反帝国主義の立場を強調した。

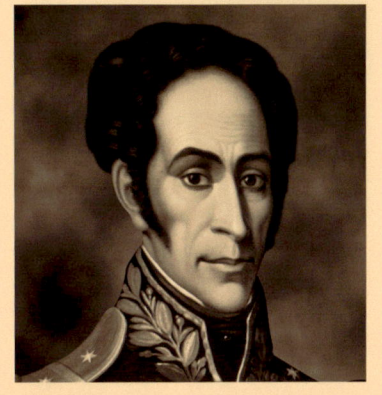

## シモン・ボリーバル

シモン・ボリーバルはベネズエラの名家に生まれた。著名な学者シモン・ロドリゲスを家庭教師に持ち、彼からヨーロッパの啓蒙思想を学ぶ。16歳で軍人としての訓練を終えたのち、メキシコ、フランス、スペインを旅する。スペインで結婚したが、妻は8か月後に病死している。1804年、ボリーバルは、ナポレオン・ボナパルトがフランス皇帝となる瞬間に立ち会った。ボリーバルはヨーロッパで出会った国家主義思想に衝撃を受け、南アメリカがスペインからの独立を勝ち取るまで闘い続けることを誓う。今日のエクアドル、コロンビア、ベネズエラ、パナマ、ペルー北部、ブラジル北西部をスペインからの独立に導いたのは、ボリーバルであった。その後、初期の理想主義を手放し、独裁的な立場に立たざるを得ない状況になったと感じたボリーバルは、1828年、新たに建国した大コロンビアの独裁権を手中に収めるが、その2年後に亡くなった。自分の主導した革命の結果に幻滅しており、失意のなかでの死であった。

**主著**

1812年　カルタヘナ宣言
1815年　ジャマイカ書簡

# 奴隷制なくしてアメリカは存在しない
## ジョン・C・カルフーン（1794年～1850年）
**John C. Calhoun**

---

### 背景

**イデオロギー**
州の権利

**焦点**
奴隷制

**前史**

**紀元前5世紀**　生まれつき奴隷となるべき人々に、奴隷制のおかげで技術や徳を授けることができるとアリストテレスが述べる。

**426年**　聖アウグスティヌスが、奴隷制の最大の根拠は罪であると述べる。その罪ゆえに、神からの罰として他者の支配のもとに置かれるのが奴隷であると彼は考える。

**1690年**　ジョン・ロックが、生まれつき奴隷となるべき人々がいるという説に反論し、また、戦争捕虜が奴隷にされることにも異議を唱える。

**後史**

**1854年**　イリノイ州ピオリアにおける演説で、エイブラハム・リンカーンが、奴隷制に反対する道徳的・経済的・政治的・法的根拠を述べる。

**1865年**　アメリカ合衆国において奴隷が解放される。

---

1837年、アメリカの上院議員ジョン・C・カルフーンは、奴隷問題に関する情熱的な演説を行った。1830年代のアメリカでは奴隷制廃止を支持する動きが活発化しており、南部の奴隷所有者が困惑していたなかでのことであった。奴隷所有者は、人間は神によってもともと不平等に創られているのだと主張した。生まれつき司令官にふさわしい者もいれば、労働者に向いている者もいる。また、奴隷制によって労働者と雇い主のあいだの衝突を防ぐことができるし、奴隷廃止と同じくらい国家の安寧を脅かす賃金奴隷状態を防ぐことにもなるのだと彼らは主張した。

### 両人種の利益のために

この問題が上院議院の委員会に送られたことを受けて、カルフーンは、憲法によって保障されている奴隷を所有するという基本的権利に、議会が干渉することはできないのだと力説した。奴隷制廃止を推し進めると、奴隷を所有する州としない州とが別々の政治制度を採用することになる。「その対立によって、アメリカは、アメリカを一つにまとめていた力と同じくらい強力な力で解体されることになるだろう。奴隷制を廃止してしまっては、アメリカの統一を保つことはできないのだ」とカルフーンは主張した。彼は、奴隷制を必要悪であるとして擁護するのではなく、黒人を奴隷とすることは、黒人・白人両人種に恩恵をもたらすのだと述べた。「中央アフリカの黒人は、身体的にも道徳的にも知性の面でも、これほど文明的な恵まれた環境を手にしたことはいまだかつてない」とカルフーンは主張した。■

---

> 奴隷所有州内で現在保たれている関係は（中略）良好なものである。
> **ジョン・C・カルフーン**

---

**参照**：アリストテレス 40-43 ■ トマス・ジェファーソン 140-41 ■ エイブラハム・リンカーン 182 ■ ヘンリー・デイヴィッド・ソロー 186-87 ■ マーカス・ガーヴィー 252 ■ ネルソン・マンデラ 294-95

革命の思想 165

# 「家族」を攻撃するのは社会が無秩序化する徴候である

## オーギュスト・コント（1798年〜1857年）
Auguste Comte

**背景**

**イデオロギー**
実証主義

**焦点**
家族

**前史**

**14世紀** イブン・ハルドゥーンが『歴史序説』において社会の結束と闘争について論じる際に科学的論法を用いる。

**1821年** フランスの初期の社会学者アンリ・ド・サン＝シモンが、新しい産業社会では科学者が新しい政治を行い、新しいユートピアが出現するだろうと述べる。

**1835年** ベルギーの哲学者アドルフ・ケトレーが、社会学では平均的な人間を研究するのだという考え方を広める。

**後史**

**1848年** カール・マルクスが『共産党宣言』において家族制度の廃止を主張する。

**1962年** マイケル・オークショットが、社会を理性によって理解することは不可能だと述べる。

フランスの哲学者オーギュスト・コントは、『実証哲学講義』（1830年〜48年）において家族の大切さを訴え、家族とは感情的な愛着以上の結びつきであると主張した。コントの「実証」哲学がとる立場は、社会を真に理解するために有効な情報は感覚を通して得られ、その情報を論理的に分析することで社会の理解に至るというものであった。社会は法則に従って機能するもので、ちょうど自然科学の物理の世界のようなものであるとコントは述べた。そのような社会を研究しその法則を導き出すことは、社会学者の仕事である。

## 家族は社会的単位である

個人的な考え方にとらわれることなく、全社会を司る法則を観察することが重要であるとコントは述べる。「科学的な精神に従うと、社会を構成するものが個人であるとは考えられない。真の社会的単位は、家族なのである」と彼は言う。社会を構成する単位は家族であり、諸個人の要求から出発する社会科学は失敗する運命にある。個人の気まぐれが社会の利益のために抑制されるのもまた、家族という場においてである。人間は、個人的本能と社会的本能に基づいて行動する生き物であるが、「家族のなかでは、社会的本能と個人的本能が混ざり合い、調和される。また、同じく家族のなかで、服従と相互協力の原則が実証される」のだとコントは言う。コントの思想は社会的つながりを強調しているものの、社会主義の主張とは対立する。家族制度の廃止を訴えるマルクス主義者は、コントに言わせれば、人間社会の崩壊を主張していることになる。■

> 家族が集まって集団をつくりその集団が集まって国家となる。
> **オーギュスト・コント**

**参照：** イブン・ハルドゥーン 72-73 ■ カール・マルクス 188-93 ■ マックス・ヴェーバー 214-15 ■ マイケル・オークショット 276-77 ■ アイン・ランド 280-81

# 大衆の台頭

## 1848年〜1910年

# はじめに

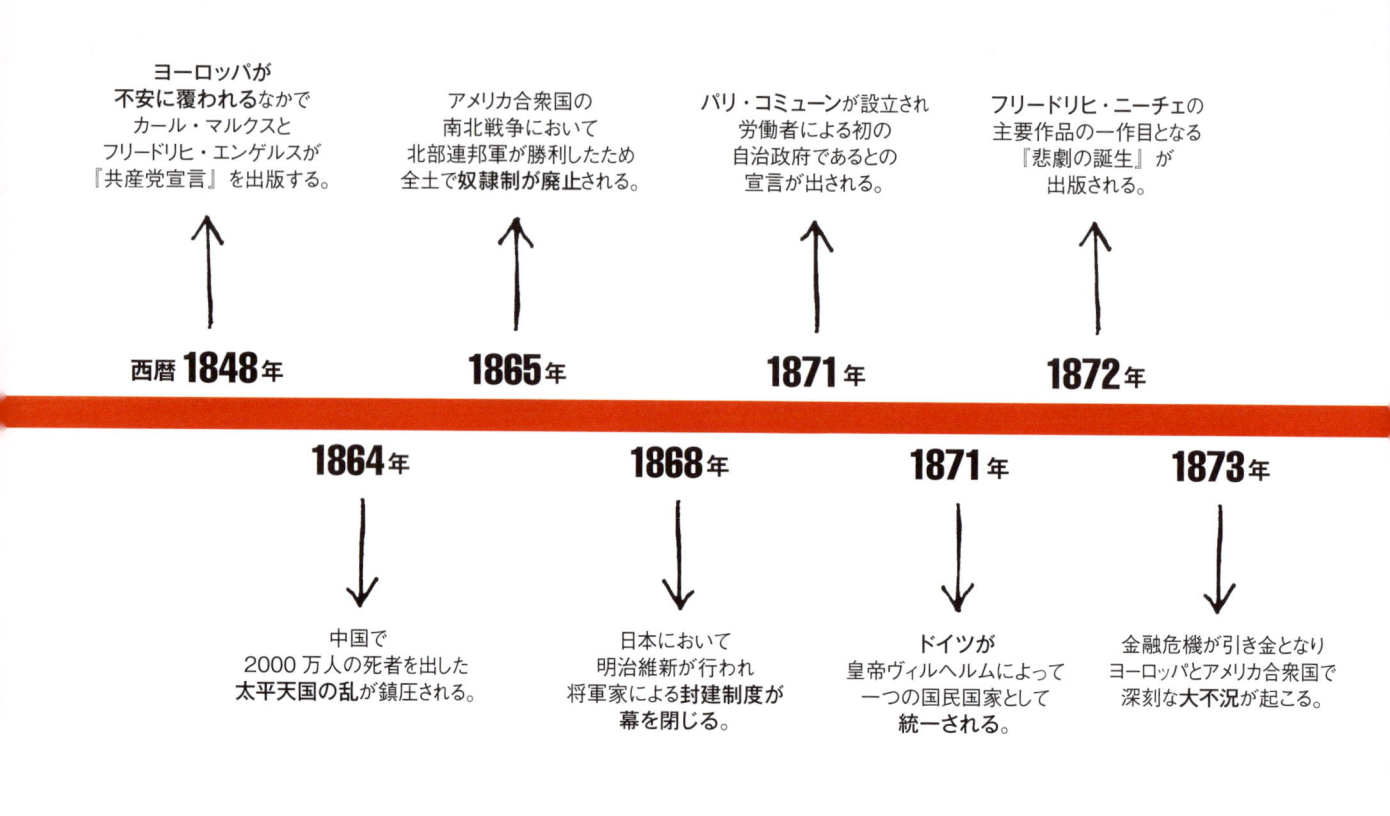

**西暦 1848 年** — ヨーロッパが不安に覆われるなかでカール・マルクスとフリードリヒ・エンゲルスが『共産党宣言』を出版する。

**1865 年** — アメリカ合衆国の南北戦争において北部連邦軍が勝利したため全土で奴隷制が廃止される。

**1871 年** — パリ・コミューンが設立され労働者による初の自治政府であるとの宣言が出される。

**1872 年** — フリードリヒ・ニーチェの主要作品の一作目となる『悲劇の誕生』が出版される。

**1864 年** — 中国で2000万人の死者を出した太平天国の乱が鎮圧される。

**1868 年** — 日本において明治維新が行われ将軍家による封建制度が幕を閉じる。

**1871 年** — ドイツが皇帝ヴィルヘルムによって一つの国民国家として統一される。

**1873 年** — 金融危機が引き金となりヨーロッパとアメリカ合衆国で深刻な大不況が起こる。

18世紀後期から19世紀初頭にかけての革命と戦争が終わっても、ヨーロッパはまだ不安定な状況にあった。1815年のパリ条約によってナポレオン戦争が終結してから百年間近く、ヨーロッパ列強のあいだでは衝突がほとんど起こらなかった。産業化や鉄道・電気通信の急速な発達によって、世界経済の成長が続いた。19世紀前半に政治面が安定してきたことによって、人道的な制度の枠組みも安定するのではないかと思われた。たとえば、ドイツの哲学者ゲオルク・ヘーゲルは、1830年代のプロイセン王国こそが完璧な国家の形態であると述べている。また、多くの人々は、ヨーロッパの植民地主義には、世界のほかの地域を文明化する使命があると考えていた。政治が安定し市民の権利が確立されたならば、あらゆる地域が公正な社会となるはずだと彼らは考えた。

## 共産主義思想

ヘーゲルの研究をしていた二人の若い学者、フリードリヒ・エンゲルスとカール・マルクスは、ヘーゲルの導き出した結論に反対であった。産業化が進むことで、資産を持たない労働者という新しい階級が生まれたが、その階級は政治的自由の拡大を享受している一方で、経済的な奴隷状態に苦しんでいると、二人は指摘した。その上で、労働者階級が手にした市民権・参政権を経済の領域まで広げることが可能だということを、ヘーゲルが考え出した分析手法を用いて示すことができると主張した。

ヨーロッパ中で革命運動が盛り上がるなか、マルクスとエンゲルスは『共産党宣言』を著した。新しい民衆政治を実現させるための急進的な枠組みを提供しようという試みであった。ドイツ社会民主党といった労働者による新しい党が、活動の指針として『共産党宣言』を取り入れた。『共産党宣言』の存在によって、彼らは、将来は民衆が政治的・経済的権力を行使するようになるだろうと確信できるようになった。エリートだけのものであった政治が一般大衆のものとなり、何百万人もの人々が政治組織に参加しはじめた。そして、より多くの人々に投票権が与えられるようになり、選挙に参加する人々もますます増加していった。

## 旧体制の敗北

アメリカ合衆国では、新しい領土において地域によって奴隷制が異なったことから南北戦争が起こった。連邦軍が勝利したことにより合衆国全土で奴隷制が廃止され、国中に新しい活力が生まれたことで、経済も政治も発展へと向かう。南では、ラテンアメリカの国々が、憲法が約束しているはずの政治的安定を求めて奮闘していた。権力はごく一部のエリートに独占され、派閥争

# 大衆の台頭

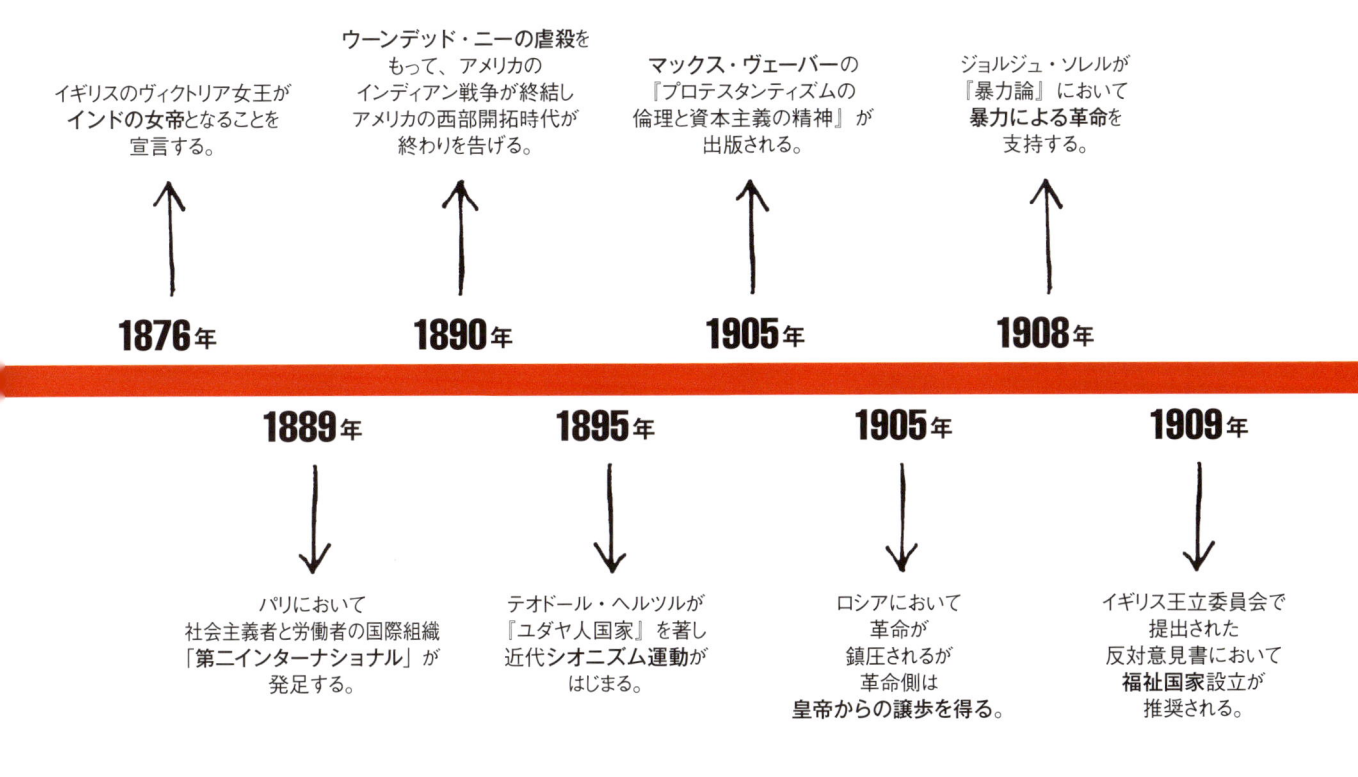

**1876年** — イギリスのヴィクトリア女王が**インドの女帝**となることを宣言する。

**1890年** — ウーンデッド・ニーの虐殺をもって、アメリカのインディアン戦争が終結しアメリカの西部開拓時代が終わりを告げる。

**1905年** — マックス・ヴェーバーの『プロテスタンティズムの倫理と資本主義の精神』が出版される。

**1908年** — ジョルジュ・ソレルが『暴力論』において**暴力による革命**を支持する。

**1889年** — パリにおいて社会主義者と労働者の国際組織「第二インターナショナル」が発足する。

**1895年** — テオドール・ヘルツルが『ユダヤ人国家』を著し近代**シオニズム**運動がはじまる。

**1905年** — ロシアにおいて革命が鎮圧されるが革命側は**皇帝からの譲歩を得る**。

**1909年** — イギリス王立委員会で提出された反対意見書において**福祉国家設立**が推奨される。

いが繰り返されていた。多くの地域が停滞していたが、革命を求める動きが高まり、1910年、ついにメキシコで革命が勃発する。

アジアでは、政治的権利を求めて、それまでは見られなかった反植民地主義組織が次々と設立された。日本では、長いあいだ権力を引き継いできた支配者層の一派が徹底的な近代化を行い、古い封建体制を一掃した。世界中で旧体制が倒されているように思われた。

しかし、マルクス主義者が何と説こうが、大衆が政治的権力を行使できるような世界は、それほど簡単には実現されなかった。社会が大衆の力で改革され得るという説にはきわめて懐疑的な思想家が大勢おり、たとえばフリードリヒ・ニーチェが有名である。ニーチェの思想を取り入れて、社会のとらえ方を刷新しようと試みたのがマックス・ヴェーバーだった。ヴェーバーの思想では、社会はマルクス主義で言われているような階級間の闘争の場ではなく、異なる信念体系が権力を求めて争う場であるとされる。

## 改革運動

自由主義者と保守主義者は、それぞれに大人数の党をつくり上げ、新しい世界に適応しようとしていた。そして、福祉の充実と公平な経済への要求が左派から強まる状況にうまく対処しようと努力した。そのようななかで、イギリスのジョン・ステュアート・ミルのような思想家が、自由主義哲学の確固たる理論的基礎を築いた。ミルは、マルクス主義者が主張するような階級間の闘争ではなく、個人の権利こそが公正な社会の基盤となるべきだと主張した。

生産手段の所有権を個人から社会へ移行させようとする社会主義者も、一度は資本主義体制を受け入れて、そこから改革を行うことができるのではないかと考えはじめた。たとえばエドゥアルト・ベルンシュタインは、新たに統一されたドイツにおいて確立された男子普通選挙を利用することで、投票によって支持を得て改革を実現するという方法を提唱した。また、イギリスではシドニー・ウェッブとビアトリス・ウェッブという改革社会主義者が、貧困層を守るための包括的な福祉制度をつくることを提案した。

一方ロシアでは、ウラジーミル・レーニンらが社会主義革命を起こすべく、活動を続けていた。また、ヨーロッパでは、長く権力を保持してきたエリート層の内部で対立が生じ、緊張が高まりはじめた。これから世界を襲う激しい改革の波が、いままさに立ち上がろうとしていた。■

# 社会主義は新しい農奴制である
## アレクシ・ド・トクヴィル（1805年〜1859年）
Alexis de Tocqueville

---

社会主義は人間のもっとも高尚な徳を無視する。

社会主義は私有財産をむしばむ。

社会主義は個人を抑えつける。

↓

**社会主義は新しい農奴制である。**

---

## 背景

**イデオロギー**
自由主義

**焦点**
階級のない社会

**前史**
**紀元前380年** プラトンが、民主主義はほかの統治形態よりも劣ったものであると述べる。

**1798年** フランス革命が起こり、共和国の創設につながる。

**1817年** 社会主義の理論家アンリ・ド・サン＝シモンが、社会主義原理に全面的に従うかたちの新しい社会主義を提唱する。

**後史**
**1922年** ソヴィエト連邦が設立され、東欧の多くの国々に共産主義制度が導入される。

**1989年** ベルリンの壁が崩壊し、東欧において社会主義が終焉を迎える。資本主義・民主主義が勢力を拡大する。

---

**18**48年9月、アレクシ・ド・トクヴィルは、フランスの国民議会において情熱的な演説を行った。この議会は、同年2月に国王ルイ・フィリップを退位に追い込んだのちに選出されたものである。ド・トクヴィルは、1789年のフランス革命の理想は、フランスが民主主義を勝ち取ることであり、社会主義国家になることでは断じてないと考えていた。

ド・トクヴィルは三つの点に関して社会主義を批難した。一つめは社会主義が「人間の物質面に関する情熱」を利用しているという点である。社会主義は富を生み出すことを目的としており、寛大さや徳といった人間のもっとも高尚な理想を無視している。寛大さや徳は、革命を生み出す源ともなるものである。二つめは社会主義が私有財産の原理をむしばんでしまうという点である。私有財産の原理は自由を保持するために不可欠であると彼は考えていた。社会主義国家が人民の財産を没収しないとしても、財産の価値を下げてしまうことに変わりはない。三つめは社会主義が個人を軽視しているという点である。彼はこの点をもっとも強く批判していた。

社会主義体制のもとでは、高圧的な国家によって個人の先取的精神が壊されてしまうと、ド・トクヴィルは言う。社会主義国家は社会全体を一つのものとして支配するが、徐々に「個々人の支配者」にもなっていくのである。民主主義が個人の自主性を高めるものであるのに対して、社会主義は個人の自主性を損なうものである。社会主義と民主主義は決して相容れず、むしろ対極に位置するのだと、ド・トクヴィルは考えた。

## 階級のない社会

ド・トクヴィルは、フランス革命の理想

大衆の台頭 **171**

参照：プラトン 34–39 ■ アリストテレス 40–43 ■ モンテスキュー 110–11 ■
ジャン＝ジャック・ルソー 118–25 ■ ジョン・スチュアート・ミル 174–81 ■
マックス・ヴェーバー 214–15

> 民主主義は
> 自由のなかでの平等を
> 目指している。
> 社会主義は
> 抑制と隷属のなかでの平等を
> 望んでいる。
> **アレクシ・ド・トクヴィル**

が裏切られたと感じていた。1789年の革命は、すべての人々の自由を得ることを目的としたものだったはずであり、社会階級を廃止することを目指したものだったはずである。ところが革命以降、上層階級はより多くの特権を手にして堕落した。下層階級は怒りと不満に燃え、それゆえに社会主義的理想に簡単に誘惑されるようになったのである。

この状況は社会主義では解決されないと、ド・トクヴィルは主張する。自由で階級のない社会という、改革のもともとの理想を再び目指すことによってのみ、状況の改善が可能となる。社会主義は、財産を持つ者と労働者階級とを闘わせ、社会階級の対立を再び深め、改革の理想を裏切る。社会主義体制を確立するということは、革命以前の君主政に戻るようなものである。威圧的な社会主義国家は自由や競争を認めない社会であると、ド・トクヴィルは述べている。

ド・トクヴィルは民主主義の社会を支持していた。民主主義体制においては、個人の努力が花開くだろう。そして同時に、貧困層や弱い立場の人々は、キリスト教的博愛主義によって守られるであろう。このような民主主義の手本として、彼はアメリカを挙げた。アメリカは民主主義がもっとも進んだ国であると彼は考えていた。

ド・トクヴィルが提示した、「自由な民主主義」対「制限された社会主義」という構図は、19世紀から20世紀の議論で何度も用いられることとなる。彼が演説を行った年は、革命と反乱がヨーロッパ中で起こった年であり、この混乱は、部分的には社会主義思想に原因があった。しかし、1848年が過ぎると反乱は沈静化する。しばらくのあいだは、ド・トクヴィルが恐れていたような社会主義の定着は起こらなかった。■

社会主義体制下では、労働者は、国家という圧倒的に強力な組織のなかの歯車でしかないと、ド・トクヴィルは主張した。

### アレクシ・ド・トクヴィル

ド・トクヴィルは、パリの由緒ある家庭に生まれた。1830年にオルレアン家のルイ・フィリップが王位についた際に、ド・トクヴィルは新政府内に職を得たが、政変により地位が危うくなったため、フランスを出てアメリカへ渡った。その結果、彼の主著となる『アメリカのデモクラシー』が生まれる。この本において彼は、民主主義と平等がアメリカにおいてもっとも進んでいると主張した。彼はさらに、物質主義と過度の個人主義という、民主主義に潜む危険性についての警告も行っている。

1848年の革命ののち、ド・トクヴィルはフランス国民議会の議員となる。この議会は、フランス第二共和政の憲法制定の任を負っていた。彼は、1851年にルイ＝ナポレオン・ボナパルトのクーデターに反対したことが発端となり、政界から身を退くこととなる。病気がちの人生を送ったド・トクヴィルは、政界引退の8年後、53歳で結核のため亡くなった。

**主著**

1835年、1840年　『アメリカのデモクラシー』
1856年　『旧体制と大革命』

# 「私」ではなく「私たち」と言おう
## ジュゼッペ・マッツィーニ（1805年〜1872年）
Giuseppe Mazzini

**背景**

イデオロギー
**国家主義**

焦点
**権利と義務**

前史
**1789年**　「人間と市民の権利の宣言」がフランス革命中に採択され、市民の普遍的権利が定義される。

**1793年**　ドイツの哲学者ヨハン・ゴットフリート・ヘルダーが国家の重要性を訴える。

後史
**1859年**　ジョン・ステュアート・ミルが『自由論』において個人の権利を主張する。

**1861年**　イタリアが統一される。

**1950年代**　植民地が次々と独立を獲得するなかで、国家主義運動が世界中で展開される。

**1957年**　ヨーロッパの6か国によってローマ条約が締結され、欧州経済共同体が発足する。

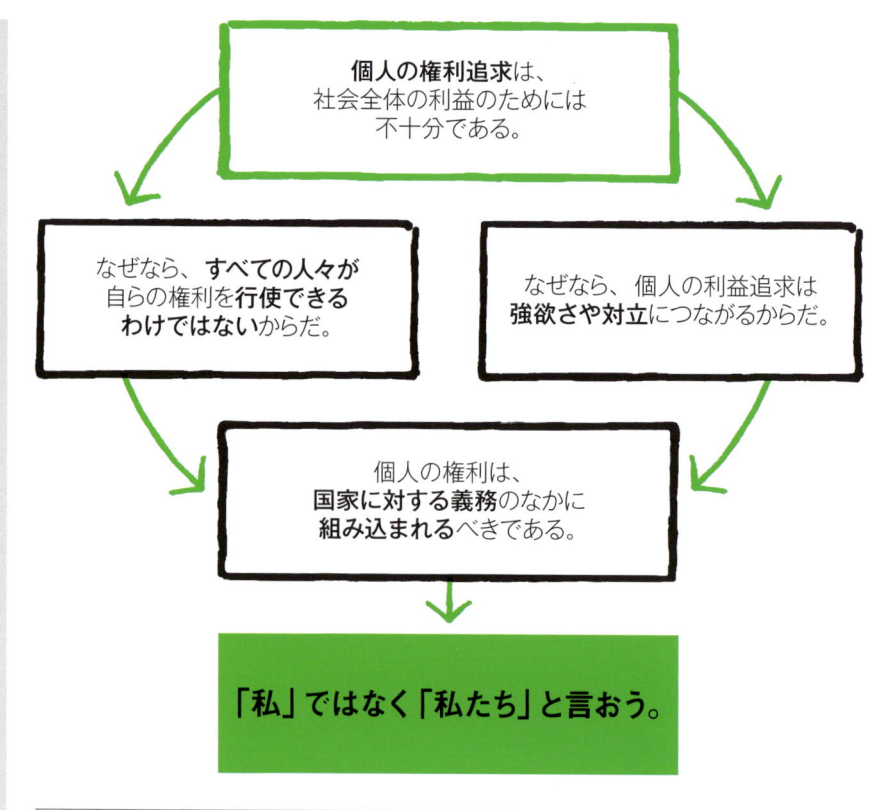

---

個人の権利追求は、社会全体の利益のためには不十分である。

なぜなら、**すべての人々が自らの権利を行使できるわけではないからだ。**

なぜなら、個人の利益追求は**強欲さや対立につながるからだ。**

個人の権利は、**国家に対する義務のなかに組み込まれるべきである。**

「私」ではなく「私たち」と言おう。

---

イタリアの政治思想家であり活動家であったジュゼッペ・マッツィーニは、国民国家への支持を訴えた人物である。その著書『人間の義務について』において、マッツィーニは、個人の利益よりも国家への義務を重視するようにと人々に呼びかけている。マッツィーニはその前の世紀にヨーロッパで起こった政変を批判しており、そのために国家主義を支持するに至った。これらの政変の原動力となったのは自由であった。自由とは、個人の権利の追求によって手に入るものとされている。労働者階級の

大衆の台頭 173

参照: ヨハン・ゴットフリート・ヘルダー 142-43 ■ シモン・ボリーバル 162-63 ■ ジョン・ステュアート・ミル 174-81 ■
テオドール・ヘルツル 208-09 ■ ジャンフランコ・ミリオ 296

> 正しい原則に基づいて
> 自分の国のために
> 労働を行うとき、
> 我々は全人類のために
> 働いていることになる。
> ジュゼッペ・マッツィーニ

人々は、その権利によって物質的幸福がもたらされることを願っていた。
　自由が徐々に促進され、富と商業は全体的に拡大したものの、労働者の状況はそれほど改善されていないとマッツィーニは感じていた。経済的発展は、少数の特権階級にのみ利益をもたらし、大多数の人民には恩恵がもたらされなかった。マッツィーニは、個人の権利だけを追求することで二つの問題が生じると考えた。一つめは自由を行使できる立場にない大多数の人々にとって、自由は「幻想であり辛辣な皮肉である」という点だ。たとえば教育の権利は、教育を受けるための資金や時間のない人々にとってはまったく無意味なものとなる。二つめは個々人が物質面での利益を追い求めると、人々は互いに相手を踏みつけ、人類の絆が弱くなってしまうという点である。

### 権利の前に義務を

マッツィーニは、権利を追求する前に、人類全体への義務を果たすことが重要だと主張する。そのためには、共通の目的のために協力することが必要である。しかし、人類全体という巨大な集団に対して個人が一人で何かを行うことは難しい。だからこそ神はそれぞれの国を創り、人類をいくつもの集団に分けたのだとマッツィーニは言う。国はいわば「作業場」であり、そこで働くことが全人類のために働くことにつながるのである。国への義務を果たし、「私」ではなく「私たち」という視点で考えるようになることで、個々人が全人類という大きな集団に入っていくことができるのだ。
　国とは、単に地理的な区分で人々を分けたものではないとマッツィーニは言う。国とは、同胞愛によって結ばれた人々の集団なのである。このような

トリノの通りを進む行列は、1861年のイタリア統一を祝うものである。マッツィーニは近代イタリアの建国の父と称されている。

マッツィーニの思想は、ヨーロッパにおける1848年の一連の革命を支えていた。それはまさに、イタリアが統一国家になろうとしていた時代のことであった。そして20世紀には、マッツィーニの思想の影響を受けた人々が国家主義者となり、植民地支配と闘うようになる。1957年には欧州経済共同体（EEC）が設立され、ヨーロッパの国々が協力するというマッツィーニの夢が実現する。■

### ジュゼッペ・マッツィーニ

ジュゼッペ・マッツィーニは、医者の息子としてイタリアのジェノヴァに生まれた。20歳代で秘密結社に入党するが、その活動のために1831年までに投獄・追放を経験する。彼は「青年イタリア」という政治団体を結成し、イタリア統一を目指して議論を喚起し反乱を起こした。彼の行動に倣って、ヨーロッパ各地で同様の組織がつくられる。
1848年にヨーロッパ中で反乱が起こると、マッツィーニはイタリアへ戻り、ローマ共和国を創立し指揮をとる。ローマ共和国は短期間で倒され、マッツィーニは再び追放される。1860年代初期に、彼はイタリアに戻る。北イタリアにおいてイタリア王国が成立しつつある時期のことであった。しかし、その王国はマッツィーニの理想とした共和国とはほど遠いものであったため、新しい議会に選出されたものの、議員の職を辞退している。ローマ占領が行われイタリアが統一されてから2年後の1872年、マッツィーニはピサの地で亡くなった。

**主著**

1852年　『民族性について』
1860年　『人間の義務について』

**奇抜なこと**をする人がほとんどいないということが、その時代の大きな**危機を**表している

ジョン・ステュアート・ミル
（1806年〜1873年）
John Stuart Mill

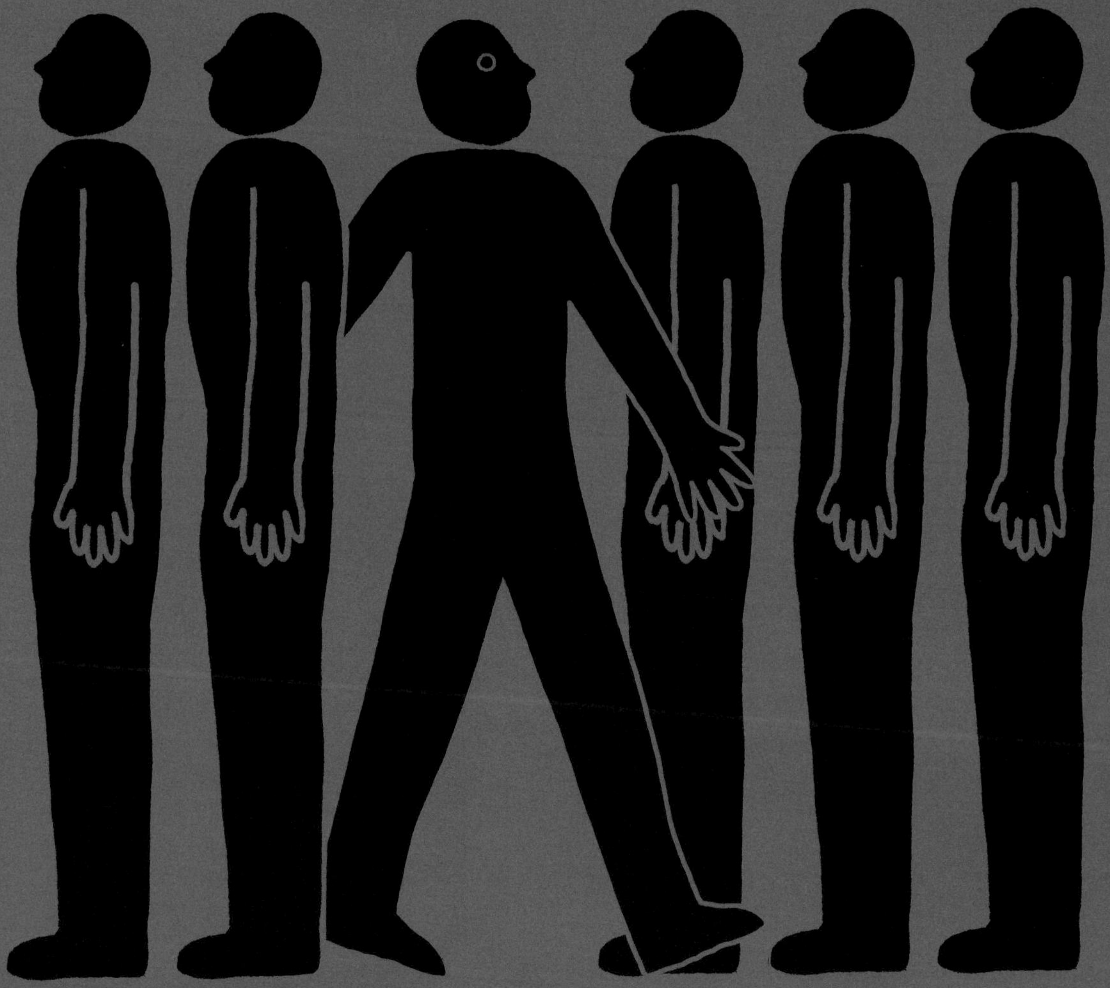

# ジョン・ステュアート・ミル

## 背景

**イデオロギー**
**自由主義**

**焦点**
**個人の自由**

**前史**
**1690年** ジョン・ロックが権威主義的な政府に反対し、自由主義思想を提唱する。

**1776年** アメリカ独立宣言において、人はすべて平等に創られ、自由・生命・幸福の権利を有しているのだと宣言される。

**後史**
**1940年代** 大恐慌ののち、自由主義者は自由市場に対する信頼を失い、福祉国家を支持するようになる。

**1958年** イギリスの学者アイザイア・バーリンが「消極的」自由と「積極的」自由を区別する。

**1974年** アメリカの哲学者ロバート・ノージックが、個人の自由は侵すことのできないものであると主張する。

---

ジョン・ステュアート・ミルがその著書『自由論』において「個人主義が健全な社会の基盤である」という自由主義の重要な指針を擁護したことは、非常に有名である。彼がその点について考察したのは、政治理論についての基本的な疑問を持ったためである。その疑問とは、個人の自由と社会の統制とのあいだの適切なバランスに関するものであった。

19世紀半ばに起こった政変は、この問題について改めて考察しなくてはならないということを示しているとミルは主張した。絶対君主政体が権力を握っていた時代には、支配者の強欲さを投票によって抑制することはできなかった。そのため、国家の利益は個人の利益と対立するものであると考えられ、政府の干渉は疑いの目で見られていた。

19世紀になって民主主義制度が広がったことで、政府と民衆のあいだのこのような対立は解消されたと考えられていた。定期的に選挙が行われることで民衆が最終的な支配者となり、国家の利益と人民の利益とが調整されたためである。人民が政府を選ぶ以上、政府の干渉が人民に対して害をなすものであるはずがないと考えられるようになった。

## 多数者の専制

ミルは、このような見方は楽観的に過ぎると警告した。選挙で選ばれた政府は多数派の意見を吸い上げたものであり、多数派が少数派を抑圧するような事態が起こらないとも限らない。この「多数者の専制」に潜む危険とは、選挙で選ばれた政府の干渉であっても有害な結果をもたらす可能性があるということだ。このような社会的暴政が生じるとき、民衆は自らの意見に則って行動しているため、その危険性は政治的な暴政以上に深刻なものである。人々が持っている意見は、自分の利益のため、あるいは自分の好みに従っただけというものが多く、往々にしてあまり深く考えられていない。その結果出てくる社会全体の意見とは、結局のところ、社会において優勢な集団の利益を反映している意見に過ぎないのである。

ミルによると、この時代のイギリスはいまだ近代民主主義への移行期にあり、人々は多数者の専制の危険性を理解していなかった。当時イギリス国内に蔓延していた政府に対する不信感は、国家が個人の脅威と考えられていた時代の名残である。そして、民主主義に移行することで生じつつあった多数者の専制については、人々はまだあまり理解していなかった。このような

---

健全な社会においては、他者に危害を加えない限り、**人々は自由に考え行動する**ことが認められるべきである。

→ **多数者の専制**により、この自由が守られないことが多い。

↓

そのために**画一化**が起こり、新しい考えや生き方を試すことができなくなる。

← **奇抜なことをする人が ほとんどいないということが、その時代の大きな危機を表している。**

# 大衆の台頭　177

参照：トマス・ホッブズ 96-103 ▪ ジョン・ロック 104-09 ▪ ジェレミー・ベンサム 144-49 ▪ アレクシ・ド・トクヴィル 170-71 ▪ ジョン・ロールズ 298-303 ▪ ロバート・ノージック 326-27

パリで行われるゲイ・プライド・パーティーに参加する権利というような行動の自由は、思考の自由・意見表明の自由と並んで、ミルが提示した個人の自由の中核を成すものである。

混乱した状況においては、実際は必要のない行動を政府に望んだり、政府の行動を不当に批難したりといったことが生じる。このころ、民衆の意見が力を持つ社会的暴政が徐々に威力を増しており、社会が個人に対する支配を強めていく傾向があることを、ミルは懸念していた。

## 不当な干渉

このような流れをせき止めるためには、道徳的な防壁が必要であった。そのためミルは、個人の自治と政府の干渉とのあいだのバランスを決定づけるための明確な原則を提示することを試みた。社会が個人の自由に干渉することが正当であると認められるのは、他者に危害が及ぶのを防ぐという目的があるときのみであるとミルは主張した。行動を変えることが、ある人にとって利益になるような場合、その人に行動を変えるようにと説得することは正当なことだろう。しかし、強制する

> 自由と権威とのあいだの闘争は我々がずっと以前から慣れ親しんできた歴史が持つもっとも目立った特徴である。
> **ジョン・ステュアート・ミル**

ことは認められない。「身体についても精神についても、自分自身に対して主権を持っているのはその本人である」とミルは述べた。個人の自由に関するこの原則は、思考・意見表明・行動のすべてに適用される。

この原則が守られないとしたら、それは社会全体にとっての損失につながるだろうとミルは述べた。たとえば、思想の自由が認められない場合、人間の知識は制限されるだろうし、物事の革新も進まない。このことを論証するために、ミルは人間がどのようにして真実にたどり着くのかを説明する。人間の精神は誤りを犯すこともある。そのため、ある考えが真実か否かを知るためには、その考えを反対の考えと一緒に大鍋に入れて煮込むしかない。思想を抑圧することで、その社会は真実を発見し損ねるかもしれないのである。また、そこで抑制され表面化しなかった考えのなかには、その考え自体は誤っているものの、その考えを用いることでほかの考えが真実であることを証明できるような有益なものが含まれている可能性もある。ほかの考えよりも社会的に有益な考えが存在するという主張については、ミルは、その考えが真実であるか否かにかかわらず反対の立場をとる。なぜなら、ほかの考えよりも有益な考えがあるとの前提で、どの考えが有益なものであるかを決めようとすると、その際に下した判断が絶対的なものだという主張がなされ、かつての魔女狩りのような事態に陥る可能性があるためである。かつてのように異端者が火あぶりにされることはないものの、型破りな意見を許容しない社会は、思考力を失った、発展の見込みのない社会であるとミルは述べている。

## 多様な思想

社会が取り入れた思想が真実であった場合でも、多様な考え方が生まれる余地を残しておかなくてはならないとミルは主張する。正しい思想にいつまでも効力を持たせておくためには、その思想を定期的に点検しなくてはならない。特に社会や政治に関する思想の場合、数学における真理のような確実に正しい思想などというものは存在しないのである。思想を点検するのにもっとも良い方法は、反対意見を持っている人々の考えを聞くことである。反対

# 178 ジョン・ステュアート・ミル

思想や政策は、複数のものをぶつけ合って**テストしなくてはならない**。

そのテストに耐えられなかったものは**捨てられる**。

ミルの提唱した大鍋のなかでは、すべての思想を定期的に、対立する思想と戦わせる。大鍋は蒸留器のような役割を果たし、間違っている思想や、ほかの思想に敗れた思想は、蒸発して消える。真実のみがほかの真実と混ざり合ったまま鍋のなかに残り、より強力な思想へと鍛えられていくのである。

> 「多数者の専制」はいまや、社会が警戒しなくてはならない害悪の一つに数えられるようになった。
> **ジョン・ステュアート・ミル**

用すべきなのである。人々が何も考えずに習慣に従うようになると、たいして考えることなく意見を持つ場合と同様に、彼らの人生は独創性のないものになってしまい、彼らの道徳心も損なわれていくだろうとミルは考えた。

### すべての人のための実験

自由に思想を表現する人々と同様に、これまでにない方法で行動する人々は、社会全体に利益をもたらすものであり、その恩恵は慣習にとらわれている人々にすら及ぶ。伝統や社会の規範にとらわれない人々は、物事を行うための新しい方法を発見するが、そのなかにはほかの人々が取り入れることのできるものもある。ただし、実際にそのような利益を得られるようにするためには、新しい方法をいつでも実験できるような社会でなくてはならないのである。

規範にとらわれない自由な精神を持つ人々を社会が受け入れれば、彼らは、物事を行う新しい方法を人々に示してくれるだろう。ミルが『自由論』を書いていた時期に、イギリスでは産業革命が起こり、その結果、イギリスは世界でもっとも経済的に進歩した国となった。イギリスがこのような成功を収めた要因は、ヨーロッパが比較的、多様な思想と自由な行動を認めていたことにあるとミルは考えた。彼は活気の

者がいないような場合は、反対者の意見を想像しなくてはならない。このような議論が行われないと、人々は正しい思想の基礎的な部分すら理解しない。その結果、その思想は死んだ教義となってしまい、真に理解されることなくオウム返しで復唱されるようになる。行動や道徳に関する正しい原理は、それが意味のないスローガンになり下がったとき、もはや人々の自発的な行動の動機づけにはならないのである。

ミルは自由の原理を掲げ、個人の行動の自由を擁護した。しかし、行動の自由は思想の自由よりも制限を受けるべきものであることは認めていた。なぜなら、行動は思想以上に他者を傷つける力を持つからである。思想の自由と同様に、個性（伝統や慣習から外れた生き方をする自由）は、社会の革新を促進する。「さまざまな生き方の価値は、現実的に判断されなくてはならない」とミルは言う。人は一般的に、自分の生き方を決める際に無批判に伝統に頼りがちであるが、本当は、自分の置かれた環境や好みなどを考慮した上で、それぞれ独自の方法で伝統を利

# 大衆の台頭

あるヨーロッパと停滞している中国とを比べてみせ、中国が衰退したのは、慣習や伝統によって個性が抑圧されているためだと述べた。イギリスにおいては、経済発展によって、多くの人々が教育を受けられるようになり、通信が迅速化され、また、かつては社会階級のせいで排除されていた人々にも多くの機会がもたらされた。ところが、この進歩によって人々の好みが均一化され、それに伴って個性が失われていったのである。このままいくと、イギリスは中国と同じ運命をたどることになるだろうとミルは考えていた。ミルの意見では、イギリスではすでに画一化が進みすぎており、個性や独創性の価値が認められなくなっていた。人々は、自分の良心ではなく社会階級に従って行動するようになった。このような奇抜さが失われた社会は危険であるとミルは主張した。

## 危害の原理

政府と人民の関係が急速な変化を迎えるなかで、ミルが示した危害の基準は、国家と個人の境界を定義するための便利でわかりやすい原則である。

20世紀の喫煙に関する政策を見ると、個人の行動に対する政府の規制を考える際に、どのようにこの原則を使えば良いのかがわかるだろう。タバコが人々の健康に害をもたらすということは以前から知られていたにもかかわらず、社会的な規制として個人の喫煙が禁止されることは一切なかった。政府は規則で禁止するのではなく、禁煙するように人々を説得するために健康に関する情報を提供し、20世紀後半までにアメリカとヨーロッパの多くの国々で実際に喫煙率が低下している。

これは、ミルの自由の原則に則した好例である。他人には害を及ぼさないものであるため、たとえタバコが有害なものだとしても、人々は自由に喫煙する権利を有していた。その後、医学界から新しい情報が提供され、受動喫煙が有害であるということが示された。これは、公共の場での喫煙が危害の原理を侵しているということを意味する。この新しい情報を受けて政府は規制を見直し、公共の場での喫煙が禁止されるようになった。喫煙人口が急激に減少したことで、喫煙はあまり一般的ではない習慣となり、健康への被害も次々に証明されているものの、それでも、全面禁止を支持する人はほとんどいないのである。

## 「危害」対「幸福」

しかし、危害原理は、必ずしも自由主義者の想像するような結果をもたらさないかもしれない。たとえば、人々が

> 支配階級が存在する
> あらゆる国において
> 道徳の大部分は
> 支配階級の利益や階級優越の
> 感情から発している。
> ジョン・ステュアート・ミル

同性愛を不道徳で不快なものであると思っている場合、同性愛者が存在するという事実を知るだけでも、自分たちにとっては害悪であるという主張がなされる可能性がある。性的な事柄に関する道徳を守るために、国家が干渉すべきであるという意見が出されるかもしれない。ここで浮かび上がってくる問題は、個人を擁護するミルの思想の根底にある倫理面に関する原則である。ミルの『自由論』は、功利主義という哲学思想に則って書かれている。ミルは、功利主義を提唱したイギリスの哲学者ジェレミー・ベンサムを信奉していた。ベンサムによると、行動の道徳性は、その行動が人間の幸福の全体量に対してどの程度貢献したかという点で判断されるべきである。たとえば、嘘をつくこと自体が悪いことであると決めつけるべきではない。我々は、その嘘がもたらすさまざまな結果を総合的に考えて、幸福よりも多くの不幸を引き起こすものであるという事実に基づいて、その嘘を批難しなくてはならないのである。ミルはベンサムの思想をさらに発展させ、たとえば、喜び

ネオナチに抗議する人々がデモを行っている。ネオナチが集結する権利といった個人の自由は、それが幸福よりも不幸を生み出す場合には認められない可能性があると、ミルは述べた。

には「高級」なものと「低級」なものがあるとした。そして、満足した豚であるよりは不満足なソクラテスである方が良いと述べている。なぜなら、ソクラテスのみが高級な喜びを体験できる可能性を持っているからである。

ベンサムの功利主義とミルの『自由論』がとる手法のあいだには対立する部分があると感じる人もいるかもしれない。というのは、ミルによる個人の自由の擁護は、功利主義において優先される幸福の原理と衝突するもののように見えるからだ。たとえば、もし同性愛が大多数の人々を不幸にするものであるとしたら、功利主義の立場からは同性愛を禁止するべきだということになるだろう。しかしこれは明らかに個人の自由の侵害である。この点に関して意見の対立があるように見えるものの、ミルは、自分の思想は功利主義に基づいたものであり、有用性を最優先していると述べている。

ミルは個人の自由を何よりも重要であると主張しているわけではない。ミルの主張を解釈する一つの方法は、彼が国家と個人の行動が衝突する現象に対して幸福の原則を適用しようとしていたのだと考えることだろう。ミルの主張によれば、自由は社会の革新と知識の拡大につながるものであり、結果として幸福に貢献するものだとされている。つまり、幸福の原則に従えば必ず自由を得られるのだとミルが信じていた可能性があり、そうだとすれば、彼は楽観的に過ぎると言えるかもしれない。また、行動規範に関してだけでなく意見の表明についても、彼が楽観視しすぎていた可能性がある。たとえば、ある種の意見を表明すること（現在のドイツにおいてアドルフ・ヒトラーを公然と支持するなど）を禁止することは、人々の不幸を減らすことになり、功利主義に基づいて考えると正当な行為であると主張するようなものである。

## 消極的自由

ミルの主張に対して考え得るもう一つの批判は、大鍋を使った比喩の部分に関するものである。彼は、対立する考えを大鍋に入れて沸かすことで真実が選別されると信じており、個人の思想や行動に対して社会が干渉を行わないときに鍋がもっとも激しく沸き上がると考えていた。これは、イギリスの政治思想家であり哲学者であったアイザイア・バーリンが、のちに「消極的自由」と呼んだ自由の概念に当てはまる。バーリンはこの自由を、行動に対する制約がない状態と定義している。

左派の論客は、そのような消極的自由のみでは不十分であると考える。社会における最貧困層や権利を持たない女性といった抑圧された集団は、奇抜な意見を持っていたとしても、それを表現する方法を与えられていない可能性がある。彼らは社会の中心部分から疎外され、意見を発表するために報道機関を利用することもほぼ不可能である。このような理由から、左派の人々は、消極的自由のみでは意味がないと主張する。社会から疎外された人々が意見を述べ、政策に影響を及ぼすことができるように、積極的に手助けするような「積極的自由」がなくては不十分だと考えるのである。20世紀にフェミニズム運動が成し遂げた進歩を目にしたならば、ミルは、女性が自分たちの意見を活発に表明することで政治的平等を手にしたのだと主張するかもしれない。しかし、左派の人々はそれに対して再度反論するだろう。平等な賃金が与えられ、雇用の権利が保障されるというような積極的自由を手にできないようでは、形式的な参政権などほとんど意味がないのだと、彼らは主張するはずである。

## 実践的自由主義

功利主義に独自の自由擁護論を組み込んだミルの政治哲学は、世界中の自由民主主義の発展に大きな影響を与えた。彼の思想は、実践的な自由主義理論のなかでおそらくもっとも頻繁に引用されるものである。ミルの政治哲学では、抽象的な奪うことのできない権利が論じられるのではなく、集団的幸福の原則が重視されている。

特にイギリスやアメリカといった現代の自由民主主義国家において、多くの議論（性に関する道徳、喫煙、さらには経済における自由市場の役割などについて）が、ミルが約2世紀前に提唱した理論に基づいて構築されてきた。しかし、これらの国においてすら、個人の行動に対する社会的規制の多くが、消極的自由という最低限の基準以外の要素によって正当化されているのである。たとえば、快楽麻薬の禁止は父権的温情主義の原則に基づいて定められたものである。そして、自由市場を自認している国においてさえ、政府が商業を制限し、経済的成果を平等なものにしようと努めているのである。

> 個人の自由は他者の迷惑にならないように、ある程度は制限されるべきである。
> ジョン・ステュアート・ミル

ロンドンのハイドパークにあるスピーカーズコーナーにおいて、観衆に向けて宗教的な説教が行われている。ミルは、どのような意見が述べられようとも、検閲を行うべきではなく、言論の自由が守られるべきであると述べた。

大衆の台頭 **181**

これらはすべて、ミルが提示した干渉の条件を逸脱している可能性がある。しかし、社会規制の適切な範囲についての議論はいまだ衰えず、より自由主義的な規制を求める人々が、いまでもしばしばミルの主張を引き合いに出している。■

## ミルによる三つの基本的自由

**思考と思想**の自由：あらゆる意見を持つことに関する完全な自由、そして、それらを書いたり話したりして表明することの自由。

自分の**好みや追い求めたいもの**を追求する自由：自分にふさわしいと思う生き方をするための自由。社会のほかの人々に危害を加えない限り認められる。

**個人間で団結**する自由：他者に危害を加えないような目的のために団結する権利。ただし、参加を強制することはできない。

### ジョン・ステュアート・ミル

ジョン・ステュアート・ミルは、1806年にロンドンで生まれ、19世紀にもっとも影響力を持つ哲学者の一人となった。父親のジェイムズ・ミルは、功利主義哲学の先導者であったジェレミー・ベンサムが主催する思想家たちのサークルに加わっていた。この父親は、早熟な息子を偉大な思想家に育てようと考え、子どものころからラテン語・ギリシャ語・歴史・数学・経済学を学ばせた。しかしミルは、20歳のときに、このような勉学を続けることで自らの感情的側面が抑圧されることに気づき、うつ状態に陥った。

1830年より、ミルはハリエット・テイラーと親密な交友関係を持つようになり、ハリエットの夫が亡くなったあとで、1851年に結婚した。ハリエットはミルの成長に多大な影響を与えた人物で、彼の父親が教えた禁欲的倫理から、感情や個人の価値を大切にする考え方へと、彼の人生観を広げた。このことが、ミルの功利主義思想と自由に関する思想に影響を与えたと言われている。

**主著**

1859年 『自由論』
1865年 『功利主義論』
1869年 『女性の解放』

# どのような人間も本人の同意なしに他者を支配できるほど優れてはいない

## エイブラハム・リンカーン（1809年〜1865年）
## Abraham Lincoln

**背景**

**イデオロギー**
奴隷制廃止論

**焦点**
平等の権利

**前史**
**1776年** アメリカ合衆国憲法により、新しい共和国が建国される。

**1789年** フランス革命において「人間と市民の権利の宣言」が出され「人間は生まれつき自由で平等な権利を有している」と述べられる。

**後史**
**1860年** リンカーンが第16代アメリカ大統領に選ばれたことで、奴隷制を維持する権利を守りたい南部の州が合衆国からの脱退を宣言する。

**1865年** 南部アメリカ連合の将軍ロバート・E・リーが降伏したことによって、北部アメリカ合衆国側の勝利で南北戦争が終結する。

**1964年** アメリカの公民権法が「人種、肌の色、宗教、出身国」による職業の差別を禁止する。

---

イギリスから独立するための革命戦争を終え、アメリカ合衆国が建国されたが、新しい共和国には本質的な問題があった。1776年の独立宣言によって、アメリカは形式上は「すべての人」が平等であることを保障した。しかし実際には、奴隷制によって何百万人ものアフリカ人が大西洋を越えてアメリカ南部の農園に運ばれてきていた。1820年のミズーリ妥協によって、北部の州では奴隷制が非合法とされたが、南部ではそうはならなかった。

エイブラハム・リンカーンは1854年の演説において「どのような人間も、本人の同意なしに他者を支配できるほど優れてはいない」と述べた。彼は、各州が独自の法を制定する権利を持つという論に反対し、アメリカを建国したのは「自治」の権利よりも個人の自由という権利を重視したためであったはずだと主張した。アメリカは自由と平等を理念として建てられた国であって、政治的な利便性のために、あるいは各州が権威を保持したまま妥協するというかたちで建てられた国ではない。

奴隷制反対者のなかでも穏健派に配慮して、はじめのうちリンカーンは、奴隷制の拡大には反対しつつも奴隷制の廃止までは主張しなかった。アメリカの美点を擁護したこの演説は、1861年に南北戦争がはじまって以来、北部軍のスローガンとして繰り返し引用された。リンカーンの主張は徐々に急進的なものになり、1863年には奴隷解放宣言が出され、最終的には1865年にアメリカ全土で奴隷制が廃止されることとなった。

> 我々の国には奴隷制が正しいものであり拡大されるべきだと信じている人々がいる。その一方で、奴隷制が間違ったものであり拡大されるべきではないと信じている人々もいる。
> **エイブラハム・リンカーン**

**参照：** フーゴー・グロティウス 94-95 ■ ジャン=ジャック・ルソー 118-25 ■ トマス・ジェファーソン 140-41 ■ ジョン・C・カルフーン 164

# 所有とは盗みである
## ピエール＝ジョゼフ・プルードン
（1809年〜1865年）
Pierre-Joseph Proudhon

## 背景

**イデオロギー**
社会主義、相互主義

**焦点**
私有財産

**前史**
**紀元前462年** プラトンが共同所有権を支持し、それによって共通の目的の追求が促進されると述べる。

**1689年** ジョン・ロックが、人間は生まれながらに財産を所有する権利を有すると主張する。

**後史**
**1848年** カール・マルクスとフリードリヒ・エンゲルスが『共産党宣言』において、自分たちの思い描く、人々が財産を持たない社会について概説する。

**1974年** アメリカの哲学者ロバート・ノージックが、道徳面での私有財産の重要性を主張する。

**2000年** ペルーの経済学者エルナンド・デ・ソトが、発展途上国を貧困から救い出すには所有権の保護が不可欠であると述べる。

フランスの政治家であり思想家であったピエール＝ジョゼフ・プルードンが「所有とは盗みである」という有名な主張を行ったとき、フランスでは多くの人々が数十年間にわたる革命の結果に失望感をいだいていた。プルードンが『所有とは何か』を著したのは、1830年の革命でブルボン朝が倒されてから10年後のことであった。1789年のフランス革命の際に示された自由と平等という理想を、新しい七月王政が実現してくれることを人々は望んでいたのである。しかし、1840年になっても階級間の争いは絶えず、上流階級がますます裕福になる一方で、一般大衆は貧しいままであった。政治的闘争の結果としてもたらされたものは、自由と平等ではなく堕落と不平等の拡大であったと、多くの人々は感じていた。

　自由・平等・安全の権利は、生まれつき与えられる不可侵の絶対的権利であり、社会の基盤となるものであるとプルードンは述べた。所有権は、これらの権利とは別のものである。それどころか、財産はこれらの基本的権利を損なうものであると、プルードンは主張した。たとえば自由に関しては、富裕層の自由と貧困層の自由とは共存し得るものである。しかし財産について

> 社会の没落と終焉は
> 財産を持つことで得られた
> 力の蓄積に
> よるものである。
> **ピエール＝ジョゼフ・プルードン**

は、富裕層が財産を持っている一方で、多くの人々が貧困にあえいでいるという現状がある。したがって、私有財産は本質的に反社会的なものと言える。19世紀ヨーロッパでは、労働者階級が生まれ社会主義運動が起こったが、そこで行われた議論においても私有財産は主要な問題であった。プルードンが行った過激な主張は、革命によって引き起こされたこの時代の混乱を要約しているものである。■

**参照：** フーゴー・グロティウス 94-95 ■ トマス・ペイン 134-39 ■ ミハイル・バクーニン 184-85 ■ カール・マルクス 188-93 ■ レフ・トロツキー 242-45

# 特権階級の人間は知性も精神も堕落している

**ミハイル・バクーニン（1814年～1876年）**
Mikhail Bakunin

## 背景

**イデオロギー**
無政府主義

**焦点**
権力の堕落

**前史**
**1793年** イギリスの政治哲学者ウィリアム・ゴドウィンが無政府主義哲学を提唱し、政府が社会を堕落させると主張する。

**1840年** ピエール＝ジョゼフ・プルードンが、政治的権力が存在しない公正な社会を思い描く。

**後史**
**1892年** ピョートル・クロポトキンが「無政府共産主義」を提唱し、生産も分配も協同して行う社会形態を支持する。

**1936年** 無政府主義を奉じるスペインの全国労働者連合の加盟者数が100万人を超える。

**1999年** アメリカのシアトルで反資本主義のデモが起こり、無政府主義思想が再び注目される。

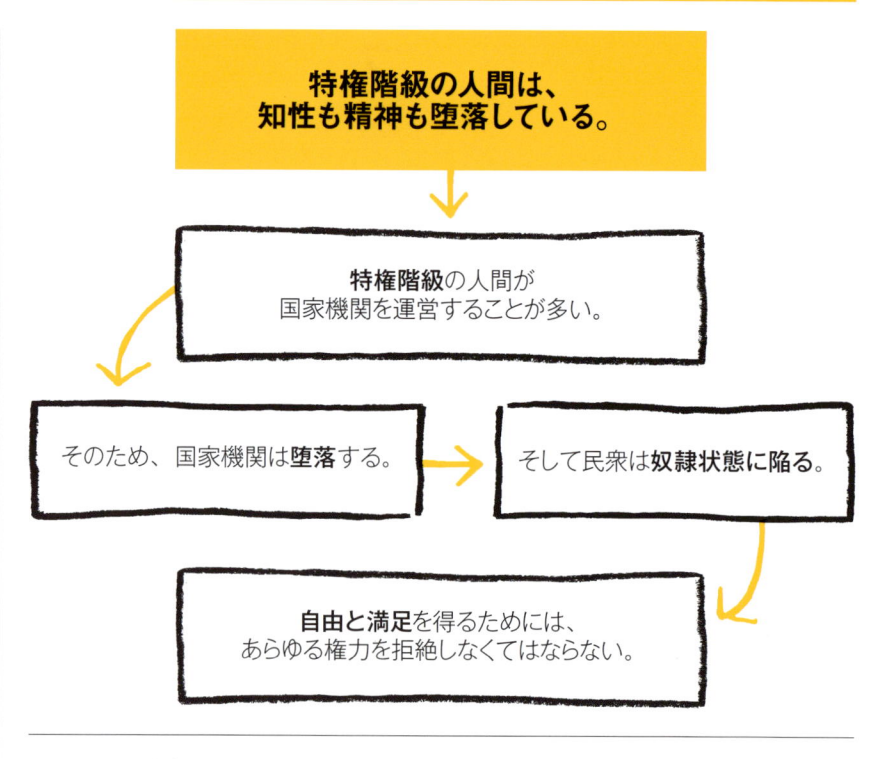

---

**特権階級の人間は、知性も精神も堕落している。**

↓

特権階級の人間が国家機関を運営することが多い。

↓

そのため、国家機関は**堕落**する。 → そして民衆は**奴隷状態に陥る**。

↓

**自由と満足**を得るためには、あらゆる権力を拒絶しなくてはならない。

---

**19**世紀のヨーロッパにおいては、近代的な国民国家が出現し、民主主義が広まり、人民と権力者との関係性に変化が生じた。ロシアの革命家ミハイル・バクーニンは、その著書『神と国家』において、人間社会における道徳面・政治面での目標達成のために必要なことについて考察した。

この時代には、社会とは政府または教会という権力のもとに人民が集まったものであると考えられていた。人間が本当に満足するのは、自分の思考能力を行使したとき、そして、政府または教会に対して反抗するときであると、バクーニンは述べた。彼は「宗教的妄想」を猛烈に批難し、宗教は人民を奴隷状態に置くために抑圧する手段であり、権威者が自らの地位を保持するために利用するものであると主張し

**参照:** ゲオルク・ヘーゲル 156-59 ■ ピエール=ジョゼフ・プルードン 183 ■
カール・マルクス 188-93 ■ ピョートル・クロポトキン 206

大衆の台頭 **185**

た。一般大衆の生活は哀れなもので、神を信じることでたしかに慰めを得ることができる。しかし、宗教に従って生きると知性が鈍るため、宗教を用いて人間を解放することは不可能である。人民を抑圧する人々（聖職者、君主、銀行員、警察官、政治家）は、「神がもし存在しないなら創り出す必要がある」というヴォルテールの金言に賛成するだろうとバクーニンは述べている。それに対してバクーニンは、自由を得るためには神を排除しなくてはならないと主張した。

人間がつくった国家機関に黙従することもまた、人間を奴隷状態におとしめる。自然法も、法であるからには人間の行動を規制するものではあるが、自然法が発見され人々に知れ渡れば、政治的な組織が社会を規制する必要はなくなるだろうと、バクーニンは言う。すべての人が自然法は真実の法であると知っているので、すべての人が意識的に自然法に従うだろう。しかし、国家のような権威機関が法を課した場合には、たとえそれが真実の法であったとしても、人民はもはや自由とは言えないのである。

## 権力の堕落

社会を守護する立場に置かれると、たとえ教養があって十分に知識のある人間であっても堕落することが避けられないのだとバクーニンは言う。彼らは真実の追究をやめて、自分自身の権力を守ることに力を注ぐ。それでも民衆は知識を与えられていないので、彼らの保護を必要とする。このようにして、特権は精神も知性も殺してしまうのだとバクーニンは主張した。

たとえ普通選挙によって選ばれていても、権力を持つ人・機関はすべて拒絶されるべきだと、バクーニンは考えていたようである。この思想こそが彼の無政府主義哲学の根幹である。無政府主義は人々の自由への道筋を照らすものだと、バクーニンは述べている。バクーニンの著書や積極的な活動を受けて、19世紀には無政府主義運動が立ち上がった。彼の思想を受け継いだ独自の革命思想は、その後マルクス主義の思想と並び称されるようになる。■

モスクワの聖ワシリイ大聖堂は権力の象徴である。そういった権力に反抗し、自らの自由を行使するようにと、バクーニンは民衆に呼びかけた。

> 「神という概念を持ち出すことは
> 人間の理性や正義を
> 放棄することである。」
> **ミハイル・バクーニン**

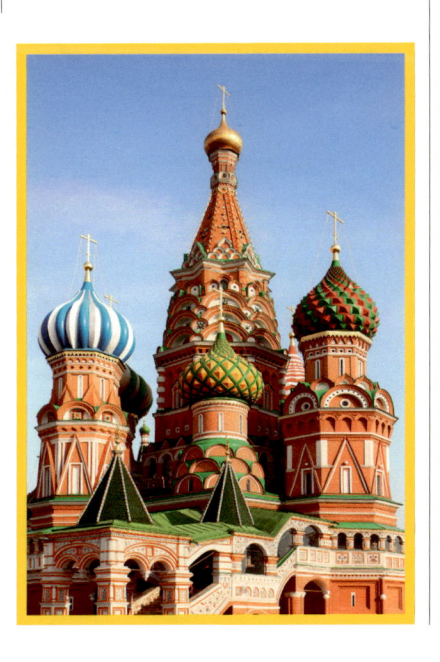

### ミハイル・バクーニン

バクーニンの反抗心は、若いころにロシア軍への入隊を拒んだときから目立ちはじめた。モスクワとベルリンに住んでいるときにドイツ哲学とヘーゲルの思想に傾倒し、革命に関する文章を書きはじめ、ロシア当局に目をつけられる。1848年にパリで起こった反乱に刺激されて暴動を煽動しようとしたため、1849年に逮捕された。

ロシアでの8年間の投獄生活ののち、バクーニンはロンドンを経てイタリアへと渡り、そこで革命に向けた活動を再開した。1868年、彼は左翼の革命団体である第一インターナショナルに加盟するが、カール・マルクスと意見が合わず除名される。バクーニンもマルクスも革命を信奉していたものの、バクーニンが社会主義国家に見られる権威主義を拒絶した点で相違が見られた。バクーニンはスイスで亡くなるが、最後まで革命の実現のために力を尽くした。

### 主著

1865〜66年　『革命家の教理問答書』
1871年　『神と国家』
1873年　『国家制度とアナーキー』

# もっとも少なく統治する政府がもっとも良い政府である

ヘンリー・デイヴィッド・ソロー
（1817年〜1862年）
Henry David Thoreau

## 背景

**イデオロギー**
個人主義

**焦点**
直接行動

**前史**
**紀元前380年** プラトンによる対話篇『クリトン』に、ソクラテスが死刑を逃れる機会をあえて見送り、アテネ市民として法に従う義務があると述べる姿が描かれる。

**1819年** イギリスの詩人パーシー・ビッシュ・シェリーが『無政府の仮面劇』において、不正に対して非暴力で抵抗することについて考察する。

**後史**
**20世紀初頭** イギリスにおいて婦人参政権を求める女性たちが、女性に投票権がないことに抗議して法を破る。

**1920年代** マハトマ・ガンディーがサチャグラハと呼ばれる市民的不服従の新しいかたちを提唱し、インドの独立を目指す。

---

進歩は政府からではなく、**人々の創意**から生まれる。

↓

政府は役に立つものではあるが、しばしば**害悪や不正**をもたらす。

↓

政府にできる最良のことは、**人々の繁栄を見守る**ことである。

↓

**もっとも少なく統治する政府が、もっとも良い政府である。**

---

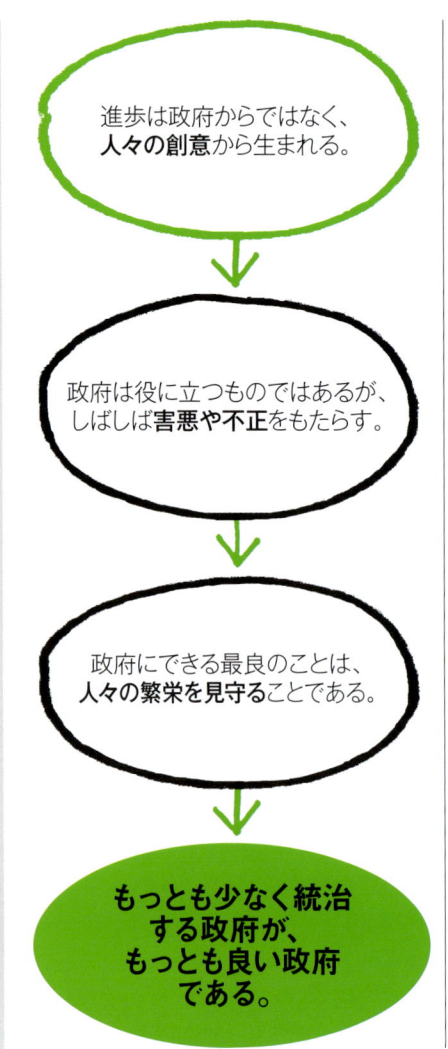

**18**49年に発表された「市民的不服従」という文章において、アメリカ人作家ヘンリー・デイヴィッド・ソローは、人は、法ではなく、自分の道徳的良心が正しいと判断することを行うべきであると主張した。そうしなければ、政府はただちに不平等な行為を仕掛けてくるだろう。ソローは、その証拠を南北戦争以前のアメリカ政府に見出しており、特に奴隷制については顕著であると感じていた。「市民的不服従」は、アメリカがメキシコとの戦争（1846年〜1848年）を終えた直後に書かれたものである。この戦争において、アメリカはメキシコから領地を奪い取っている。ソローはこの戦争を猛烈に批判した。なぜなら彼はこの戦いを、新しい領地へと奴隷制を拡大していく試みであるとみなしたからである。

奴隷制の存在によって、アメリカ政府は不正な政府になっているとソローは考えていた。奴隷のために機能する政府などというものは聞いたこともないとソローは言う。積極的にではないにしろ市民がそのような国家を容認している場合、国家は簡単にこの種の不正を実行するための手段となってしまう。ソローは、道徳感が鈍ってしまっている人間を木片や石にたとえ、抑圧的な組織はそのような木片と石でできていると述べた。彼に言わせれば、それは道徳的に問題のある奴隷所有者のみを指すわけではなく、たとえば、マ

## 大衆の台頭 187

参照：ピョートル・クロポトキン 206 ■ エメリン・パンクハースト 207 ■ マハトマ・ガンディー 220–25 ■ マーティン・ルーサー・キング 316–21 ■ ロバート・ノージック 326–27

サウスカロライナ州などで奴隷が使われていることは、奴隷所有者だけの罪ではないと、ソローは主張した。奴隷制を許容しているすべての市民が、道徳的に加担しているのである。

サチューセッツ州の市民も含まれる。彼ら市民は南部の奴隷制にはほとんど関係がないように思われるだろう。しかし、奴隷制を合法とする政府を黙認している以上、彼らもまた奴隷制の存続に加担していることになるのだ。

ソローの論をまとめると、もっとも少なく統治する政府がもっとも良い政府である、という彼自身の言葉に行き着く。アメリカの発展は政府によって達成されるものではなく、人民の意思や力をまとめ上げた結果として実現されるものである。したがって、政府がとるべき最善の策は、人民の進む道を妨げず彼らの繁栄を見守ることなのである。

市民は、政府に対する不満がある場合、選挙において不賛成票を投じる以上のことをしなくてはならない。投票箱はたしかに国家の一部である。しかし、個人の道徳的良心は、選挙などという制度を超越したところにあるべきものだ。「小さな紙切れ一枚ではなく、あなたの全存在を投票しなさい。あなたの全影響力を行使しなさい」とソローは言う。人間の生まれ持った正義感に従うと、政府組織や多数派の意見に反するような行動をとらなくてはならなくなることもある。このような行動の例としてソローが挙げるのは、国家を承認しないこと、役人に協力しないこと、税を払わないことなどである。ソロー自身も、奴隷制反対の意思表明としてマサチューセッツに人頭税を納めず、1846年に一時的に投獄されたことがある。

ソローはのちの思想家や活動家に多大な影響を与えており、たとえばマーティン・ルーサー・キングはソローから啓発を受けたと述べている。1960年代には公民権を求める動きがアメリカで活発化し、市民的不服従に従事する活動家たちが再びソローの思想に注目するようになる。■

### ヘンリー・デイヴィッド・ソロー

ヘンリー・デイヴィッド・ソローは1817年にマサチューセッツ州コンコードで、鉛筆製造業を営む家庭に生まれた。彼はハーヴァード大学に入学し、修辞学・古典・哲学・科学を学ぶ。兄のジョンとともに学校を設立したが、1842年にジョンが亡くなったことで学校経営から身を退く。

28歳のときに、作家ラルフ・ワルド・エマーソンの所有する土地にあるウォールデン池のほとりに丸太小屋を建て、そこで2年間暮らす。彼の著書『ウォールデン　森の生活』は自給自足の簡素な生活についての考察であるが、そのなかで、直接自然を経験することや孤独から得られる恩恵を高く評価している。また、ソローは、エマーソンや「超絶主義者」（人間の本質的な善性を信じる人々）の仲間に加わっていた。1862年に結核で亡くなるが、彼の最後の言葉は「ヘラジカ、インディアン」であったと言われる。彼が自然のなかでの生活を愛していた証しであると思われる。

**主著**

1849年　『市民政府への反抗（市民的不服従）』
1854年　『ウォールデン　森の生活』
1863年　『生き方の原則　魂は売らない』

# 共産主義は歴史上の難問の答えである

カール・マルクス（1818年～1883年）
Karl Marx

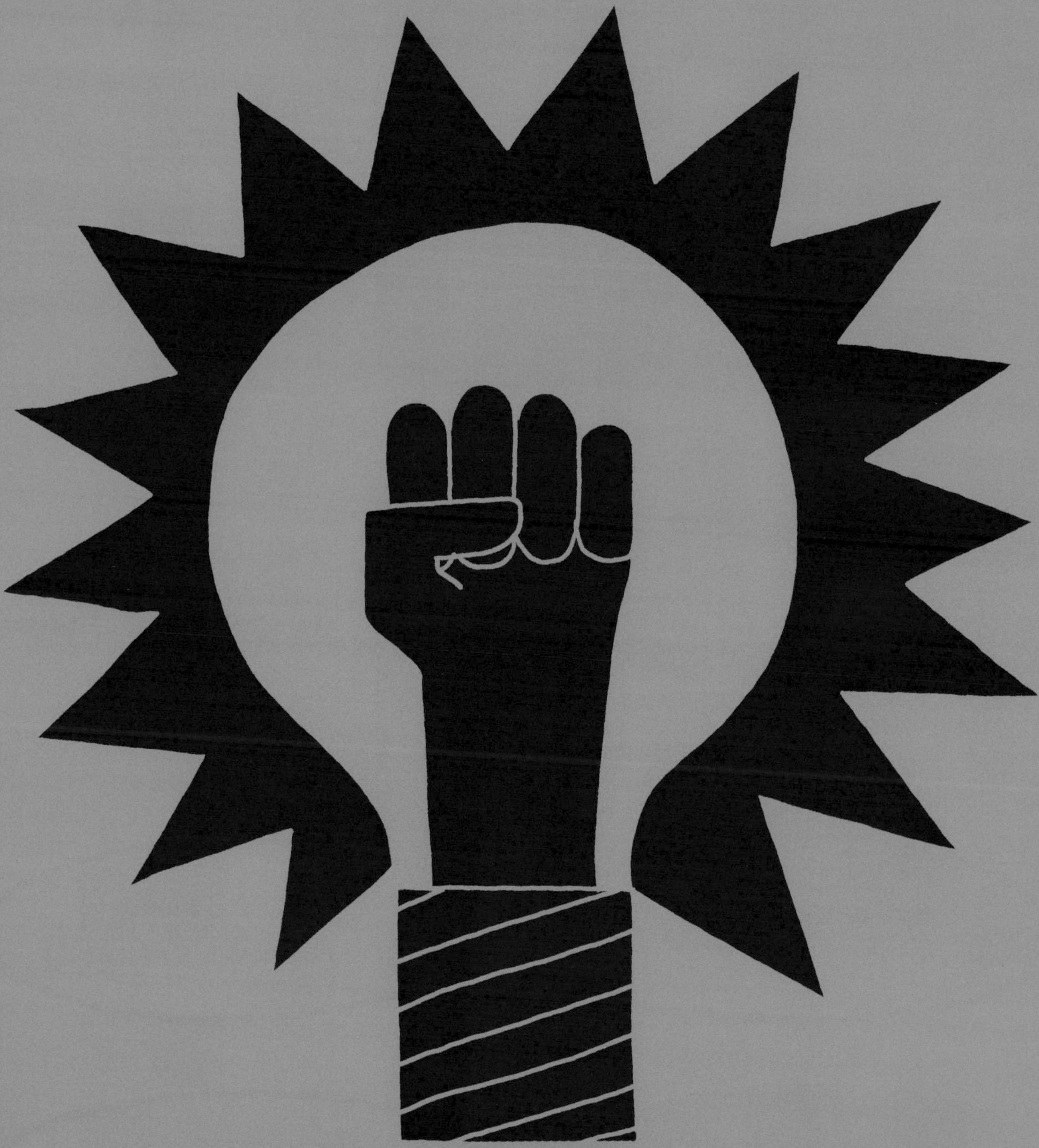

# カール・マルクス

## 背景

**イデオロギー**
共産主義

**焦点**
労働者の疎外

**前史**
**紀元前380年** プラトンが、理想的な社会においては私有財産に対する強い制限があるべきだと述べる。

**1807年** ゲオルク・ヘーゲルが歴史哲学を確立し、これにインスピレーションを得たマルクスが自らの理論をつくり上げる。

**1819年** フランス人作家アンリ・ド・サン＝シモンが社会主義を支持する。

**後史**
**1917年** マルクス思想の影響を受けたウラジーミル・レーニンが、ロシアでボリシェヴィキ革命を起こす。

**1940年代** 共産主義が世界中に広まり、冷戦がはじまる。

**1991年** ソヴィエト連邦が崩壊し、東欧諸国は資本主義経済体制を採用する。

---

哲学者であり歴史家であり、革命家の象徴とも言える存在であったカール・マルクスは、19世紀の半ばに数十年間にわたって、史上もっとも野心的な資本主義の分析を行った。彼はさまざまな経済制度を持つ社会を比べて、それぞれの社会の変化を司る法則を発見しようとした。それは、仕事の本質と仕事がもたらす人間の満足感が時代とともにどのように変化していくかという、彼が行っていた研究の一部であった。マルクスの研究は、産業資本主義の台頭が生活状態や道徳的健全性にどのような影響を与えるか、また、望ましい経済政策や政治政策が策定され実行に移されているのかどうかを扱っており、これはまさにこの時代の最大関心事であった。

マルクスが活躍したのは、ヨーロッパで新しい革命思想が登場した時代で、その思想を背景に1848年の一連の反乱が引き起こされた。彼は1844年に出版した『経済学・哲学草稿』において、自らが提唱する経済思想を構成する重要な要素について概説し、資本主義体制がいかに労働者の生活を害するものであるかを考察した。マルクスは、資本主義体制の問題は労働力を組織化する方法であると指摘し、共産主義によってその問題を解決することができると主張した。『経済学・哲学草稿』においてマルクスは「疎外された労働」という概念を提示した。この概念は、人間が人間としての本質や満足感から引き離されている状態を指す。資本主義に基づいた労働市場ではさまざまなかたちでの疎外が避けられないものであると、マルクスは考えていた。

### 労働による満足感

労働は、人間のあらゆる活動のなかで、もっとも満足感をもたらすものの一つとなる可能性があるとマルクスは考えていた。労働者は努力と工夫を重ね、自然界にある物質から製品をつくり上げていく。そのようにしてでき上がった製品は、労働者の努力と工夫の結晶である。資本主義体制下では、私有財

> つまり私有財産とは
> 疎外された労働者がつくった
> 製品のことである。
> **カール・マルクス**

---

資本主義と私有財産によって、労働力は商品化される。

→ このことによって、**労働者は**、自分がつくった製品・自分の仕事・人間としてのアイデンティティー・仲間の人間から**疎外される**。

↓

**共産主義は歴史上の難問の答えである。** ← 共産主義は私有財産を廃止し、疎外を終わらせる。

# 大衆の台頭 191

**参照：** フランシスコ・デ・ビトリア 86-87 ■ ゲオルク・ヘーゲル 156-59 ■ ピエール=ジョゼフ・プルードン 183 ■ ウラジーミル・レーニン 226-33 ■ ローザ・ルクセンブルク 234-35 ■ ヨシフ・スターリン 240-41 ■ ジョモ・ケニヤッタ 258

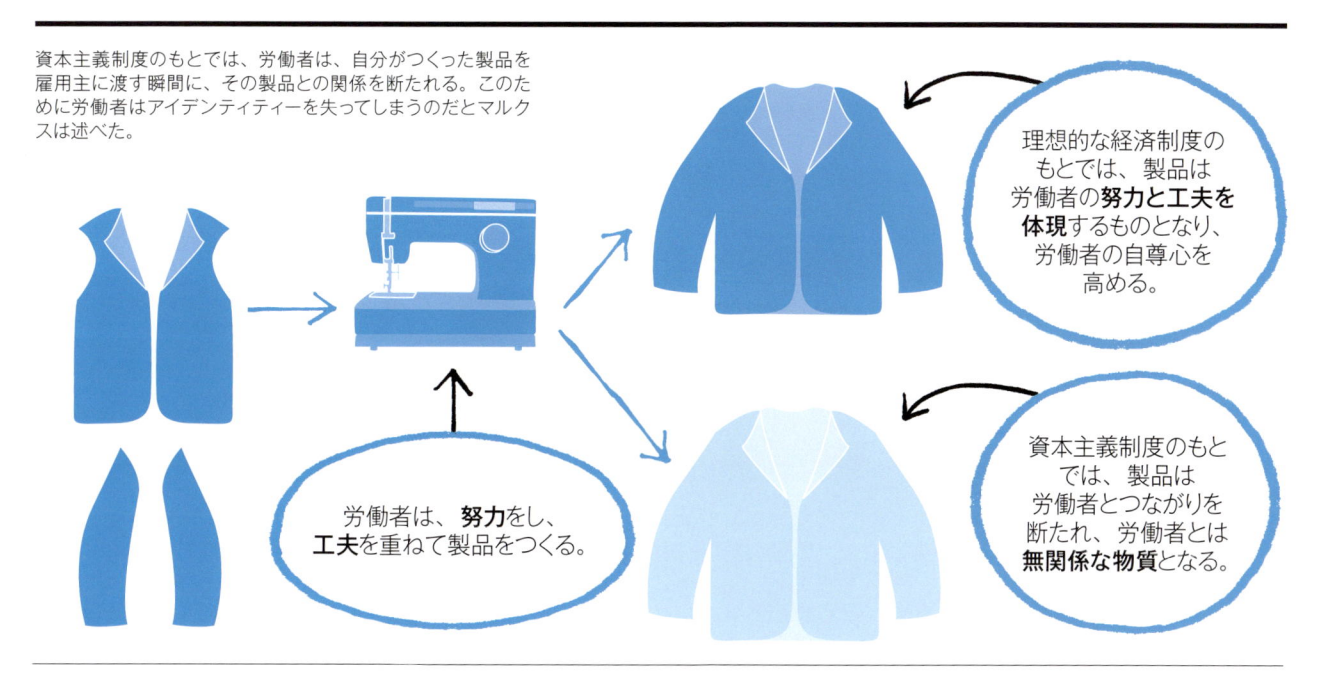

資本主義制度のもとでは、労働者は、自分がつくった製品を雇用主に渡す瞬間に、その製品との関係を断たれる。このために労働者はアイデンティティーを失ってしまうのだとマルクスは述べた。

労働者は、**努力**をし、**工夫**を重ねて製品をつくる。

理想的な経済制度のもとでは、製品は労働者の**努力と工夫を体現**するものとなり、労働者の自尊心を高める。

資本主義制度のもとでは、製品は労働者とつながりを断たれ、労働者とは**無関係な物質**となる。

産の存在によって、社会が資本家と労働者に二分される。資本家が工場や機械などの生産資源を有するのに対し、労働者は自らの労働力以外、何も持たない人々である。そのような状況下では、労働力は売買される商品となり、資本家が製品を生産し販売して利益を得るために労働者を雇用する、という図式ができ上がる。そのために、労働から満足感が得られなくなり、疎外や不満につながるのだとマルクスは主張する。

このような疎外の一つは、資本家によって雇われた労働者が製造した製品が、その労働者のものにならないという事実から生じる。たとえば、洋服工場において洋裁師が仕上げたスーツは、その工場を所有する資本家の所有物となる。洋裁師はスーツを仕立てたのち、それを雇用主に渡してしまうことになるわけだ。つまり、労働者の立場から見ると、自分のつくった製品が自分とはほとんど関係のない、自分から離れたものとなるのである。労働者が、自分とは関係のない世界に貢献する製品を数多くつくり出すほど、その労働者の精神生活の質が下がり、満足

感が低下することとなる。労働者は、自分以外の人間が使ったり楽しんだりするための美しい製品をつくっているかもしれないが、自分自身のためには退屈と制限しかつくり出していないのである。

## 疎外される労働者

労働者はまた、労働という行為そのものによって疎外に苦しめられているとマルクスは述べる。資本主義社会では、労働者の活動は本人がもともと持っている創造性から生まれるものではなく、他者のために働くという現実的な必要性から生まれるものである。そのような労働は労働者の身体と精神をむしばみ、労働者を不幸にするものであるため、労働者は労働を好まない。つまり労働はある種の強制された行為となり、もし選択肢が与えられるなら、労働者は労働しないことを選ぶであろう。彼がつくり上げた製品と同様に、労働という活動もまた、労働者自身とはあまり関係のない世界の出来事になってしまう。「したがって労働者は、自分自身が労働の外にいるような感覚に襲われ、労働のなかにあっても疎外感を覚える」のだとマルクスは言う。労働者は他者に支配される立場に置かれる。もはや労働者の労働は自分のものではなく、彼の活動は自発的で創造的なものではない。労働者は、彼を生産のための単なる道具とみなす他者の指揮のもとで労働させられているだけなのだ。

自分の労働の成果および労働活動から疎外されることで、労働者は自身の

> 共産主義は
> 人間の自己疎外を引き起こす
> 私有財産制を
> 積極的に超克するものである。
> **カール・マルクス**

# カール・マルクス

労働者が生産手段を自ら管理できるようになったとき、世界で革命が起こると、マルクスは予測した。ロシアで革命が起こったあとに中国でも革命が起こり、そのプロパガンダでは共産主義の価値がうたわれた。

人間としてのアイデンティティー（マルクスはこれを「類的存在」と呼ぶ）から切り離されてしまう。人間のアイデンティティーは、自然界にある物質から製品をつくり上げる自らの能力に根差している。資本主義社会においては、労働者はこの基本的なアイデンティティーを失ってしまうのである。経済的な必要性によって、生産活動はお金を稼ぐという目的のための手段になり下がり、人間の基本的なアイデンティティーを体現するという機能を果たさなくなる。労働活動は人生を構成する重要な要素である。その労働活動との健全な関係性が損なわれたとき、労働者は、人間としての自己の感覚を失ってしまうのである。

## 私有財産の罪悪

生産した製品からの疎外、労働活動からの疎外、そして人間としてのアイデンティティーからの疎外が原因で、人々は徐々に疎遠になっていく。人々は労働市場によって自らのアイデンティティーを奪われるため、他者のアイデンティティーからも遠ざかっていくことになるのである。労働者と資本家は対立関係に置かれる。そして資本家は、労働者による労働の成果を所有し、私腹を肥やすために労働者の労働活動を管理するようになる。

労働者の疎外が生じる原因は私有財産であるとマルクスは考えていた。財産を持つ資本家と、財産を持たない労働者とに社会が分けられてしまうことによって、労働者の疎外が生まれるのである。そして、このように疎外が生じたことで、資本家と労働者のあいだの溝は一層深まり、資本家の私有財産が強固なものになっていく。私有財産制度の特徴として挙げられるのは、交換と「分業」である。労働は分化され、たとえば、ある労働者が留め針の頭の部分をつくり、別の労働者が針の部分をつくり、さらに別の労働者がその二つの部品を合わせて留め針を完成させる、というような状況になる。資本家は、それぞれ異なる製品を専門につくり、でき上がった製品を交換するのである。このようにして労働者は、大きな経済組織のなかの小さな歯車になっていく。

労働者が疎外されていく過程と、私有財産の強化を、マルクスは資本主義の基本的な法則とみなした。この法則によって、人々は人間としての本質から徐々に遠ざかり、人間社会に緊張が生まれる。労働に対する賃金を上げても、解決にはならない。なぜなら、より多くのお金をもらえたとしても、労働者が奴隷状態であることに変わりはないからだ。労働の疎外と私有財産とは、いわば一蓮托生であり、「片方が失墜すれば、もう片方も必然的に失墜する」ような関係にあると言える。

## 共産主義が解決策

私有財産を廃止することによって、共産主義は、労働者の疎外が引き起こす緊張を解消できるのだとマルクスは主張する。そして最終的には、資本主義が放棄した難問を解決するという。共産主義は、人間と自然の対立、さらには人間同士の対立をも解消し、人間は、元来持っていた人間らしさを取り戻すことができる。労働や人と人とのコミュニケーションは、かつてはそれ自体が目的であったが、疎外によって経済的利益を得るための手段となってしまっている。共産主義体制下では、それがまた目的に戻り、真の人間らしさを表すものとなるのである。たとえば、労働者同士の連帯感は、義務感からではなく同胞愛から生じるようになる。共産主義は「人間を社会的存在へ」と引き戻してくれるのである。

共産主義が歴史の難問を解決するのだとマルクスが主張した背景には、彼の歴史観がある。その後の著書において、彼はその歴史観を発展させてみせている。歴史的な発展は、「物質的」な（つまり経済的な）要因によって決

> 人間による人間の搾取の撤廃という以外我々にとって有効な共産主義の定義はない。
> **チェ・ゲバラ**

定されるのだとマルクスは考えた。人間には物質的な欲求があり、それを満足させるために製品をつくり出す能力がある。その製品をつくるためにさまざまな方法が考え出されるが、その際に選ぶ方法によって社会や政治の形態が変わってくる。そしてそこから、特定の信念やイデオロギーが生まれてくるのである。物質的・経済的要因こそが歴史を決定する基本的要因であり、歴史の原動力なのだとマルクスは主張した。

## 資本主義の転覆

資本主義は、人間の物質面での欲求に応えるために考え出された生産方法の一種であり、古い封建的な生産形態が滅びたために盛んに用いられるようになった。しかし、資本主義体制下での生産が一般化するにつれて、労働者の苦しみが明らかに増大していった。今後、歴史は必然的に革命へと向かうだろう、そして共産主義が導入されることになるだろうとマルクスは主張した。

## マルクスの影響

マルクスの影響の大きさは、どれほど強調しても足りないほどである。彼の思想を受けて新しい学派が誕生した分野は、その一部を挙げただけでも、経済学、政治理論、歴史学、文化研究、人類学、そして哲学と多岐にわたる。マルクス思想の魅力は、世界について広く考察し変化や自由について議論した点であろう。マルクスとフリードリヒ・エンゲルスが1848年の『共産党宣言』において行った予測は、共産主義革命によって資本主義が終焉を迎えるというものであったが、これは20世紀の政治に多大な影響を与えた。共産主義を奉じる体制がヨーロッパとアジアに現れ、20世紀を通して共産主義思想が多くの政府や革命運動に影響を与え続けたのであった。

マルクスの影響を評価する際に難しいことの一つは、マルクス本人が本当に言いたかったことと、マルクスの名のもとに行われたものの彼の意にはそぐわないであろうこととを明確に区別することである。特に共産主義のイデオロギーは、多くの場所でさまざまな時代に起こった全体主義や圧政を正当化するために使われたという歴史を持つため、その線引きは容易ではない。20世紀の終わりには東欧の共産主義はほぼ壊滅し、もっとも裕福な国々は完全に資本主義になっていた。マルクスが行った資本主義社会の分析に多少の真実が含まれていたとしても、この歴史こそが、マルクスが間違っていたことの証しであると、マルクスを批判する人々の多くは考えている。特に、資本主義の崩壊という予測に関しては、歴史はその正反対に動いたのである。より最近になって、マルクスの思想に共鳴する人々が多数現れたのは、21世紀はじめの世界的経済危機の際である。経済危機が起こったのは、資本主義体制に内在する深い矛盾の表れであるという主張が起こり、マルクスの思想が見直されることとなった。■

フリードリヒ・エンゲルスはドイツの工場経営者の息子であった。1842年にマルクスに出会うが、最初はマルクスを嫌っていた。しかし、この二人が、歴史上もっとも影響力を持つ宣言の一つとなる『共産党宣言』を著すのである。

### カール・マルクス

マルクスはプロイセン王国で生まれた。彼の両親は自由主義のユダヤ人で、反ユダヤ法が制定されたことを受けてプロテスタントに改宗している。マルクスはジャーナリストとなり、急進的な政治論・経済論に傾倒していく。1843年に、フリードリヒ・エンゲルスと出会った地であるパリに移る。二人は1848年に共同で『共産党宣言』を著す。
1848年の一連の革命後、プロイセンを追放されたマルクスは、ベルギー、パリを経てロンドンに落ち着く。ロンドンで彼は、経済学と歴史を集中的に勉強している。ここでの経験が彼の主著『資本論』に活かされる。経済的にはとても苦しく、エンゲルスの援助を受けて貧民街であったソーホーで暮らしていた。マルクスと妻は健康状態が悪く、彼らの子どもも数名命を落としている。マルクス自身も『資本論』全3巻のうち、第2巻と第3巻が出版される前に亡くなった。

### 主著

1844年 『経済学・哲学草稿』
1848年 『共産党宣言』
1867年 『資本論』第1巻
（第2巻は1885年、第3巻は1894年、いずれもマルクスの死後出版されている）

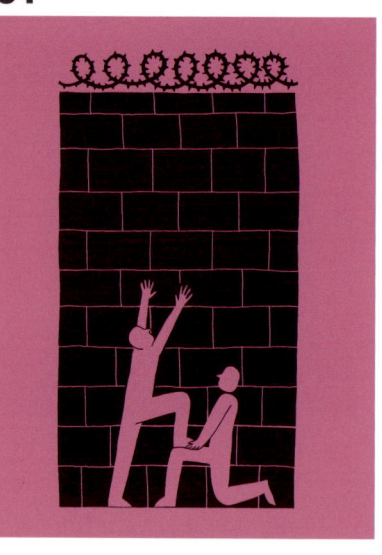

# 共和国を宣言した者は自由の暗殺者となった
## アレクサンドル・ゲルツェン（1812年〜1870年）
### Alexander Herzen

**背景**

イデオロギー
**社会主義**

焦点
**革命の批判**

前史
**1748年** モンテスキューがさまざまな統治形態を分析し、君主政や独裁政とは別の形態として共和政を区別する。

**1789年** フランス革命がはじまり、フランスやその他の国々で革命の時代が幕を開ける。

後史
**1861年** 自由主義者や急進論者からの圧力を受けて、ロシアで皇帝アレクサンドル2世が農奴制を廃止する。

**1890年** ドイツ社会民主党が合法な党であると認められ、革命を目指す社会主義の党として活動をはじめる。

**1917年** ロシア革命によりロシア皇帝による絶対君主政が退けられ、ボリシェヴィキが権力を持つようになる。

　ロシアの革命家アレクサンドル・ゲルツェンは、1848年に『向こう岸から』の執筆をはじめた。1848年とは、ヨーロッパでいくつもの革命が失敗した年である。『向こう岸から』においてゲルツェンは、嵐のなかを進み、新しい土地へと向かう船を描いた。そこには、この時代の希望と不安定感が表れている。しかし1850年になり、同書の後半部分の執筆を行っているころには革命の真の情熱はすでに失われており、目指していたものより保守的な改革に終わるだろうと考えるようになっていた。

　ゲルツェンは、ある文章で、1848年9月にフランスで開催された共和国の祝典を風刺している。彼は、その祝典の壮麗さや勢いのあるスローガンの背後には、「古いカトリックの封建的秩序」が何も変わらず残っていると主張した。このために、革命の本来の理想であるすべての人の自由の実現が妨げられているのだとゲルツェンは述べた。革命を支持すると公言していた自由主義者の多くは、実際には、その革命の目標であった古い秩序の一掃を恐れていた。そして、「黒ずんだ手に斧を持つ」労働者の自由ではなく、自分たちの自由を守ろうとしていたのだと、ゲルツェンは主張している。共和国の建国者は、たしかに鎖を壊したと言えるかもしれない。しかし、牢獄の外壁はそのまま残したのである。つまり彼らは「自由の暗殺者」であったのだ。社会は矛盾に苦しめられており、その矛盾ゆえに社会の活力と創造力が損なわれていると、ゲルツェンは述べた。1848年の革命に対しては、多くの人々が彼と同様の失望を感じており、彼の著作はこのあとに起きる人民主義運動に大きな影響を与えることとなる。■

19世紀に仏領ギアナの囚人流刑地が拡大された。1789年にフランス革命が起こっているにもかかわらず、ここでは封建時代の刑罰が続いていた。

参照：ジャン=ジャック・ルソー 118–25 ■ ゲオルク・ヘーゲル 156–59 ■ ウラジーミル・レーニン 226–33 ■ 毛沢東 260–65 ■ チェ・ゲバラ 312–13

# 我々は
# 国家の中心軸を
# 探さなくてはならない

**伊藤博文（1841年〜1909年）**
Ito Hirobumi

## 背景

**イデオロギー**
立憲君主政

**焦点**
近代化

**前史**
**1600年** 徳川家康が徳川幕府を打ち立て、およそ2世紀に及ぶ混乱の時代を終わらせる。

**1688年** イギリスで名誉革命が起こり、立憲君主政が確立される。

**1791年** フランスにおいて、国王ルイ16世が立法議会とともに進めていた立憲君主政が崩壊する。

**1871〜1919年** ドイツが、それぞれが独自に君主をいただく国々によって構成される連邦国家となる。

**後史**
**1901年** 新しいオーストラリア憲法において、連邦立憲君主政が採用される。

**2008年** ブータンが立憲君主政を確立する。

17世紀から19世紀にかけて、日本は厳格な鎖国体制をとり貿易を制限していた。そのため、日本は世界から閉ざされたままであった。1853年に艦隊司令長官マシュー・ペリーが、日米通商協定の締結を求めてやってきたことで事態は急変する。日本は国家的な危機に陥り、将軍と呼ばれる日本の封建的な支配者や、のちに公爵となる伊藤博文などが改革に着手する。彼らは西洋の国々を手本とすることで徹底的な改革を行い、日本の独立を守ろうと考えた。しかし日本は独特な社会であったため、簡単に西洋型の統治体制に切り換えることはできなかった。そこで1867年、伊藤博文を含む改革者の強力な同盟は、権力を天皇に返すという体裁をとることで幕府を廃止に追い込み、天皇による支配を宣言した。侍は刀を持つことを禁じられ、領土が国家に返還され、身分制度が廃止された。

## 明治憲法

この反乱の首謀者たちは、西洋が成し遂げた進歩と日本の伝統的な徳を統合したいと願っていた。伊藤博文は1890年に明治憲法を起草した。明治憲法においては、天皇は国家の元首としての地位を保持し、国家の中心としての地位を占めた。その一方で、政府の運営にあたるのは大臣たちによって構成される内閣であった。他国における立憲君主政の場合と同様に、天皇が日本社会の「中心軸」となり、その天皇の存在を頼りに日本社会が発展することが望まれた。実際に日本は、この憲法を基にしてその後60年間に及ぶ経済的・軍事的発展の枠組みをつくり上げるのである。■

> " 政府は国家の行政を
> 行うものであるため
> 政府の行為が常に
> すべての人民にとって好ましいもの
> であるというわけにはいかない。"
> **伊藤博文**

**参照：** ジョン王の諸侯 60-61 ■ ジョン・ロック 104-09 ■ 徳川家康 333

# 力への意志
## フリードリヒ・ニーチェ（1844年〜1900年）
Friedrich Nietzsche

**背景**

イデオロギー
**虚無主義**

焦点
**道徳**

前史
**1781年** イマヌエル・カントが『純粋理性批判』において、我々の思想と、我々の思想が理解しようとしている世界との相違について論じる。

**1818年** ショーペンハウアーが『意志と表象としての世界』を出版する。そのなかでカントの洞察を取り上げ、その相違は決して埋められないものであると述べる。

後史
**1937年** バタイユが、ニーチェの政治解釈はすべて不十分であるとして退ける。

**1990年** フランシス・フクヤマが『歴史の終わり』において、ニーチェが提唱した「末人」という概念を用い、自由市場を持つ資本主義の成功について論じる。

　フリードリヒ・ニーチェという名前を聞いて反感をいだく人は、いまだに多い。さまざまな分野にわたる難解な著作を残し、道徳に対する容赦ない批判を行ったというだけでも十分に議論を呼ぶ存在である。加えて、これはニーチェ本人にはほぼ責任のないことではあるが、ファシズムとの関連も指摘されているのである。フランスの哲学者ポール・リクールの言葉を借りれば、ニーチェは、マルクスやフロイトと並んで、「懐疑学派」の影響力のある巨匠の一人であった。そして、一般に受け入れられている概念や慰めとなる信仰といったものからヴェールを剥ぎ取って、真実を明らかにすることに力を注いでいた。彼の哲学は虚無主義と呼ばれ、存在に意味を見出すことは不可能であるとい

大衆の台頭 **197**

参照：イマヌエル・カント 126-29 ■ ジェレミー・ベンサム 144-49 ■
ゲオルク・ヘーゲル 156-59 ■ カール・マルクス 188-93

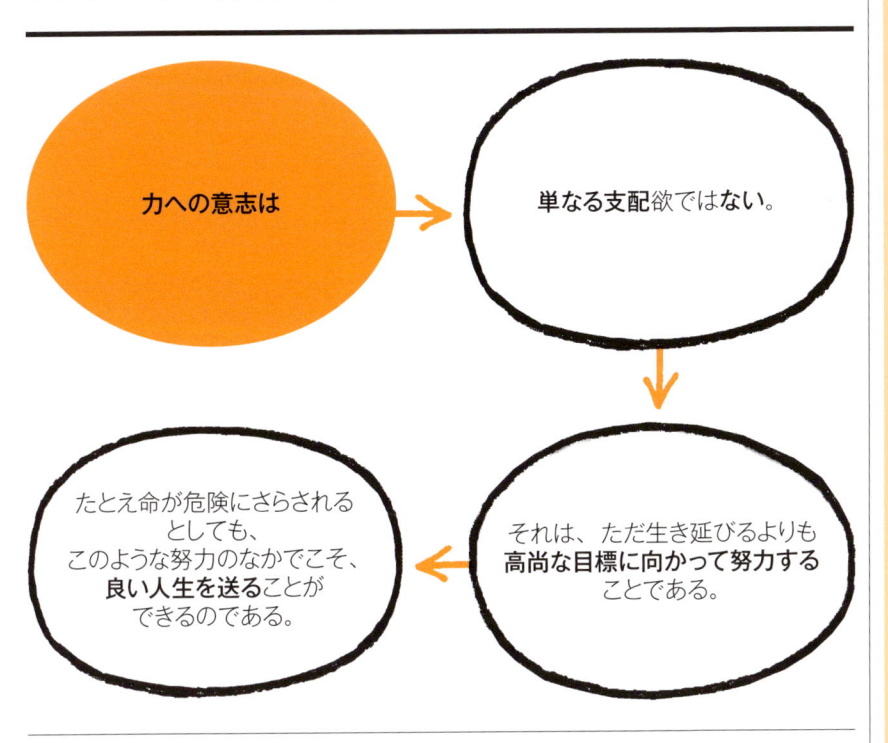

```
┌─────────────┐      ┌─────────────┐
│  力への意志は  │ ───▶ │ 単なる支配欲  │
│             │      │ ではない。    │
└─────────────┘      └─────────────┘
                            │
                            ▼
┌─────────────────┐   ┌─────────────────┐
│ たとえ命が危険に   │   │ それは、ただ生き    │
│ さらされるとしても、│◀──│ 延びるよりも       │
│ このような努力の   │   │ 高尚な目標に向かって │
│ なかでこそ、      │   │ 努力することである。 │
│ 良い人生を送る    │   │                │
│ ことができるのである。│  │                │
└─────────────────┘   └─────────────────┘
```

## フリードリヒ・ニーチェ

ニーチェは、プロイセン王国で、非常に信仰心の篤い両親のもとに生まれた。神学と哲学を修めるが、宗教を拒絶するようになる。彼は24歳という若さで、バーゼル大学の古典文献学の教授になる。そしてそこで、リヒャルト・ヴァーグナーと友人になった。ヴァーグナーは、ニーチェの初期の著作に大きな影響を与えている。その後、ニーチェの学術的関心は文献学を離れ、哲学的問題へと移った。彼は、存在には意味がないと主張する虚無主義の立場をとるようになり、ギリシャ悲劇に関して、その無意味さを認めることによって虚無主義を乗り越えたものであると論じている。この主題は、彼ののちの著作にも繰り返し登場することとなる。

ニーチェは病に倒れ、ジフテリアに苦しんだのち、1879年に教授職を辞している。その後はヨーロッパ中を転々としながら執筆活動を続けたが、あまり評価されなかった。1889年に精神を病み、その後ほどなくして56歳で亡くなった。

### 主著

1872年　『悲劇の誕生』
1883～85年　『ツァラトゥストラはかく語りき』
1886年　『善悪の彼岸』

---

う立場をとっていた。

　ニーチェは組織化された伝統的哲学に反対していたが、政治哲学にとってヒントとなるような思想を数多く残している。しかし、彼が政治哲学にかかわる内容を扱っていたからといって、一般的に認識されているように、彼がナチ党の原型をつくった人間であるということにはならない。そもそも彼は反ユダヤ主義者ではなかったし、反ユダヤ主義やそれに続く国家主義を、失敗した人間が自分の失敗を他人のせいにするための手段であると考えていたほどである。また彼は、友人のリヒャルト・ヴァーグナーと決別しているが、その理由も、ヴァーグナーが人種主義と国家主義に傾倒していったためであった。しかし、ニーチェの妹が彼の著作に対して行った不当な扱いについては、止めることができなかった。ニーチェの死が迫り病気で動けなくなっているときに、彼女が編集作業を引き受けたのだが、彼女は、ニーチェの著作の多くを、彼女自身がかかわっていたドイツ国家主義者・反ユダヤ主義者のサークルにとって都合の良いかたち

で出版しようとしたのだった。

## 力への意志

　ニーチェの残した有名な文言「力への意志」が最初に登場したのは、彼自身が自らの最高傑作とみなした短編『ツァラトゥストラはかく語りき』であった。この難解な文学作品の主人公ツァラトゥストラ（古代ペルシャのゾロアスター教の教祖名ゾロアスターをドイツ語読みしたもの）は山にこもっていたが、神が死んでしまったため、そのような世の中での新しい考え方と生き方を人々に教えようと山を下りる。この本は、哲学や政治学を扱った標準的な作品とは異なっており、文体的に見ると叙事詩に近い。また、中心的な主張がはっきり述べられることはほとんどなく、比喩が多用されている。しかし、作品のテーマはきわめて明確である。

　ニーチェの言う力への意志とは、単なる支配欲ではない。彼は他人に対する力について語っているわけではないようだ。彼はむしろ、人間の行動の動機と

# フリードリヒ・ニーチェ

なるような人生の高尚な目標に向かって（実際にはそれがどのような目標であったとしても）、際限なく努力する姿勢について述べている。この本のテーマに関して、ニーチェは、ドイツの哲学者アルトゥル・ショーペンハウアーの著作から大きな影響を受けている。どのような価値も無意味になり得る現実世界を、ショーペンハウアーは冷静に描写している。この世界が輝く瞬間がもしあるとすれば、それは「生きる意志」によってのみであると彼は言う。「生きる意志」とは、死という結末を避けるべく、世界中の全生命が必死に奮闘する様を指す。同じテーマを扱ってはいるものの、ニーチェの場合は対照的に、肯定的なとらえ方をしている。何かを避けようと努力するのではなく、何かを得ようと努力するという観点から描いているのである。

力への意志は、生きる意志よりも強力であると、ニーチェは述べる。特権階級の人々ですら、命を賭けなくてはならないような目標に向かって努力することがある。ただ生き延びるということよりも高い価値を持つものがあるのである。良い人生とは、そのようなものを得ようとする意志を持って生きる人生のことであろう。

## 満足への批判

社会哲学において功利主義思想が優勢

> **聖職者はもっとも邪悪な敵である。（中略）聖職者のなかで憎悪が成長し異常なほどに巨大になりもっとも精神をむしばむ有害な憎悪となる。**
> フリードリヒ・ニーチェ

になってきたことに対抗するかたちで、ニーチェは、力への意志という概念を提唱した。功利主義の考え方では、人々はただ自らの幸福を追求し、満足を得ることが人生最大の目標となる。功利主義とそこから発生した社会哲学は、イギリスの中産階級の持つ低俗な思想を表すものであると、ニーチェは感じていた。ニーチェからすると、それはおめでたく、あまりに高尚さを欠いた思想であった。

『ツァラトゥストラはかく語りき』には、このような社会思想への反発が込められている。ここで描かれる哀れな「末人」は、現状に満足し、世界を受動的にとらえ、「そしてまばたきする」ような人間である。意味のある奮闘をすべて諦めてしまったあとにやって来る、歴史の終わりの先触れが末人なのである。

しかし、我々が世界の現状に満足すべきではなく、より高い目標に向けて努力しなくてはならないとしたら、その目標はどのようなものであるべきだろう。この疑問に対して、ニーチェは明確な答えを持っていた。ツァラトゥストラは最初に道徳の体系を打ち立てた人間であり、いま、それを破壊すべき人間である。我々の持っている道徳はもはや堕落しており、我々の崇める神は我々の欠陥を映し出すものでしかない。「神は死んだ」とニーチェは書いた。我々もまた、堕落した道徳にとらわれている人間であり、そのような道徳を乗り越えて進まなくてはならない。「人間とは超越されるべきものである。あなたはどうやって人間を超越してきただろうか」と、ツァラトゥストラは問い掛ける。

## 古い道徳の拒絶

ニーチェの後期の作品である『善悪の彼岸』や『道徳の系譜』では、我々が古い道徳と決別すべきであるという主張が明確に示されている。この両著作は、西洋の道徳の歴史を説明し、西洋の道徳を批判するものである。西洋の道徳においては、「善」と「悪」という対立概念が必ず対で用いられる。ニーチェは、このような道徳思想が、現在我々が用いているすべての道徳体系の基盤になっていると考えた。そして、この伝統的道徳思想は、もともと、かつての貴族が用いていた秩序を基につくられたものであると彼は述べる。古代ギリシャの時代に端を発する最初の道徳思想は、「主人」の道徳であった。それは、世界を「善」と「悪」とに、つまり、「人生を肯定するもの」と「人生を否定するもの」とに分ける考え方

ニーチェは功利主義の社会哲学を、豚小屋のなかの豚のようなものだとけなしている。受動的で、高尚なことには興味がなく、結局のところ自分自身が満足することしか考えていないのだと、彼は言った。

# 大衆の台頭

昔は、**ライオンの持つ性質**（力、生命力、権力）が**もっとも称賛**されるべき資質であった。

一神教の宗教においては、時代が下るにつれて「人生を肯定する」価値観から「人生を否定する」価値観への変遷が見られるとニーチェは言う。彼はこの変化を厳しく批難していた。

近代においては、**子羊の持つ性質**（従順、無害）が**もっとも褒め称えられる**資質となった。

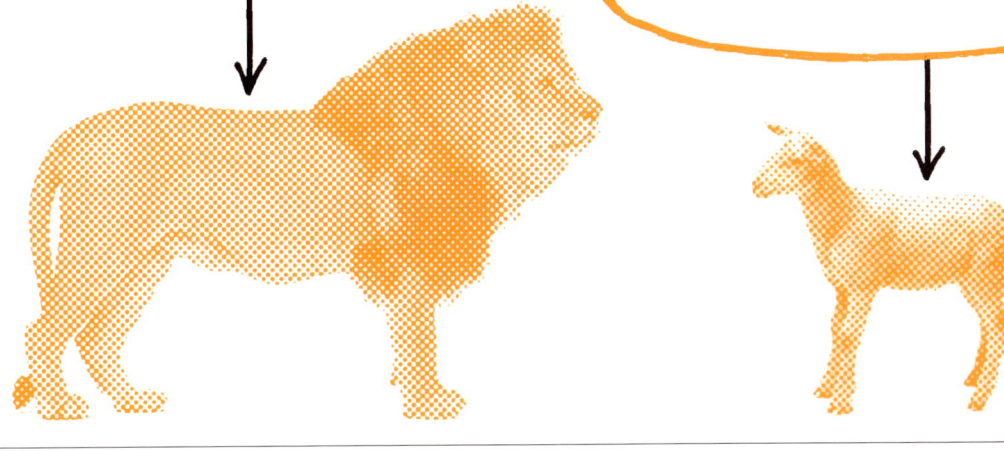

---

である。貴族の持つ健康・力・富といった性質は「善」であるとみなされ、奴隷の持つ病気・弱さ・貧困といった性質は「悪」であるとみなされた。

しかし、このような主人の道徳に対抗して、奴隷もまた、奴隷の道徳をつくり上げていく。新しい奴隷の道徳は、主人の道徳とは対照的なもので、奴隷の側を「善」とみなすものであった。つまり、主人の道徳で示された価値観を逆転させたものである。たとえば、主人の道徳が力を称賛するのに対して、奴隷の道徳は弱さを褒め称える、といった具合である。このように考えることで、奴隷は、自己嫌悪や憤りを感じることなく、自分たちの現状に甘んじて生きることができる。たとえば、人間が本質的に不平等であるという事実を否定して、奴隷と主人のあいだに平等な関係があるのだと信じ込むことによって、奴隷は、実際は不平等な関係であるにもかかわらず、自分たちは主人と対等な関係にあるのだと考えることができるのである。ニーチェは、この奴隷の道徳が、特にキリスト教とユダヤ教に似ていると指摘した。これらの宗教は、人生における問題に対して、実際には存在しないはずの解決法が存在するかのように見せかけているまやかしであると、ニーチェは考えていた。

『ツァラトゥストラはかく語りき』では、これらの古い宗教において信仰されていた神を排し、代わりに「超人」という存在を提示する。人間とは、動物から超人へと進化する際の通過地点に過ぎないのである。しかし、超人は完成された存在ではなく、人間から生物学的に進化したものでもない。超人とは、自分自身を完全に抑制でき、己の真実を追究することのできる人間である。また、「自然の大地に対して忠実」で、どのようなものであっても「非現実的な真理」を差し出してくるような人々を拒絶する人間である。

## 反政治思想

このように徹底した個人主義を貫いたことで、ニーチェは反政治的であると言われるようになる。一見、政治を論じているようにも見えるのだが、ニーチェの提唱する道徳の排除は彼の虚無主義を表すものである。そして虚無主義は、人や社会がかかわり合う公共圏の機能を理解することとは一切関係がない。ニーチェは、個人に関することしか書いておらず、運動や組織について書いたことは一度もない。この点において彼は「右派も左派も超越していた」と、フランスの哲学者ジョルジュ・バタイユは述べている。それにもかかわらず、右派・左派両方の政治思想家に多大な影響を及ぼすこととなるのである。フランスの哲学者ジル・ドゥルーズは、その著書『ニーチェと哲学』において、ニーチェの提示した「力への意志」について論じている。力への意志とは、すべての物事を差異化する原動力であり、また、この世界についての超越的・非現実的な主張に対する「経験主義的」拒絶の中心に位置するものであると、ドゥルーズは述べた。この解釈によって、ニーチェは差異の哲学者、そして、束縛に抵抗する哲学者とされた。古い道徳は「人生の格を下げる」ような「悲しい情熱」しか生み出さないとニーチェは述べている。ニーチェはのちに、ポスト構造主義の思想家のなかで重要な人物と目されるようになる。ポスト構造主義者とは統治体系を徹底的に改革することを主張した人々を指し、解放を主旨としたマルクス主義者なども、これに含まれる。■

# 重要なのは神話だけである

## ジョルジュ・ソレル（1847年〜1922年）
Georges Sorel

### 背景

**イデオロギー**
サンディカリスム

**焦点**
英雄神話

**前史**
**1848年** 革命の広まるヨーロッパで、カール・マルクスとフリードリヒ・エンゲルスが『共産党宣言』を出版する。

**1864年** 「第一インターナショナル」とも呼ばれる国際労働者協会がロンドンで創設され、社会主義者と無政府主義者が一つにまとまる。

**1872年** 無政府主義者と社会主義者の決裂によって、第一インターナショナルが崩壊する。

**後史**
**1911年** ソレルに賛同する人々がプルードン・サークルを結成し、反民主主義思想を広める。

**1919年** 小説家エンリコ・コラディーニが、イタリアは「プロレタリア国家」であると主張し、イタリア国民主義とサンディカリスムの統合を目指す。

---

社会は徐々に二つの大きな階級へと分けられていく。**労働者**とその**支配者**である。

↓

**議会制民主主義**は労働者階級のためには機能せず、資本家階級にのみ有利に働く。

↓

労働者階級は**素晴らしい神話**を信じることが**必要**である。暴力を用いて実行することで、それらの神話は現実のものとなる。

↓

**重要なのは神話だけである。**

---

**20**世紀がはじまろうとするころ、ヨーロッパは発達した資本主義社会になっていた。産業と富の集中化が起こるなか、労働者階級と呼ばれる大きな新勢力が登場した。そして、労働者の票を集める政党が設立され、選挙の重要性が増すにつれて、それらの政党は安定した組織になっていった。しかし、それらの政党が議会政治に巻き込まれ、譲歩や妥協といった手段に訴えるようになると、多くの急進派の目には、それらの政党が当時の社会を支持しているその他の政党と変わらないものに見えた。

ジョルジュ・ソレルは、自らの一連の著書において、このような官僚化に異議を唱え、カール・マルクス、フリードリヒ・ニーチェ、そしてフランスの哲学者アンリ・ベルクソンの思想を統合してみせた。彼の主著となる評論集『暴力論』で、彼は客観科学を単なる「虚構」の体系であるとして退けた。客観科学は、本質的に無秩序で不合理な現実に、無理やり秩序を与えるために構築されたものであると、ソレルは考えていたのである。現実世界のあらゆるもののなかでもっとも無秩序な人間社会を、あたかも合理的に理解できるものであるかのように扱うことは、人間の想像力および独創力に対する侮辱であると、彼は考えた。

# 大衆の台頭

参照: カール・マルクス 188-93 ■ フリードリヒ・ニーチェ 196-99 ■ エドゥアルト・ベルンシュタイン 202-03 ■ ウラジーミル・レーニン 226-33 ■ ローザ・ルクセンブルク 234-35

> この世界に救済をもたらしてくれる高尚な倫理観を社会主義が持つことができるのは、暴力のおかげである。
> ジョルジュ・ソレル

## 神話の力

社会についての客観的な科学や理論の代わりに、素晴らしい神話を使うことで現実を変えることができると、ソレルは提案した。自分たち自身や未来の新しい世界の英雄神話を信じることによって、民衆は現在の社会を破壊することもできるかもしれない。議会制民主主義は、もはや破綻している。なぜなら、議会制民主主義は新しく台頭してきた「たいして優れてもいない」資本家階級に、資本家階級以外の階級を統治するための手段を与えただけであったからだ(この資本家階級には、議会政治に夢中になっている社会主義者たちも含まれる)。合理性と秩序は失われ、自由と行動がそれに取って代わった。正統派マルクス主義もまた、資本家階級による支配に可能性を与えるものであった。なぜなら、正統派マルクス主義は、経済が歴史を決定する社会を「科学的に」理解することを目指すものであったためである。

資本家階級の力を崩すためには、人々に神話を信じさせ、かつ、その神話を実行に移さなくてはならない。ソレルは神話を実現するための手段として暴力を考えていた。彼はそのような神話と運動の例を詳しく記述する。初期のキリスト教の活動家にはじまり、フランス革命を経て、ソレルの時代の革命時の労働組合主義者(サンディカリストとも呼ばれる)に至るまでを、彼は詳細に説明している。サンディカリスムと呼ばれる運動は、労働組合主義運動のなかでももっとも好戦的な党派であった。彼らは、政治的な策略は労働者の利益を損なうものであるとして、退けた。サンディカリスムの運動家は、ゼネラル・ストライキ(労働者が一斉に仕事を停止すること)がもっとも良い方策であると考えていた。そしてソレルは、ゼネラル・ストライキこそが新しい社会を創り上げるための新しい神話であると考えていたのである。「英雄的暴力」は新しい世界を打ち立てるために必要な倫理的方法として歓迎されるべきであると彼は考えた。

ソレルの著書は両義的なものであると言える。政治的に左派の人々も右派の人々も、彼の思想の恩恵に浴しているが、彼自身は政治的分類を拒絶しており、実際、彼の思想は右派に属すとも左派に属すとも、簡単には決められないものである。■

イギリスで1980年代に起こった鉱夫のストライキは、民衆による英雄的な力を持つ抵抗の例とされた。これはソレルの急進的思想に沿うものであった。

## ジョルジュ・ソレル

ジョルジュ・ソレルはフランスのシェルブールで生まれ、技術者としての訓練を受けた。50歳代で社会問題の研究を行うために退職している。独学で社会問題に関する理論家となったが、はじめのうちは、マルクス主義のなかの「修正主義」という、エドゥアルト・ベルンシュタインが理論的基礎を築いた思想を支持していた。しかし、のちに、議会制政治に対して過激な反論を唱えるようになる。彼の著作は、フランス国内で急進的左派の人々に広く読まれるようになる。彼は革命的サンディカリスムに賛同しており、議会制政治に対抗するようなフランス労働総同盟の設立を支持していた。しかし、彼はその活動に幻滅し、極右の運動を行うアクション・フランセーズに参加する。貴族と労働者が同盟を組むことで、資本家階級が権力を持つフランス社会を転覆させることができるとソレルは考えていた。のちに彼は第一次世界大戦を批難し、ロシアのボリシェヴィキを支持するようになった。晩年の彼の立ち位置は、ボリシェヴィキ主義ともファシズムともとれるものであった。

### 主著

1908年 『暴力論』
1908年 『進歩の幻想』
1919年 『プロレタリアート理論の資料』

# 我々は労働者を あるがままに 受け入れるべきだ

## エドゥアルト・ベルンシュタイン
（1850年〜1932年）
Eduard Bernstein

**背景**

イデオロギー
**社会主義**

焦点
**修正主義**

前史
**1848年** カール・マルクスとフリードリヒ・エンゲルスが『共産党宣言』を出版する。

**1871年** ドイツ社会民主党がマルクス主義を採用し、急進的な社会主義宣言であるゴータ綱領を投票により採択する。

後史
**1917年** 十月革命でロシアの資本主義体制が倒される。

**1919年** ドイツの共産主義革命が制圧される。

**1945年** イギリスで労働党が福祉改革を公約に掲げて選挙に勝利し、混合型の経済がつくられる。

**1959年** ドイツ社会民主党がバート・ゴーデスベルク党大会でマルクス主義を正式に放棄する。

**18** 90年代初期、左派のドイツ社会民主党は、大いに自信を持てそうな状況にあった。1878年から10年間ほど、違法な党であるとされていたあいだは、より多くの支持を集めることだけに集中した。ヨーロッパにおいては社会主義政党の先駆けであったため、ヨーロッパ大陸中の左派の人々が彼らに倣った。そして、彼らの議論が運動の知的枠組みとなった。1890年に合法な党として認められたとき、ついに彼らが権力をとりに行く準備が整ったかのように思われた。

しかし、社会民主党の指導者的立場にあったエドゥアルト・ベルンシュタインが指摘したように、それには一つ問題があった。この党は社会主義的な未来をつくろうと活動している党であり、その政策はマルクス主義に沿ったものであった。ところが、党が確立していくにしたがって、違法な党であるという圧力がかかっていた時代とは異なり、日常的な

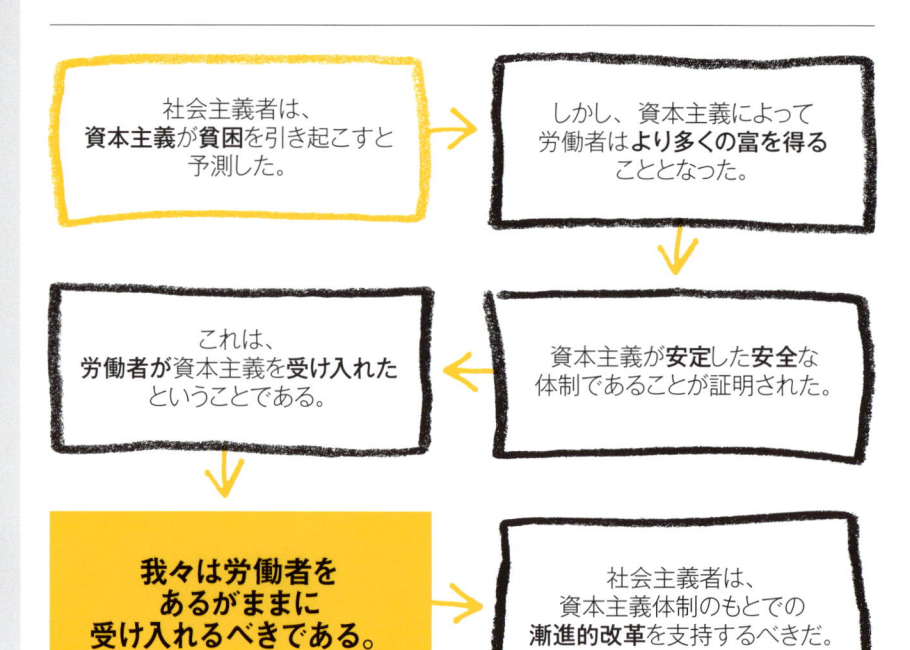

---

- 社会主義者は、**資本主義が貧困を引き起こす**と予測した。
- しかし、資本主義によって労働者は**より多くの富を得る**こととなった。
- 資本主義が**安定した安全**な体制であることが証明された。
- これは、**労働者が資本主義を受け入れた**ということである。
- **我々は労働者を あるがままに 受け入れるべきである。**
- 社会主義者は、資本主義体制のもとでの**漸進的改革**を支持するべきだ。

**参照:** カール・マルクス 188-93 ■ ウラジーミル・レーニン 226-233 ■ ローザ・ルクセンブルク 234-35

# 大衆の台頭

活動の方向性が失われていったのである。社会民主党としては、変わらず社会の変革の必要性を主張していたが、実際には漸進主義路線をとるようになっており、議会で法律を制定することで少しずつ変化を実現している状況であった。

ベルンシュタインはこの矛盾を正面から批難した。マルクスは困窮した労働者が必ずや革命へ向かうであろうなどと言っているが、彼の予言はその多くが実現しなかったと、1890年代からベルンシュタインは主張している。むしろ資本主義こそが安定した体制であり、そのもとで小さな改革を積み重ねていくことで、少しずつ社会主義へと向かうことができると証明されてきていると述べた。

## 漸進的変化

ベルンシュタインが1899年に『進化的社会主義』を出版したことで、社会民主党内に論争が起こった。ここで提示された主題が、それから1世紀にわたって社会主義思想家によって議論されていくこととなる。その中心は「資本主義を受け入れて、社会主義に向けた小さな改革を積み重ねていくべきか。それとも資本主義を倒すべきか」という点であった。この論争の中核にあったのは、労働者の頭のなかで何が起こっているのかという議論である。マルクスは、労働者階級が自分たちにその能力があるということに気づけば、彼らは社会主義を実現すべく行動するであろうと予想した。しかし実際には、そのような「階級意識」によって革命が起こるということはなく、むしろ、資本主義の枠内で漸進的な改革を行う党に、労働者の票が集まるようになっていったのである。

ベルンシュタインは、労働者が革命を起こすだろうという考えは捨てるべきだと主張した。社会主義者はそのようなことを期待するのではなく、労働者が世界について何を考えているのか調査して、その結果を出発点として活動すべきであると述べた。「社会改良主義」と呼ばれる漸進主義的社会主義が理論的にはっきりと示されたのは、これがはじめてであった。

正統派マルクス主義者がこの主張に強く反対したため、ベルンシュタインが展開した議論が彼の存命中に党内で正式に受け入れられることはなかった。社会民主党が最終的にマルクス主義を放棄したのは、1959年のバート・ゴーデスベルク党大会でのことだった。しかし、社会民主党が公式に何と発表していたとしても、実際の党の政治活動はそれ以前からベルンシュタインが提唱した方針に沿って行われていた。■

> " 資本主義を奉じている
> あらゆる先進国で
> 民主主義が徐々に浸透し、
> 資本家階級の特権が
> 一つずつ失われている。
> エドゥアルト・ベルンシュタイン "

ドイツの労働者は、賃金と労働条件の改善のためのストライキを行う権利を勝ち取った。労働者が資本主義体制のもとで政権から大幅な譲歩を勝ち取ることができるということをベルンシュタインは理解した。

## エドゥアルト・ベルンシュタイン

ベルンシュタインは22歳で社会主義者となり、ドイツ社会主義運動のマルクス派に加わった。1878年に社会主義的な結社を禁止する社会主義者鎮圧法が可決され、彼はスイスへ、そしてロンドンへと逃れた。その間、ほかの亡命者たちとも出会っており、なかでもフリードリヒ・エンゲルスとは仕事で親密な関係になった。

その後、ベルンシュタインはチューリヒに移り、新たに結成したドイツ社会民主党の機関紙を発行する。1890年に同党が合法的な党であると認められたのち、彼はその機関紙上で穏健な「修正主義」の社会主義を主張しはじめる。1901年にドイツに戻り、翌年、帝国議会の議員に選出された。しかし第一次世界大戦に反対して1915年に社会民主党から離脱し、独立社会民主党を設立する。のちに社会民主党に復党し、1920年から1928年にかけて議会議員を務めている。

### 主著

1896〜98年 『社会主義の諸問題』
1899年 『社会主義の諸前提と社会民主主義の任務』

# 我々の恐るべき隣人を軽視することはラテンアメリカにとって最大の危険である

ホセ・マルティ（1853年～1895年）
José Martí

## 背景

**イデオロギー**
反帝国主義

**焦点**
アメリカ合衆国の干渉

**前史**
**1492年** スペインから部分的に経済援助を受け、クリストファー・コロンブスが新世界を探検する。

**1803年** ベネズエラが、ラテンアメリカではじめてスペインの支配に反旗を翻す。

**後史**
**1902年** キューバがアメリカ合衆国から正式に独立するが、アメリカはグァンタナモ米軍基地をそのまま保有する。

**1959年** フィデル・カストロの7月26日運動でキューバの独裁者バティスタ大統領が追放される。

**1973年** チリにおいて選挙で選ばれたサルバドール・アジェンデ大統領が、CIAの支援を受けたクーデターにより倒され、軍事独裁政権が生まれる。この政権は1980年までにラテンアメリカ全体に影響力を及ぼすようになる。

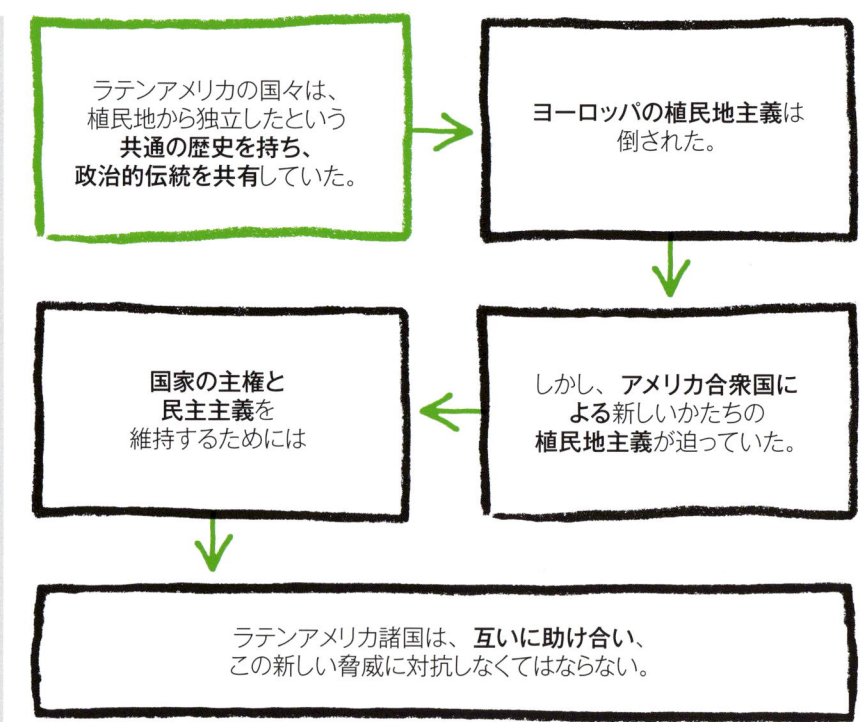

---

ラテンアメリカの国々は、植民地から独立したという**共通の歴史を持ち、政治的伝統を共有**していた。
→ **ヨーロッパの植民地主義**は倒された。
↓
しかし、**アメリカ合衆国による新しいかたちの植民地主義**が迫っていた。
← **国家の主権と民主主義を**維持するためには
↓
ラテンアメリカ諸国は、**互いに助け合い**、この新しい脅威に対抗しなくてはならない。

---

**19**世紀になると、スペインとポルトガルの植民地を保持する能力が弱まってきた。そのようななかで、フランスとアメリカでの革命を受けて、ラテンアメリカの植民地においてヨーロッパの支配に対抗する暴動が次々と起こる。1830年代までには、これらの植民地のほとんどが正式に独立を果たした。しかし、プエルトリコとキューバだけは、いまだ支配下に置かれていた。

ホセ・マルティは、キューバの独立運動における指導者の一人となった。しかし、反乱や戦争を繰り返し、スペイン帝国との戦いが長期化するなかで、マルティは、それよりもはるかに大きな危険がラテンアメリカの主権を脅かしつつあることに気づいた。

# 大衆の台頭

**参照：** シモン・ボリーバル 162-63 ■ エミリアーノ・サパタ 246 ■ スメドリー・D・バトラー 247 ■ チェ・ゲバラ 312-13 ■ フィデル・カストロ 338-39

> 権利はつかみ取るものであり
> 要請するものではない。
> 奪い取るものであり
> 懇願するものではない。
> ホセ・マルティ

北では、アメリカ合衆国が独立のために戦っていた。1776年に13州が植民地支配からの独立を宣言し、1783年に独立戦争に勝利する。1885年に南北戦争が終結したときには、統一を実現した新共和国が北アメリカの大部分を支配下に治め、さらにその外へと目を向けていたのである。1823年のモンロー主義では、アメリカの大統領ジェイムズ・モンローが、アメリカ合衆国はヨーロッパの植民地主義に対する反対姿勢を貫くと明記した。また、ヨーロッパ諸国が南北アメリカの植民地を拡大しようとする、あるいは南北アメリカに新たな植民地を獲得しようとする場合には、それを侵略行為とみなすと記している。つまり、モンロー主義では、南北アメリカを、ともにアメリカ合衆国の保護下にあるものとして扱っていたのである。これは南アメリカにとっては危機的な状況であった。

## 新たな植民地化

ラテンアメリカの革命家たちは、はじめは熱狂的にモンロー主義を歓迎した。ベネズエラの指導者シモン・ボリーバルは、はじめのうちは、独立へ向けた戦いにおける強力な同盟国を得たものと信じていた。しかし国力が確立してくると、アメリカ合衆国はモンロー主義を掲げて、南アメリカを合衆国の「影響力が及ぶ範囲」であると主張し、支配下に治めようとするようになったのである。

マルティは晩年に、自分たちがやっと手に入れた自由を守るために、ラテンアメリカ諸国は協力して自衛を行わなくてはならないと主張していた。彼は、アメリカ合衆国が新しい手段でラテンアメリカを植民地化しようとしていると考え、民主主義への脅威であると感じていた。彼のこのような主張により、ラテンアメリカ諸国が次の世紀以降に取り組まなくてはならない課題が明確になった。彼らの新しい反帝国主義は、アメリカ合衆国へ向けられるものとなったのである。ラテンアメリカ諸国に及ぼす影響を配慮せず、自らの経済的・政治的利益のみを追求すべく動き出したアメリカ合衆国に、彼らは対峙しなくてはならなかった。

マルティは1895年に亡くなった。その3年後、アメリカ合衆国がキューバの支配権をスペインから奪い取る。第二次世界大戦以降、アメリカ合衆国は、キューバの軍事クーデターと独裁政権を支持したとして批難を浴び続けている。■

1973年にチリの大統領邸が襲撃された。社会主義を奉じていたサルバドール・アジェンデ大統領は、この軍事クーデターにより命を奪われた。アメリカ合衆国は、ラテンアメリカにおいて、これ以外にもいくつかの軍事クーデターを支援した。

## ホセ・マルティ

ホセ・マルティはキューバのジャーナリストであり、詩人、随筆家、革命家でもあった。当時スペインの支配下にあったハバナで生まれ、キューバ独立のために活発に活動した。1868年に十年戦争がはじまり、マルティは1869年に反逆罪で投獄され、懲役6年を宣告される。のちに彼は病気になりスペインに追放されるが、そこで研究を続けることができた。

マルティは大学で法律について学ぶ。卒業後はアメリカ大陸へ戻り、ラテンアメリカの独立と統合を主張する。1892年にキューバ革命党を設立した。1895年にスペインに対する反乱が起こり、5月19日のドス・リオスの戦いで、マルティは命を落とした。1898年、ついにキューバはスペインからの独立を勝ち取る。このときのスペインとの戦いにはアメリカ合衆国が介入しており、米西戦争にまで発展している。

### 主著

1891年 『われらのアメリカ』
1891年 『素朴な詩』
1892年 『パトリア』

# 成功するためには立ち向かうことが必要だ
## ピョートル・クロポトキン（1842年〜1921年）
### Peter Kropotkin

## 背景

**イデオロギー**
無政府共産主義

**焦点**
政治活動

**前史**
**1762年** ジャン＝ジャック・ルソーが『社会契約論』を著し、「人間は生まれながらに自由であるのに、至るところで鎖につながれている」と述べる。

**1840年** ピエール＝ジョゼフ・プルードンが『所有とは何か』において、自身を無政府主義者と呼ぶ。

**1881年** ロシア皇帝アレクサンドル2世がサンクトペテルブルグで暗殺される。

**後史**
**1917年** ボリシェヴィキがロシアで権力を握る。

**1960年代** ヨーロッパとアメリカでカウンターカルチャー運動が起こり、運動家が空き家に不法に住みついて共同体を形成する。

**2011年** 世界的経済危機の際に、経済的不平等に抗議するためのウォール街占拠運動が起こる。

19世紀の終わりころ、ロシア帝国では、ファシズムから急進的共産主義に至るまで、あらゆる新しい社会運動が行われていた。ピョートル・クロポトキンは公爵の息子として生まれ、特権階級として生きていけるはずであったが、自らその人生を捨てている。彼は権力の破壊を支持しており、この時代の影響を色濃く受けた人物であったと言えるだろう。『パンの征服』（1892年）において、クロポトキンは、協力する能力という人間のもっとも優れた特性を活かすことで人間は抑圧的な体制をすべて廃止することができると主張している。労働運動が高まりを見せるなか、彼は、聖職者から資本主義者まで抑圧者を倒して、互いへの尊敬と協力に基づいた新しい社会を創り上げることが可能であると感じていた。彼は、国家のない、人々が協力する平等主義的な社会という原則を提示しており、これがのちに無政府共産主義となる。

### 行動への呼び掛け

無政府主義は行動を求める思想であり、クロポトキンも耳を傾ける人々に、常に行動するようにと呼び掛けていた。1917年のボリシェヴィキ革命に同情した彼は、その後に続いた内乱において権威主義を激しく批難した。新しい世界を創り上げるために必要なのは新たな規則ではなく、あらゆる圧政に対して勇敢に振る舞うことのできる無政府主義者である。妥協や政治的打算は無政府主義とは相容れない。無政府主義者は道徳的情熱をもって、堕落した世界に対抗する行動を起こさなくてはならない。ほかの無政府主義者とともに、クロポトキンは「行動の政治」という概念の確立に貢献した。この考え方は、次の世紀になってから、急進的なイデオロギーにおいて再び取り上げられることとなる。■

> 臆病者は「法に従え」と言っているが、我々は「すべての法に反抗せよ」と叫ぶ。
> **ピョートル・クロポトキン**

**参照**：ピエール＝ジョゼフ・プルードン 183 ■ ミハイル・バクーニン 184–85 ■ ヘンリー・デイヴィッド・ソロー 186–87 ■ カール・マルクス 188–93 ■ ウラジーミル・レーニン 226–33

# 大衆の台頭 207

# 女性は殺されるか投票権を得るかのどちらかである

## エメリン・パンクハースト（1858年〜1928年）
Emmeline Pankhurst

## 背景

**イデオロギー**
フェミニズム

**焦点**
市民的不服従

**前史**
**1792年** メアリー・ウルストンクラフトが『女性の権利の擁護』を出版し、女性の平等を主張する取り組みの先駆けとなる。

**1865年** 自由主義哲学者ジョン・ステュアート・ミルが女性の選挙権を公約に掲げ、選挙戦で勝利する。

**1893年** ニュージーランドが主要国のなかではじめて女性の選挙権を認める。

**後史**
**1990年** スイスのアッペンツェル・インナーローデン州が、女性の選挙権を認めることを強制される（ほかの州は1971年に認めていた）。

**2005年** クウェートで女性の投票権と議員に立候補する権利が認められる。

1900年代初期には、投票権が世界中で認められるようになってきた。しかし、女性の投票権は大きくおくれをとっていた。ニュージーランドでは1893年に女性の選挙権が認められたが、これが主要国でははじめてであった。それに対して、ヨーロッパや北アメリカにおいては改革が遅々として進まず、頑固な政治家や保守的な世論、そして新聞の悪意ある報道運動によって妨げられていた。

1903年にイギリスで、活動家エメリン・パンクハーストが、ほかの女性たちとともに婦人社会政治連合を設立した。「婦人参政権論者」と呼ばれた彼女たちは、軍事行動や市民的不服従を行うようになり、その行動はすぐに、窓ガラスを割る行為から襲撃、放火までを含むようになった。1913年に運動家であったエミリー・デイヴィスンが、ダービーステークスにおいて王所有の馬の前に身を投げ、亡くなった。また、投獄されていた婦人参政権論者たちがハンガーストライキを行った際には、強制的に食べさせられた。

パンクハーストは、1913年に「女性は殺されるか投票権を得るかのどちらかである」と述べているが、ここから二つの主張が読み取れる。一つは、正当な主張を行う際に、自分たちが適切であると思うように行動する道徳的権利が、婦人参政権論者に与えられるべきだという主張である。もう一つは、自分たちは必ずその権利を手に入れるのだという固い誓いである。しかし、1914年に第一次世界大戦がはじまったことで、彼女たちはこの決意を取り下げることを決める。婦人社会政治連合は、国内の戦争遂行努力を支えるために運動を中断したのである。この戦争が終わったのち、英国において、30歳以上の女性に投票権が与えられ、1928年にはすべての成人女性にまでその権利が拡大された。■

1914年5月、バッキンガム宮殿の目の前でエメリン・パンクハーストが逮捕された。婦人社会政治連合は、目標実現のために直接行動をとることを固く誓っていた。

**参照：** メアリー・ウルストンクラフト 154–55 ■ ジョン・ステュアート・ミル 174–81 ■ シモーヌ・ド・ボーヴォワール 284–89 ■ シーリーン・エバーディー 328

# ユダヤ国家の存在を否定するなどばかげたことだ

## テオドール・ヘルツル（1860年～1904年）
## Theodor Herzl

### 背景

**イデオロギー**
シオニズム

**焦点**
ユダヤ人国家

**前史**
**1783年** ドイツの哲学者モーゼス・メンデルスゾーンが『イェルサレム、あるいは宗教の力とユダヤ精神について』を著し、非宗教的国家における宗教的寛容性を求める。

**1843年** ドイツの哲学者ブルーノ・バウアーが『ユダヤ人問題』において、政治的解放を成し遂げるためには、ユダヤ人は宗教を手放さなくてはならないと述べる。

**後史**
**1933年** アドルフ・ヒトラーがドイツの首相となり、ドイツ国家主義と反ユダヤ主義を煽動する。

**1942年** ナチスの指導者たちがヴァンゼー会議において「ユダヤ人問題の最終解決」について話し合う。

**1948年** イスラエルが建国される。

---

近代国家は、すべての人々に**普遍的で平等な権利を**保障している。

↓

しかし、**反ユダヤ主義は**いまだに存在し、社会に**蔓延**している。

↓

反ユダヤ主義は**なくならず**、同化もうまくいかない。

↓

唯一の選択肢は、**ユダヤ人国家を建国する**ことである。

---

革命の世紀の終わりに、フランス第三共和政が樹立され、すべての市民に平等に法律上の権利を保障することを約束した。しかしこの憲法上の平等は、それが本物であるのかどうか厳しく試されることとなる。1894年12月、若い砲兵大尉アルフレド・ドレフュスが、ドイツのスパイであるとして有罪判決を受け、終身刑を言い渡された。ところが実際には、別の人間が機密を漏らしたという明らかな証拠が存在し、ドレフュスの有罪証拠は偽造されたものであることがわかっていたのである。それにもかかわらず終身刑となったドレフュスの裁判を報道した人々のなかに、一人の若いジャーナリストがいた。彼はテオドール・ヘルツルといい、オーストリアの新聞社に勤めるユダヤ人であった。

ドレフュスもまたユダヤ人であり、この事件はフランス社会の深い亀裂を浮き彫りにするものとなる。「ドレフュス擁護派」と呼ばれるドレフュスの支援者は、この冤罪事件の中心にあるのは反ユダヤ主義であると考えた。ドレフュス解放を求める彼らの運動は、政治家や労働組合主義者に加えて、作家のエミール・ゾラといった知識人をも巻き込むものへと発展した。

しかしながら、反ドレフュス擁護派の目から見ると、この事件はまったく別の意味を持っていた。彼らが感じたのは、フランスは敵に対して警戒を怠ってはならないということであった。

# 大衆の台頭

参照：ヨハン・ゴットフリート・ヘルダー 142-43 ■ マーカス・ガーヴィー 252 ■ ハンナ・アーレント 282-83 ■ アドルフ・ヒトラー 337

自由・平等・友愛はたしかにフランスが誇る美徳である。しかしフランスに住むすべての人をフランス人とみなしてはならないのだと、反ドレフュス擁護派は主張する。ドレフュス擁護派が抗議活動を行った際には、反ドレフュス擁護派の民衆が集まり、「ユダヤ人には死を！」と繰り返し叫んだ。

反ユダヤ主義は、ヨーロッパにおいて長く醜い歴史を持つ。ヨーロッパでは、教会が公然と差別を支持する発言を行い、それが一般市民の持つ偏見と組み合わさることで、民族浄化へとつながることが多かった。ユダヤ人はいくつもの国から追い出され、そのほかの国々でも国民としてのすべての権利を与えられることはなかった。しかし、19世紀末になると啓蒙主義の理性的思想が広まり、フランスを含めた多くの近代国家において、宗教による差別を国家が公認することはなくなった。そのようななかで徐々に受け入れられてきたのは、少数派集団が大きな社会に融合することを指す、同化という概念である。

## 同化への反対

このように国家レベルでは変化が見られたものの、ドレフュス事件の取材を通してヘルツルが確信したことは、反ユダヤ主義は社会に蔓延しており、反ユダヤ主義を覆すこともユダヤ人が同化することも、うまくいかないだろう

ユダヤ人が集結することができるような故郷をつくることで、ユダヤ人のアイデンティティーが守られると、ヘルツルは述べた。ユダヤ人が反ユダヤ主義から逃れるには、これ以外の方法はないと彼は信じていた。

> 我々はどこの国に住んでいてもその地域社会に溶け込めるように真摯に努力してきた。ただ、父親たちが守ってきた信仰を守って暮らしたかっただけだ。そして我々にはそれが許されなかった。
> テオドール・ヘルツル

ということであった。ここでユダヤ人に必要となる概念は、啓蒙思想とは対照的な民族主義であると、ヘルツルは考えた。ユダヤ人は「一つの民族」である。離散したユダヤ人は再び一つの国家のもとに集結し、このような時代においてもユダヤ人としての権利を守るべきであると、ヘルツルは主張した。彼はユダヤ人国家建設のための運動を開始し、ヨーロッパ列強には場所探しの手助けを求め、ユダヤ人には資金援助を求めた。新しいユダヤ人の故郷はヨーロッパの外につくるべきであり、アルゼンチンかイスラエルが望ましいと、彼は考えていた。

ヘルツルの思想はすぐに広まったが、ユダヤ人のなかでも同化を好む人々からの強い抵抗に遭った。ヘルツルが主導したユダヤ人の国家建設運動はシオニズムと呼ばれるようになり、彼の死後数十年を経てようやく実現へと歩を進める。1917年にイギリスがパレスチナにユダヤ人のための土地を用意してくれたことで、国家設立の道筋が整ったのである。そしてホロコースト直後の1948年に、ついにイスラエルが建国される。冤罪で終身刑となっていたアルフレド・ドレフュスが最終的に釈放されたのは、1906年のことであった。■

## テオドール・ヘルツル

テオドール・ヘルツルは、オーストリア・ハンガリー帝国のペシュトで、それほど宗教に関心のない両親のもとに生まれた。彼は18歳でウィーンに移り、法律の勉強をはじめる。彼が最初に政治活動を行ったのは、大学の学生団体においてであった。アルビアという名前のドイツ国家主義的団体であったが、反ユダヤ主義であったため、ヘルツルはのちにそれに抗議して退会している。

短期間、法律関係の仕事をしたのち、ヘルツルはジャーナリズムに転向した。そして、ノイエ・フライエ・プレッセ紙のパリ特派員として働いていたときに、ドレフュス事件を取材することとなったのである。ヘルツルはもともとは同化論者であったのだが、この事件を通して、フランス社会に広く根を張る人種差別意識を目の当たりにしたことで、その信条を捨てる。彼はシオニズムの強力な提唱者となり、組織づくりにも携わる。1896年に出版した『ユダヤ人国家』は、活発な議論を引き起こしている。その翌年には、スイスのバーゼルで開かれた第一回シオニスト会議の議長を務めた。ヘルツルはこの会議を、シオニスト国家を象徴する議会とみなしていた。彼は44歳で心臓発作で亡くなっている。

### 主著

1896年 『ユダヤ人国家』
1902年 『古く新しい国』

# 労働者が損なわれてしまった国は手の施しようがない
## ビアトリス・ウェッブ（1858年〜1943年）
Beatrice Webb

**背景**

**イデオロギー**
社会主義

**焦点**
社会福祉

**前史**
**1848年** オーギュスト・コントが『実証主義の全体図』において科学的な社会分析を提唱する。

**1869年** イギリスで慈善組織協会が設立され、「援助に値する貧困者」への慈善活動を進める。

**1889年** 社会改革家チャールズ・ブースが、ロンドンの人口の三分の一が貧しい暮らしをしているという調査結果を発表する。

**後史**
**1911年** 国民保険法により、イギリスの保険が失業や病気まで保障するようになる。

**1942年** 経済学者ウィリアム・ベヴァリッジの作成した報告書「社会保険と関連サービス」が、イギリスが福祉国家になるための基盤を提供する。

19世紀の終わりころになると、イギリスでは産業資本主義が確立しており、人々は産業資本主義の影響に関心を持つようになっていた。そのころ、工業都市には、職を奪われ、社会から孤立し、貧しい生活を送る人々があふれていたのである。

この問題に対処するため、1905年に王立委員会が設立されたが、1909年の委員会報告で出された提案は、決定打に欠けるものばかりであった。社会学の草分け的存在であったビアトリス・ウェッブは、同委員会の委員として、はるかに急進的な反対意見書を作成し、失業と病気から労働者を守るような福祉国家への改革を訴えた。ビアトリスと、彼女の夫であり共同研究者であったシドニー・ウェッブは、貧困層は自ら貧困を招いたのであるという説に異議を唱えた。善意ある人々が政策をつくり、全人民の利益になるように社会を治めることで、社会問題は解決できるというのが彼らの意見であった。

## 計画された社会

ウェッブ夫妻は、市場には規制をかけない方が良いと主張する人々に反論し、貧困層の自助救済と慈善援助に頼

> 「社会の土台をきれいにする」ことが急務である。
> **ビアトリス・ウェッブ**

り続ける状況は間違っていると指摘した。その上で、秩序ある社会をつくるための新しい計画を示した。しかし彼らは、同時代の多くの人々と同様、優生学を信じており、この種の善意ある政策を実行することで、人類という「種」を改良できるものと考えていたのである。貧困層の願いや、彼ら自身が状況改善のために行う努力は、ビアトリス・ウェッブにとってたいした意味を持たなかった。彼女は、合理的な社会が実現され、善意ある政策による賢い統治が受け入れられるようになると考えていたのである。■

参照：エドゥアルト・ベルンシュタイン 202-03 ■ ジェイン・アダムズ 211 ■ ジョン・ロールズ 298-303 ■ ミシェル・フーコー 310-11

大衆の台頭 211

# アメリカの保護法は恥ずかしいほどに不適切である
## ジェイン・アダムズ（1860年～1935年）
Jane Addams

## 背景

**イデオロギー**
進歩主義運動

**焦点**
社会改革

**前史**
**1880年代** ドイツの首相オットー・フォン・ビスマルクが、初の社会保険制度を導入する。

**1884年** ロンドン東部のホワイトチャペルにトインビー・ホールが設立され、貧しい人々に設備を提供する。1887年にジェイン・アダムズがここを訪れている。

**後史**
**1912年** 子どもに福祉を提供するために、アメリカに児童局が創設される。

**1931年** ジェイン・アダムズが、アメリカ人女性としてはじめてノーベル平和賞を受賞する。

**1935年** アメリカではじめての国民社会保険制度が導入される。

---

アメリカ合衆国の西端において開拓が進められていたフロンティアでは、もはや未開の土地がなくなり、1890年の国勢調査によって開拓終了が宣言された。しかしそのころには「フロンティア精神」という表現のなかに「フロンティア」という語が定着していた。それは「開拓者精神」を意味し、起業家精神の強いアメリカ社会を表す概念であると考えられている。このように、アメリカでは無限の成長とチャンスが手に入ると信じられてきたが、その神話に異議を唱えたのは社会改革者であった。彼らは、アメリカの貧困層と労働者層が困窮した生活に苦しみ、有意義な機会に恵まれていないという事実を指摘した。根本的な改革が必要だった。

1889年、社会学者の先駆けであり、女性参政権を求める活動家であったジェイン・アダムズが、シカゴにハルハウスというアメリカではじめての「セトルメント」を設立した。貧困層（特に女性と子ども）に、設備や福祉サービスを提供する場所である。裕福な後援者からの寄付やボランティア活動に支えられて施設を運営することで、アダムズはあることを実証しようとしていた。彼女は、協力することによって利益を得られるという事実を、異なる社会階級の人々が学ぶことができるということを示した

すべての人に機会が与えられるような社会をつくる鍵として教育を促進するために、ハルハウスでは、幼稚園、年長の子どものためのクラブ、大人のための夜間授業が開かれた。

かったのである。若者のエネルギーを生産的な活動に向けることで、早くから良い習慣を身につけることができ、貧困によって生じる犯罪や病気を減らすことができると、アダムズは確信していた。

働く女性や子どもを守るための法律制定が、他国と比べてアメリカではかなり遅れていると、アダムズは述べた。個人による慈善活動では効果がなく、法律で定められた公的活動によってのみ社会問題は解決できるのだと彼女は考えていた。彼女のこの見解は、社会福祉事業の定義づけの一助となった。社会福祉事業とは、個人のみならず、社会全体を変える活動なのである。■

---

**参照**：ビアトリス・ウェッブ 210 ■ マックス・ヴェーバー 214-15 ■ ジョン・ロールズ 298-303

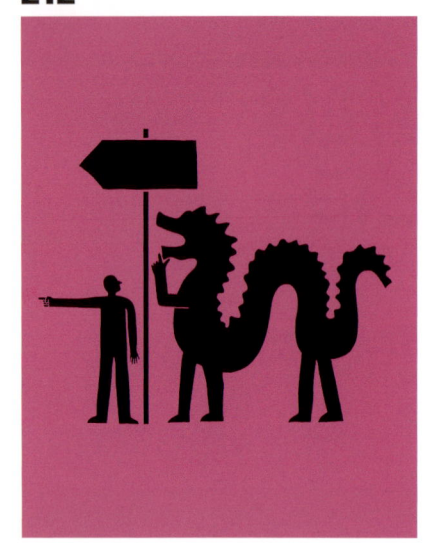

# 耕作者に土地を!
## 孫文（1866年～ 1925年）
Sun Yat-Sen

### 背景
**イデオロギー**
**国家主義**

**焦点**
**公平な土地分配**

**前史**
**1842年** 南京条約により、イギリスは中国との貿易権を獲得し、香港を手に入れる。

**1901年** 外国の支配に対する義和団の乱が失敗に終わり、結果的に八か国連合軍に北京を占領されることとなる。

**後史**
**1932年** 日本が中国に侵攻し、国民党と共産党が先頭に立って抵抗する。

**1934～36年** 国民党との戦闘に敗北した共産党は「長征」と呼ばれる長距離に及ぶ撤退を余儀なくされる。

**1949年** 日本を退けるが、その後、内乱が起こり共産党が勝利する。

紀元前222年の秦王朝の建国以来、中国は統一された一つの国家としての形態を維持し続けた。しかし19世紀後半になると、西欧列強により強制的に「不平等条約」に調印させられ、中国は分割されてしまう。歴代の皇帝がこれらの条約に調印させられたことにより、中国の発展は遅れ、人民は貧困に苦しんだ。中国の王朝が自国の防衛に失敗し、自国民の生活を守れなかったことは、その後の長期にわたる危機につながった。状況が悪化するにつれて、政府の支持率は下がり、次々に起こる反乱はますます破壊的になっていった。

たび重なる反乱で社会が混乱し、西欧の列強、そしてのちには日本に征服されるという状況のなかで、中国では独自の国家主義が発達した。この思想においては、西欧から学ぶことが非常

---

中国は、**堕落した弱い王朝**によって統治されており、外国勢力に支配されることとなる。

↓

しかし、偉大な歴史を持った偉大な国家としての**中国に敬意**をいだき

↓　　　　　↓

それに「**西欧の**」民主主義を加えることで　　　それに**経済発展**と公平な土地の分配を加えることで

↓　　　　　↓

**近代的で共和的な中国**が生まれる。

# 大衆の台頭 213

**参照：** 伊藤博文 195 ■ ホセ・マルティ 204-05 ■ エミリアーノ・サパタ 246 ■ ムスタファ・ケマル・アタテュルク 248-49 ■ 毛沢東 260-65

孫文の三民主義のもとで、中国の多くの小作農が耕すべき土地を与えられた。土地を公平に分配することから経済の発展が生まれると、孫文は信じていた。

に大切であるとみなされる。それによって中国を近代社会に変革し、王朝が犯した失態から脱し、時代遅れな農民の反乱を終わらせるのである。1880年代以降、国民主義の団体をつくり、中国政府の支配に対する蜂起を企てていた人々のなかの一人が、孫文であった。同時代の多くの人々とは異なり、中国の歴史への敬意に「西欧的」な価値観を取り入れることが、中国文化の強みになると孫文は強調した。

## 三民主義

孫文の思想の中核にあったのは、三民主義と呼ばれる理論である。三民主義は、民族主義・民権主義・「民生主義」の三つからなる。この民生主義とは、経済的発展についての原則である。孫文は、この経済的発展を達成するために必要なのは、中国の資源の公平な分配、特に「耕作者」である小作農に土地を与えることだと考えた。腐敗した土地制度を壊し、その背後にある堕落した王朝制度を覆すことで、近代的・共和的・民主的中国をつくり上げることができると、彼は述べた。

孫文は、中国革命運動において、ほかに例のないほど求心力を持つ人物となった。彼が結成した中国国民党は、1911年に清王朝が崩壊したあとの混乱期に急速に支持を集め、優勢政党となる。そして1922年には、中国共産党との国共合作を行う。しかし、軍閥による領土争いが起こり、皇帝が次々と変わるような状況で、中央政府を樹立することは不可能であった。1926年に上海で共産党主導の反乱が起こり、それを国民党が鎮圧したことで両党は決裂した。そして1949年の革命で共産党が勝利し、国民党は台湾に追放される。

近年では、共産主義の中国も徐々に孫文の思想を受け入れるようになってきた。中国経済は市場主導型へと移行しつつあるものの、その裏で、孫文は類まれな影響力を持つ人物であったと称える人々が増えている。■

> 我々の社会は
> 勝手に発展するわけではない。
> それに、一般の人民は
> 生計を立てる手段を
> 持っていない。
> **孫文**

## 孫文

孫文は中国南部の翠亨村で生まれ、13歳のときに勉強を続けるためにハワイのホノルルに移る。彼はそこで英語を学び、さまざまな書物を読んだ。その後、香港でさらに教育を受け、キリスト教に改宗した。彼は医者になったが、のちに革命運動に集中するために医業を断念している。

孫文は、中国の近代国家としての再生のために活動家になるが、何度も反乱に失敗して亡命することとなる。1911年10月に武昌で起こった兵士の反乱は、中国南部の広い範囲へと広がった。孫文は「中華民国臨時政府」の大統領に選ばれるが、北部の清朝寄りの勢力と取り引きした結果、大統領職を辞する。1912年には、中国国民党の結成に力を貸し、内戦が終わらない状況下で、中国を一つの共和国にまとめるべく戦い続けた。

### 主著

1922年 『実業計画』
1927年 『三民主義』

# 個人は決して止まることのない機械の一つの歯車である

マックス・ヴェーバー（1864年～1920年）
Max Weber

### 背景

**イデオロギー**
**自由主義**

**焦点**
**社会**

**前史**
**1705年** オランダ人哲学者バーナード・デ・マンデヴィルが『蜂の寓話』を著し、個人の行動から社会的構造が生じる様を描く。

**1884年** マルクスの『資本論』の最終巻が、未完のまま出版される。

**後史**
**1937年** アメリカの社会学者タルコット・パーソンズが『社会的行為の構造』を著し、ヴェーバーを知らない世界中の人々にヴェーバーの研究を紹介する。

**1976年** イギリスの社会学者アンソニー・ギデンズが『資本主義と近代社会理論』でヴェーバーの社会学を批判し、社会的行為における構造の優位性を主張する。

---

**19**世紀に資本主義が台頭したことで、世界について考えるための新しい方法が生まれてきた。人と人との関係性は以前とは違ったものになり、伝統的な生き方は捨て去られた。科学的・技術的知識がどこまでも高度なものに発展し続けるように思われ、社会は物体ででもあるかのように研究され理解された。マックス・ヴェーバーは、「社会学」という社会研究の新分野を打ち立てた人物である。彼の未完の著『経済と社会』は、このような研究を進展させるための手段を説明しようとしたものであると同時に、社会の機能を描写しようとしたものでもあった。ヴェーバーの研究手法の一つは、「理念型」などの抽象概念を用いることである。それはあたかも人物を描いた風刺画のようなもので、理念型によって重要な特徴が際

---

個人の行動は、彼らの**世界観**に基づいて行われる。

個人が集まり、複雑な方法で**集合的に行動**する。

↓

個人の世界観が集まって一体化し、宗教などの**集団的理解**を形成する。

↓

しかし、集団的理解によってつくられた**社会構造**は、**個人の自由を抑制**する可能性がある。

↓

**個人は、決して止まることのない機械の一つの歯車である。**

大衆の台頭 215

参照：ミハイル・バクーニン 184-85 ■ カール・マルクス 188-93 ■ ジョルジュ・ソレル 200-01 ■ ビアトリス・ウェッブ 210

カミアリは複雑な共同体を形成しており、その巣がうまくいくかどうかは個々のアリの役割にかかっている。人間の場合も同様で、個人の行動が集まって大きな人間社会を形成しているのだとヴェーバーは考えた。

立ち、重要でない特徴が目立たなくなる。しかしその目的は、風刺画のように人々を楽しませることではなく、内部に隠された真実を引き出すことであった。これはヴェーバーの手法の鍵である。なぜなら、簡略化された社会を見ることで、社会の複雑な部分を理解することができるようになるからだ。事実の観察に基づいて、理念型を構築し分析することが、社会学者の仕事である。この点においてヴェーバーは、カール・マルクスやマルクス以前に社会問題を扱った著者たちと対照的であった。マルクスらは、社会に内在する法則を見つけて、それに基づいて社会の動きを推測しようとしており、ヴェーバーのように事実を直接観察するという手法はとっていなかった。

## 集団理解

社会を理解するには、その構成要素を理解することからはじめなくてはならないと、ヴェーバーは述べた。構成要素とは、第一に個人である。その個人が、複雑ではあるが社会学者には理解できる方法で、集合的に行動する。個人はそれぞれ行動する能力を持っており、どのように行動するかは彼らの世界観によって決まるのである。そしてその世界観は、集団理解となって現れる。集団理解の例としては、宗教や資本主義などの政治体制が挙げられる。個人主義的プロテスタント主義という新しい「精神」こそが、資本の蓄積と市場社会創造への道を開いたのだと、ヴェーバーは初期の著書『プロテスタンティズムの倫理と資本主義の精神』において述べている。彼は『経済と社会』でこの考えを発展させ、信仰の型を分類し、個人が多様な信念に基づいて社会的行為を行う方法を分析してみせている。

## 行動の抑制

社会的な集団構造ができ上がると、その集団構造は、人間の自由を拡大してくれるものではなく、人間に制約を課す存在になるかもしれない。このことを指してヴェーバーは、人間を「機械」の「歯車」であると述べたのである。また、人間がつくり上げた構造は、人間の行動を制限するものでもある。たとえばプロテスタントという構造においては、よく働き浪費を避けるようにとの制限が与えられる。その結果、彼らは貯蓄を行い、そこから資本主義が生まれることとなったのである。■

> 社会学的見地からすると「行動する」集合的人格などというものは存在しない。
> **マックス・ヴェーバー**

## マックス・ヴェーバー

マックス・ヴェーバーはドイツのエルフルトで生まれ、ハイデルベルク大学で、はじめは法律学を学んでいた。社会学という分野が生まれる前であったものの、ヴェーバーの研究は法理論、歴史、経済にまで及んでいた。そして最終的に、フライブルク大学で経済学の教授となる。ヴェーバーは早くから政治活動にかかわっており、社会政策に関する思想家として名を馳せた。1890年代にはポーランド人移民についての著作があり、ドイツの社会改革運動の一つである福音社会会議にも参加している。また、第一次世界大戦後に結成された自由主義的なドイツ民主党創始者の一人でもある。
父親との関係が非常に悪かったが、父親が1897年に亡くなったことでその問題は解消された。ヴェーバーはノイローゼを患っており、不眠とうつ病に苦しんだ。完全に回復することはなく、専任として教職に復帰することは叶わなかった。

### 主著

1905年 『プロテスタンティズムの倫理と資本主義の精神』
1922年 『経済と社会』
1927年 『経済史 一般社会経済史要論』

# イデオロ
# 対決
## 1910年〜1945年

ギーの

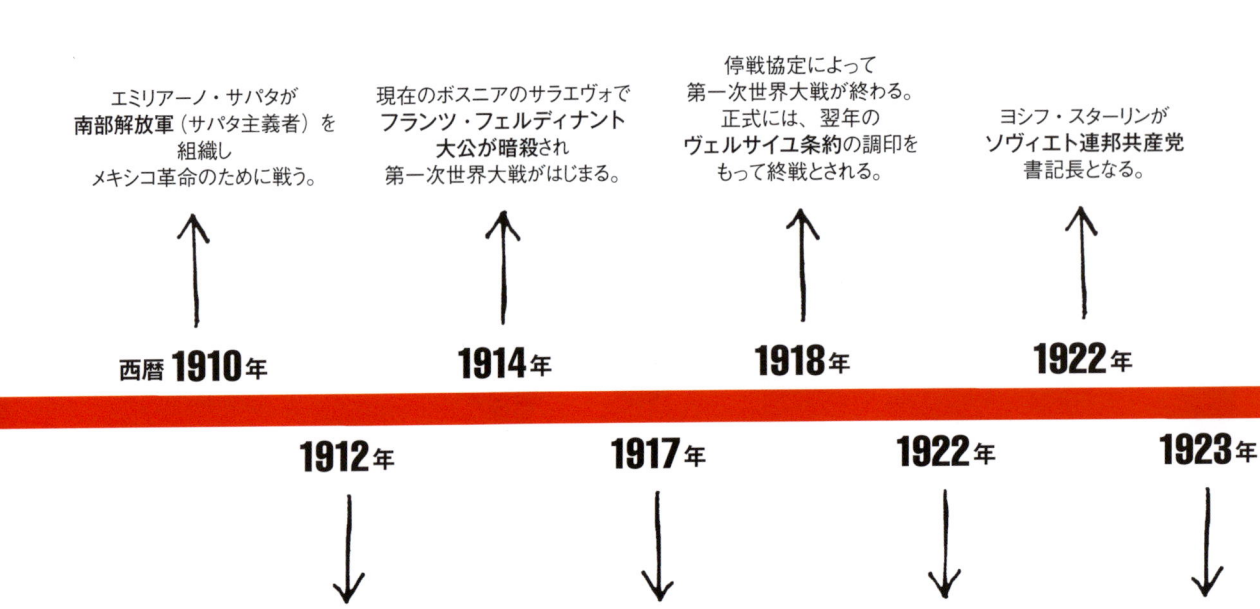

# はじめに

**西暦1910年** — エミリアーノ・サパタが**南部解放軍（サパタ主義者）**を組織しメキシコ革命のために戦う。

**1912年** — 孫文が清王朝を倒し**中華民国**の初代大統領となる。

**1914年** — 現在のボスニアのサラエヴォで**フランツ・フェルディナント大公が暗殺**され第一次世界大戦がはじまる。

**1917年** — 二月革命ののちロシアの皇帝ニコライ2世が退位する。十月革命によってレーニンがボリシェヴィキ政権を樹立する。

**1918年** — 停戦協定によって第一次世界大戦が終わる。正式には、翌年の**ヴェルサイユ条約の調印を**もって終戦とされる。

**1922年** — ベニート・ムッソリーニがファシスト党を率いて**ローマ進軍**を行いイタリアの首相となる。

**1922年** — ヨシフ・スターリンが**ソヴィエト連邦共産党**書記長となる。

**1923年** — ムスタファ・ケマル・アタテュルクがトルコの独立戦争において民族主義の軍を率いて戦い**トルコ共和国の大統領**となる。

---

**20**世紀前半は、古い帝国が衰退し、新しい共和国が確立していく時代であった。その結果、特にヨーロッパにおいて政治的に不安定な状況が広まり、この時代を象徴する二つの世界大戦が引き起こされることとなる。ヨーロッパの古い秩序が崩されていく過程において、極端な国家主義政党や権威主義政党が現れた。また、ロシアにおいては1917年にボリシェヴィキ革命が起こり、全体主義的な共産主義絶対政権の樹立へと舵が切られる。その一方、アメリカでは、1930年代初頭に起こった大恐慌を受けて、経済面においても社会面においても自由主義が強化されつつあった。

1930年代の終わりには主要国の政治思想が二極化され、ファシズムや共産主義のイデオロギーと、自由な市場を持った社会民主主義との対立の構図が浮かび上がってくる。

## 世界的革命

世界的大改革につながる一連の革命がはじまったのは、実はヨーロッパではなかった。1910年にメキシコ革命がはじまり、10年に及ぶ武力闘争の結果、ポルフィリオ・ディアスによる古い政治体制が崩壊する。中国では1911年の辛亥革命によって清王朝が倒され、翌年に孫文が共和国を樹立している。そして、この時代にもっとも影響を与えることとなる革命が、ロシアにおいて勃発する。政治不安から1905年に起こった革命は鎮圧されたものの、1917年に再び革命が起こり、皇帝ニコライ2世の政権が倒されることとなるのである。

第一次世界大戦終結時には、多くの人々が平和への希望をいだいたが、それも長続きしなかった。国際連盟ができたことで恒久的な平和が実現されるかと思われたものの、ヨーロッパで高まりつつあった緊張を解消するには至らなかった。戦後の賠償、および経済崩壊を背景に、過激な運動が徐々に生まれつつあった。

## 独裁政権と抵抗運動

イタリアとドイツで生まれた小さな急進的政党が、ベニート・ムッソリーニ率いるファシスト党とアドルフ・ヒトラー率いるナチ党へと成長した。スペインでは、第二共和政が成立したことへの反発から国家主義者がフランシスコ・フランコのもとに集結し、政権を奪い取るべく反乱を起こした。ロシアでは、1924年にウラジーミル・レーニンが亡くなったのち、ヨシフ・スターリンが独裁政治を展開し、敵対者を排除し、産業・軍事大国ソヴィエト連邦を建国した。

ヨーロッパ大陸において全体主義体制が力をつけていた一方で、イギリスは帝国崩壊の危機に直面していた。植民地における独立運動が、イギリスの

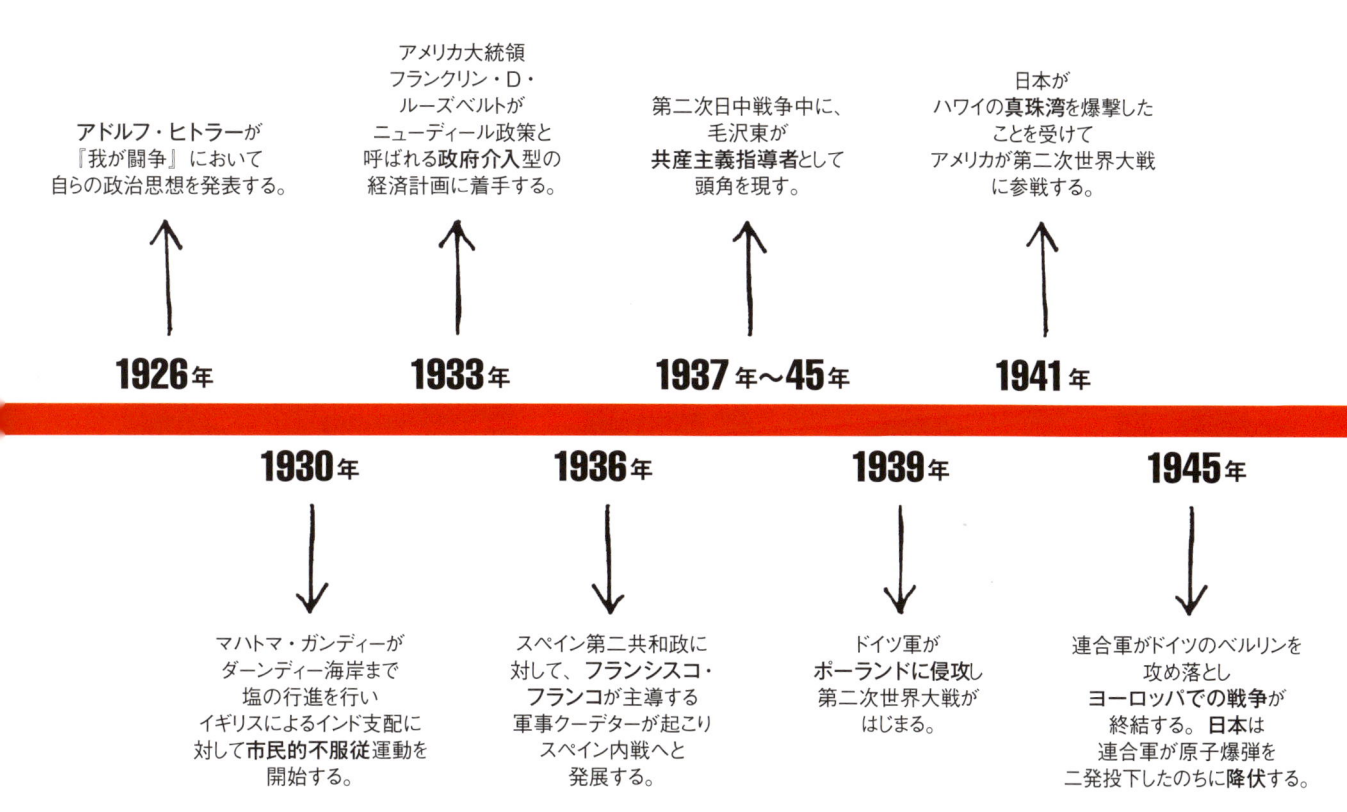

## イデオロギーの対決

**1926年** ↑ アドルフ・ヒトラーが『我が闘争』において自らの政治思想を発表する。

**1933年** ↑ アメリカ大統領フランクリン・D・ルーズベルトがニューディール政策と呼ばれる**政府介入型**の経済計画に着手する。

**1937年〜45年** ↑ 第二次日中戦争中に、毛沢東が**共産主義指導者**として頭角を現す。

**1941年** ↑ 日本が**ハワイ**の**真珠湾**を爆撃したことを受けてアメリカが第二次世界大戦に参戦する。

**1930年** ↓ マハトマ・ガンディーがダーンディー海岸まで塩の行進を行いイギリスによるインド支配に対して**市民的不服従**運動を開始する。

**1936年** ↓ スペイン第二共和政に対して、**フランシスコ・フランコ**が主導する軍事クーデターが起こりスペイン内戦へと発展する。

**1939年** ↓ ドイツ軍が**ポーランドに侵攻**し第二次世界大戦がはじまる。

**1945年** ↓ 連合軍がドイツのベルリンを攻め落とし**ヨーロッパでの戦争**が終結する。**日本**は連合軍が原子爆弾を二発投下したのちに**降伏**する。

---

支配を脅かしていたのである。反植民地主義が特に力を持ったインドでは、マハトマ・ガンディーが非暴力による市民的不服従運動を先導していた。そして、アフリカにおいても、ケニアのジョモ・ケニヤッタのような活動家が抵抗勢力を結集していた。

### 争いの時代へ

アメリカでは1929年にニューヨーク株式市場で大暴落が起こり、1920年代の好況時代が終わりを告げ、大恐慌がはじまった。1933年にはフランクリン・D・ルーズベルトがニューディール政策を導入し、これによってアメリカの政治に新たな自由主義がもたらされることとなる。アメリカはヨーロッパの不安定な情勢に対して中立的な立場を貫いていたが、ドイツのナチ党による反ユダヤ主義の影響で、ヨーロッパからアメリカへ知識人たちが移住してくるようになった。特に、マルクス主義の流れをくむフランクフルト学派の知識人の存在は大きかった。彼ら移住者はアメリカに新しい思想をもたらし、ルーズヴェルトの政策に対して異議を唱える人々も現れた。

アメリカが中立的立場をとったのは、ヨーロッパに対してだけではなかった。この時代、アジアでもまた政治的混乱が広がっていた。日本の軍国主義が高まり、1937年には日中戦争が起こった。中国にも戦火が及ぶなか、毛沢東が共産主義指導者として頭角を現した。

アメリカ同様、イギリスも戦いに巻き込まれることを嫌い、ファシズムの脅威にもかかわらず中立の立場を守った。1936年にスペイン内戦が勃発したときも、ドイツが反乱軍を支援し、ソヴィエト連邦が政府軍を支援する状況下で、イギリスは中立に徹していた。しかし、ヒトラーの領土要求に応じるのはやめるべきだという声が、イギリスとアメリカで高まりを見せる。また、1939年に戦争がはじまると、ドイツに反対する国々の同盟がつくられていく。そして1941年に日本軍が真珠湾を攻撃するに及び、アメリカもその同盟への参加を決定する。

イギリス、アメリカ、ソ連は、第二次世界大戦中は良好な協力関係を維持したが、ファシズムが倒されたのち、政治的関係性が一変する。共産主義の東側と資本主義の西側のあいだに距離が生まれ、対立関係へと発展したのである。ヨーロッパ諸国は、その両者のあいだに自らの立ち位置を見つけようと必死に模索していた。このような状況から、ついには冷戦がはじまり、戦後の国際政治は全般的に冷戦の影響下に置かれることとなる。■

# 非暴力が私の信仰の第一条だ

マハトマ・ガンディー
（1869年〜1948年）
Mahatma Gandhi

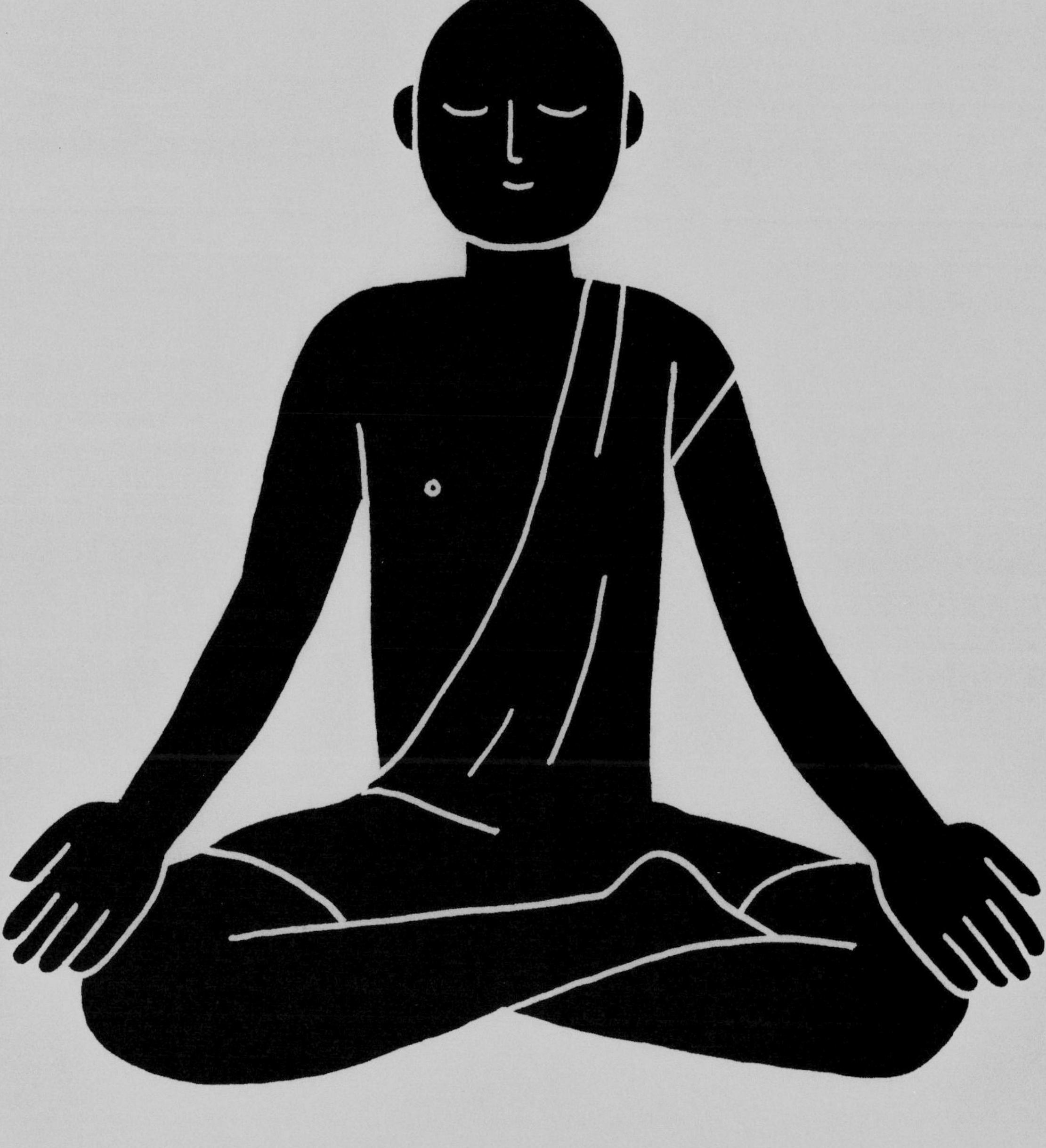

# 222 マハトマ・ガンディー

**背景**

イデオロギー
**反植民地的国家主義**

焦点
**非暴力抵抗**

前史
**紀元前6世紀～前5世紀** 非暴力と自己修養に重きを置くジャイナ教の教えが、インドで発達する。

**1849年** ヘンリー・デイヴィッド・ソローがエッセイ『市民的不服従』を書き、不正な法に従うことを拒否するという道徳観を擁護する。

後史
**1963年** 公民権運動の指導者マーティン・ルーサー・キングが、ワシントンD.C.で行った「私には夢がある」という演説において、黒人と白人が平和に共存する理想の社会を描く。

**2011年** カイロのタハリール広場において行われた平和的抗議の結果、エジプト大統領ホスニー・ムバラクが退陣に追い込まれる。

---

神とは**真実**であり**愛**である。
　↓
真実と愛のなかに暴力は含まれず、真実と愛は誰も**傷つけない**。
　↓
我々は、真実と愛をもって**敵と対峙**しなくてはならない。
　↓
我々が勇気をもって愛と真実を実行することで、我々の敵は、**善良で公正な態度**を取り戻すであろう。
　↓
この方法によって、争っていた党派同士も合意に至り、**平和な国家**が生まれる。
　→
**非暴力が私の信仰の第一条だ。**

---

**16** 世紀以降、ヨーロッパ列強が世界規模の帝国を築いてきたが、その植民地内において、植民地支配に抵抗する動きが生まれてくる。彼らの愛国心を刺激したものは、ほかならぬヨーロッパ列強自身の姿であった。植民地支配を行っていたヨーロッパの国々は、国家としての強いアイデンティティーを持っていた。それは、ヨーロッパで育まれた「国家」という概念に根差したものであり、自国の領土における主権の重要性を強く意識したものであった。そのような列強の姿を目にした植民地の人々は、自らも国家を持ち民族自決権を手にしたいという思いをいだくようになったのである。しかし、多くの植民地は経済力も軍事力も持たなかったため、彼らの反植民地運動は、ヨーロッパの抵抗運動とはまったく異なるかたちで発展していった。

## 精神的武器

インドでは20世紀前半にイギリスからの独立を求める闘いが起こるが、その特徴は、彼らの精神的指導者であったモーハンダース・ガンディーが提唱した政治的・道徳的哲学であった（マハトマ・ガンディーとして広く知られているが、「マハトマ」は「偉大なる魂」という意味の尊称である）。ガンディーは強力な民主国家を求めていたものの、そのような国家を勝ち取り、築き上げ、維持していく際に、暴力を用いるのは間違いであると考えていた。徹底して非暴力的な抵抗と市民的不服従を貫くという自身の道徳を、彼は「サティヤグラハ」（真理の把握）と呼んだ。20世紀の政治情勢を一変させた反植民地的国家主義という流れのなかにあって、彼は、道徳心と良心を用いて闘うことに決めたのである。ガンディーはこの手法を「完全に精神的な武器」と呼んでいた。

ガンディーは、全宇宙が一つの最上原理によって治められていると考えた。その原理を、彼は「サティヤ」（真理）と呼んだ。サティヤは愛の神の別名であり、その愛の神こそが、世界中の偉大な諸宗教の根源となっているの

# イデオロギーの対決 223

参照： イマヌエル・カント 126-29 ■ ヘンリー・デイヴィッド・ソロー 186-87 ■ ピョートル・クロポトキン 195 ■ アルネ・ネス 290-93 ■ フランツ・ファノン 304-05 ■ マーティン・ルーサー・キング 316-21

だと彼は考えた。人類は皆、この愛の神から生まれたものである。それゆえ、人間関係における真の原理は、愛のみである。愛とは他者への気遣いと敬意であり、また、「すべての人の目からすべての涙を拭い去る」という目標のために生涯続ける無私の献身であるとガンディーは述べている。このため、ガンディーの支持者には、非暴力が求められるのである。ガンディー自身はヒンドゥー教徒であったが、道徳哲学を発展させるためにさまざまな宗教的伝統を参考にしている。そのなかには、ジャイナ教や、ロシアの小説家レフ・トルストイによる平和的なキリスト教の教えも含まれる。この二つはともに、あらゆる生き物を傷つけないことの重要性を強く説くものであった。

## 政治的目的

ガンディーの示したイデオロギーは、人生のあらゆる局面において愛の原理を実践する試みであった。苦しみに耐えること、たとえば、個人や国家による侮蔑的な扱いに対して「反対の頬を出す」ような忍耐を貫くことは、暴力による抵抗や報復とは対照的なものであるが、これは、精神的目的と同時に政治的目的のための手段ともなる。この自己犠牲を厭わない精神は、真実の法として人間性に働きかけ、敵対する相手の気持ちを変えて協力関係を築けるかもしれない。そしてそれと同じことを、政治的な仲間や敵といった、より広い社会においても実現できるかもしれない。平和的で優れた諸原理をしっかりと理解し、それに基づいて大衆革命を起こせば、インドは必ずや内政自治権を手に入れることができるとガンディーは考えていた。

## 南アフリカの活動家

イギリス支配に対してガンディーがはじめて反抗したのは、インドではなく南アフリカにおいてであった。ロンドンで法廷弁護士になるための教育を受けたのち、彼は21年間、南アフリカで働いた。その当時、南アフリカもインド同様、イギリスの植民地であった。そこで彼は、移住してきたインド人の市民権を守るために働いていた。南アフリカで過ごすうちにガンディーは、自分の「インド人」としてのアイデンティティーを自覚するようになる。この「インド人である」という意識は、人種・宗教・階級といったあらゆる違いを超越するものだと彼は感じた。のちに、彼が統一後のインド

ガンディーはジャイナ教の影響を受けていた。ジャイナ教の中心教義は、命のあるものを傷つけないということである。ジャイナ教の僧は、昆虫を吸い込んでしまわないようにマスクを着用する。

### マハトマ・ガンディー

モーハンダース・カラムチャンド・ガンディーは、1869年10月2日にイギリス領インドのボンベイ州にあるポールバンダルで、ヒンドゥー教を信仰するその地方の名家に生まれた。ガンディーの父親は高官であり、母親は敬虔なジャイナ教徒であった。

ガンディーは、わずか13歳で結婚した。その5年後、父親がガンディーをロンドンへ送り、法律を学ばせた。ガンディーは1891年に弁護士となり、南アフリカで開業し、インドからの移民の市民権擁護に尽力した。南アフリカにいるあいだに、ガンディーは、ヒンドゥー教の厳格な自己修練であるブラフマチャリヤ（禁欲）を行うようになり、禁欲生活に入る。1915年にインドに戻ると、清貧の誓いを立て、アシュラム（僧院）を建てる。そして4年後に、インド国民会議の長となる。インドとパキスタンの分離独立をガンディーの責任であると考えたヒンドゥー教の過激派によって、ガンディーは、祈りに向かう途中で暗殺されている。

**主著**

1909年　『インドの自治』
1929年　『真理を対象とした私の実験について』

# 224　マハトマ・ガンディー

について考える際に、この感覚が彼の思想の基盤となる。南アフリカにおいてガンディーは、社会の不正、人種間の暴力、植民地支配下での政府による過酷な搾取を直接目にした。そのため彼は、自らの平和主義的理想を行動に移し、植民地支配に抵抗していくこととなるのである。1906年に、ガンディーは指導者としての才能を世間に示すこととなった。この年、政府が新しい法律を定め、インド人移民に指紋の登録を迫るという事態が発生した。これを受けてガンディーは、数千人の貧しいインド人移民の先頭に立ち、不服従運動を先導したのである。力による弾圧を受けながらも7年間にわたって抵抗を続け、ついに南アフリカの指導者ヤン・クリスティアン・スマッツと交渉を行い、譲歩を引き出すことに成功した。これは非暴力による抵抗の力を証明する事件であった。たしかに時間はかかるかもしれないが、最終的には敵対する相手を改心させ、正しい行動に導くということを、ガンディーは実証したのである。

その後の数年間、ガンディーは見事な手腕を発揮し、非暴力抵抗こそがもっとも効果的な抵抗であるという自らの考えをさらに強固なものとする。1915年にインドに帰国したときには、彼はすでにインドの国家主義者として国際的に有名になっていた。帰国後すぐに、彼はインドの独立を目指して政治運動を行うインド国民会議に参加し、頭角を現しはじめる。ガンディーは、イギリス製品の、特に織物の不買運動を呼び掛けた。そしてすべてのインド人に、自ら紡いでカディという手織りの服を着るようにと奨励した。外国製品への依存度を下げ、自国の経済を強化するためである。彼はこのような不買運動を、平和的な非協力運動の延長上にあるものとみなしていた。さらに彼は、イギリスの学校や裁判所を使わないこと、政府による雇用を辞退すること、イギリスからの称号や勲章を受け取らないことを奨励した。人々の興奮が高まり、自らの知名度が上がっていくなかで、ガンディーは、自分には政治の舞台で人々を惹きつける才能があることに気づいた。同時に、人々の意見に対して、メディアが持つ影響力の大きさを認識した。

## 大衆による抵抗

1930年、ガンディーはインドの自治権を求める議会決議をイギリスに突きつけた。それに対し、イギリスは回答を拒み、完全独立はインド国民議会による一方的な宣言に過ぎないという見解を示した。その後間もなく、ガンディーは新たな不服従運動をはじめる。イギリスが塩に税をかけたことに抵抗し、数千名の参加者とともに海岸までの長い行進を行ったのである。世界が見守るなか、海岸に敷かれた白い大きな布の上の塩を、ガンディーは手に取った。禁止されていた塩の製造を行ったことで、ガンディーはその場で逮捕された。ガンディーは投獄されたが、彼の行った抵抗により、インドにおけるイギリスの不当な支配が世界中で報道されたのである。ガンディーが周到に計画した非暴力不服従行動により、インドにおける大英帝国の支配

目的達成のために用いる非暴力的手段も、その目的と同じくらい大切であるとガンディーは信じていた。この点を説明するために、ガンディーは時計を手に入れるという例を用いた。

> もし私があなたの時計に代金を支払ったら、その時計は私の所有物になる。

> もし私があなたの時計を手に入れるためにあなたと戦ったら、その時計は盗品になる。

> もし私があなたに時計をくれるように頼んだら、その時計は寄贈品になる。

イギリスが塩に課した税に抵抗するガンディーの行進に、何千人もの人々が参加した。1930年5月に、彼らはグジャラートのダーンディー海岸まで行進し、海水を集めて塩をつくった。

> 「現実生活における問題を説明してくれることもなくその解決の助けにもならないような宗教は宗教ではない。
> **マハトマ・ガンディー**」

# イデオロギーの対決

が揺らぎはじめた。

ガンディーの運動と投獄に関するニュースが、世界中の新聞で取り上げられた。ドイツの物理学者アルベルト・アインシュタインは、ガンディーについて次のように述べている。「彼は、抑圧されている国が自由を求めて闘うための、まったく新しい人道的な方法を発明した。彼の道徳的影響力は、文明社会に住み主体的に物事を考える人々に及んでいる。その影響力はおそらく、残忍な暴力に対する過大評価とともに、いまの時代の人々が思うよりもはるかに長く続くだろう。」

## 厳格な平和主義

ガンディーは、非暴力という自らが掲げた原則に絶対的な自信を持っていた。しかし、世界中で起こっている紛争にその原則を適用する際に、その自信が揺らぐこともあったようである。また、その適用に関して、多方面からの批判を受けていた。たとえば、イギリスは武器を捨てて精神力のみでナチスと戦うべきであると、ガンディーがイギリスのインド総督に涙ながらに訴えたとき、その「自己犠牲的な忍耐」には集団自決が必要になるだろうとの批判が上がった。また、のちにガンディーは、ホロコーストから逃げてきたユダヤ人やドイツの圧政に反撃したユダヤ人を批難して「ユダヤ人はそのドイツ人の肉切り包丁に、自らの身体を捧げるべきであったのだ。あるいは断崖から海に身を投げるべきであったのだ。そうすれば、世界の人々やドイツ国民が立ち上がっただろうに」と述べたこともある。左派の人々からも批判が出ている。たとえば、イギリスのマルクス主義のジャーナリスト、ラジャニ・パーム・ダットは、「実際には富裕層寄りであることを隠すために、人道や愛といったもっとも宗教的な原則を利用している」として、ガンディーを批判した。また、イギリスの首相ウィンストン・チャーチルは、ガンディーを「半裸の托鉢僧」と呼び、酷評している。

インド国外での諸状況に、彼の原理をどこまで適用できるかはともかくとして、インドにおいてはガンディーの手法は間違いなく成功を収めており、インドは1947年に独立を勝ち取っている。もっとも、ガンディーは、インド・パキスタン分離独立には強く反対していた。この分離独立では、宗教的な境界線によってインドが二つの国家に分けられ、大きい方の土地がヒンドゥー教のインドとなり、もう一つがイスラム教のパキスタンとなった。この分離のために、何百万人もの人々が移住を余儀なくされた。この分離独立から間もなくして、ガンディーが暗殺される。暗殺者はヒンドゥー教徒の国家主義者で、ガンディーがイスラム教に譲歩し過ぎであると批難していた。

今日、急速に工業化が進むインドは、農村の牧歌的な雰囲気やガンディーが政治的理想とした禁欲主義とはほど遠い。また、隣国パキスタンとの緊張関係が続いていることは、インド人としてのアイデンティティーが宗教を超越するはずだというガンディーの主張が、結局は実現しなかったことを示している。ガンディーが断固として反対していた身分制度も、インド社会からなくなる気配

> キリストは我々に目的を授けた。ガンディーは我々に戦術を授けた。
> マーティン・ルーサー・キング

はない。それでも、インドは政教分離の確立した民主国家であり、それはガンディーの基本的信念である「平和的な方法によってのみ公正な国家がつくられる」という考えと一致している。ガンディーが自ら示した手法は、世界中の活動家によって引き継がれた。そのなかには、公民権運動の指導者マーティン・ルーサー・キングも含まれていた。彼は、1950年代から1960年代にかけてアメリカで人種差別法に対して平和的抵抗を行っているが、これはガンディーに倣ったものであると述べている。■

道路の閉鎖から製品の不買運動に至るまで、非暴力による抵抗は、今日の政治の世界では、市民的不服従の一般的で強力な手段となっている。

# 大衆の
## あるところに
## 政治が起こる

ウラジーミル・レーニン
（1870年〜 1924年）
Vladimir Lenin

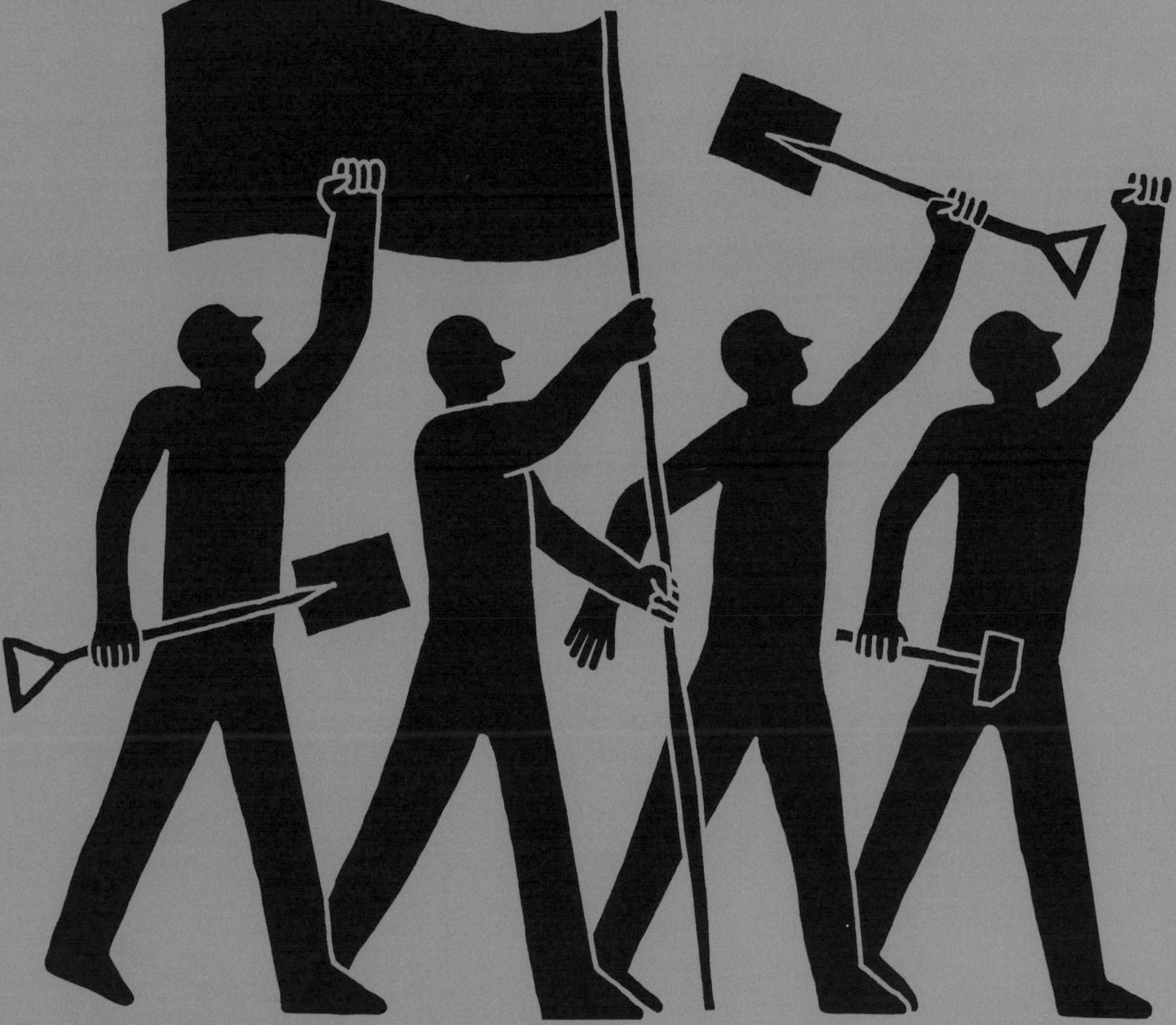

# ウラジーミル・レーニン

## 背景

**イデオロギー**
**共産主義**

**焦点**
**大衆革命**

**前史**
**1793年** フランス革命に続く恐怖政治の時代に、何千人もの人々が「革命の敵」として処刑される。

**1830年代** 専門知識を有する少人数集団が、革命による権力奪取を画策して実現することが可能であると、フランスの政治活動家オーギュスト・ブランキが唱える。

**1848年** カール・マルクスとフリードリヒ・エンゲルスが『共産党宣言』を出版する。

**後史**
**1921年** 中国共産党が、レーニン主義の前衛党として設立される。

**1927年** スターリンがレーニンの新経済政策を排し、農業を集産化する。

---

20世紀に入るころ、製材業を中心とする農業大国であったロシア帝国は、経済面において、産業化の進んだ西欧の国々から大きくおくれをとっていた。ロシア帝国の国民には、ロシア人、ウクライナ人、ポーランド人、ベラルーシ人、ユダヤ人、フィン人など、さまざまな民族が含まれており、彼らのうちの40パーセントしかロシア語を話さなかった。当時、帝国は絶対専制君主ニコライ2世の独裁政権下にあり、厳しい社会階級制度が敷かれていた。報道の自由も言論・結社の自由もなく、少数民族の権利は認められず、一般市民の参政権もほとんどなかった。このような抑圧された状況において、当然の流れとして、革命勢力がこれまでになく力をつけていった。そしてついに1917年に十月革命が起こり、政治運動家ウラジーミル・レーニン率いる革命勢力が勝利を収めることとなる。

## 歴史の法則

19世紀のヨーロッパでは、産業革命によって新たに生まれた労働者階級の生活を「困窮」が象徴するという状況が生じ、次第に社会主義が発達してきた。当時の労働者は、労働組合などの社会的組織や伝統によって守られているわけではなかったため、新しく現れた雇用者層による搾取を受ける危険性が高かった。労働者の苦しみが続くなか、カール・マルクスとフリードリヒ・エンゲルスは、資本主義に対する国際的革命が必ずや起こるだろうと宣言した。彼らは、階級闘争は社会を変える原動力になると信じていたのである。彼らは1848年出版の『共産党宣言』において、ヨーロッパ中の労働者が、国を超えて集結すべきであると呼び掛けた。

しかし、マルクスとエンゲルスにとって誤算だったのは、西欧の産業化が進んだ国々において、労働者の暮らしが安定し生活水準が上がってきたときに、彼らが資本家階級に反抗するどころか、自分たちも資本家階級になりたいと熱望するようになったことである。社会主義者は、法律を使い、また、議会などの組織を通して活動することが多くなった。そのような民主的手段によって改革を推し進めていくことができ、そうすることで、労働者の票をより多く獲得することができたからである。社会主義者の意見は次第に二分されていき、投票を通して民主的に改革を行うことを主張する人々と、革命によって改革を行おうと主張する人々とに分かれていった。

## ロシアの状況

ロシアの産業化は遅く、19世紀末になっても労働者階級は雇用者層から、

---

反乱を成功させるためには、大衆の行動に頼らざるを得ない。

↓

大衆に行動を起こさせるには、前衛党が必要となる。

↓

大衆が前衛党とともに活動するためには、前衛党と大衆の目的と利益が合致していなくてはならない。

↓

**大衆のあるところに政治が起こる。**

# イデオロギーの対決 229

参照: カール・マルクス 188-93 ■ ヨシフ・スターリン 240-41 ■ レフ・トロツキー 242-45 ■ 毛沢東 260-65

> 自由な状況で
> 採択された決定によって
> 敵と戦うという目的のために
> 我々は団結した。
> ウラジーミル・レーニン

なんら現実的な譲歩を引き出せずにいた。西欧とは異なり、ロシアの人々はそのほとんどが、産業化による物質面での恩恵を享受していなかった。1890年代、ロシアでは反乱を企てる政治活動家の数が増えていき、そのなかには急進的な法学生であった若き日のウラジーミル・レーニンも含まれていた。ますます抑圧的になる国家、そして秘密警察に対して、彼らは着々と反乱の計画を練っていた。1905年、ついにこの不満の高まりが国中に広がった。はじめての革命は失敗に終わり、皇帝を倒すには至らなかった。しかし、民主化へ向けた多少の譲歩を引き出すことには成功した。しかし、相変わらずロシアの労働者の生活は苦しいままであった。革命家たちは帝政の完全な転覆を目指し、次の反乱の準備にとりかかった。

レーニンは生涯を通じて、マルクス主義の理論に基づいて実際の政治を行おうと努力していた。ロシアの現状をマルクス主義の立場から分析したレーニンは、この国は封建主義から資本主義へと急激な変化を遂げつつある段階だと判断した。そして彼は、その資本主義の搾取を支えるもう一つの柱が、農民経済であると考えた。この農民経済を崩すことができれば、資本主義経済全体が崩壊するのではないだろうか。レーニンはそのように考えていたものの、小作農が自分の土地を所有することを熱望していると知り、小作農には社会革命は起こせないと確信した。なぜなら、革命の主要な目的の一つは、最終的に私有財産を廃止することであったためである。革命の推進力となるのは、急速に成長しつつある産業労働者階級以外にはないとレーニンは考えた。

レーニンは、最初は、ロシアの小作農から革命への支持を集めようとしていた。しかし小作農は土地所有を熱望していたため、革命を起こす階級にはなり得ないとレーニンは結論づけた。

## 前衛党

マルクス主義の分析では、資本家階級とは、工場のような生産手段を所有する人々である。それに対して労働者階級とは、自らの労働力を売って生計を立てるしかない人々を指す。資本家階級には、レーニンのようにそれなりの教育を受けてきた人々も含まれてお

### ウラジーミル・レーニン

ウラジーミル・イリイチ・ウリヤノフ(のちにレーニンという姓を名乗るようになる)は、ロシアのシンビルスク(現在のウリヤノフスク)で生まれた。彼は古典的な教育を受け、ラテン語とギリシャ語の才能を見せた。1887年、レーニンの兄アレクサンドルが、皇帝アレクサンドル3世の暗殺を企てたとして処刑された。その年、レーニンは法律を学ぶためにカザン大学に入学したが、学生運動に参加したことで退学処分となる。祖父の所有する土地に移ったレーニンは、カール・マルクスの著作に夢中になった。その後、ほかの大学で法律の学位を取り、職業革命家として本気で活動を開始する。彼は逮捕され、投獄され、シベリアに追放され、ヨーロッパをめぐり、革命のために執筆活動や組織づくりを行った。そして1917年の十月革命によって、レーニンはロシアの事実上の支配者となる。1918年に暗殺未遂に遭い、一命を取り留めるものの、それ以降、健康を取り戻すことのないまま亡くなった。

#### 主著

1902年 『何をなすべきか?』
1917年 『資本主義の最高の段階としての帝国主義』
1917年 『国家と革命』

# 230　ウラジーミル・レーニン

り、そのような人々は、資本家階級による労働者階級の搾取は不当であると考え、革命を先導していた。彼らのような「革命的ブルジョアジー」と呼ばれる人々が、1789年のフランス革命を含む過去の諸革命において、主導的役割を演じてきたのである。ところが、ロシアでは急激な産業化が進んだ際に、必要な資金の大半が外国資本によってまかなわれていた。それはつまり、ロシア国内において、ロシア人の資本家階級の規模が相対的に縮小したということになる。さらに都合の悪いことに、ロシアの資本家階級には、革命家がほとんどいなかったのである。

レーニンは、革命には指導者と組織が必要であるということを理解しており、エンゲルスとマルクスの提唱した「前衛党」という概念を支持していた。前衛党とは、政治をきちんと理解している「強い決意を持った人々」からなる集団で、メンバーの大半が労働者階級に属している場合が多い。そのような前衛党が、革命の際には先頭を切ることになるのである。前衛党は労働者に対して、自覚を持って団結する「対自的階級」になるようにと呼び掛ける。そうなれば労働者階級は資本家階級が優位に立つ状況を打破し、「労働者階級独裁」を確立することが可能になるのだ。レーニンは、ボリシェヴィキという名前の前衛党を結成した。この党はのちに、ソヴィエト連邦共産党へと転ずることとなる。

## 国際的革命

マルクス同様レーニンは、団結した労働者が大きな革命の流れに乗って立ち上がるだろうと信じていた。その革命により、国境・国家・民族・宗教にとらわれることがなくなり、最終的には国境も階級も存在しない一つの国のようになると彼らは考えていた。それは、「貧困層のための民主主義」が国際的に広がったものであると言える。そして同時に、それまで労働者を搾取し抑圧してきた階級が逆に力で抑え込まれ、新しい民主主義から除外されるということになる。このような段階は一時的なもので、民主主義から共和主義へ移行する過程において不可欠のものであるとレーニンは考えていた。共和主義こそが、マルクスが描いた最終的な革命国家であり、労働者階級独裁の次に続く段階である。最終的に現れるこの共和国家においては、階級がなくなり、私有財産も廃止されることとなる。

　レーニンは、自分の政治理念が実現できるのは、「数千人ではなく数百万人がいるところであり、そこでは本当の政治がはじまる」と述べている。重装備の帝国主義国家が持つ武力や権力に立ち向かうためには、国家に疎外され不満を抱えた労働者が何百万人も参加することが必要だったのである。数百万人の労働者が団結し、職業革命家によって組織されてこそ、武力も財力も十分に備えた資本主義体制を倒すことが可能になる。帝政下において、労

国境を越えた階級への忠誠心を説いていたレーニンは、「国際社会主義革命万歳！」という表現を用いた。この一文をスローガンに掲げて労働者が前進し、裕福な銀行家が逃げ出す様が描かれている。

## イデオロギーの対決　231

第一次世界大戦での多大な犠牲に疲れ果てていた反乱軍は、1917年の十月革命を成功に導いた立役者であった。古い体制はその大戦によって、彼らの信任を失ってしまっていた。

働者と小作農は、自分たちの利益は生産手段や土地を所有する人々の利益に依存するものであると考えていた。しかしマルクス主義者のレーニンは、労働者の権利や福利は、資本家や地主とは無関係に、労働者に与えられるべきものなのだと説いた。同じ苦しみを共有していた民衆は、その苦しみによって団結し、一つの政治団体へとまとまっていく。そして、レーニン率いるボリシェヴィキ幹部が巧みな弁舌で彼らに語りかけ続けることで、その結束力が強化されていった。レーニンにとって、この大衆の力こそが革命を成功に導く唯一の力であった。

1917年の革命が成功してからちょうど1年後の1918年5月6日、レーニンはロシア共産党第7回臨時会議において政治報告を行った。そのなかで彼は、革命の全体像を語り、この革命こそが「真にマルクス主義的方法で我々の決意を証明するもの」であると述べた。ボリシェヴィキ党は前年10月に、事実上の無血クーデターによって、臨時政府が手にしていた権力をすでに奪い取っている。つまり彼らは、世界ではじめて成功を収めた共産主義革命家であったのだ。資本主義財政を

> **❝**
> 人々を信頼する者にのみ
> そして、「人々の創造性」という
> 生命力あふれる泉に
> 身を浸した者にのみ
> 勝利が与えられるだろう。
> ウラジーミル・レーニン
> **❞**

奉じる国々のなかで見れば、ロシアはたしかに貧しい国であり労働者階級の力も弱い。しかしロシアが資本家に支配されていたころは、それよりもさらに弱かったのである。そのような状況を覆すために、都市に住む多くの労働者が動員され、結果として「快勝」へとつながったわけである。

革命が成功したおもな要因の一つは、第一次世界大戦におけるロシアの役割であった。1917年には、戦争によって引き起こされたロシア国民の苦しみは、耐え難いものとなっていた。暗殺隊をもってしても、兵士の反乱や脱走を止めることができなくなった。そして「帝国主義」の戦争は、ボリシェヴィキ側の赤軍と反ボリシェヴィキの白軍とのあいだでの内乱へと発展した。レーニンは「この内乱において、圧倒的多数の市民が我々の側についた。そのおかげでこれほど簡単に勝利を手にすることができたのである」と書いている。労働者がつらい経験を通して、資本家階級と協調していくことが不可能だと理解したときに、大衆革命の「果実」は自然に「熟す」のだとマルクスは述べていた。その予言が至るところで実現されていく様を、レー

ニンは目撃した。

実際には、ほかにも多くの要因があった。革命が起こった1917年は、地方行政・軍・教会といった古い組織は権威を失っていた。都市部においても地方においても、経済が崩壊した。ロシアの第一次世界大戦からの撤退やその後の内乱は、深刻な欠乏状態によって生じたものであった。その欠乏状態のために、広い地域で国民が苦しい思いをすることとなる。このような混乱した状況を脱して新しい秩序を築き上げることができるのは、支配的で威圧的な勢力のみであることを、レーニンは理解していた。ボリシェヴィキ党はそのための前衛党であった。しかし、実際に革命を行った主体はボリシェヴィキ党ではない。マルクス主義の枠組みで労働者と小作農をとらえたとき、労働者と小作農による議会や評議会（これらの会は「ソヴィエト」と呼ばれる）がそれぞれ労働者階級独裁の民主主義を実現していくことによって、それを基礎単位として、新しい「共同的な」国家をつくり上げることが可能になるとレーニンは考えた。そしてこれらのソヴィエトを、「全権力をソヴィエトに！」というスローガンのもと、

# ウラジーミル・レーニン

一つに統合したのである。そして、1917年10月、世界で最初の社会主義国家となるロシア・ソヴィエト連邦社会主義共和国が誕生した。

## 戦時共産主義

革命後の3年間、経済が麻痺するなかで、戦時共産主義体制がとられていた。この体制下にあっては、農村で農民が生産した食料が取り上げられ、ボリシェヴィキ軍や都市部の人々の食料とするため、または反ボリシェヴィキの白軍に抵抗する反乱を支援するために使われた。このため、農村では数百万人の小作農が餓死することとなる。あまりに過酷な状況であったため、レーニンとボリシェヴィキは、自分たちの政治活動を支持してくれていた人々からの抵抗を受ける。戦時共産主義は、レーニン率いる新しい共産党の理念に対して疑問を投げ掛けるものであったと、歴史家のデイヴィッド・クリスチャンは述べた。「労働者階級を代表すると主張している政府が、その労働者階級によって転覆されようとしている」と彼は記している。

戦時共産主義は革命の結果として生じた暫定的な状況であったが、内乱が終結したのちに出された政策は、レーニンがこの時代に合わせて提唱したものである。レーニンが国家資本主義と呼ぶ新しい経済政策では、農業のような小規模な事業に対して、余剰作物や余剰製品を売って個人的利益とすることが認められた。ただし、大規模な産業や銀行は、いまだに国家の管理下にあった。ボリシェヴィキの多くが、この新しい政策は、資本主義の要素を持ち込むことで社会主義経済の原則を崩すものであると批判した。しかし、この政策下では、農民が自分の利益を得るために収穫量を増やそうと努力したため、農業の生産力を向上させることができた。レーニンの死後数年たって、この政策は廃止される。そして導入されたのが、スターリンによる強制的な集産主義であった。その結果1930年代に、さらに広い範囲で飢饉が起きることとなる。

## 労働者階級の権力

レーニンの十月革命は、どの程度、本物の社会主義革命であると言えるだろうか。それは、「大衆」がボリシェヴィキとどのくらい方向性を共有しているか、また、ボリシェヴィキがどの程度「大衆」を代表していると言えるのかによって判断できる。苦しんでいた労働者たちが、上からの押しつけではなく、本当に「下から」自らの自由を得るために戦ったと言えるだろうか。それとも、苦しんでいる大衆が勝利を手にできるのだというマルクス主義の物語を利用して、ボリシェヴィキの幹部が権力を手に入れただけだろうか。レーニンは大衆に新しい権力を与え、その権力を繰り返し定義し、説明し、賛美してきたが、その権力はどれくらい実際の効力を持つものだろうか。

レーニンと同時代に生きた社会主義の活動家ニコライ・スハーノフは、ボリシェヴィキ革命を批判しており、大衆の権力が本当に効力を持つものとは考えていなかった。「レーニンはとても雄弁な人物で、複雑な問題を単純化するのがうまい。(中略) 人々の精神を何度も何度も叩きのめし、彼らが自分の意志を失い、レーニンに隷属するように仕向けるような人間である」とスハーノフは書いている。

## 労働貴族

ボリシェヴィキは、ボリシェヴィキ党の独裁が本物の労働者国家と同義であると主張しているが、それは労働者に対する支配を正当化しているに過ぎないと、レーニンを批判する多くの人々は考えている。ボリシェヴィキによる支配を、レーニンは自らのエリート意識を用いて説明する。「職業革命家

> 職業革命家によって(中略)この戦いは組織化されなくてはならない。
> ウラジーミル・レーニン

革命後の内乱において、ボリシェヴィキは、反革命の立場をとる「白軍」と戦った。この緊急事態に出された政策は、大衆の支持を試すことになった。

## イデオロギーの対決 233

中国の文化大革命において、若き紅衛兵が、反革命的な意見を根絶するために前衛党を組織した。レーニンは、革命を先導するために前衛的指導者が必要であると信じていた。

の指導なしで、労働者が自分たちだけで動く場合、彼らは「労働組合意識」以上のものを持つことはできないのだとレーニンは言う。つまり、直接職場で一緒に働いている人々と協力することはできるが、労働者階級全体でまとまることは労働者だけでは実現できないと言っているのである。

レーニンによれば、問題をさらに複雑にしたのは、西欧のいくつかの地域で労働者が権利を勝ち取ったものの、それによって労働者全体の地位が上がったわけではないという事実である。むしろその権利によって、レーニンが「労働貴族」と呼ぶ人々が現れた。労働貴族とは、大きな権利を勝ち取った結果、労働者階級への忠誠心が薄れてしまった人々を指す。そのような状況では「社会主義革命意識」が必要になると、レーニンは考える。その意識によって、階級統合というマルクス主義の原則を理解できるようになるのである。労働者にこの意識を喚起することができるのは、労働者階級から出た前衛的指導者のみであり、だからこそボリシェヴィキが前衛党になり得たのだとレーニンは主張する。

レーニンは、絶対的な真理の存在が不可欠であると考えていた。そしてマルクス主義こそが、疑念を差し挟む余地のない絶対的真理であると信じていた。この絶対主義のために、ボリシェヴィキの思想は権威主義・反民主主義・エリート主義といった、民主主義とは相容れない性質を持つものとなった。レーニン率いる前衛党の方式に倣った革命が、その後、さまざまな政治思想のもとで行われている。台湾の右派で反共産主義の国民党や、中国の共産党がその例である。また、知識人のなかにはいまでも「レーニン主義者」を自認する人々がいる。たとえば、スロヴェニア人哲学者スラヴォイ・ジジェクもその一人で、彼は、マルクス主義を現実に適用しようとしたレーニンの姿勢と、目的達成のために「自らの手を汚す」レーニンの意志を称賛している。現代のレーニン主義者は、グローバル化を、レーニンが抵抗した19世紀の帝国主義の延長であるとみなす。また、資本主義が、貧しい国々で新しい労働力を見つけ出して搾取しようとしていると考える。こういった問題に対するレーニン主義者の解決法は、1世紀前のレーニンの主張と同じく、労働者による国際的な大衆運動である。■

> ロシアを魅惑的な泥沼に
> 導くことができたのは
> レーニンだけであっただろう。
> そしてまた、レーニンだけが
> あぜ道へ戻る道を見つけることも
> できたであろうに。
> **ウィンストン・チャーチル**

# 大衆ストライキは歴史的必然性のある社会状況で起こる

## ローザ・ルクセンブルク（1871年〜1919年）
Rosa Luxemburg

### 背景

**イデオロギー**
革命的社会主義

**焦点**
大衆ストライキ

**前史**
**1826年** 鉱山所有者が鉱夫の賃金を減額しようとしたことを受けて、イギリスではじめてのゼネラル・ストライキが行われる。

**1848年** カール・マルクスが『共産党宣言』において、支配階級と被支配階級との階級闘争の結果として革命や歴史的変化が起こると論じる。

**後史**
**1937〜38年** スターリンがソヴィエト社会主義共和国連邦を強制的に工業大国に変えたため、「大粛清」がはじまり、何十万人もの人々が処刑される。

**1989年** ポーランドの労働組合である「連帯」が、レフ・ワレサ率いる連立政権に参加し、共産主義の統一労働者党を倒す。

---

資本主義社会には、**不平等と抑圧**が生じる。

↓

抑圧された労働者は、**外部からの指導者**など必要としない。

↓

労働者は圧制者を取り除くために、**自ら立ち上がる**。

↓

**大衆ストライキは、歴史的必然性のある社会状況で起こる。**

---

マルクス主義の理論家ローザ・ルクセンブルクは、ストライキの有機的な性質に着目して、大衆ストライキという概念について革新的な方法で説明を行った。労働者が権力を手にするために戦うとき、政治的であれ経済的であれ、大衆ストライキこそが重要な手段になると、彼女は主張した。

ルクセンブルクがこのような思想を発達させたのは、いろいろな場所で起こっている労働者によるストライキや、のちにロシア革命へと発展することとなる1905年のサンクトペテルブルグでの「血の日曜日事件」を受けてのことだった。

### 社会革命

カール・マルクスとフリードリヒ・エンゲルスは、労働者による大衆ストライキが起こるのは、労働者階級より「上」の立場にいる前衛的な職業革命家の先導によると考えていた。また無政府主義の理論家は、破壊行為や宣伝活動がエスカレートした際に革命が起こると考えていた。ルクセンブルクはこのどちらにも賛成しなかった。ストライキを理解する方法としても促進する方法としても、これらの論は正しくなく、実際には、社会革命にはたくさんのさまざまな力が作用していると彼女は考えた。

ルクセンブルクは、著書『自発性および構成の弁証法』において、政治組織は自然に発達するものであると説明した。労働者がストライキに参加するなか

# イデオロギーの対決 235

**参照**: カール・マルクス 188-93 ■ エドゥアルト・ベルンシュタイン 202-03 ■ ウラジーミル・レーニン 226-33 ■ ヨシフ・スターリン 240-41 ■ レフ・トロツキー 242-45

1980年、ポーランドで、レフ・ワレサが「連帯」を創設した。「連帯」のような独立した労働組合は、労働者の生活を改善するために大衆ストライキという手段を用いた。大衆ストライキは、政治的変化を引き起こす力を持っていた。

女は、ゼネラル・ストライキとは上からの命令によって起こせるものではなく、また、一般大衆が確実に引き起こす方法も存在しないということを学んだ。ゼネラル・ストライキとは、労働者階級の意識から芽生える自然な現象であると彼女は言う。社会的な現実によって、特に労働者の置かれたつらい状況によってストライキは起こる。そして、当時の中央ヨーロッパやロシアの労働者階級は、新たな産業において困難な仕事を薄給でやらされており、必死で生き延びているような状態だったのである。

## 労働者の進歩

軍の力と国家の経済支配に対する労働者階級の不満が、ストライキというかたちで爆発する。ストライキには成功も失敗もあるが、それを繰り返すうちに、結果として、自然に大衆ストライキへと発展するのだとルクセンブルクは考えた。そして、資本主義に反対する革命が推し進められるなかで、労働者の目的も変わり、それに応じて党の指導者のあり方も変容していく。このような発展を通して、労働者は知性を獲得していき、さらなる進歩が可能になっていくのである。

ウラジーミル・レーニンは、この「革命の自発性」という説に異議を唱え、も

> **大衆ストライキは革命のための闘争の一場面に過ぎない。**
> ローザ・ルクセンブルク

で、第一に多くの賃金を手にすることについて、そしてのちに政治的な目的について学ぶようになり、それに伴って政治組織が発達していく。革命に参加するなかで革命を学ぶのである。指導者は、参加する大衆の感情や望みを意識化しまとめ上げる役割に徹するべきであり、そういったストライキによって新しい社会主義が生まれてくるのだと彼女は考えていた。1905年の事件を通して、彼

しそのような自発性があるとしたら、賢明な指導者によって先導される革命の秩序が認められないことになり、さらにはそのような革命を事前に計画できないということになってしまうと反論した。実際レーニンは、ボリシェヴィキ党に革命を先導させている。ルクセンブルクは、レーニンのようなやり方は独裁政治につながるものであり、最終的に「国民の生活を恐怖に陥れる」ものであると主張した。レーニンの恐怖政治とスターリン時代の残虐さは、彼女の説が正しかったことを証明している。■

## ローザ・ルクセンブルク

ローザ・ルクセンブルクは、ポーランドのザモシチという町に生まれた。ルクセンブルクはとても優秀で、語学が得意であった。16歳で社会主義の政治に強い興味をいだく。1898年、彼女はドイツ市民になりベルリンに移った。そこで彼女は国際的な労働運動に加わり、ドイツ社会民主労働党に入党した。彼女は社会主義の問題点、女性の参政権、経済について執筆し、労働者による革命のために尽力した。1907年にはロンドンでのロシア社会民主労働党の党大会において、レーニンと出会っている。
ルクセンブルクは1916年にブレスラウで投獄されるが、その後、スパルタクス団という政治的地下組織を設立する。1919年1月、ベルリンで革命活動を行っている最中に、彼女は逮捕され、射殺された。彼女の遺体はラントヴェーア運河に投げ捨てられ、数か月後に発見された。

### 主著

1904年 『ロシア社会民主党の組織問題』
1906年 『大衆ストライキ』
1913年 『資本蓄積論』
1915年 『ユニウス・ブロシューレ』

# 譲歩する人は、自分を食べるのは最後にしてくれと願いながらワニに餌を与えているようなものである

ウィンストン・チャーチル（1874年～1965年）
Winston Churchill

## 背景

**イデオロギー**
保守主義

**焦点**
非宥和政策

**前史**
**紀元前350年ころ** アテネの政治家であり弁論家であったデモステネスが、マケドニア王ピリッポスが帝政を狙っていることに注意を払わないアテネ人を批判する。

**1813年** ヨーロッパ列強がナポレオンとの和解を試みるが、ナポレオンが新たに軍事行動を起こしたため、ヨーロッパ列強による同盟軍がライプツィヒでナポレオンを打ち負かす。

**後史**
**1982年** イギリスの首相マーガレット・サッチャーが、フォークランド紛争でアルゼンチンに譲歩するように迫られた際に、チェンバレンの名前を出す。

**2003年** アメリカの大統領ジョージ・W・ブッシュとイギリスの首相トニー・ブレアが、イラク戦争の準備段階において、譲歩の危険性について訴える。

1930年代半ばには、「譲歩」という語に否定的な響きはなかった。この語が臆病さや不名誉さを表すようになるのは、それよりのちの出来事を経てからのことである。第一次世界大戦後、チャーチルが「ヨーロッパに存在する恐ろしい憎しみと敵意」と呼んだものを、ヨーロッパ列強がなだめようと努力していた時代には、宥和政策は標準的な手段であった。しかし、大恐慌が世界中に損害をもたらし、アドルフ・ヒトラーがドイツで権力を手にしたころ、宥和政策が危険な政策になりはじめていることに、チャーチルとごく少数の人々だけが気づいた。

当時、不況によってイギリスの防衛費は大幅に抑えられていた。ヒトラーに対して軍備を整えなくてはならないこの時期に、財政的にきわめて厳しい状況にあった。第一次世界大戦で受けた被害から立ち直ろうともがいている最中であり、また、本国から遠く離れたイギリス帝国植民地に軍事資源のほとんどを注ぎ込んでいたのである。ヒトラーを牽制するために再びドイツと対決すべきであるという考えは、保守派の首相スタンリー・ボールドウィンや、彼の仲間であり後継者でもあった、同じく保守派のネヴィル・チェンバレンによって退けられた。独裁者ヒトラーの鬱積した不満を鎮めるように宥和政策をとる方が、対決

---

譲歩する人は、自分は、独裁者を倒せるほど**強くない**と信じている。

↓

そのため、戦うことを避けようと**譲歩する**。

↓　　　　　　　　↓

譲歩によって、**自分はさらに弱くなる**。　　譲歩によって、**独裁者はさらに強くなる**。

# イデオロギーの対決 237

**参照：** マハトマ・ガンディー 220-25 ▪ ナポレオン・ボナパルト 335 ▪ アドルフ・ヒトラー 337

1938年にミュンヘンにおいて、チェンバレンがヒトラーと交渉して得た合意を、チャーチルは「完全かつ紛れもない敗北」であると批難した。

するよりも穏健で現実的な方法であると彼らは考えた。

チャーチルは、軍や政府の非公式な諜報部の情報網を活用し、ナチ党の目的や動き、そしてイギリス軍の準備不足を把握していた。1933年、チャーチルは議会において、ヒトラーの目的に関する警告を行った。その後もきわめて雄弁な演説で注意を喚起し続け、イギリスは危険に気づいていないのだと呼び掛け続けた。しかし議会は、無駄に戦争を挑発しているとして取り合わず、彼を後方の席へと追いやった。

## ミュンヘン協定

イギリスの政治においては譲歩が定着しており、第一次世界大戦後に結ばれたヴェルサイユ条約の規定にヒトラーが違反したときも（たとえば、非武装地帯と決められたラインラントに、ヒトラーは陸軍を進駐させた）、ヒトラーがユダヤ人を差別する法律を制定したときも、イギリスからは一切反論が出なかった。ヒトラーはさらに大胆になり、1938年にはオーストリアをドイツ帝国に併合した。同じく1938年にミュンヘンにおいて、ヒトラーは不敵にもチェンバレンに対して、チェコスロバキアのズデーテン地方をドイツに割譲するよう強要し、それと引き換えに平和を約束するという、何度目かの虚偽の誓いを立てた。

ヒトラーは、あまりに簡単に要望が通ったことに驚いた。彼はチェコスロバキアを「叩きつぶし」、「衝撃と畏怖」によってプラハを奪い取るつもりであった。それにもかかわらず、チェコスロバキアの「友人が、チェコスロバキアを皿に載せて私に差し出したようなものだった」とヒトラーは書いている。

チャーチルはミュンヘン協定を批難した。彼は、ナチス・ドイツという怪物

> **あなたは戦争か不名誉かという選択を迫られた。あなたは不名誉を選んだ。そして結局は戦争も呼び込むこととなるだろう。**
> **ウィンストン・チャーチル**

に譲歩というエサを与えると、より貪欲になってしまうと主張した。ほかの政治家がヒトラーを信用したため、チャーチルはほぼ孤立状態に陥った。特に保守党の議員はこぞってチャーチルを批判した。それでもチャーチルは、ヒトラーとも彼の代理人とも、あらゆる話し合いを拒否した。必要であれば死ぬときまで独裁政権との一切の交渉を拒否するという態度は、急進的ではあるが筋の通ったものであり、ナチス・ドイツを倒すための方針として中核的なものとなった。■

## ウィンストン・チャーチル

サー・ウィンストン・レナード・スペンサー＝チャーチルは、イギリス人のランドルフ・チャーチル卿とアメリカ人の資産家の娘ジェニー・ジェロームのあいだに生まれ、自らを「英語を話す国家の連合」と称したこともある。ハロー・パブリック・スクールとサンドハースト王立陸軍士官学校で教育を受け、騎兵連隊を率いてインドへ赴任する。1890年代には彼は戦争特派員の仕事も請け負っており、スペインの支配に抵抗するキューバの反乱、インドとスーダンにおけるイギリスの軍事行動、南アフリカにおけるブール戦争を取材して、好評を博している。下院議員としては60年間務め上げたが、はじめは自由党に、のちに保守党に所属した。第二次世界大戦のあいだに彼は首相となり、国家をまとめる任を負った。その後、1951年に再び首相に選ばれている。チャーチルは著作が多く、1953年にはノーベル文学賞を受賞している。主に全6巻となる『第二次世界大戦』が評価されてのことであった。

### 主著

1953年 『第二次世界大戦』
1958年 『英語諸国民の歴史』
1974年 『全演説集』

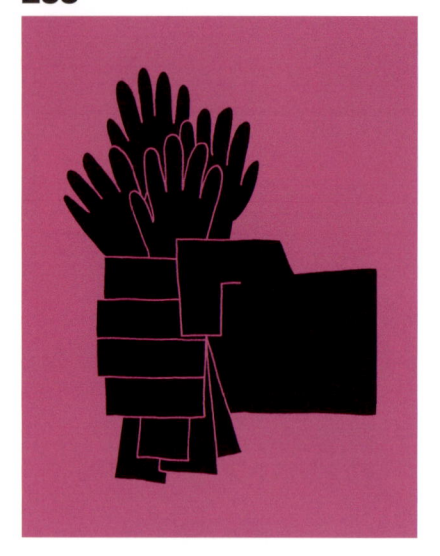

# ファシズムの国家という概念はすべてを含むものである

**ジョヴァンニ・ジェンティーレ（1875年〜1944年）**
Giovanni Gentile

## 背景

**イデオロギー**
ファシズム

**焦点**
国家の哲学

**前史**
**紀元前27年〜476年** ローマ帝国がヨーロッパからアフリカやアジアへと急速に領土を拡大する。

**1770年〜1831年** ゲオルク・ヘーゲルが統一と完全な理想主義に基づいた哲学を発達させる。のちにジェンティーレがこの哲学を援用して、包括的な国家を支持する理論を組み立てる。

**後史**
**1943年〜1945年** 第二次世界大戦が終わるころ、連合軍がイタリアに侵攻し、ファシスト体制が降伏する。

**1940年代〜1960年代** ネオ・ファシスト運動がラテンアメリカにおいて急速に支持を伸ばす。

**1960年代以降** ネオ・ファシズムの哲学が、多くの国家主義運動に取り入れられる。

---

1918年に第一次世界大戦が終わったとき、イタリアは社会的にも政治的にも不安定な状況にあった。イタリアはユーゴスラヴィアに領土を譲らざるを得ず、また、戦争による大きな損失のために苦しんでいた。同時に、経済状態が悪化するにつれて、失業も増加した。ほとんどの政治家がこの状況を改善する手段を見出せないでいるなか、左派と右派の団体が、苦しい生活を強いられていた農民や労働者の人気を集めつつあった。右派の国家ファシスト党は、ベニート・ムッソリーニの政治指導とジョヴァンニ・ジェンティーレの哲学的指針のもと、国家主義的な思想を展開し、人々の支持を手にしていった。彼らは、ファシスト主義の国家を築き、急進的な新しい社会をつくり上げると主張した。

### 集産主義による統一

新しいイタリアの方向性を示す原則は、ムッソリーニの代わりにジェンティーレが作成したと言われる「ザ・ドクトリン・オブ・ファシズム」に記されている。ジェンティーレは個人主義思想を排し、集産主義こそが、人々の必要とする目的と、国家の必要とする活力・結束のすべてを与えてくれると主張した。

国家がファシスト体制をとるということは、すべての人々が、個人よりも高いレベルの法や意志（特に国家の法や意志であることが多い）に従って人生を送ると決意することであるとジェンティーレは述べる。共産主義同様、ファシズムは物質主義を超えたところにある価値を追求するものである。また、マルクスと同じように、ジェンティーレも自分の哲学を基盤として新しいかたちの国家をつくり上げようと考えていた。しかし、ジェンティーレは

1932年、ムッソリーニが、ミラノのファシスト革命展覧会を訪れた。この印象的な主張を掲げた大イベントは、芸術家、およびジェンティーレらの知識人によって企画され、新たな時代の幕開けを知らせるものとなった。

# イデオロギーの対決

**参照**: ゲオルク・ヘーゲル 156-59 ■ カール・マルクス 188-93 ■ フリードリヒ・ニーチェ 196-99 ■ ウラジーミル・レーニン 226-33 ■ ヨシフ・スターリン 240-41 ■ ベニート・ムッソリーニ 336-37

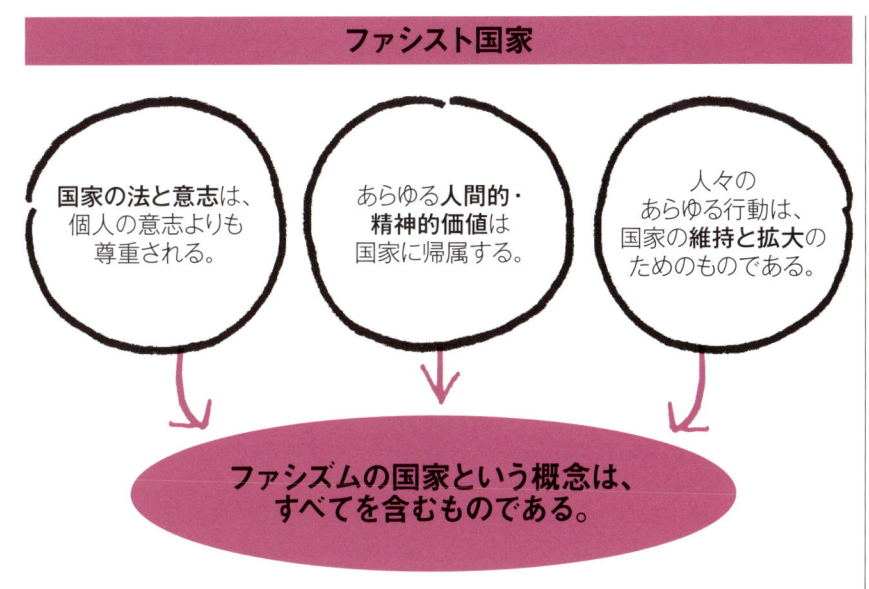

## ファシスト国家

- 国家の法と意志は、個人の意志よりも尊重される。
- あらゆる人間的・精神的価値は国家に帰属する。
- 人々のあらゆる行動は、国家の維持と拡大のためのものである。

→ ファシズムの国家という概念は、すべてを含むものである。

マルクスの思想の内容には反対しており、社会は階級に分けられるものであり歴史は階級闘争によって生まれるものであるというマルクスの主張に異議を唱えている。さらにジェンティーレは、多数派による支配である民主主義にも反対している。民主主義においては、国家の意志よりも多数派の意志の方が上位に置かれるため、彼の思想とは相容れない。そもそも、ジェンティーレによるファシスト国家は、当時優勢となっていた政治的・経済的自由主義の対立概念として提唱されたものである。そのころにはすでに、自由主義では政治的安定を維持することができないことがわかっていたためだ。恒久平和を求めるのはばかげたことであるとジェンティーレは考える。そのようなものを求める人は、国家の利益は衝突するもので、国家同士の争いは避けられないものであるという事実を理解できていないのだ。

このファシズムという新しい国家のあり方は、ローマ帝国の時代から続く、勝者の自信に満ちあふれた「イタリア人の精神」に訴えかけることを狙ったものであった。ムッソリーニを「統帥」として掲げ、ファシスト体制をとることで、イタリアは再び強国として世界地図に名を刻むことが期待された。新しいファシスト国家を創るためには、国民の意志を一つにまとめ上げることが大切であった。国家以外のあらゆるかたちの市民集団が抑圧され、経済・社会・文化・宗教といった生活のあらゆる活動が国家の支配下に置かれた。イタリアは、植民地拡大による国力増強も目指しており、北アフリカの征服に特に力を注いでいた。

ジェンティーレは、ファシズムの哲学者の第一人者であった。彼は、ムッソリーニ政権において教育大臣を務め、文化的政策を取り仕切った。こういった役割をこなすことで、ジェンティーレは、包括的なファシズム国家イタリアの建設に大きく貢献した。■

## ジョヴァンニ・ジェンティーレ

ジョヴァンニ・ジェンティーレはシチリア州西部のカステルヴェトラーノに生まれた。トラーパニで高校を卒業したのち、奨学金によりピサの名門大学スクオーラ・ノルマーレ・スーペリオーレに進む。そこで彼は、ドナート・ジャジャのもと、イタリアの理想主義的伝統を中心に哲学を学んだ。その後ジェンティーレは、パレルモ、ピサ、ローマ、ミラノ、ナポリの大学で教鞭をとった。ナポリにいるあいだに、彼は、自由主義哲学者ベネデット・クローチェとともに、『批評』という非常に影響力を持つ雑誌を創刊した。しかし、この二人はのちに決別することとなる。それは、ベニート・ムッソリーニのファシスト政権に対して、クローチェが批判的になったためだ。ジェンティーレはこの政権において重要人物の一人となっていたのである。

ジェンティーレはムッソリーニの第一次内閣において教育大臣を務め、「ジェンティーレ改革」と呼ばれる改革を行った。これは、中等教育において歴史や哲学の学習を優先させるという急進的な改革であった。また、『イタリア百科事典』の編集が決まったことも、彼の力によるところが大きい。この事典はイタリアの歴史を書き直そうという画期的な試みであった。ジェンティーレはのちに、ファシスト体制を理論面から主導していく立場に立つ。1943年にはイタリア大学連合の会長に選ばれている。また、イタリアが連合軍に敗れたのち、ドイツの傀儡政権としてサロ共和国を建てた際に尽力した。その翌年、反共産主義団体によって殺害された。

### 主著

1897年 『唯物史観批判』
1920年 『改造教育』
1928年 『ファシズムの哲学』

# 裕福な農民から彼らの存在の拠りどころを奪わなくてはならない

ヨシフ・スターリン（1878年〜1953年）
Joseph Stalin

## 背景

**イデオロギー**
国家社会主義

**焦点**
集産化

**前史**
**1566年** ロシアのイヴァン雷帝が中央集権国家をつくろうとするが、小作農が逃げ出し、生産量が低下する結果となる。

**1793〜94年** ジャコバン派がフランスにおいて恐怖政治を行う。

**後史**
**1956年** スターリンは粛清の際に忠実な共産主義者を何千人も処刑したと、ニキータ・フルシチョフが証言する。

**1962年** アレクサンドル・ソルジェニーツィンが『イワン・デニーソヴィチの一日』においてロシアの強制労働収容所での生活を描き、ベストセラーとなる。

**1989年** ミハイル・ゴルバチョフが「私は嘘が大嫌いだ」と述べ、グラスノスチ（情報公開）政策を導入する。

1917年のロシア革命ののち、ウラジーミル・レーニン率いるボリシェヴィキ党は、国有化によって新しい社会制度を創りはじめる。彼らは、個人が所有していた財産や産業を取り上げて、政府の所有としていった。レーニンの後継者として、ソヴィエト連邦の指導者となったヨシフ・スターリンは、1929年から国有化を加速させた。そこからの5年間で、中央の命令によって、経済は急速に産業化され集産化されることとなる。

ソヴィエト連邦の農業制度を近代化させるという名目で、スターリンは農場を合併して国の管理下に置き、「社会主義国家の財産」とした。クラークと呼ばれる比較的裕福な農民の階級があったが、彼らは土地を没収され、集団農場で働くことを強制された。スターリン配下の警察が食料を没収して都市部へと運び、それに対して小作農は、自分たちが育てた穀物を焼き、育てた家畜を殺すことで報復した。その後、恐ろしい飢饉が起こり、その農地の肥沃さのために「穀倉地帯」と呼ばれて

---

クラーク（裕福な農民）は、**搾取を行う階級**である。

↓　　　　↓　　　　↓

| 彼らは**食料生産**を管理するために、他者を管理する。 | 彼らは**集産化**に抵抗する。 | 彼らは**資本主義**の担い手である。 |

↓　　　　↓　　　　↓

**裕福な農民から、
彼らの存在の拠りどころを奪わなくてはならない。**

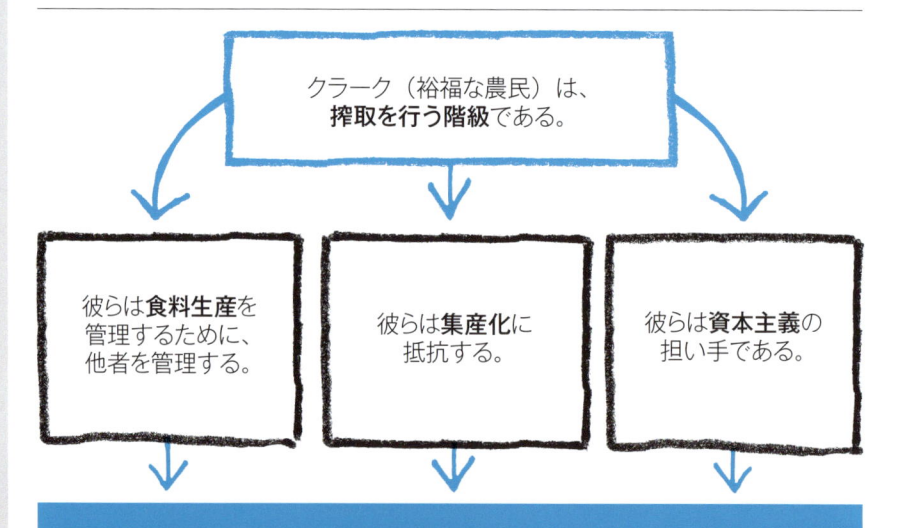

## イデオロギーの対決 241

**参照:** カール・マルクス 188-93 ■ ウラジーミル・レーニン 226-33 ■ レフ・トロツキー 242-45

いたウクライナにおいて500万人の人々が、餓死し、射殺され、あるいは追放された。1934年までには700万人のクラークが「抹殺」された。生き延びた人々は、政府の役人によって運営されている国家の農場で働くこととなった。

### 上からの革命

スターリンは、農業集団化は階級闘争の本質的な部分であり、「上からの革命」の一部であると説明した。このように融合することで、スターリンは、レーニンの政策を廃止することを正当化した。レーニンは、小作農を組織して協力させるという手法をとっていたが、スターリンは、「クラークの勢いを制限する」ことからはじめた。次にクラークを農村部から追い出し、最終的にクラークという階級自体を「抹殺」してしまったのである。レーニンは、ソヴィエト連邦が資本主義国家に囲まれている限り、階級闘争がなくなることはないだろうと警告していた。スターリンは、農業集産化を推し進める過程で、レーニンのこの警告を何度も引用している。農民経済が「資本主義を生み出して」おり、これが続く限りソヴィエトの経済から資本主義が消えないとスターリンは批判していた。

スターリンは何百万人もの人々を殺害し、階級の「粛清」を行った。その際に彼がとった手法は、農民から「存在の拠りどころとなる生産手段を奪う」というものであった。しかし私有農場の解体が終わったあとも、「クラークの考え方」が消えていないとして、スターリンは恐怖体制を維持し、国民を脅かし続けた。

スターリン体制の恐怖が広まるにつれて、迫害を受ける人々はクラークだけではなくなっていった。スターリン体制に反対する人々、反対していると思われた人々、そしてレーニンの政治局のメンバーの生き残りは、すべて殺された。レーニンの革命は、スターリンの独裁政権に取って代わられた。大衆を先導するための「前衛党」としてレーニンがつくったボリシェヴィキ党は、組織化された大政党となり、スターリン政権の恐怖政治の手先となった。スターリンの迫害はクラークからはじまり、1930年代半ばには、彼の恐怖政治のなかで安全圏にいると言える人はほとんどいなくなった。■

農業集産化が進められているあいだ、その宣伝用のポスターでは、利用可能な土地を残らず耕すことが奨励されていた。しかし、強制的に集産化を行った結果、生産量は悲惨なほど低下した。

---

### ヨシフ・スターリン

ヨシフ・スターリンは、本名をヨシフ・ベサリオニス・ジュガシヴィリといい、出身地はグルジアのゴリの村である。地元の教会が運営する学校で教育を受け、のちにチフリス神学校へ進むが、卒業せずにやめている。この神学校在学時代にマルクス主義者になった。若いころは、詩がうまいことで有名だった。政治活動をはじめたのは1907年で、ロンドンでのロシア社会民主労働党第五回大会にレーニンとともに参加している。政治的地下活動を活発に行ったため、シベリアに数回追放された。1913年、ロシア語のstal(「鋼鉄」という意味)からとった、スターリンという名前を使いはじめる。1917年の革命時には、ボリシェヴィキ党の指導者の一人となっていた。革命後の内戦時代にスターリンが見せた冷酷な行動は、彼がレーニンの後継者としてソヴィエト連邦を統治するようになってから行う恐怖政治を伺わせるものであった。私生活では問題が多く、一人目の息子と、二人目の妻が自殺している。

**主著**

1924年 『レーニン主義の基礎』
1938年 『弁証法的唯物論と史的唯物論』

# 目的が手段を
# 正当化するとしたら
# 何が目的を
# 正当化するのか

レフ・トロツキー（1879年〜1940年）
Leon Trotsky

## 背景

**イデオロギー**
共産主義

**焦点**
永続革命論

**前史**
**紀元前360年** プラトンが『国家』において、理想的国家について述べる。

**1794年** フランス人作家フランソワ・ノエル・バブーフが、私有財産が存在せず、すべての人の生活が保障される共産主義社会を提唱する。

**後史**
**1932年** アメリカの大統領ルーズベルトが国民にニューディール政策を約束し、政府が経済に介入し調整を行う時代がはじまる。

**2007年** ベネズエラの大統領ウーゴ・チャベスが、自分はトロツキー主義者であると宣言する。

**2012年** ロシアのパンクバンド「プッシー・ライオット」がウラジーミル・プーチンの「全体主義体制」を批判する。

　ロシアの革命家レフ・トロツキーは、政治に携わっているあいだ、徹底して、自らが真のマルクス主義と信じる思想の実現化に努めた。トロツキーはウラジーミル・レーニンと共に、マルクスの理論を実践し、1917年のボリシェヴィキ革命を先導した。マルクスの理論によると、革命ののちには「労働者階級独裁」という時期があり、労働者が生産手段の支配権を握るとされる。ところが、1924年にレーニンが亡くなったのち、ヨシフ・スターリンによる絶対主義の官僚政治が行われたことで、そのような大衆運動が起こるという希望は叩きつぶされた。そして労働者階級ではなく、スターリンという一人の男の独裁がはじまったのである。
　トロツキーは、革命において一定の進歩が見られたと信じており、その進

# イデオロギーの対決

**参照：** カール・マルクス 188-93 ■ ウラジーミル・レーニン 226-33 ■ ヨシフ・スターリン 240-41 ■ 毛沢東 260-65

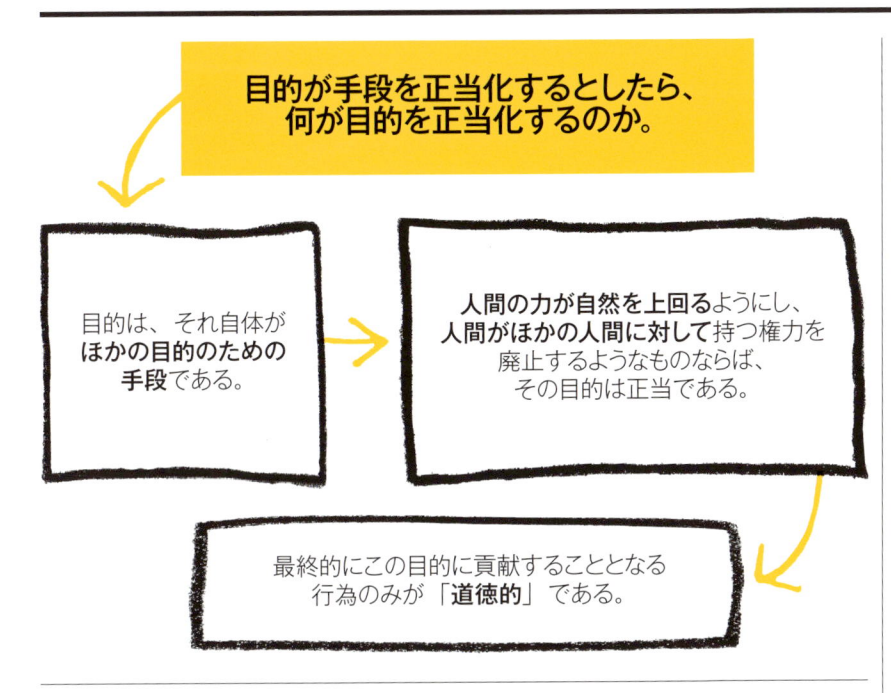

---

### 目的が手段を正当化するとしたら、何が目的を正当化するのか。

- 目的は、それ自体がほかの目的のための手段である。
- 人間の力が自然を上回るようにし、人間がほかの人間に対して持つ権力を廃止するようなものならば、その目的は正当である。
- 最終的にこの目的に貢献することとなる行為のみが「道徳的」である。

---

歩が「永続革命論」によって守られることを願っていた。「永続革命論」とは、国際的に労働者階級の支援を得ることで革命が継続していくという考え方である。マルクスは、社会主義が一つの場所で起こり、世界のほかの国々の労働者階級から孤立した状況にある場合、成功は望めないと警告し、さらに次のように述べている。「一つの国だけではなく世界中の全先進国において、ある程度の財産を持つ階級がすべて、支配的地位から排除されるまで」革命を続けなくてはならない。ロシアの革命は、経済的に進んだ国における労働者運動というかたちの支援を得られた場合にのみ成功する可能性があるとレーニンは主張していた。そのような大衆の国際的な支援を得られなかったということが、ソヴィエト連邦がスターリンの手に落ちた理由であるとトロツキーの支持者たちは主張した。

スターリン、レーニン、カリーニンは、ボリシェヴィキ革命の指導者であった。レーニンが亡くなった後、スターリンが権力を手にし、カリーニンは実力を持たない名目上の国家元首となった。

### スターリンの共産主義体制

レーニンの死から4年のうちに、世界中の共産党において党内部の民主主義が失われ、ボリシェヴィキ思想の中核であったソヴィエト民主主義体制が廃止されていった。ボリシェヴィキ思想の生まれた国であるソヴィエト連邦においても、スターリンが「一国社会主義論」を提唱し、労働者による国際的な革命という目標は排除された。

スターリン体制に反対する人々はトロツキー主義者と呼ばれ、党内での地位を奪われた。スターリンに反対する「左翼反対派」としての活動が失敗したことで、トロツキーは共産党から除名され、ソヴィエト連邦から追放される。1937年までには、スターリンによって、左翼反対派のトロツキー主義者は投獄、あるいは殺害された。そしてトロツキー自身は、暗殺者から逃れるためにメキシコに亡命していた。

### 非道徳性

スターリンの行き過ぎた行為を受けて、多くの左派の人々は右派へと転向し、マルクス主義の改革を拒絶するようになった。そして彼らは、普遍的な価値に重きを置く主張（これをトロツキーは皮肉を込めて「道徳的」と呼んでいた）を取り入れるようになっていく。彼らは、ボリシェヴィキ思想（つまり、レーニンとトロツキーによる中央集権体制）が、スターリンの犯罪を許してしまったと考えていたわけである。

トロツキーは『彼らの道徳とわれわれの道徳』において、このような人々の主張は、道徳的なものと見せかけているだけで、実際には階級闘争への逆戻りに過ぎないと述べている。ボリシェヴィキ思想に向けられるおもな批判の一つは、「目的が手段を正当化する」というレーニンの考え方のために、反逆・残虐行為・大量殺人といった「非道徳的」行為が行われたのだというものである。このよう

# 244 レフ・トロツキー

第二次世界大戦中に連合軍がドイツのドレスデンに対して焼夷弾を投下したことは、「自由資本主義政府は、戦時中、自ら定めた道徳の規則を破る」というトロツキーの主張を裏付けることとなった。

その「道徳」というものが、実際に感じ取ることも物質的証拠もないような不変の価値であるというならば、「道徳」などというものは存在しないに等しいとトロツキーは主張する。実際の社会状況や階級闘争から生まれてきたわけではなく、「道徳」という大義名分に頼っただけの行動は、すべて正当性を欠く信頼できないものである。経験的証拠に乏しい抽象的な「道徳」概念は、支配者階級のつくった組織が階級闘争を制圧するために用いる道具に過ぎない。支配者階級は社会に、自分たち自身は決して守らない「道徳的」義務を課す。そのような義務は、支配者階級の権力を永続させるためのものでしかないのである。

トロツキーは戦争における道徳を例として挙げている。「平和なときには戦争を『憎んでいる』ようなもっとも『人道的』な政府が、いざ戦争がはじまると、軍隊の最重要任務はできるだけ多くの人間を殺すことであると宣言するのだ」と彼は言う。宗教と哲学によって示される行動規範を守らせることも同様に、支配者階級によるまやかしの一つである。このようなまやかしを暴くことこそ、革命が最初にやるべきことであると彼は考えていた。

## 新しい貴族階級

ボリシェヴィキ思想における中央集権化は、スターリン主義を「目的」とした「手段」ではないのだとトロツキーは力説した。ボリシェヴィキの敵を倒すために中央集権化が必要となるが、最終的に目指すのは、あくまでも労働者階級による分権化された独裁政権なのである。労働者のソヴィエト（議会や評議会）を単位として統治することで、分権化が可能になる仕組みである。1917年の革命でもたらされた進歩に対する「官僚主義への大きな逆戻り」がスターリン主義であるとトロツキーは考えた。スターリン主義はもっともひどい専制政治を復活させた。歴代のロシア皇帝が思い描いていたよりも強い「権力への盲目的崇拝をよみがえらせた」のである。それは「新しい貴族階級」の誕生であった。スターリンの犯した罪は、かつてないほど残酷な階級闘争を生み出したことであるとト

> 反革命家は容赦なく根絶せよ。反革命の疑いのある者は強制収容所に閉じ込めよ。過去の功労に関係なく怠け者は撃ち殺せ。
> レフ・トロツキー

ロツキーは述べる。それは「新たに現れた貴族階級と、その貴族階級の台頭を許してしまった大衆とのあいだの」階級闘争である。ボリシェヴィキ主義もスターリン主義もともに非道徳的であるとして、その両者を結びつける自称マルクス主義者たちを、彼は強く批判した。トロツキーとその支持者は、はじめからスターリンに反対していたのである。しかし、トロツキーに反対する人々がそのことを認識したのは、スターリンの残虐行為が明らかになってからであった。

マルクス主義を批判する人々は、しばしば「目的が手段を正当化する」という考え方に異を唱え、そのような考え方をした場合、自分の利益のために民衆をだますことや、殺人、残虐行為の正当化すら可能になると主張する。それに対してトロツキーは、それは誤解であると述べ、「目的が手段を正当化する」というのは、正しいことをするためであれば許容され得る手段があるという意味だと説明する。たとえば、魚を食べるのが許されることであるとするなら、魚を殺して調理することは正しいことである。このように、行動の道徳的正当性を示すには、その「目的」の正しさを示さなくてはならない。子どもを怖がらせている狂犬を殺すことは良いことであるが、「目的」もないのに不必要に、あるいは悪意から、犬を殺すことは犯罪である。

な批判をする人々は、こういった非道な行為から人々を守ってくれるのは道徳であると考える。しかしトロツキーは、彼らにその自覚があるかどうかはさておき、彼らの論は資本主義の擁護でしかないと主張した。なぜなら、資本主義とは「力のみで」確立できるものではなく、「道徳と呼ばれるもので塗り固めることでようやく存在できる」ものだと考えていたからである。

> 人間の命の神聖さについてのクエーカーやカトリックのたわごとから我々は、きっぱりと離れなくてはならない。
> レフ・トロツキー

## イデオロギーの対決

### 最終的な目的

それでは、「我々は何をすることが許されて、何をすることが許されないのか」という問いに対する答えは何だろう。どのような目的であれば、そのための手段を正当化してくれるのだろうか。トロツキーの見解では、その目的が「人間の力が自然を上回るようにすること、そして、人間がほかの人間に対して持つ権力を廃止すること」であるならば、その目的は正当なものと言える。つまり、通常、「目的」とみなされているものも、この最終的な目的を達成するための手段と考えることができるのである。ところで、トロツキーは、労働者階級の解放という目的は、いかなる破壊的な手段をも正当化するような目的であると考えていたのだろうか。彼はこの問いを、階級闘争という点のみからとらえ、「解放しない」ということを考えるのは抽象的な、意味のない議論になると答えるだろう。したがって、唯一意味のある行動は、革命を行う労働者階級を団結させ、一つの階級として強化し闘い続けることだと、彼は言うだろう。

著名なマルクス主義者のなかには、このようなトロツキーの論法を、危険で反革命的で誤っていると考える人々もいた。たとえば、アフリカ系アメリカ人のマルクス・レーニン主義者であり、1920年代から1930年代にかけてソヴィエト連邦に住んでいたハリー・ヘイウッドは次のように述べている。「トロツキーは失敗する運命にあった。なぜなら、彼は状況を客観的にとらえ切れておらず、状況に合った考え方をしていなかったからだ。また、ソヴィエトの国民の欲求や彼らの利益についても、彼は実情を理解していなかった」。1917年から1922年にかけてのロシア内戦のあいだ、トロツキーは指揮系統を中央集権化し、「戦時共産主義」の体制をとった。彼を支持していた人々は失望し、この中央集権化を批難した。このような体制は批判を受けつけず、自らの分析が絶対に正しいものだと自己満足し、異なる意見は一切受け入れないものであると彼らは考えた。さらに、このような体系においては、必然的に権力が少人数の指導者集団に集中する。それは、大勢の労働者を参加させてこの体系をつくり上げようとする場合、彼らの多大な時間と労力を要することになるためである。アメリカのマルクス主義者ポール・マティックは、1940年代に次のように書いている。ロシア革命は、スターリン主義と同じくらい全体主義的なものであった。そして、ボリシェヴィキ主義・レーニン主義・トロツキー主義の残したものは、「新しいかたちの資本主義体制の台頭を正当化するためのイデオロギーだけであった。その新体制とは、権威主義的な国家によって統制された国家資本主義体制である」。■

ロシア内戦中にトロツキー率いる赤軍が大虐殺を行った。トロツキーを批判する人々は、ボリシェヴィキ主義もスターリンの粛清も同じだと非難した。

### レフ・トロツキー

レフ・ダヴィードヴィチ・ブロンシュテインは、1879年に、現在のウクライナにあるヤノフカという小さな村で生まれた。オデッサという国際的な地域で教育を受け、革命運動に参加するようになる。はじめはマルクス主義に反対であったが、のちに取り入れる。彼は逮捕され、投獄され、18歳になるころにはシベリアに追放されていた。

シベリアで彼は、看守の名前であった「トロツキー」を自分の名前にすることとした。そしてロンドンへ逃亡する。ロンドンではレーニンと出会い、ともに革命紙『イスクラ』の運営にあたる。1905年にトロツキーは、革命に参加するためにロシアに戻る。再び逮捕されシベリアへ送られるが、その勇敢さのために人気者となった。もう一度シベリアから逃亡するとレーニンと合流し、1917年の革命を成功させた。ロシア内戦中は赤軍を指揮し、ほかの要職にもついていたが、レーニンが亡くなると、スターリンによって権力を奪われ、亡命することとなる。1940年にメキシコシティーで、スターリンの命令を受けたラモン・メルカデルによって暗殺された。

**主著**

1937年 『偽造するスターリン学派』
1938年 『彼らの道徳とわれわれの道徳』

# 農民と実業家に保障を与えることによって我々はメキシコ人を団結させる

## エミリアーノ・サパタ（1879年〜1919年）
**Emiliano Zapata**

### 背景

**イデオロギー**
無政府主義

**焦点**
土地改革

**前史**
**1876年** ポルフィリオ・ディアスがメキシコの政権を握り、社会的地位や土地所有権における不平等を増大させる。

**1878年** ロシアにおいて革命派が「土地と自由」という党名を採用する。1990年代にサパティスタ民族解放軍も「土地と自由」というスローガンを掲げることとなる。

**後史**
**1920年** 革命が終わりに近づくころ、メキシコ南部では土地改革がある程度まで進む。

**1994年** メキシコ政府による先住民の処遇に抗議して、サパティスタ民族解放軍が南部チアパス州で武装蜂起する。

---

1910年から1920年にかけてのメキシコ革命の中心は、土地と社会的権利をめぐる闘いであった。農民の出身であったエミリアーノ・サパタは、その革命運動の指導者の一人であり、南部の勢力を指揮していた。彼は、権利・保障・武装闘争を組み合わせることで、この戦いを収めようと考えていた。

サパタの思想は、メキシコで長く支持者を集めていた無政府主義思想と多くの部分が一致していた。なかでも、土地を共同所有するというサパタの考え方は、無政府主義の中核的原則と一致し、メキシコの古くからの伝統に基づいたものでもあった。政治的にも経済的にもメキシコを発展させるため、サパタは、アセンダード（大農場所有者）の独占体制を壊し、政府改造計画のもと、農民も実業家も同じように一つの国家としてまとめ上げようと考えていた。そのようにして国内の労働資源や生産資源を活用することで、メキシコの独立が国際的に確実なものになるという利点もあった。

サパタの思い描いていたことは、1911年のアヤラ計画で明確に打ち出された。この改革計画書で示されたのは、自由投票、アセンダードによる支配の廃止、そして町や個人に財産権を持たせるようにすることであった。

多くの改革の指導者と同じように、サパタも、闘いが終わる前に殺されてしまう。そして1920年代に土地改革が行われたものの、大きな不平等は解消されなかった。しかし、サパタの思想はいまもメキシコに息づいている。近年、チアパスで先住民系の農民がサパタ主義思想に基づいた運動を展開し、南部で自治区をつくり上げることに成功した。■

メキシコ革命においてサパタのもとで戦った人々は、ほとんどが先住民の農民で、なかには女性だけの部隊もあった。

---

**参照**： ピエール=ジョゼフ・プルードン 183　■　ピョートル・クロポトキン 206　■　アントニオ・グラムシ 259　■　ホセ・カルロス・マリアテギ 337

# 戦争は
# いかがわしい商売だ

**スメドリー・D・バトラー（1881年～1940年）**
Smedley D. Butler

イデオロギーの対決 247

## 背景

**イデオロギー**
内政不干渉の原則

**焦点**
戦争による不当利得

**前史**
**1898年～1934年** 中央アメリカとカリブ海で「バナナ戦争」が起こる。アメリカ合衆国の事業利益を守ることを意図し、特にユナイテッド・フルーツ社の利益保護を目的とする。

**1904年** アメリカ合衆国政府が新しいパナマ運河建設に資金を提供し、一帯の主権を主張する。

**後史**
**1934年** アメリカ大統領フランクリン・D・ルーズベルトが善隣友好政策を定め、ラテンアメリカへの合衆国の干渉を制限する。

**1981年** アメリカの支援を受けた反政府勢力「コントラ」がニカラグアのサンディニスタ政権と対立する。

**2003年** アメリカ主導のイラク侵略によって、アメリカがビジネス上の利権を手にする。

西欧において産業化が進んだことで、通商と戦争の性質が劇的に変化した。経済利益と外交問題が結びつくこととなったため、武力闘争の動機と利益についての問題が生じ、スメドリー・D・バトラーを含む多くの人々が、外交を行う際に軍隊の役割を重要視するようになった。

バトラーはアメリカ海兵隊の将軍で、多くの勲章を受章している。34年間、軍に所属し、外国での軍事行動も数多く体験しており、特に中央アメリカでの活動が長かった。彼自身の経験、とりわけ「バナナ戦争」中の経験から、バトラーは、自分の軍における

> 戦争は非常に多くの人々を
> 犠牲にして
> ごく少数の人々の利益のために
> 行われる。
> **スメドリー・D・バトラー**

任務の大半は、アメリカ合衆国の外国での事業利益を守るためのものだと感じた。まるで自分は「資本主義のためにゆすりを行うギャングのようだった」と彼は述べている。

### 正戦の再定義

外国での軍事行動が、貿易と投資のために外国で拠点を獲得することを目的とするようになり、その利益を産業資本家が生み出している現状を憂慮し、バトラーは、正しい戦争の条件を、自国防衛と市民権保護のみに限るべきだと考えた。

海兵隊の除隊後すぐに、バトラーは自らの懸念を表明する。1935年に出版された『戦争はいかがわしい商売だ』において、バトラーは今後の計画に関する意見を述べ、戦争による収益を限定し、政府が外国で攻撃行動を行う能力を制限すべきであるとした。

当時、バトラーの著作への反響はそれほど大きくなかったものの、戦争の不当利得とアメリカの対外政策に関する彼の見解は、現在でも影響力を持っている。■

**参照**：ホセ・マルティ 204-05 ■ ハンナ・アーレント 282-83 ■ ノーム・チョムスキー 314-15

# 主権は
# 与えられるものではなく
# つかみ取るものである

## ムスタファ・ケマル・アタテュルク
### （1881年〜1938年）
Mustafa Kemal Atatürk

---

## 背景

**イデオロギー**
国家主義

**焦点**
議会制民主主義

**前史**
**1453年** 勢力を増し続けるオスマン帝国のメフメト2世が、コンスタンティノープルを攻め落とし首都とする。

**1908年** 1878年にトルコの君主が停止させていた議会を、青年トルコ人革命が再開する。

**1918年** オスマン帝国が第一次世界大戦で敗れる。

**後史**
**1952年** トルコが北大西洋条約機構（NATO）に参加し、冷戦において西側の資本主義陣営に加わることを決める。

**1987年** トルコが欧州経済共同体（EEC）への正式加盟を申請する。

**2011年** トルコ軍の最高司令官が辞職し、政治的支配権がはじめて大統領に委ねられる。

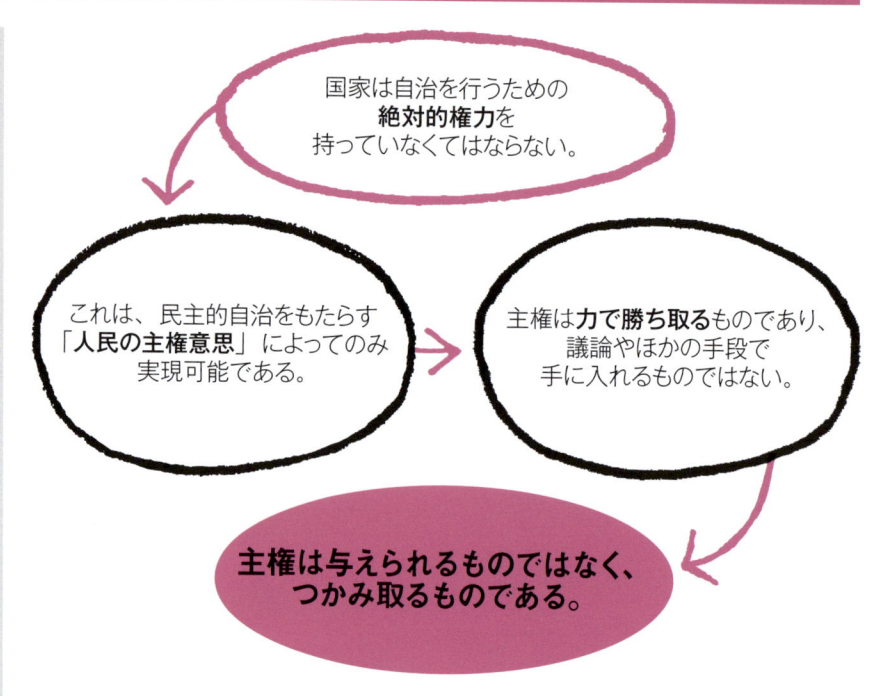

---

国家は自治を行うための**絶対的権力を**持っていなくてはならない。

↓

これは、民主的自治をもたらす「**人民の主権意思**」によってのみ実現可能である。 → 主権は**力で勝ち取る**ものであり、議論やほかの手段で手に入れるものではない。

↓

**主権は与えられるものではなく、つかみ取るものである。**

---

オスマン帝国は、第一次世界大戦で敗北した。その結果、1920年のセーヴル条約によってアラブ地方を割譲し、アルメニアの独立を認め、クルド人に自治権を与えることとなり、また、トルコ西部はギリシャの支配下に置かれることとなった。トルコの反乱軍は、ムスタファ・ケマルの指揮のもと、オスマン帝国の君主軍とそれを支援していた占領軍に抵抗すべく立ち上がった。このようにして、トルコの独立に向けた戦いが幕を開けた。

ロシアのボリシェヴィキから兵器と資金の援助を受け、アタテュルクは外国勢力による占領軍を撃退し、オスマン帝国の君主はイギリス艦隊の船に乗ってマルタへと逃れた。セーヴル条約から3年後、ローザンヌ条約が締結され、トルコが国家としての独立を勝ち取った。そしてアタテュルクが初代大統領に選ばれた。

# イデオロギーの対決 249

参照：ジャン＝ジャック・ルソー 118-25 ■ 伊藤博文 195 ■ 孫文 212-13

## 人民の主権意思

封建的なオスマン帝国が滅びたのち、産業的にもほとんど発展していないこの地において、アタテュルクは、近代的な国民国家を創り上げることを決意していた。個人の自由と正義という不可欠な権利が保障される、公平で公正な社会をつくるには、国家が完全な自治を行うこと、つまり人民の主権意思が確立されていることが必要だとアタテュルクは考えた。主権は、与えられるものでも交渉によって手に入れるものでもなく、力ずくでもぎ取るものであると、彼は主張した。

主権とは民主的な自治のことであり、いかなる権威（オスマン帝国の君主も含む）からも自由であること、そして宗教について政府の干渉を受けず、外国勢力による制圧も受けていないことを言う。「ケマリズム」と呼ばれるアタテュルクの思想において、国家主義とは、トルコが主権を持った国家としてその領土と国民を統治していることであり、ほかの国々の独立権も同様に尊重するということである。「文明国」である外国勢力は新しい国家を支援してくれるだろうが、それでも、トルコ自身が、革命によって自ら行う改革を通して、政治的・文化的・経済的に主権を行使できる国家に成長しなくてはならないのである。

ところが、自国を改革するために必要な「人民の主権の力」という概念は、多くの国民にとってなじみのないものであった。貧しい農村部に住む人々の多くは、アタテュルクの近代化計画を押しつけであると感じた。文字の読めない信心深い農村の人々が育んできた文化に対して、信仰心のない都会のエリートが自分たちの意見を押しつけていると考えたのである。アタテュルクは軍事力を自らの改革に役立てる能力を持っていたため、新しいトルコ共和国を、特定の宗教に縛られないヨーロッパ風の国民国家とすることに成功した。しかし、農村部のイスラム信者と、あまり信仰心の強くない軍部や都市部のエリートたちとのあいだの緊張は、今日もなお続いている。 ■

アタテュルクの徹底した非宗教思想によって、トルコでは大学のような多くの機関において、イスラムのヒジャブ（頭髪を覆うスカーフ）が禁止された。この政策は現在も議論を呼んでいる。

> ただ一つの権力が存在する。
> それは国家の主権である。
> ただ一つの権威が存在する。
> それは国民の
> 存在・良心・心である。
> ムスタファ・ケマル・アタテュルク

## ムスタファ・ケマル・アタテュルク

ムスタファ・ケマルは、1881年にギリシャのサロニカ（現在のテッサロニキ）で生まれた。彼は士官学校に入るが、非常に優秀で、特に数学と文学が得意であった。コンスタンティノープルの参謀学校の卒業をもって学業を終えている。軍での彼の出世は早く、第一次世界大戦の際には第七軍司令官を務めたが、1919年にオスマン軍をやめ、占領軍と戦う抵抗運動の指揮をとることとなる。

ケマルは早い時期から地下活動を行う抵抗グループにも参加し、1923年にトルコを独立へと導いた。そして彼は、その新しい政教分離国家の最初の大統領となる。彼の「アタテュルク」という名前は、1934年にトルコの議会によって与えられたもので、「トルコの父」という意味を持つ。長年にわたって大量の酒を飲み続け、1938年に肝硬変で亡くなった。

### 主著

1918年　『最高司令官との対話』
1927年　『大演説』（トルコ大国民議会での演説の書き起こし）

# ヨーロッパは道徳律を失った

## ホセ・オルテガ・イ・ガセー（1883年〜1955年）
José Ortega y Gasset

### 背景

**イデオロギー**
自由主義

**焦点**
主知主義への支持

**前史**
**紀元前380年** プラトンが哲人王による統治を提唱する。

**1917年** スペインではプリモ・デ・リベラ体制が大衆を支配し力をつけていたが、ロシア革命を受けて大衆が同体制に恐怖をいだくようになる。

**後史**
**1936年〜1939年** スペイン内戦により20万人の命が奪われる。

**1979年** フランスの哲学者ピエール・ブルデューが、権力や社会的地位が美学に与える影響を調査する。

**2002年** アメリカの歴史家ジョン・ルカーチが『一つの時代の終わりに』を出版し、現代におけるブルジョワ時代が終わろうとしていると主張する。

---

**哲**学者ホセ・オルテガ・イ・ガセーの名前が知られるようになったのは、スペインで深刻な社会不安が広がっていた1920年代のことだった。スペイン領モロッコでの情勢不安に続き、本国スペインでも君主政がその権威を失いつつあった。ミゲル・プリモ・デ・リベラの独裁政権により、左派勢力と右派勢力との亀裂が深まっていき、これが最終的に1936年の内戦へと発展することとなる。

第一次世界大戦中、中立の立場をとっていたスペインは好景気に沸いた。スペインは、大戦の両陣営に物資を提供していたのである。その結果、スペインでは急速に産業化が進み、急激に増加した労働者階級が徐々に力をつけていった。労働者はいくつもの権利を勝ち取り、1919年のバルセロナにおけるストライキによって、スペインは全労働者に関して一日の労働を8時間までと定めた最初の国となった。

### 大衆の反逆

労働者が力をつけていくにしたがって、社会階級の問題がヨーロッパにおける哲学的・社会学的議論の中心となった。オルテガ・イ・ガセーは、社会階級とは経済格差の結果に過ぎないという見方に異議を唱えた。彼は「大衆人」と「高貴なる者」とを区別し、伝統的な道徳律への忠義心によってその両者を分けた。彼は、その著書『大衆の反逆』において「好きなように生きるのは大衆人であり、秩序と法を重んじるのが高貴なる者である」と述べている。規律と奉仕が気高さを生み出すものだと、彼は考えていた。大衆が力を持つようになり、ストライキやその他の社会不安につながる行動を起こして反逆へ向かいつつあることは大きな問題であると彼は考え、そのような状況は「国民・国家・文明をむしばむ最大の危機の一つ」であると述べた。

オルテガ・イ・ガセーによれば、大衆がこのような脅威を引き起こすのは、戦後ヨーロッパにおける士気の喪失と関係している。ヨーロッパは、目的意識を失ってしまったのである。工業面に関しては相変わらず強力な地域であったものの、帝国の力が衰えたことに大戦による荒廃も相まって、ヨー

> 66
>
> ヨーロッパは
> 一人で立っているのであり
> その隣に亡霊など存在しない。
> **ホセ・オルテガ・イ・ガセー**
>
> 99

# イデオロギーの対決 251

参照：プラトン 34-39 ■ イマヌエル・カント 126-29 ■
フリードリヒ・ニーチェ 196-99 ■ マイケル・オークショット 276-77

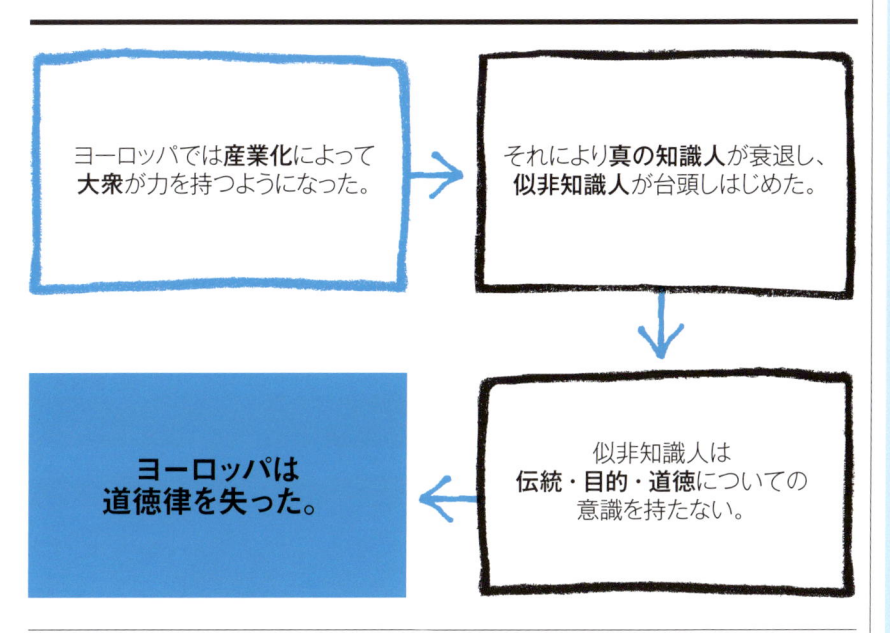

---

```
┌─────────────────────┐      ┌─────────────────────┐
│ ヨーロッパでは産業化 │ ───▶ │ それにより真の知識人 │
│ によって大衆が力を持 │      │ が衰退し、似非知識人 │
│ つようになった。     │      │ が台頭しはじめた。   │
└─────────────────────┘      └─────────────────────┘
                                        │
                                        ▼
┌─────────────────────┐      ┌─────────────────────┐
│ ヨーロッパは         │ ◀─── │ 似非知識人は         │
│ 道徳律を失った。     │      │ 伝統・目的・道徳     │
│                     │      │ についての意識を     │
│                     │      │ 持たない。           │
└─────────────────────┘      └─────────────────────┘
```

---

## ホセ・オルテガ・イ・ガセー

オルテガ・イ・ガセーは、マドリードの非常に自由な家風の政治一家に生まれた。彼の母親の一族はエル・インパルシアル紙を経営しており、彼の父親が編集にあたっていた。オルテガ・イ・ガセーはスペインで哲学を学んだのち、ドイツのライプツィヒ、ニュルンベルク、ケルン、ベルリン、マールブルクで勉強を続け、その間に新カント派の伝統に強い影響を受けた。

1910年にオルテガ・イ・ガセーはマドリードで形而上学の教授となった。のちに、雑誌『西洋評論』を創刊し、当時の著名な哲学者の作品を掲載した。君主政体が崩壊し、デ・リベラの独裁が終わったのち、1931年に彼は議員に選ばれている。しかし、一年もたたないうちに政界から身を退いた。そして内戦が起きると、彼はスペインを離れ、アルゼンチンのブエノスアイレスへと渡る。結局ヨーロッパに戻ったのは1942年のことだった。

### 主著

1930年　『大衆の反逆』
1937年　『無脊椎のスペイン』
1969年　『形而上学講義』

---

ロッパはもはや自信を喪失していた。

### 似非知識人

大衆の反逆が起きると知識階級が損なわれていくことになると、オルテガ・イ・ガセーは主張した。そうなると似非知識人が台頭してくることとなる。似非知識人とは、伝統や道徳律に関心のない低俗な人間でありながら、自分は優れた人間だと考えている人々のことである。このような似非知識人が力を持つ時代とは、方向性を欠いた時代であると彼は考える。

大衆は目的も想像力も持たず、ただ進歩の成果のみを共有させてくれと要求する人々であると、オルテガ・イ・ガセーは述べる。そのくせ彼らは、そもそもその進歩を生み出したものである古典的な科学の伝統を理解することはないのである。また彼らは、文明化の原理や本当の意味での大衆の意見の確立にも関心がない。大衆とはこのような人々であるため、暴力に訴える可能性が高いのだと彼は考える。本物の知識人がいなくなり、重要な事柄に関心を持たない大衆によって支配されたヨーロッパは、世界における地位や目的を失う危険にさらされていると彼は主張した。

オルテガ・イ・ガセーの哲学は、今日でも影響力を持っている。彼の支持者は、経済的な階級と文化とのつながりを重視した理論を展開している。■

フランスの金属労働者がストライキを行っている。第一次世界大戦後、このような労働者が大きな権利を獲得するようになり、政治的権力を行使しはじめた。

# 我々は4億人で自由を求める
## マーカス・ガーヴィー（1887年〜1940年）
Marcus Garvey

## 背景

**イデオロギー**
黒人民族主義

**焦点**
社会運動

**前史**

**16世紀** アフリカン・ホロコーストとも呼ばれる、大西洋を横断する奴隷制がはじまる。

**1865年** アメリカ合衆国憲法修正第13条により、アメリカ全土で奴隷制が違法となる。

**1917年** イーストセントルイスで人種差別による暴動が起こり、合衆国史上最悪の人種暴動の一つとなる。

**後史**

**1960年代**「ブラック・イズ・ビューティフル」をスローガンとする運動が勢いを増す。

**1963年** 公民権を求めるワシントンD.C.での大行進において、マーティン・ルーサー・キングが「私には夢がある」という演説を行う。

**1965年** アメリカの議会において投票権法が可決され、アフリカ系アメリカ人の投票を妨げるような人種差別が禁止される。

**20**世紀はじめに、ジャマイカの活動家マーカス・ガーヴィーは、南北アメリカ大陸の黒人に向けて、白人優位に対してとるべき態度を示した。それは黒人たちを大いに奮い立たせるものだった。ガーヴィーは1914年に世界黒人改善協会を創設し、世界の4億人の黒人に団結を呼び掛けた。人種差別による抑圧からアフリカ大陸および各自の人生を解放することに取り組もうという呼び掛けである。その2年後、彼はアメリカ合衆国でも運動を行い、アフリカ系アメリカ人を雇用する事業を組織した。

黒人は、自らが選んだあらゆる文化的・政治的・知的分野において成果を出すことができると信じていたため、ガーヴィーは何よりも人種を重視した。次に重要なものが各個人の自発的決定、そして最後が黒人の独立国家であるとした。彼は、すべての黒人の利益を保護するアフリカ合衆国を思い描いた。彼を突き動かしていたのは、人種の救済という宗教にも近い感覚であった。彼の示した「ニューニグロ」（新しい黒人）という考え方は既存の知的伝統から概念を借りたものではあるが、そこから、国際政治における人種の独自の解釈を生み出している。また、「アフリカ回帰主義」という表現もつくり出し、黒人の自我の意識を高めた。すでに滅びてしまったアフリカの古代文明は復活可能だと信じることから、黒人の自我が生じると彼は考えた。

ガーヴィーの主張は急進的なものであり、また、彼が手掛けた黒人のみの事業の多くがうまくいかなかったこともあって、類似する活動を行っていた黒人指導者やアメリカ政府の怒りを買うこととなった。それでも、彼こそがブラックパワーを最初に主張した人物であり、アフリカ解放をはじめて提唱した人物であった。ガーヴィーの主張に端を発するアフリカの民族主義者の活動は、今日も活発に続いている。■

> 私はどのような白人とも対等である。あなたにも同じように感じてほしい。
> **マーカス・ガーヴィー**

**参照**： ジョン・C・カルフーン 164 ■ ジョモ・ケニヤッタ 258 ■ ネルソン・マンデラ 294-95 ■ マルコムX 308-09 ■ マーティン・ルーサー・キング 316-21

# イデオロギーの対決 253

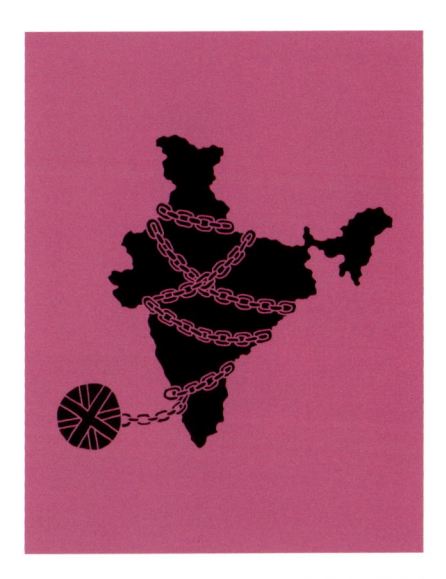

# 大英帝国との関係が断たれない限りインドに本当の自由は訪れない

## マナベンドラ・ナート・ローイ（1887年〜1954年）
### Manabendra Nath Roy

---

**背景**

**イデオロギー**
革命社会主義

**焦点**
永続革命論

**前史**
**1617年** ムガル帝国皇帝が、イギリスの東インド会社がインドで貿易を行うことを許可する。

**1776年** アメリカ独立宣言に、人民が自らを統治する権利を持っていることが明記される。

**1858年** インド大反乱の結果、イギリスの王室が直接インドを統治することとなる。

**1921年** マハトマ・ガンディーがインド国民議会の指導者に選ばれ、非暴力による市民的不服従を先導する。

**後史**
**1947年** インド独立法により、イギリスがインドの統治権を失う。

**1961年** フランツ・ファノンが『地に呪われたる者』において、植民地主義の暴力について分析し、武装して抵抗する必要があることを示す。

---

インドの活動家であり政治理論家であるマナベンドラ・ナート・ローイは、1931年に、世界の共産主義の国々をめぐる旅からインドへ戻った。帰国後、彼は、「インドにおけるイギリス国王の主権を廃止に追い込もうと企てている」として、イギリスによって拘束される。この際に用いられたのが、悪名高い刑法121条Aである。裁判は裁判所ではなく刑務所で行われ、抗弁は一切認められず、証人も陪審も呼ばれなかった。そして彼は、12年間の禁固刑を宣告された。不潔な牢獄で過ごしたこの12年によって、彼の健康はむしばまれることとなる。

皮肉なことに、逮捕される以前、インドにおけるイギリスの主権に関する本を書く際に、ローイは常にイギリス流の正義の原則に即して議論を進めていたものだった。イギリス当局は彼を、暴力を煽動したとして逮捕した。彼の主張は、「貧困に陥れられた」インドの大衆を専制政治から守るために用いる暴力は立派なものであるが、インドの大衆を抑圧するために用いられる暴力は恥ずべきものであるというものだった。300年という時間をかけて、「静かに」権力を移譲することで、イギリスは「この貴重な領土」を手に入れた。まずは、衰退しつつあったムガル帝国から東インド会社（その運営のために独自の強力な軍を持っていた）へ、そして最終的にイギリスの国王へと、インドの支配権は手渡されていった。

イギリスによるインドの統治は、インド人の幸福を促進する目的で行われているのではなく、ただ「金権政治の独裁主義」によるイギリスの利益のためだけに行われていた。したがって、もし必要であれば暴力を使ってでもイギリスとの関係を完全に断たない限り、インド人に利益がもたらされることはないのだとローイは主張した。■

> 我々が意識的に
> 正しい道に足を踏み出し
> さえすれば
> 何ものも我々を
> 止めることなどできない。
> **マナベンドラ・ナート・ローイ**

**参照：** マハトマ・ガンディー 220–25 ■ パウロ・フレイレ 297 ■ フランツ・ファノン 304–07

# 主権者とは
# 例外状態に関して
# 決定を下す権利を
# 持つ者のことである

カール・シュミット（1888年〜1985年）
Carl Schmitt

## 背景

**イデオロギー**
保守主義

**焦点**
法を超越した権力

**前史**
**1532年** ニコロ・マキャヴェッリが『君主論』において、主権者の資質について論じる。

**1651年** トマス・ホッブズが『リヴァイアサン』において、主権者の権力を正当化するために社会契約という概念を用いる。

**1934年** アドルフ・ヒトラーがドイツの支配権を手にする。

**後史**
**2001年** ジョン・ミアシャイマーが、国家は常に戦争に対して備えることで安全保障が得られるとする「攻撃的現実主義」を提唱し、シュミットの理論をその正当性の根拠とする。

**2001年** アメリカで愛国者法が成立し、戒厳令と非常大権が恒久的に認められることとなる。

カール・シュミットは、ドイツの政治学者であり法学者であった。20世紀はじめに出版した著作によって、彼は自由主義および議会制民主主義に関する一流の批評家として知られるようになった。彼は、予期せぬ出来事などの「例外」こそが政治の中核であると考えた。そのため、法が個人の自由を保障する最良の手段であると考える自由主義思想に対して反対の立場をとっていた。たしかに、法は「通常の」状況に対処するための枠組みを与えてくれる。しかし、法は、クーデター・革命・戦争といった「例外的な」状況を処理するためにつくられたものではないのだと、シュミットは主張した。法の理論は、実際の法の運用や絶えず変化する社会規範からかけ離れていると彼は感じていた。し

# イデオロギーの対決 255

**参照**: ニコロ・マキャヴェッリ 74-81 ■ トマス・ホッブズ 96-103 ■ ジョヴァンニ・ジェンティーレ 238-39 ■ ホセ・オルテガ・イ・ガセー 250-51 ■ アドルフ・ヒトラー 337

```
┌─────────────────────┐   ┌─────────────────────────┐
│  国家の政治には、    │   │  裁判所の判決は         │
│ 常に例外的状況が想定 │   │ 歴史的前例に則ったもの  │
│ される。            │   │ であり、「通常」の状況に│
│                     │   │ おいてのみ機能する。    │
└──────────┬──────────┘   └────────────┬────────────┘
           │                            │
           └──────────────┬─────────────┘
                          ▼
           ┌───────────────────────────────┐
           │   例外的状況が生じたときには   │
           └───────────────┬───────────────┘
                           ▼
  ┌──────────────────────────────────────────────────┐
  │ 一人の人間が超法規的立場に立ち、法を一時的に停止し、│
  │ 国家を救うために必要なすべての方策を実行しなくては │
  │ ならない。                                         │
  └──────────────────────┬───────────────────────────┘
                         ▼
  ┏━━━━━━━━━━━━━━━━━━━━━━━━━━━━━━━━━━━━━━━━━━━━━━━━━┓
  ┃ 唯一、このような権利を持つ人間が主権者である。    ┃
  ┃ 主権者とは例外を決定する権利を持つ者のことである。┃
  ┗━━━━━━━━━━━━━━━━━━━━━━━━━━━━━━━━━━━━━━━━━━━━━━━━━┛
```

がって、そのような理論は、歴史上の予期せぬ変化を扱うには向いていない。ところが、そういった予期せぬ変化の多くが、実際には国の存続を脅かす事態に発展するのである。シュミットは、立法府よりも大統領の方が国家の憲法を効果的に守ることができる立場にあり、それゆえ、大統領は法を超越した存在であるべきだと述べた。統治者は例外的状況においては、もっとも強い権限を持った法制定者になるべきだと、彼は考えていた。

## 絶えることのない闘争

シュミットが自由主義を批判した直接の根拠は、「政治的なもの」の彼独自の解釈であった。彼は「政治的なもの」とは、仲間同士のあいだでも、敵対する者同士のあいだでも、闘争が起こる可能性が常にあるということだと考えていた。それは、国際的にも（国同士の闘争）、国内においても（個人同士の闘争）生じるものであると彼は予測した。シュミットは、自然状態は「万人の万人に対する闘争」であるというトマス・ホッブズの見解に反対しており、そこで含意されている「法の支配がなければ人々は共存できない」という考え方にも異議を唱えた。また、自由主義者は、人類に対して、そして特に国民国家に対して、永久の世界平和の可能性を吹き込むというかたちで危害を与えた。第一次世界大戦は、敵意が生じる可能性を自由主義者が認識できなかったために起こったとシュミットは考えた。そして、彼らは政治の本質を見誤り、「政治的なもの」の本質

---

### カール・シュミット

カール・シュミットはドイツのプレッテンベルクの敬虔なカトリック家庭に生まれた。彼はのちにカトリック信仰を捨てているが、彼の著作には神に関するカトリック的な解釈が見られる箇所もある。彼は法学を学び、のちにいくつかの大学で教鞭をとった。1933年に彼はナチ党に入党し、プロイセンの議員に選ばれた。しかし、1936年にナチス親衛隊の批難を受け、ナチ党から追放される。シュミットはベルリンで教授職に留まったものの、第二次世界大戦後に、ナチスを思想面から支えていたことで逮捕され、2年間拘束されている。1946年にプレッテンベルクに戻り、国際社会からは遠ざけられたまま、95歳で亡くなるまで法の研究を続けた。

### 主著

1922年 『政治神学　主権者という概念に関する4章』
1928年 『政治的なものの概念』
1932年 『合法性と正当性』

---

❝
例外は規則よりも興味深い。
規則では何も証明できないが
例外は
あらゆる事柄を証明する。
**カール・シュミット**
❞

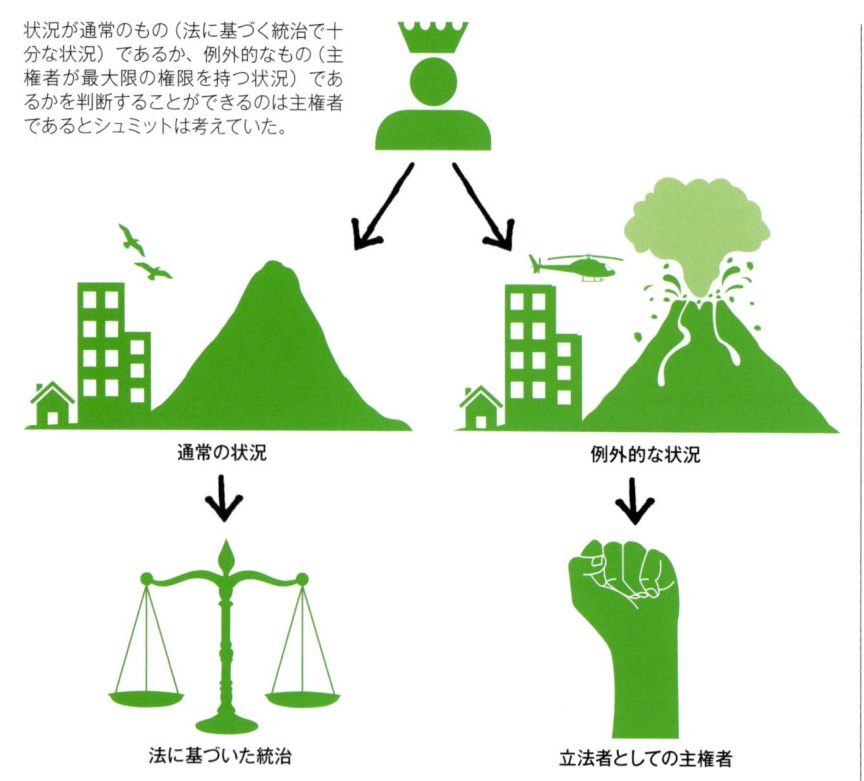

# カール・シュミット

状況が通常のもの(法に基づく統治で十分な状況)であるか、例外的なもの(主権者が最大限の権限を持つ状況)であるかを判断することができるのは主権者であるとシュミットは考えていた。

通常の状況 → 法に基づいた統治

例外的な状況 → 立法者としての主権者

を理解しようと真摯に努めなかったとして、自由主義者を批難した。恒久平和や友好な関係を想定してしまうと、国家は例外的な状況への備えを怠りがちになるため、国民の生命を危険にさらすことになると彼は述べている。

実際には、連立関係を築いたり中立的地位を守ったりできる可能性とともに、敵対関係に陥る可能性も常に存在するのだとシュミットは主張する。人間は潜在的に危険な生き物であるため、いつでも政治的危機が起こり得る状態であり、戦争の可能性が消えることはない。このように常に危険をはらんだ状況であるという事実こそが、主権者にとってのもっとも大切な指針になるとシュミットは考える。なぜなら、主権者は常時その危険に備えておかなくてはならないからである。政治の領域は、市民社会や商業の領域と同様に、そのなかで市民がさまざまに交流する独立した一つの世界である。そして同時に、その内部で敵対することが避けられない世界でもある。たしかに、通常の状況下では、法廷やその関係制度を用いることで法がうまく機能するかもしれない。しかし、政治においては予期せぬ状況も起こるもので、ときには混乱状態が生じることすらある。そのようなときに、法廷には、的確で素早い判断を下すことはできないのである。したがって、そのような状況下では、誰かが法を一時停止する権利を有するべきである。それは主権者の役割の一つであると、シュミットは考えた。主権者たる統治者が、いまは「通常」なのか「例外」なのかを判断する最終的な権利を有しており、したがって、特定の法律をいつ適用し、いつ適用すべきでないかを命令することができる。

自由よりも人命の方が大切であるという立場から、シュミットは、法の適用ではなく国家や国民を守る能力こそが主権者にとって重要であると主張した。主権者の真の力が問われるのは、それまでに経験したことのない状態で判断を下さなければならないような、例外的状況においてである。そのような状況下においてのみ、主権者は通常の法を守る立場とは反対の法制定者の立場に立ち、敵に対抗するかたちで民衆を動かすことができるようになる。暴力は通常の状態であれば合法とは認められないが、このように主権者の権力が最大まで拡大されるときには暴力が必要となることもあるのだとシュミットは結論づけた。

## ヒトラーの擁護

シュミットの理論の限界が見えたのは、彼がヒトラーの政策を擁護し、ヒトラーが権力の座につくことを支持したときであった。約85名のヒトラーの政敵が殺害されたとき、この「長いナイフの夜」と呼ばれる粛清事件をシュミットは正当化し、「行政上の正義を最大限行使したかたち」であるとした。シュミットの目には、ヒトラーが真の主権者として行動しているように映った。ドイツの国家としての存亡が危機にさらされている例外的状況において、ヒトラーが主権者として行動を起こしているのだと、彼は考えた。ユダヤ人やナチ党左派に対する弾圧も、彼らが国家に脅威を与える可能性があるためだという理由で、シュミットは正当化を行っている。

シュミットがナチ政権を支持していたという事実は、彼にとって、国民の個人の自由よりも国家が危機を切り抜けることの方が大切だということを明確に示している。場合によっては、国民の生命よりも国家が生き残ることの方が大切だと考えていたのである。しかし、このように何を犠牲にしても国家の保全を優先させる考え方は、国家が変化するものであるという事実を無視している。国家とは、人間と同じように変化していくものであり、性質が固定されて永遠に完璧なまま保たれるという存在ではないのである。国家に対してはいつでも疑問が生じ得るし、常に疑問視すべきであると考える人々も多いだろう。

## 現代における例外

自身の論が恐ろしい結果につながると予見できなかったこと、また、いかなる状況下でも大量殺戮というかたちの

# イデオロギーの対決

> 例外状態とは
> 独裁状態のことではなく（中略）
> 法が完全に失われた
> 状態のことである。
> ジョルジョ・アガンベン

暴力は許されないのだという見解を持っていなかったことで、シュミットは学術関係者や識者から遠ざけられることとなる。しかし、20世紀末になると、シュミットの研究に関心を寄せる人々が現れた。彼らは、シュミットの理論の欠点を認めながらも、法哲学・政治哲学へのシュミットの貢献はきわめて大きかったと考える。彼らは自らの著書において、シュミットが提示した「政治的なもの」、「仲間と敵の区別」、「例外」といった概念を援用し、現代国家はどのような状況に置かれているのか、政治指導者たちはどのような状況で判断を下しているのかを、よりよく理解しようとしている。

アメリカの哲学者レオ・シュトラウスは、シュミットの自由主義批判を発展させ、自由主義は極端な相対主義や虚無主義に走りがちであると主張した。自由主義は「実際に」起こっている事実を無視し、現実ではなく、どうあるべきかという理想に重点を置くものであると、彼は考えた。シュトラウスは二種類の虚無主義を区別している。一つは、彼が「残酷なニヒリズム」と呼ぶもので、それ以前の伝統・歴史・道徳基準などを破壊しようとする思想である。ナチスやマルクス主義政権がその例として挙げられる。もう一つは、西欧の自由民主主義に見られるような「穏健なニヒリズム」で、主観も先入観も交えない平等主義の確立を目指す思想である。シュトラウスは、このどちらも、人類の美徳が持つ可能性を壊してしまうという点において、等しく危険な思想であると考えた。

イタリアの政治哲学者ジョルジョ・アガンベンは、例外的状態においては法が一時停止されるというシュミットの主張に異議を唱えた。例外的状況下では一時的に法を隠しておいて、状況が改善したときに法をもとに戻せばいいというような生易しい考え方は通用しないと、アガンベンは主張する。そのような例外的状況の国家においては、むしろ、法が完全に失われていて、主権者が国民の生命に関するあらゆる権限を掌握している状態にある。たとえば、第二次世界大戦中にナチスがつくった強制収容所において、収容された人々は人間としてのあらゆる資質を奪われ、「かろうじて生きているだけ」の存在となった。彼らは生きていても、すべての人権と法的権利を奪われていたのである。こういった例外状態をつくってしまうことはきわめて危険であるとアガンベンは主張する。なぜなら、そこから予期できない結果が生まれてくるからである。「一時的」な法の停止が、本当に「一時的」で終わることなど決してない。「一時的」停止を解除して法を再施行したとしても、法の停止中に引き起こされた取り返しのつかない出来事は、もはやもとには戻らないのである。

アメリカの9・11のテロ以降、シュミットの提示した例外という概念が認められるようになってきた。保守派や左派の政治思想家が、米国愛国者法に代表される反テロリスト政策を擁護するため、あるいは非難するために、その概念を利用するようになったからである。監視体制が強化され、裁判もせずに長期にわたる拘束が行われるという、個人の自由の侵害を正当化するために、保守派の思想家は「例外」的な非常時であるという弁明を行った。左派の人々はそのような現状を非難し、人権侵害から人々を守ることを一時停止するのがどれほど危険なことであるかを訴えた。

グァンタナモ湾にある収容所などの強制収容所の存在は、物事を「例外」的であると判断することの危険性を示すものである。同様に、例外的状況であるという理由で、誰からの検査も受けずに現場の責任者が規則を書き換えることが可能になるような法をつくってしまうことの危険性も示されている。9・11から10年以上たった現在も、当時宣言された例外的状況から完全には脱しておらず、いまだにその影響が色濃く残っているのである。■

第二次世界大戦後、ナチスの指導者たちはニュルンベルクで裁判にかけられた。シュミットはナチ党政権を思想面から支えていたために取り調べを受けたが、最終的に裁判にはかけられなかった。

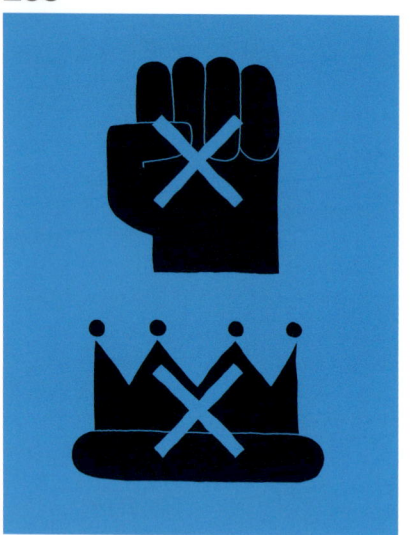

# 共産主義は
# 帝国主義と同じくらい
# 悪いものである
### ジョモ・ケニヤッタ（1894年～1978年）
Jomo Kenyatta

## 背景

**イデオロギー**
**ポストコロニアリズム**

**焦点**
**保守的なパン・アフリカ主義**

**前史**
**1895年** イギリスが、東アフリカにおける商業利権を持っていたことから、東アフリカを保護領とする。

**1952～59年** 独立を求めるマウマウ団の乱が起こり、ケニアは非常事態となる。

**1961年** 現在のセルビアの首都ベオグラードにおいて、超大国の陣営に加わることを望まない国々によって非同盟運動が組織される。

**後史**
**1963年** アフリカに対する植民地主義に抵抗するために、アフリカ統一機構が発足する。

**1968年** アフリカにおける最後のイギリス植民地が、独立を勝ち取る。

ジョモ・ケニヤッタは、イギリスの植民地支配からケニアが独立する際に、指導的役割を果たした人々のなかの一人である。植民地から独立したのち、ケニヤッタはケニアの初代首相を務め、続けて初代大統領も務めた。穏健派の政治家で、劇的な革命ではなく緩やかな変化を目指す政策を実施した。

## 外部からの脅威

ケニヤッタの思想は、反植民地主義と反共産主義を併せ持つものだった。彼はアフリカの白人支配に断固として反対しており、ケニア独立を実現するために、ケニア・アフリカ民族同盟を設立した。ケニアは混合型の市場経済を目指し、外国からの投資を受け入れた。また、外交政策は西欧寄りで、反共産主義の路線をとることとした。

植民地から独立した国家は、諸外国から搾取される危険性が高いとケニヤッタは考えていた。世界には、そのように他国を食い物にすることで、自国の地位を強化している国が多いためである。真の独立を勝ち取るには、外部から押し寄せてくるソヴィエト共産主義などの影響を黙認するわけにはいかなかった。共産主義も、ケニアの民族自決を制限するものであるという点においては、植民地支配と同等の脅威であると考えられた。■

東アフリカの新しい独立国の指導者（左からタンガニーカのジュリウス・ニエレレ、ウガンダのミルトン・オボテ、そしてケニヤッタ）が、1964年にナイロビで会合を開き、独立後の将来について話し合った。

**参照：** マナベンドラ・ナート・ローイ 253 ■ ネルソン・マンデラ 294-95 ■ フランツ・ファノン 304-07 ■ チェ・ゲバラ 312-13

イデオロギーの対決 259

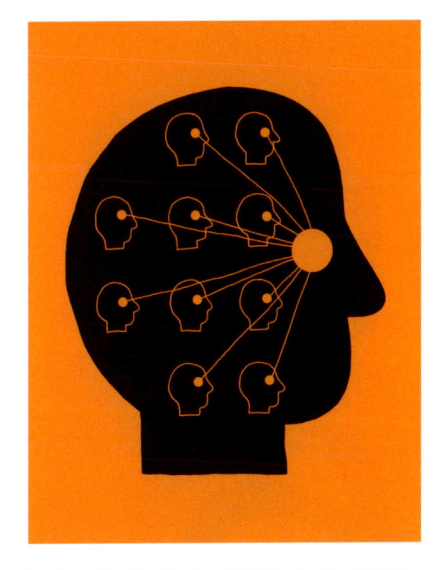

# 国家は「教育者」とみなされるべきである
## アントニオ・グラムシ（1891年〜1937年）
Antonio Gramsci

## 背景

**イデオロギー**
マルクス主義

**焦点**
文化ヘゲモニー

**前史**
**1867年** カール・マルクスが『資本論』の第一部を完成させる。そのなかでマルクスは、資本主義の仕組みを分析し、大衆がどのように富裕層によって搾取されるかを明らかにしている。

**1929年** 労働者階級が力をつけるにつれて知識人がいなくなることを、ホセ・オルテガ・イ・ガセーが憂慮する。

**後史**
**1980年** 学校や家庭といった組織・集団を通して権力が社会に分配される仕組みを、ミシェル・フーコーが描く。

**1991年** 産業化の進んだイタリア北部の自治拡大を求めて、レガ・ノルド（北部同盟）が設立される。

イタリアのマルクス主義思想家アントニオ・グラムシは、産業化の進んだ北イタリアと産業の発達していない南イタリアとの格差を指摘した。そして、支配者階級の優位を崩そうとする闘いは、革命であると同時に文化的闘いでもあると主張した。

グラムシは、「文化ヘゲモニー」という概念を提示した。これは、イデオロギーや文化の面で労働者階級を支配すること指す。その支配は、労働者の思考回路にまで及び、権力者の地位の強化につながっている。

### 知識人の役割

どれほど強力な政府であったとしても、力のみで支配を続けることは不可能であるとグラムシは考えていた。統治には、正統性と国民の同意も必要なのである。国家には国民を教育して従属的な社会をつくり上げる機能もあると感じたグラムシは、マルクス主義の思想を大きく発展させた。社会が「文化ヘゲモニー」に支配されている状況を打開するには教育が必須であると彼は考えた。その際に、知識人が果たすべき役割について、彼は独自の見解を持っていた。彼は、知識人は伝統的な

> 大衆は
> 組織化されなければ
> 集団として自らを
> 「認識する」こともなく
> 独立することもない。
> そして、知識人がいなければ
> 組織化は行われない。
> **アントニオ・グラムシ**

エリート階級にのみ存在するわけではないと考えた。知識人は社会のあらゆる階級に存在するもので、支配者階級の優位性に対抗する活動を成功させるためには、労働者階級に知識人を増やすことが必要であるとグラムシは主張した。■

**参照：** カール・マルクス 188-93 ■ ウラジーミル・レーニン 226-33 ■ ローザ・ルクセンブルク 234-35 ■ ミシェル・フーコー 310-11

# 政治的権力は銃身から生まれ育つものである

毛沢東（1893年〜1976年）
Mao Zedong

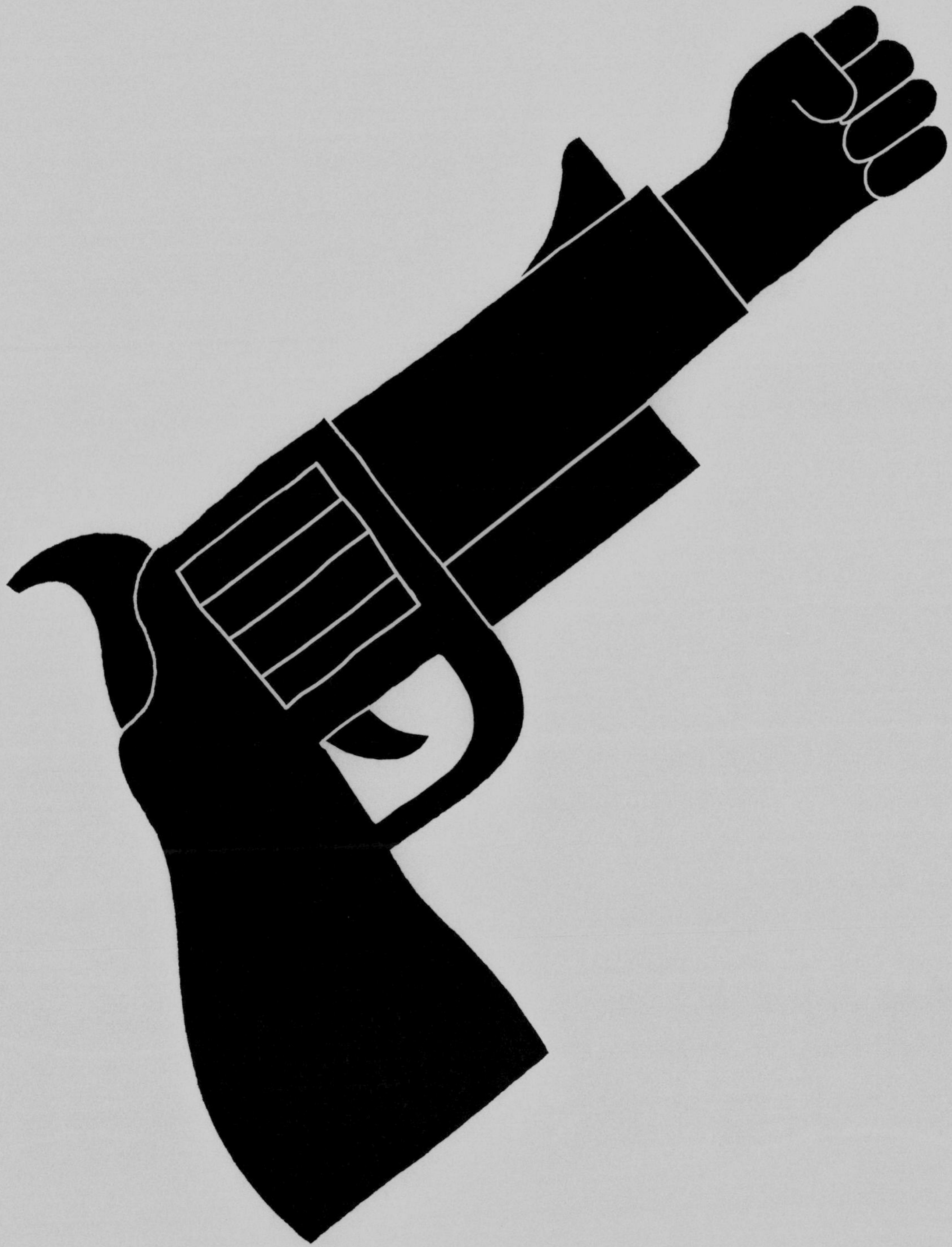

# 毛沢東

## 背景

**イデオロギー**
マルクス・レーニン主義

**焦点**
中国の近代化

**前史**
**1912年** 中華民国が建国され、2000年以上にわたる帝政が終焉を迎える。

**1919年** 五四運動の影響で政治への意識が高まり、1921年の中国共産党設立へと向かう。

**後史**
**1966～76年** 毛沢東による文化大革命が起こる。中国における資本主義的・伝統的・文化的要素が弾圧され、その結果として派閥抗争が起こり、多くの人命が失われる。

**1977年** 鄧小平が経済自由化計画を実行し、経済的急成長へとつながる。

---

**20**世紀初頭、中国の学生や知識人はヨーロッパで支持を得ていた社会主義思想を学び、中国に適用することを考えはじめた。そのなかには、若き日の毛沢東も含まれていた。当時の中国では、マルクス主義よりも、ミハイル・バクーニンの無政府主義やほかの空想的社会主義学派の思想の方が、若者には魅力的に見えた。というのも、マルクスは健全な資本主義経済が社会主義革命に必要な基盤であると述べたが、中国は依然として封建的な農業国家だったためである。中国には近代産業も都市労働者も存在していなかったのだ。

## 革命へのきっかけ

資本主義の生産過程が必要なレベルに達するまでは労働者による革命は成功しないというマルクスの説に対して、中国の知識人は満足していなかった。そのため、1917年のロシア革命が起こるまで、革命を起こそうという雰囲気は生まれてこなかった。毛沢東は、中国の政界に自らがもたらした大きな変化を振り返った際に、ボリシェヴィキの反乱は中国の政治思想家に「雷に打たれたような」衝撃を与えたと述べている。中国とロシアはともに発展の遅い大国で、似ている点があると考えられていたため、中国の人々はロシアで起こっている出来事に強い関心を持っていたのだった。毛沢東は、北京に出ると、大学の図書館館長であった李大釗のもとで司書補となり、指導を受けるようになる。李は中国共産党創設者の一人であり、ロシアの革命運動について研究し、講義を行い、本を書いていた。

毛沢東はマルクス・レーニン主義思想を取り入れ、農民の国である中国での労働者革命の問題を解決するために利用した。レーニンの帝国主義思想においては、共産主義が発展途上の国々に広まり、徐々に西洋の資本主義国家を包囲するという未来が描かれていた。それを受けて毛沢東は、いまだに封建主義から抜け出せないでいる国々は、資本主義の段階をとばして、直接、完全な社会主義国家へと発展するのだろうと考えた。上流階級の「自覚」を持ったエリートからなる前衛党を用意すれば、革命の価値と労働者としてのアイデンティティーを、労働者に教え込むことができるだろう。

## 大衆の政治化

第一次世界大戦後に、西側の同盟諸国が中国の権益を無視した裏切り行為を行った。このことがなければ、ロシア革命によって生じた興奮は、大学で議論を行っていた人々のなかでとどまったことだろう。大戦の際、中国からは14万人以上の労働者がフランスへ船

---

- 中国は**産業**社会ではなく**農業**社会である。
- したがって、中国では農民が**労働者階級**となる。
- 農民は、武装した資本主義者の搾取に抵抗するための**力を持たない**。
- 社会から銃を排除するには、銃を**手にして戦う**必要がある。

**政治的権力は、銃身から生まれ育つものである。**

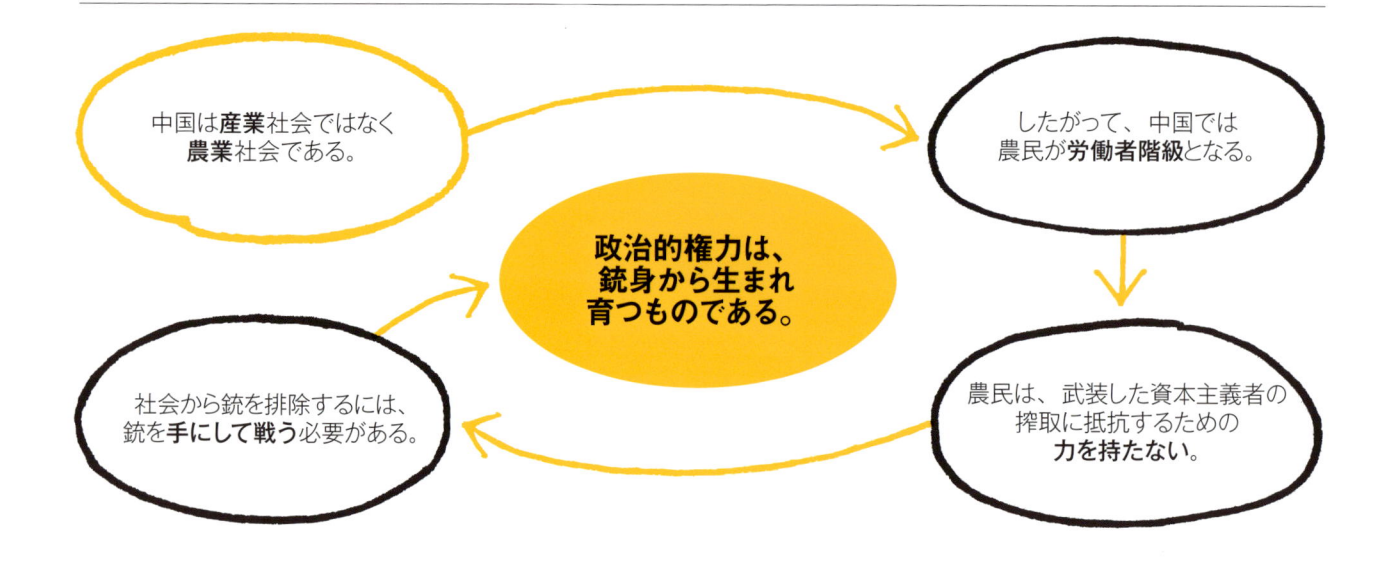

# イデオロギーの対決

**参照:** カール・マルクス 188-93 ■ 孫文 212-13 ■ ウラジーミル・レーニン 226-33 ■ ヨシフ・スターリン 240-41 ■ レフ・トロツキー 242-45 ■ チェ・ゲバラ 312-13 ■ ホー・チ・ミン 336

米農家などの農民は、集団化計画のために自分の土地を協同農場に差し出した。この農業集団化こそが、毛沢東が中国農村部の経済を改革しなくてはならないと思った主たる要因であった。

で渡り、英仏露三国協商の戦闘行為を支えるために協力した。なぜなら、中国北東部沿岸の山東省ドイツ領が、戦後、中国に返還されるという約束を信じたからだった。ところが、1919年のヴェルサイユ講和会議において、同盟諸国はその土地を日本に渡すことを決定したのである。

中国全土の学生が、土地を取り返せない「意気地のない」中国政府に抗議して立ち上がった。上海の都市労働者や事業家が彼らに加勢し、多種多様な人々が団結して、ついに五四運動へと発展した。彼らは自分たちの要求を受け入れるようにと政府に迫り、中国の代表団はヴェルサイユ講和条約への調印を拒否した。しかし、中国の反対の声は、同盟諸国の動きに一切反映されなかった。五四運動の真の意義は、多くの中国人が、自分たちの生活がいかに不安定であるか、また外国からの脅威に対して中国がどれほどもろいかということを考えるようになった点である。この時期以降、西洋の自由民主主義の魅力が色あせ、マルクス・レーニン主義思想が人々を惹きつけるように

> 労働者階級の人々に（中略）彼ら自身が銃を手にして戦うことの重要性を気づかせるのは非常に難しい。
> **毛沢東**

なった。五四運動は、中国の政治思想史における重大な転換点であったと言える。

このころ、運動の前面に立ち、農民や労働者による共産党を組織した急進的知識人のなかに、毛沢東がいた。毛沢東は、山東省の教訓を決して忘れなかった。弱者が交渉に挑んでも負けるだけである。政治の世界で最終的に力を持つのは軍事力なのだ。彼の武力を得ようとする覚悟、および武力を行使する意志は、冷酷なまでに固かった。

1921年に、毛沢東は、上海で開かれた第一回中国共産党全国代表大会に出席した。そして1923年に同党の中央委員会の委員に選ばれている。1920年代に、彼は、労働者のストライキを組織し、研究を行い、自分自身の思想を発展させた。その結果、中国において革命を遂行するのは、都市部の労働者ではなく地方の労働者階級に違いないと確信するようになった。

## 共産主義の試練

中国共産党は、マルクス・レーニン主義思想に関して、国民党と同じ見解を持っていた。国民党とは、孫文によって設立された中国国家主義・反封建主義を掲げる党であり、ソヴィエト連邦とつながりがあった。両党は、国家の一致団結を目指すという点で同じ目標を共有していた。しかし、共産党の率いる農民や労働者による民衆運動は、国民党にとっては過激すぎるものだった。1927年、国民党は同盟関係にあったはずの共産党に突如攻撃の矛先を向け、彼らに大打撃を与え、さらに都市部にあった共産党組織に弾圧を加えた。この激しい衝突により生じた混乱状態から「毛沢東思想」が現れる。それは、地方におけるゲリラ戦というかたちの、マルクス主義革命のための戦術であった。毛は、中国南東部に位置する江西省の山岳地帯に小さな共和制国家、中華ソヴィエト共和国を建て、その主席についていた。

1934年から1935年にかけて「長征」を行ったことで、中国共産党員のあいだでは、毛沢東の地位はゆるぎないものとなった。このときの9600キロ（6000マイル）に及ぶ行進は、「長征」と呼ばれる一連の過酷な行進の前半部分にあたり、1年以上にわたって続けられた。表向きの目的は、日本の侵略軍を追い払うためであるとされたが、実際には蔣介石率いる国民党軍から逃れ、共産党紅軍の退却を行うという目

# 毛沢東

毛沢東を崇拝する風潮は、毛のポスターを掲げ、毛沢東語録を手にした民衆のデモによって、さらに強められた。

> 人民のための
> 軍隊がないとしたら
> ほかに人民のためのものなど
> 何もない。
> 毛沢東

> 政治は
> 血を流さない戦争であり、
> 戦争は血を流す政治である。
> 毛沢東

的もあった。紅軍は18の山脈を越え、24の大河を渡った。その結果、1934年10月に江西省を出発した時には8万人であった兵士と労働者のうち、1年後に生きて上海にたどり着いた者はわずか10分の1であった。1935年11月に、毛は中国共産党中央委員会主席となり、ここに彼の指導権が確立した。その後、第二次世界大戦で日本が連合国側に敗れ、中国では再び内戦が起こり、国民党軍が降伏する結果となった。そして1949年に、共産党主導の中華人民共和国が建国され、毛沢東がその政府主席に就任するのである。

## 偉大なる舵取り

1938年の第六回中国共産党中央委員会総会では、その閉会の辞において、毛沢東が自らの革命理論について詳しく述べている。いまだに半ば封建的な中国という国家においては、真の革命階級は農民であり、武力闘争によってのみ革命を成し遂げることができるのだと彼は主張した。デモ、抗議運動、ストライキだけでは十分ではない。

「偉大なる舵取り」と呼ばれるようになった毛沢東は、武装した強力な農民労働者階級を率い、多くの望ましい変化をもたらした。なかでも、見合い結婚の禁止、女性の地位向上、就学者数倍増、識字率向上、共同住宅創出などは、特に素晴らしい政策であったと言える。毛沢東は、スターリンを称賛し、革命を奉じるマルクス主義の用語や理論に心酔していた。しかしそのような表向きの華やかさの裏で、毛は軍隊を用いて何千人もの人々を虐殺することで権力を手にしたのである。中国の敵とみなされて武力弾圧を受けたり、あるいは政策外に置かれたりした人々が、その後さらに数百万人も命を落とすこととなる。30年かけて、毛沢東は中国をほぼ完全に自給自足が可能な国家へと押し上げたが、その過程において、人々の命・満足・自由・健全さがどれほど犠牲にされてきたかは、言葉にできないほどである。

1953年に着手された五か年計画は生産力を目覚ましく向上させ、1958年の「大躍進政策」へと続いていく。農業・工業・インフラ整備において集団労働計画を遂行し、毛沢東は、中国経済を力づくで西洋諸国の経済に並ぶものに発展させようとした。その際に彼は、世界でも類を見ないような最悪の大惨事を引き起こす。1958年から1962年のあいだに、少なくとも4500万人の中国人（その多くは農民であった）が、拷問にかけられ、過剰労働を強いられ、飢えに苛まれ、あるいは暴行を受けて死んでいった。このときに殺された人々の数は、第二次世界大戦のすべての死者数に匹敵するほどであった。

この時期の残虐行為の記録は、中国共産党の公文書資料館（一度閉鎖されたが、再び公開されている）に、丁寧に分類されて収められている。社会的正義を実現しようと奮闘するなかで毛沢東が選んだ「真の革命階級」を、毛沢東と中国共産党が、個々の人間として認識せずに消耗品として扱っていたという事実が、この記録から読み取れる。

# イデオロギーの対決

マルクスは、物質面・文化面において資本主義が確立したのちに、社会主義の時代がやってくると主張した。毛沢東はその点には賛成せず、自分が中国で目にした貧しさは、道徳的な純潔さを表すものであると解釈した。そして、その道徳的純潔さこそが社会主義の理想郷へとつながるのだと考えた。1966年に文化大革命がはじまった。その目的は、中国から資本家階級の影響を排除することであった。何百万もの人々が強制労働を通して「再教育」され、何千もの人々が処刑された。

## 現代中国における毛沢東

毛沢東が「銃身から」生まれ育つと表現した政治は、結局のところ、恐怖・残虐行為・幻覚・虚偽に満ちた全体主義政治でしかなかった。毛沢東の死に際して、中国共産党は、彼の思想は「今後も長きにわたって行動指針となる」であろうと宣言した。しかし、中国社会が発展し、彼の恐ろしい犯罪が知れ渡っていくなかで、中国人の思想に対して毛沢東が有している影響力は、いずれは消滅することだろう。■

中国産トラクターは、生産量を増加させただけでなく、「我々自身の努力で独立を維持する」という毛沢東の信条を象徴するものでもあった。

## 毛沢東

毛沢東は、1893年、中国中央部の湖南省湘潭県で、裕福な農家に生まれた。彼は父親に関して、しつけにとても厳しく、何かにつけて子どもたちをたたく人であったと述べている。それに対して母親は、敬虔な仏教徒であり、いつも父親をなだめていたという。

教員になるための勉強を終えたのち、毛沢東は北京に移り、大学の図書館で働いた。彼はそこでマルクス主義を学び、さらには1921年に中国共産党を創始した人々の一人となった。毛沢東の指導のもと、中国共産党は長期にわたる内戦や外国との戦争に勝利し、ついに1949年に中華人民共和国を建国する。

毛沢東は「大躍進政策」という労働者を巻き込んだ壮大な計画を実施し、容赦なく中国を近代化していく。そしてのちには文化大革命も行った。どちらの計画も結果としては失敗で、数百万の人々が命を落とすこととなった。毛沢東は1976年9月9日に亡くなっている。

### 主著

1937年 『遊撃戦論』
1964年 『毛沢東語録』

# 戦後の政治思想
## 1945年～現在

# はじめに

**1945年** → ドイツに続いて日本が降伏し第二次世界大戦が終結する。ヨーロッパは東西に**分裂**することとなる。

**1949年** → シモーヌ・ド・ボーヴォワールが『第二の性』を出版する。同書はフェミニスト運動の重要な拠りどころとなる。

**1962年** → **キューバ危機**により米ソ間の緊張が一触即発の状態にまで高まる。

**1963年** → アメリカ合衆国大統領ジョン・F・ケネディーが**暗殺**される。

**1945年** ↓ イギリスで労働党内閣が誕生しのちの**現代福祉国家**へと続く一連の改革がはじまる。

**1950年～1953年** ↓ 西側諸国と共産主義の北朝鮮・中国とのあいだで**朝鮮戦争**が起こる。

**1963年** ↓ ケニアが**独立を宣言**しヨーロッパ列強に植民地化されていたほかの多くの国々がそれに続く。

**1963年** ↓ マーティン・ルーサー・キングが**ワシントン大行進**を率いる。

---

第二次世界大戦終結後、急激な産業的・社会的変化が起こった。戦争が大規模化し産業化したこと、植民地を保有する大国が力を失いつつあったこと、そして、共産主義と自由市場資本主義とのあいだのイデオロギー上の対立といった諸要因が、すべて政治思想に大きな影響を与えた。世界大戦という大きな悲劇から立ち直るためには世界観の再解釈が必要であり、人類の進歩と組織化のための新しい方法を早急に考える必要があった。

欧米諸国においては新しい政治的合意が生まれ、私企業や公的事業が入り混じった混合型の経済が発達した。また、戦後すぐに世界中で新しい人権を求める声が上がり、ヨーロッパ諸国の保有する植民地において独立運動の機運が高まった。

## 戦争と国家

世界大戦を経験したことで、政治思想家が考えるべき問題がいくつも生まれた。第二次世界大戦によって軍事力はかつてないほど巨大化し、大国の産業基盤にも大きな影響があった。そしてこの新しい環境のなかで、東側陣営と西側陣営とのあいだに対立が生じた。朝鮮戦争、ヴェトナム戦争、その他の争いが、アメリカとソヴィエト連邦の対立を反映するかたちで起こった。

第二次世界大戦を終わらせた核兵器もまた、この科学技術発展の時代を象徴するものである。この科学技術の発達は、人類を大いに恐怖させた戦争によってもたらされたと言える。そしてその発達を受けて、多くの思想家が戦争の倫理を再考することとなった。マイケル・ウォルツァーをはじめとする理論家は、トマス・アクィナスやヒッポの聖アウグスティヌスの思想を発展させ、戦場での道徳的問題について考えた。

ノーム・チョムスキーやスメドリー・D・バトラーといった思想家は、新しい軍産複合体の裏にある権力構造を探った。近年、世界規模のテロやイラクおよびアフガニスタンでの紛争が起こったことで、これらの議論がさらに活発になった。

大戦直後の時期には、国家の役割は何かという議論も起こった。戦後、ヨーロッパの民主主義国家は福祉国家としての基盤を築きはじめ、東欧では共産主義が確立した。そのような状況下で政治思想家は、これらの動きは何を意味するのか、特に個人の自由に対しどのような影響があるのかを考えはじめた。フリードリヒ・ハイエク、ジョン・ロールズ、ロバート・ノージックといった思想家は、自由と正義についての新しい解釈を生み出し、国家と個人の関係性が改めて検証されるようになった。

# 戦後の政治思想

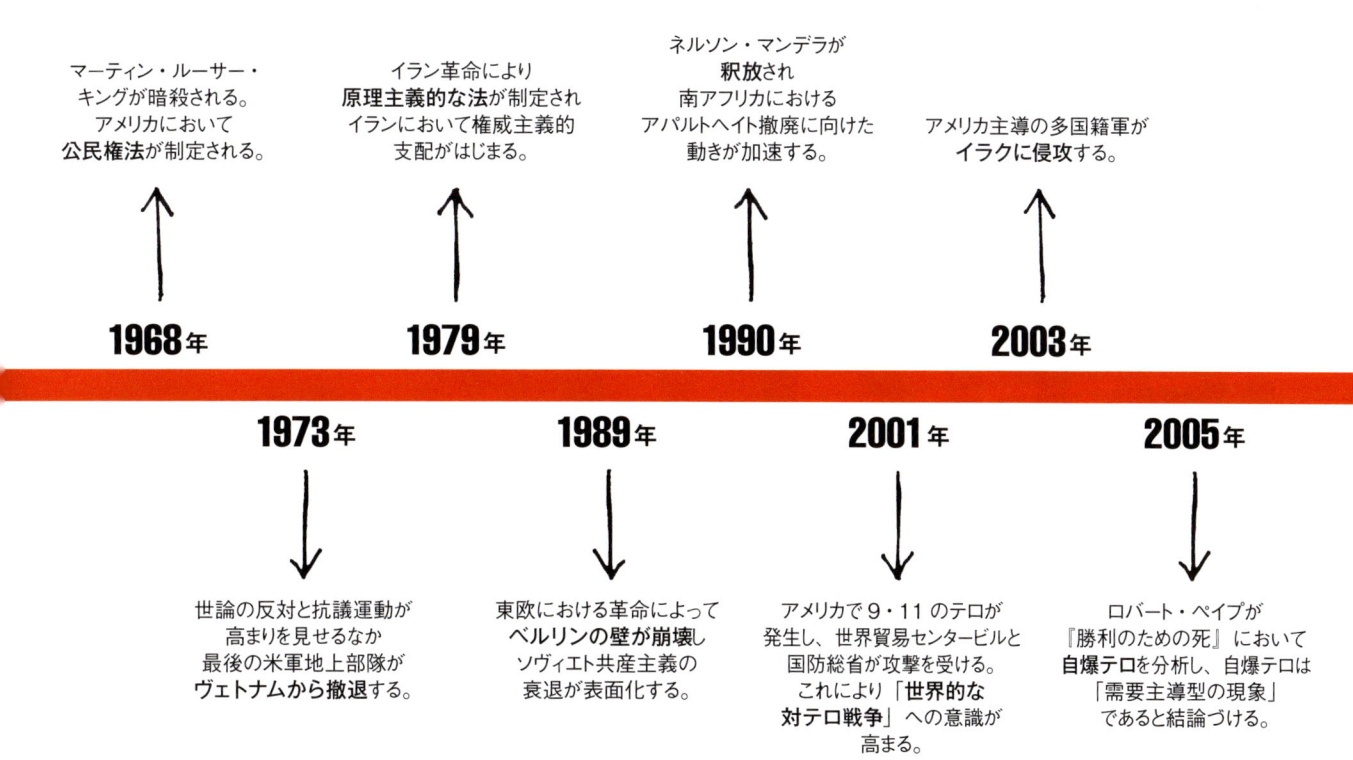

**1968年** ↑ マーティン・ルーサー・キングが暗殺される。アメリカにおいて**公民権法**が制定される。

**1973年** ↓ 世論の反対と抗議運動が高まりを見せるなか最後の米軍地上部隊が**ヴェトナムから撤退**する。

**1979年** ↑ イラン革命により**原理主義的な法**が制定されイランにおいて権威主義的支配がはじまる。

**1989年** ↓ 東欧における革命によって**ベルリンの壁が崩壊**しソヴィエト共産主義の衰退が表面化する。

**1990年** ↑ ネルソン・マンデラが**釈放**され南アフリカにおけるアパルトヘイト撤廃に向けた動きが加速する。

**2001年** ↓ アメリカで9・11のテロが発生し、世界貿易センタービルと国防総省が攻撃を受ける。これにより「**世界的な対テロ戦争**」への意識が高まる。

**2003年** ↑ アメリカ主導の多国籍軍が**イラクに侵攻**する。

**2005年** ↓ ロバート・ペイプが『勝利のための死』において**自爆テロ**を分析し、自爆テロは「需要主導型の現象」であると結論づける。

## フェミニズムと公民権

1960年代以降、シモーヌ・ド・ボーヴォワールらの著作に影響を受け、政治面での要求を前面に押し出した新しいフェミニズム運動が起こった。ボーヴォワールは、政治的・社会的な女性の立場について疑問を呈した人物である。同じころ、公民権を求める闘いも盛り上がりを見せていた。アフリカにおいて植民地主義が衰え、また、アメリカにおいて人種差別に反対する民衆の運動に支持が集まるなかで、フランツ・ファノンのような思想家や、ネルソン・マンデラ、マーティン・ルーサー・キングといった多大な影響力を持つ活動家が、その闘いの先頭に立った。ここでもまた政治思想家は、権力についての疑問、そして特に公民権と参政権に関する疑問に取り組むこととなった。

## 世界的な課題

1970年代には、アルネ・ネスの提唱した「ディープ・エコロジー」という概念にあと押しされて環境保護運動が起こり、環境保護を奉じる勢力が政治の場に進出しはじめた。気候変動や石油価格の高騰といった問題が人々の関心を集めるにつれて、環境保護派の政治思想家が次第に影響力を増していった。

イスラム圏では、政治におけるイスラムの位置づけに関して合意点を見出すべく、政治家と思想家が奮闘していた。マウドゥーディーが考えたようなイスラム国家の展望からシーリーン・エバーディーによるイスラム国家における女性の役割についての考察に至るまで、そして、アル＝カイダの台頭から「アラブの春」によってもたらされた期待に至るまで、イスラム圏にはさまざまな政治的要素が存在し、互いにぶつかり合っているのである。

グローバル化した社会が直面する諸問題は、国境を越えて発達する産業・文化・通信技術などとも相まって、新たな政治問題へとつながった。特に、2007年に発生した金融危機によって、政治思想家は自らの姿勢を問い直し、新しい問題に対する新しい解決策を見つけ出すことを迫られている。■

# 制限を受けない政府は重大な害悪である

## フリードリヒ・ハイエク
（1899年〜1992年）
Friedrich Hayek

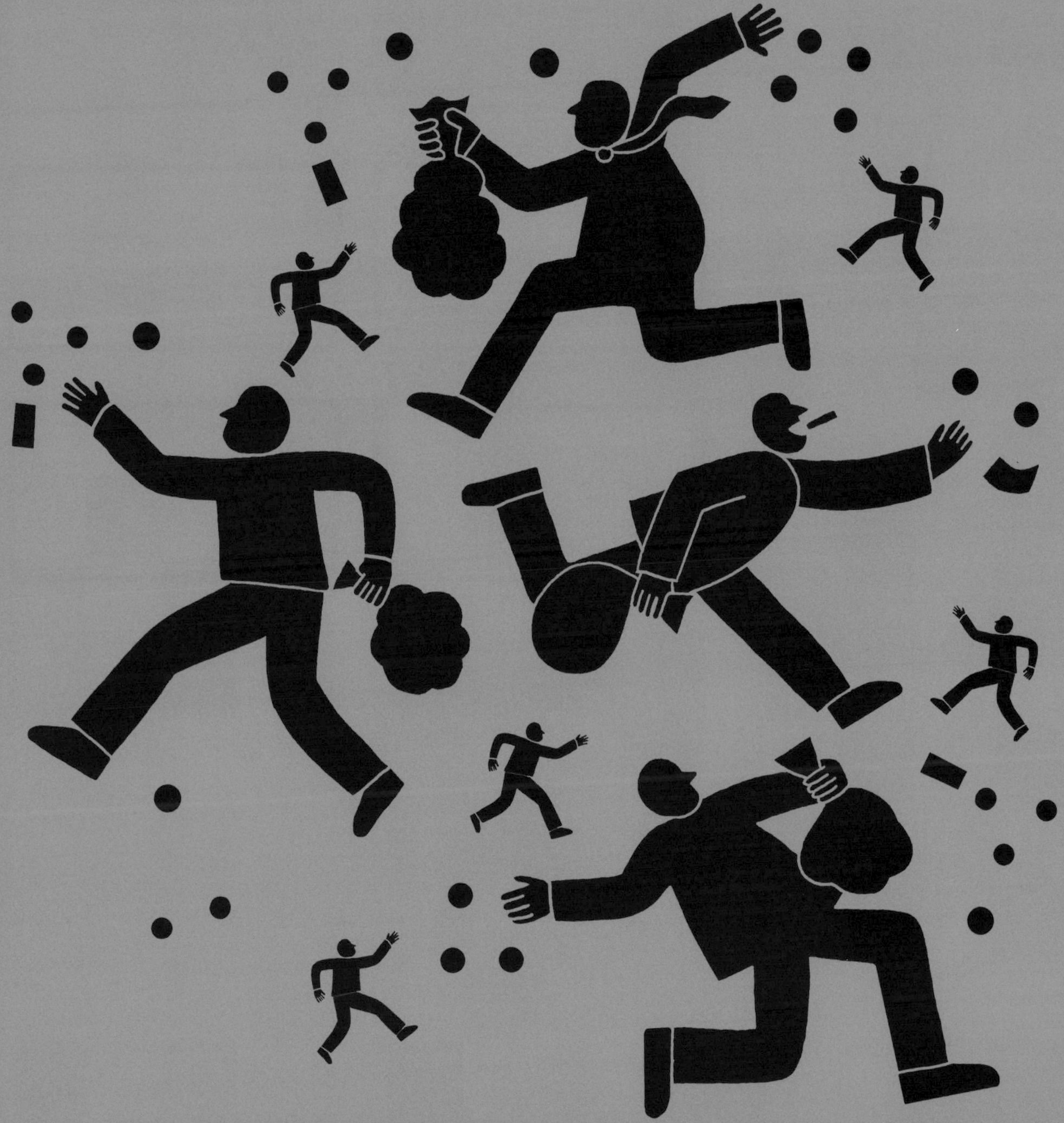

# 272 フリードリヒ・ハイエク

## 背景

**イデオロギー**
**新自由主義**

**焦点**
**自由市場経済**

**前史**
**1840年** ピエール＝ジョゼフ・プルードンが資本は権威のようなものであると論じ、権威が存在せず、自然に生まれた秩序によってまとめられる社会を提唱する。

**1922年** オーストリアの経済学者ルートヴィヒ・フォン・ミーゼスが、中央政府による計画経済を批判する。

**1936年** ケインズが、経済不況を脱するために重要なのは財政支出の増額であると述べる。

**後史**
**1962年** アメリカの経済学者ミルトン・フリードマンが、政治的自由の実現には競争の認められる資本主義が不可欠であると述べる。

**1975年** イギリスのマーガレット・サッチャーが、ハイエクから着想を得たと述べ称賛する。

---

**自由市場**は個人の需要に応える。

↓

したがって、市場においては**自由な取引**が認められるべきである。

↓

そして、社会において自然に秩序が生まれることを促すために、**政府の力は制限されるべき**である。

---

**中央政府による計画経済**では、個々人の需要の変化に応えることができない。

↓

したがって、中央による計画経済には**強制**が伴い、すべての人々の**自由が抑圧**される。

↓

そして、制限を受けない**全体主義的な政府**が生まれる。

↓

**制限を受けない政府は重大な害悪である。**

---

オーストリア生まれのイギリス人経済学者フリードリヒ・ハイエクは、1960年の著作『自由の条件』の巻末に「なぜ私は保守主義者ではないのか」という文章を記し、制限のない政府の危険性を警告した。1975年にイギリスの保守党党首に選ばれたマーガレット・サッチャーは、党員との会議の席で『自由の条件』を机の上に置き、「これが我々の信じるものだ」と述べたという。

ハイエクの思想を称賛した保守派の政治家は、サッチャーだけではなかった。多くの右派の政治家にとって、ハイエクは英雄ですらあった。そのような人物が、自分は保守主義者ではないと断言したことは、奇妙なことにも思える。実際、ハイエクの立場がわかりづらく既存の分類に当てはめにくかったために、ハイエクらに対して多くの批評家が「新自由主義」という用語を用いるようになる。自由市場が重要であるというハイエクの考え方を支持したサッチャーやアメリカ合衆国大統領ロナルド・レーガンといった人々も、この新自由主義者に含まれる。

### ハイエク対ケインズ

「制限を受けない政府は重大な害悪である」というハイエクの主張の中核部分には、自由市場の原則がある。ハイエクがはじめて名前を知られるようになったのは、1930年代にイギリスの経済学者ジョン・メイナード・ケインズの大恐慌についての論を批判したときであった。ケインズは、失業率が上がることで消費が停滞するという悪循環を断ち切るには、政府が市場に大規模介入を行い、公共事業を生み出すしかないと主張した。ハイエクは、この政策ではインフレが起こるだけであると批判し、一時的な「不況」は、景気を循環させるためには必要不可欠なものだと主張した。

当時の政治家の大半がケインズの論を支持するなか、それでもハイエクは

# 戦後の政治思想

**参照:** イマヌエル・カント 126–29 ■ ジョン・スチュアート・ミル 174–81 ■ ピエール=ジョゼフ・プルードン 183 ■ アイン・ランド 280–81 ■ ミハイル・ゴルバチョフ 322 ■ ロバート・ノージック 326–27

自由市場においては、商品の供給と需要のバランスが自然にとれるようになっていると、ハイエクは考えた。この調整を人為的に行うために必要な情報は、どのような人間にも決して手に入らない。

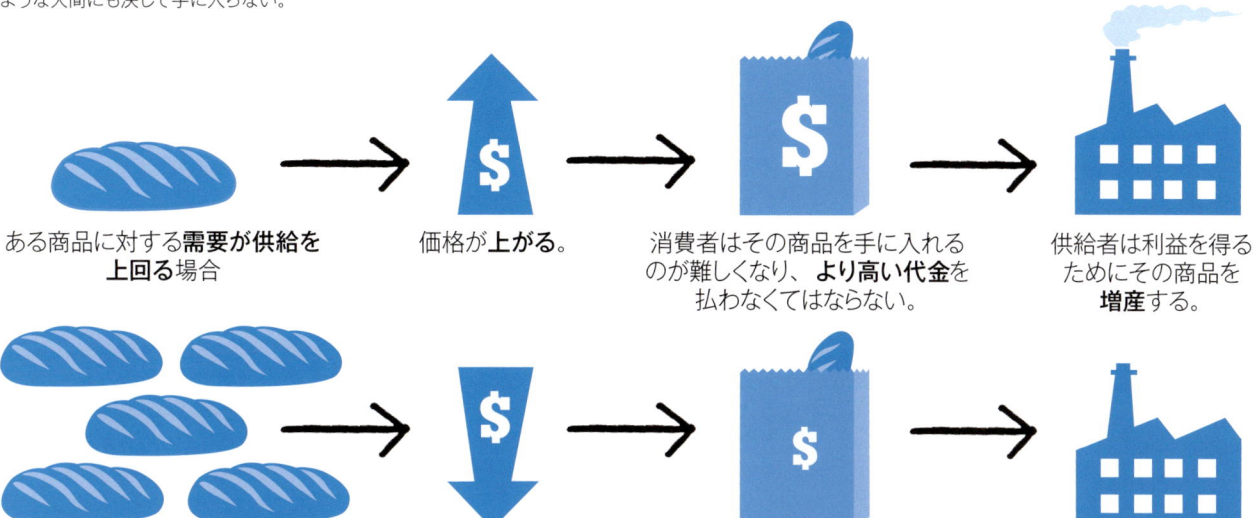

| | | | |
|---|---|---|---|
| ある商品に対する**需要が供給を上回る**場合 | 価格が**上がる**。 | 消費者はその商品を手に入れるのが難しくなり、**より高い代金**を払わなくてはならない。 | 供給者は利益を得るためにその商品を**増産**する。 |
| ある商品に対する**供給が需要を上回る**場合 | 価格が**下がる**。 | 消費者はその商品を簡単に手に入れられるようになり、**割引料金**で購入することもできるかもしれない。 | 供給者はその商品を**減産**する。 |

自身の思想を発展させていく。ハイエクは、中央政府が計画経済を実施しても、うまく機能するはずがないと主張した。なぜなら、人々の需要は常に変化しており、それに対応するのに必要な情報を中央政府がすべて集めることなど不可能だからである。人々の多岐にわたる需要を満たす能力を中央政府が持っていると考えるのは大間違いである。

中央政府が計画経済を実施する際に不足するものは情報だ。そして、この問題点を解決できるのが自由市場なのである。さまざまな商品について人々が持っている知識、また、それらの商品に対する需要といった情報をすべて中央政府が把握することはできない。それに対して自由市場では、これらの情報が常時すべて明らかになるのだとハイエクは主張する。自由市場においては需要と供給のバランスをとるために価格操作が行われるが、そこにこの情報が表れるのである。価格が上がった場合、その商品の供給が少なくなっているのだということがわかる。逆に価格が下がった場合には、供給過剰なのだとわかる。人々は、市場のこのような動きに敏感に反応する。なぜなら、供給が少なくなっている商品を増産することで、より多くの利益を得ることができるためである。このような価格の変動は人為的介入によって起こるのではないとハイエクは考える。それは、言語のように、人間社会に自然に現れる現象の一つであると彼は述べている。

### 自由の喪失

さらにハイエクは、自由市場と比べて計画経済には、経済を悪化させるという問題だけでなく、政治的な自由が失われるという根本的な問題もあると考えるようになる。政府が経済を計画することは、人々の生活を支配することにつながると考えたためである。そのためハイエクは、第二次世界大戦が激化していた1944年、自らの主著となる『隷属への道』を著し、彼が帰化した国であるイギリスに対して、社会主義の脅威から逃れるようにと警告している。

『隷属への道』においてハイエクは、政府が国民の経済活動を支配することは全体主義へとつながり、ついには国

> 物質面における平等性の要求に応えてくれるのは全体主義の政府のみである。
> **フリードリヒ・ハイエク**

> 経済的支配とは、
> 人々の生活のあらゆる側面から
> 経済という一面のみを切り離して
> 支配するわけではない。
> 人々がいだくすべての目的に関して
> その実現ための手段を
> 支配することになるのである。
> **フリードリヒ・ハイエク**

民を隷属化してしまうと論じている。政策の裏にある意図がどれほど異なっているとしても、社会主義を奉ずる政府による経済支配がもたらす結果は、ナチスによるファシズムがもたらす結果と、大きな違いはないのだと彼は考えていた。たとえすべての人々の利益になるように計画されたものであったとしても、経済的な基本計画を実行するためには、きわめて多くの重要な政策課題を、選挙で選ばれたわけでもない専門家の手に委ねざるを得ない。これは、本質的に反民主主義的なことであるとハイエクは主張する。さらに、包括的な経済計画が実行されれば、生活のいかなる側面においても、人々が自ら選択を行う余地は残されないことになる。

## 政府には制限が必要

自由市場と政治的自由との関係について、ハイエクがもっとも深い議論を展開しているのは、『自由の条件』においてである。ハイエクは、自由市場こそが社会に秩序を与えるものだと述べているが、だからといって政府の存在に懐疑的であったわけではない。政府のおもな役割は「法の支配」を維持することであり、人々の生活への介入は最低限にとどめるべきだとハイエクは言う。人々が自らの計画に従って行動できるような枠組みは、政府が提供してくれるものではなく、「市民同士の関わり合い」のなかでのみ生まれるものなのである。

法のもとになったのは、政府という概念が成立する以前に自然に生まれた行動規範である。「この意味では、裁判官とは、自然に生まれた秩序に基づいて判断を行う者である」とハイエクは述べる。自分は保守主義者ではないという彼の主張は、このあたりのことを言っている。保守主義者は変化に敏感であるため、民主主義を恐れ、民主主義が普及する時代を批難する。それに対してハイエクは、民主主義も変化も受け入れている。彼が問題だと考えるのは、適切な統制も制限も受けていない政府である。彼は「いかなる者も、無制限に権力を行使する権限を与えられるべきではない」と主張した。「国民」ですら、そのような権限を持つべきではないと彼は考えていたようである。「現代民主主義が手にした権力を、少数のエリートが思いのままに行使するようになるとしたら、それはますます耐え難い状況になるだろう」と彼は述べている。

ハイエクは、罪を正すものとしての法には批判的で、政府が社会に対して有する強制力は最小限にとどめるべきだと考えていた。彼は「社会的正義」という概念には、さらに批判的であった。ハイエクは、市場とは「その結果が正しいか正しくないかを決めることにはまったく意味のない」ゲームのようなものであると述べ、したがって「社会的正義という表現は、実質的な内容を伴わない無意味なものである」と結論づけている。ハイエクはまた、富の再分配を試みること（たとえば、社会福祉のために増税を行うこと）は、自由への脅威であると考えた。結局のところ必要なのは、「貧しい人々が自暴自棄になって行動を起こすことを防ぐ」ための基本的な安全対策くらいのものである。

長いあいだ、ハイエクの思想を支持する者はほとんど現れず、戦後の西側諸国の政策決定に影響力を持っていたのはおもにケインズの経済学であった。ハイエクの警告を無視して、福祉国家への道を選んだ国も多かった。しかし、1970年代のオイルショックや経済不況により、ハイエクの思想を見直そうという動きが生まれる。そして1974年にはノーベル経済学賞をハイエクが受賞し、多くの人々を驚かせた。

規制を受けない自由市場を支持し、自由市場こそが経済発展と個人の自由をもたらすものだと考える人々が、こ

戦後のヨーロッパにおいては、ハイエクよりもジョン・メイナード・ケインズの理論を支持する者が多く、鉄道会社といった主要産業は国営化された。

# 戦後の政治思想 275

のころから、ハイエクの思想を拠りどころとして集結するようになる。1980年代になると、レーガンとサッチャーが税率を引き下げ規制を縮小するなど、福祉国家からの撤退を意図する政策を打ち出しはじめる。また東欧諸国においても、共産主義支配からの脱却を志す革命指導者の多くが、ハイエクの思想を手掛かりに行動の指針を見出していく。

## ショック政策

ハイエクは自らを自由主義者であると主張していたが、それに関しては多くの批難の声が上がっており、そのなかにはイギリスの自由民主党党首デイヴィッド・スティールも含まれている。税率を引き下げ公共サービスを削減することで政府を縮小すべきであるというハイエクの主張を、ロナルド・レーガンとマーガレット・サッチャーが採用した。

彼は、自由とは「社会的正義が存在し、富と権力の公平な分配が行われている」状況においてのみ実現されるものであり、「それにはある程度の政府の介入が不可欠」であると述べた。多くの自由主義者がそれ以上に許し難いと感じたことは、のちにカナダのジャーナリストであるナオミ・クラインが「ショック・ドクトリン」と名づけた考え方が、ハイエクの思想に見られた点である。「ショック・ドクトリン」とは、経済難や恐怖政治といったショック状態を経験させられることにより、人々が「最終的に自分たちにとって良い状況が訪れる」だろうと信じて、自由市場実現のための極端な政策（急速な規制緩和、公営産業の民営化、高い失業率をもたらす政策）を受け入れるというものである。

ハイエクが提示した自由市場のイデオロギーは、チリの将軍アウグスト・ピノチェトをはじめとする多くの残忍な軍事独裁政権に取り込まれていくこととなる。このような全体主義体制は、ハイエクが常々批判していたものであった。ハイエク自身は、経済面での助言をしているだけだと主張していたものの、彼が個人的にこれらの軍事政権と関わりを持っていたことも事実である。

ハイエクに関しては、いまなお、さまざまな議論が行われている。自由市場主義者や多くの右派の政治家は、自由の擁護者であるとしてハイエクを支持している。その一方で左派の政治家の多くは、ハイエクの思想のせいで強硬路線の資本主義が世界中で導入されたと感じており、その結果、多くの人々が困窮に苦しむようになり、貧富の差が拡大したのだとしてハイエクを蔑んでいる。■

> あなたが望むものすべてをあなたに与えることができるほど大きな政府は、あなたの持つものをすべて奪うことができるほど強大な政府である。
> ジェラルド・フォード

## フリードリヒ・ハイエク

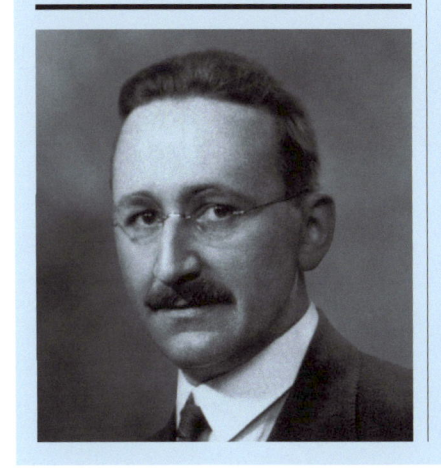

フリードリヒ・アウグスト・フォン・ハイエクは、1899年にウィーンで生まれた。第一次世界大戦直後にウィーン大学に入学する。当時、ウィーン大学は、経済学を学ぶのにもっとも優れた大学の世界上位三大学に入ると言われていた。彼は法学部の学生であったが、経済学と心理学に興味を持つようになり、戦後のウィーンが困窮していたという背景もあって、社会主義によって問題を解決できないかと考えるようになる。1922年に、中央政府による計画経済を痛烈に批判するルートヴィヒ・フォン・ミーゼスの著作『社会主義』を読んで、ハイエクはミーゼスの講義に出席するようになった。1931年にはロンドン・スクール・オブ・エコノミクスに移り、ミーゼスが提唱した景気循環論について講義を行った。このころから大恐慌の原因に関して、ハイエクはケインズと対立するようになる。1947年に、ハイエクはミーゼスとともにモンペルラン・ソサイエティーを組織し、その3年後、ミルトン・フリードマンとともに、自由市場を支持する経済学者たちによるシカゴ学派に参加した。ハイエクは1992年に亡くなるが、そのころには彼の思想は強い影響力を持つようになっていた。

### 主著

1944年　『隷属への道』
1960年　『自由の条件』

# 議会制政治と
# 合理主義政治は
# 同じ体制内で共存する
# ことはできない

マイケル・オークショット（1901年～1990年）
Michael Oakeshott

## 背景

**イデオロギー**
保守主義

**焦点**
実際の経験

**前史**
**1532年** マキャヴェッリが『君主論』において、政治権力の奪取・維持・喪失に伴って生じることの多い暴力的な手段について分析する。

**1689年** イギリスの権利の章典において、君主政の権力が制限される。

**1848年** 『共産党宣言』が出版される。オークショットは、人々が内容を深く考えずに、『共産党宣言』を政治的行動のための「規則集」として利用していると考える。

**後史**
**1975年** カンボジアでポル・ポトが「ゼロ年」を宣言し歴史を消そうとする。彼は毛沢東の思想に基づいた政権を設立し、3年間で200万人の命を奪う。

**1997年** 中国が「一国二制度」構想を採用したことで、イギリスの香港返還後も自由市場経済を維持することが可能になる。

---

> 議会組織は**実際の統治ための技術**から生まれたものである。

> 合理主義政治は、**イデオロギーと抽象概念**に基づくものである。

↓

> 議会組織は何世代にもわたって存続してきたもので、**経験と歴史**に基づいて統治を行う。

> 合理主義政治は、既存の秩序を**破壊**してから**新しい秩序の創造**を行う。

↓

**議会制政治と合理主義政治は、同じ体制内で共存することはできない。**

---

　ドイツのヒトラー、ロシアのスターリン、中国の毛沢東の台頭により、20世紀には政治における過激主義が世界に広がった。このような状況を受けてマイケル・オークショットは、政治的イデオロギーの本質と国家の存亡に対するその影響を研究することに生涯を捧げることとなる。マルクス主義者やファシストの指導者は、政治思想家の心に「伝染病」のようにとりつくのだとオークショットは考えた。その結果として何百万もの人々が悲劇的な運命に見舞われるのである。この伝染病をオークショットは「合理主義」と呼んだ。

　オークショットは、イギリスの議会制の起源について説明するために「政治的にもっとも合理主義が進んでいなかった時代である中世」までさかのぼった。

# 戦後の政治思想 277

**参照：** ニコロ・マキャヴェッリ 74-81 ■ トマス・ホッブズ 96-103 ■ エドマンド・バーク 130-33 ■ ゲオルク・ヘーゲル 156-59 ■ カール・マルクス 188-93

その結果として彼は、イギリスの議会制は合理主義やイデオロギー上の理由で発達したわけではないと述べた。暴政に抵抗し、その政治的権力を制限する必要性に迫られたことで、イギリスは、ヨーロッパ中が飲み込まれた合理主義的な専制政治から一線を画することができたのだとオークショットは主張する。

## 固定観念

政治において合理主義とは霧のようなもので、すべての政治家や政党が取り扱うべき日常生活上の現実を覆い隠してしまうのだとオークショットは述べている。合理主義者の行動は、自らの持つ固定観念に基づいたものであって、現実や「実際の」経験に基づいたものではないのである。合理主義者は、マルクスとエンゲルスの『共産党宣言』などの規則集を丸暗記して海に出る。そのため、抽象的な理論でできたイデオロギーの霧に包まれてしまい、現実とはかけ離れた世界で航海することになるのである。

「人々は、どこまでも広くどこまでも深い海に船を浮かべている」ようなものだとオークショットは言う。この世界の計り知れない難解さを、深淵な海に喩えているわけである。難解な社会の振る舞いを理解しようと試みるとき、必然的に事実は歪められ、単純化される。彼はイデオロギーというものに懐疑的な立場であり、それは抽象的な固定観念に過ぎ

オークショットは、政治活動とは荒海に浮かぶ船のようなものだと述べた。次にどのような波がくるのかを正確に予測できない嵐のなかでの航海には、経験が求められる。

> 66
> 政治活動において
> 人々は
> どこまでも広く
> どこまでも深い海原を
> 航海している。
> マイケル・オークショット
> 99

ないと考えていた。そのようなものを使って難解な現実世界を説明することは不可能だ。イデオロギーは不確かさとは相容れないものであるため、複雑な状況を単純化してしまうのである。合理主義の政治家は、自分が唯一理解できる権威である「自らの理性という権威」に従って行動したいと望む。そして、そのような狭い視野で物事を見ているにもかかわらず、自分は世界を理解し、世界をどのように変えていくべきかもわかっているという顔をするのである。実際に統治を行った経験ではなく、人間がつくり上げたイデオロギーに基づいて行動することは、政治においては非常に危険なことであると、オークショットは主張する。現実的な知識に則って行動することが最良の道であり、イデオロギーは事実にそぐわない誤った知識なのである。

オークショットは保守派の思想家として知られており、現代の保守主義の思想家も彼の思想を拠りどころとしてきた。しかし、これこそが彼の嫌っていたイデオロギーによる分類なのである。彼自身は保守派の政党を支持すると表明したことは一度もない。■

### マイケル・オークショット

マイケル・オークショットは1901年にロンドンに生まれた。父親は公務員で、母親はオークショットが生まれる以前は看護師をしていた。ケンブリッジ大学で歴史を学び、1925年に卒業し、その後、半世紀にわたって学問の世界に身を置いた。ただし、第二次世界大戦中だけは、内密の任務を受けて学術界を離れている。その間彼は、イギリスの諜報部員とともに、特別偵察隊「ファントム」の一員としてベルギーとフランスに派遣されていた。

オークショットはケンブリッジ大学とオックスフォード大学で教鞭をとったのち、ロンドン・スクール・オブ・エコノミクスに移り、政治学の教授となる。彼の著作は、歴史哲学・宗教哲学・美の哲学・法哲学・政治哲学と、哲学のさまざまな分野に及んでいる。彼がイギリスの保守党による政治に多大な影響を与えたことから、首相のマーガレット・サッチャーは彼をナイトに叙任しようとする。しかしオークショットは、自分の研究は政党政治のためのものではないとして辞退した。1968年に一線を退き、1990年に亡くなっている。

**主著**

1933年 『経験とその諸相』
1962年 『政治における合理主義』
1975年 『人間行為論』

# イスラムの聖戦の目的は非イスラム体制の支配を排除することである

アブル・アッラ・マウドゥーディー
（1903年〜1979年）
Abul Ala Maududi

## 背景

**イデオロギー**
イスラム原理主義

**焦点**
聖戦

**前史**
**622年〜632年** メディナにおいてムハンマドがはじめてのイスラム国家をつくり、一つの信仰のもとに複数の民族を統合する。

**1906年** アーガー・ハーン3世が全インド・ムスリム連盟を設立する。

**後史**
**1979年** パキスタンの陸軍大将ジア＝ウル＝ハクがマウドゥーディーの思想を実践し、シャリーアに基づいた刑罰を法律化する。

**1988年** ウサーマ・ビン・ラーディンがアル＝カイダを組織し、世界規模の聖戦を呼び掛け、シャリーアによる支配を世界に広めることを目指す。

**1990年** 「イスラムの人権に関するカイロ宣言」に、同宣言の唯一の拠りどころはシャリーアであると明記される。

---

イスラムは**単なる宗教ではなく**、人生をかけた**革命計画**である。
↓
ムスリムはこの革命計画を**実行**しなくてはならない。
↓
聖戦はイスラム政党が目的達成のために行う**革命闘争**である。
↓
**イスラムの目的とはイスラム帝国設立であり、それに反対する国家を倒すことである。**

---

**20**世紀に世界規模で生じたイスラム復興の動きは、ヨーロッパ植民地主義への反発が高まったことと、アジア・アフリカにおけるヨーロッパの影響力の低下に起因すると説明される場合が多い。しかし実際にはほかにも要因があり、イスラム諸国の内政問題、イスラムとしてのアイデンティティー、多民族多宗教社会における力関係、そしてインドにおいては民族問題などが絡んでいた。1941年にアブル・アッラ・マウドゥーディーによって結成されたジャマーアテ＝イスラーミー党は、インドにおけるイスラム再興運動の前衛として強力な存在となった。イギリスに支配されて以降、インド国内のムスリムは、思想面や政治面で大きな不安を抱えていた。それを目にしていたマウドゥーディーは、ムスリムに新しい展望を提示した。イスラムのイデオロギ

# 戦後の政治思想

**参照:** ムハンマド 56-57 ■ カール・マルクス 188-93 ■ テオドール・ヘルツル 208-09 ■ マハトマ・ガンディー 220-25 ■ アリ・シャリアティ 323 ■ シーリーン・エバーディー 328

ーによって結ばれた世界的な同胞愛をつくり出すことで、衰退したイスラムの政治的な力を取り戻そうとしたのである。

## イスラム国家

マウドゥーディーは常に、実務的な政治家ではなく学者・改革者という立場をとっていたため、特定の政治的・社会的問題にかかわることはなかった。むしろ、自分の思い描く理想のイスラム国家について人々に伝えることに力を注いだ。この理想国家においては、あらゆる物事が、宗教の法というかたちで「天から」の啓示としてもたらされる。これは、民主主義に基づく統治を行う非宗教的な西洋諸国とは大きく異なる。イスラム国家は神アッラーの意思を直接反映しているため、民主主義を掲げるまでもなく、本質的に民主主義的な国家なのである。

人々が無知を脱し過ちを改め、イスラムこそが人の生きる道であるということを完全に理解したときにはじめて、この聖なる国家は完成に近づく。マウドゥーディーはヨーロッパの社会主義者たちの研究を学んだが、そこでは国家の「基礎」をなすのはそれぞれの国の労働者階級であるとされていた。それと同じとらえ方で、マウドゥーディーは、世界中のムスリムが自分にとっての「基礎」であると考えた。イデオロギーによって世界中のイスラムが一つになれば、もはや政治上の理由でのムスリムの分断はなくなり、非宗教的な国民国家は意味のないものになるだろう。イスラムの聖戦(ジハード)には、精神的な高みを目指す闘いという側面だけでなく、きわめて包括的なイスラムのイデオロギーを全世界に広める政治的な闘いという側面もある。聖戦によってあらゆる国家資源をイスラムの支配下に置き、最終的には地上に神の国を樹立することが目的なのである。

1947年、インドとパキスタンが宗教的な境界線に基づいた分離独立を遂げ、イギリスによるインド支配に終止符が打たれた。マウドゥーディー率いるジャマーアテ=イスラーミー党はこの分離を支持しておらず、この取り決めを行った指導者らの政策がイスラムへの配慮を欠いたものであると批判していた。それでもマウドゥーディーは、パキスタンに理想のイスラム国家を創り上げる決意をし、パキスタンへと渡った。

### 互いの手法への批判

イスラム的な世界秩序を打ち立てようというマウドゥーディーの主張を批判する欧米の思想家は、イスラムの歴史観を非難する。イスラムは自らの歴史について、遠い昔の理想的な起源ばかりを強調し、文明や理性が発達する過程を無視しているのだと彼らは言う。一方、マウドゥーディーの流れをくむイスラム原理主義者は、欧米諸国がいまなお中東において行っている内政干渉を、植民地支配の延長であると批難している。イスラム聖職者による法解釈を通して、シャリーア(聖典コーランの教義に基づいたイスラム法)に則った統治を行うイスラム国家のみが人類を統治することができるのだと、イスラム原理主義者は信じている。■

イランにおいて、ルーホッラー・ホメイニの指導のもと、イスラム革命が行われた。その結果、1979年に世界最初のイスラム共和国が樹立されることとなる。イスラムの教えに則した国家を設立することは、マウドゥーディーの生涯の目標であった。

---

### アブル・アッラ・マウドゥーディー

マウラナ・アブル・アッラ・マウドゥーディー(「マウラナ」はイスラムの指導者・学者への敬称)は、インドのアウランガーバードで生まれた。改革者・政治哲学者・神学者であり、イスラム神秘主義のスーフィー教の信者であった。敬虔なムスリムであった父親から家庭内で教育を受け、ジャーナリストになる。1928年に『イスラム理解のために』を出版し、イスラムの思想家・著作家として有名になった。はじめはガンディーによるインド国民主義を支持していたが、その後、インドのムスリムはイスラムを唯一のアイデンティティーとすべきであると主張するようになる。

マウドゥーディーは1941年にパキスタンに移り、そこでイスラム国家の樹立を目指した。1953年に彼は暴動を煽動したとして逮捕され死刑を宣告されたが、のちに減刑された。1979年にニューヨークで亡くなっている。

#### 主著

1928年 『イスラム理解のために』
1948年 『イスラムの生き方』
1972年 『コーランの意義』

---

> イスラムはその支配を一か国に限定するつもりも少数の国々にとどめておくつもりもない。イスラムの目標は世界に革命を引き起こすことである。
> **アブル・アッラ・マウドゥーディー**

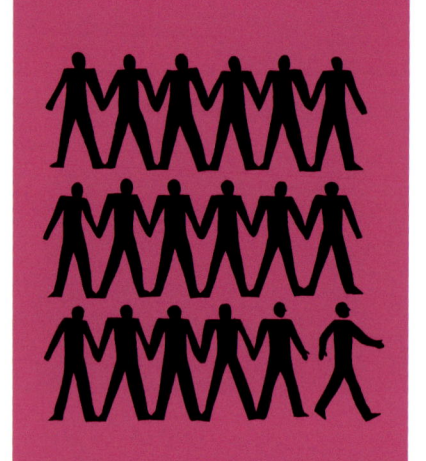

# 人間から自由を奪うのは別の人間だけである
## アイン・ランド（1905年～1982年）
Ayn Rand

### 背景
**イデオロギー**
客観主義

**焦点**
個人の自由

**前史**
**1917年** 若き日のアイン・ランドがロシアの十月革命を目撃する。

**1930年代** 権威主義国家が次々と中央集権化を行い、ヨーロッパ中でファシズムが台頭しはじめる。

**後史**
**1980年代** イギリスのマーガレット・サッチャー、アメリカのロナルド・レーガンが、保守的な自由市場を支持する政府を公約に掲げ、選挙で勝利する。

**2009年** アメリカにおいて、右派・保守主義寄りの、減税を求めるティーパーティー運動がはじまる。

**2005～10年ころ** 世界金融危機ののち、ランドの著作に関心が集まる。

**20**世紀半ばにファシズムと共産主義という二大勢力が台頭してきたことにより、国家が個人の生活に介入することが倫理的に正しいのかということを、欧米諸国の多くの人々が考えるようになった。

ロシア系アメリカ人の哲学者であり小説家でもあったアイン・ランドは、倫理的個人主義を提唱した。規制によって人々の行動を抑制しようとする試みは、どのようなものであっても、個人が社会の生産を担う一員として自由に活動する能力を奪うものであるとランドは主張した。つまり彼女は、他者の介入から個人の自由を守ることが重要だと考えたわけである。特に、法を用いることで国家が権力を独占するのは、倫理に反することであると彼女は述べた。なぜなら、それによって人々は、実際に自らの理性を活用することができなくなるからである。このよう

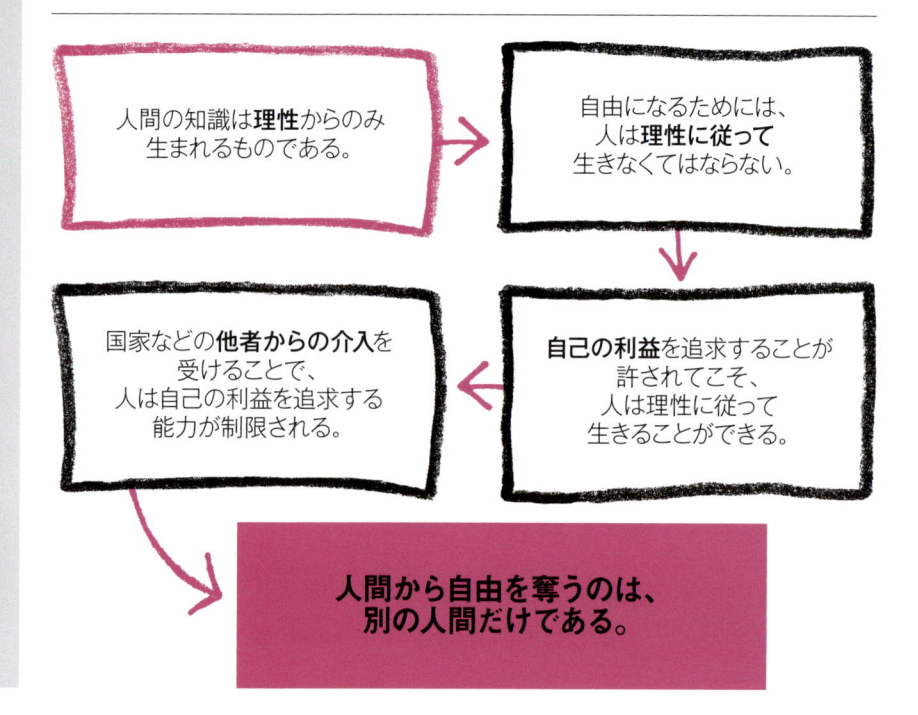

---

人間の知識は**理性**からのみ生まれるものである。

→ 自由になるためには、人は**理性に従って**生きなくてはならない。

↓

国家などの**他者からの介入**を受けることで、人は自己の利益を追求する能力が制限される。

← **自己の利益**を追求することが許されてこそ、人は理性に従って生きることができる。

↓

**人間から自由を奪うのは、別の人間だけである。**

# 戦後の政治思想 281

参照： アリストテレス 40–43 ■ フリードリヒ・ニーチェ 196–99 ■ フリードリヒ・ハイエク 270–75 ■ ロバート・ノージック 326–27

> 「すべての人にとって、自分自身が自分自身の目的である。他者の目的のための手段ではあり得ない。
> アイン・ランド」

ニューヨークのロックフェラー・センターにあるアトラスの彫刻は、その両肩に世界を背負っている。国民国家においては、企業家がこのアトラスのように国家を支えているのだと、ランドは考えた。

客観主義は、理性と合理性だけが人間の生活において絶対的なものであるという考えに基づいている。したがって、たとえば宗教のように、信仰や本能によって「ただ知っている」というだけの事柄は、自己の存在を支える基盤としては不十分である。人間の本質である合理性とうまく合致する社会制度は、制限を受けない資本主義のみであり、集合的な国家活動は人間の能力を制限するものであるとランドは主張する。

ランドの主著である『肩をすくめるアトラス』には、彼女のこの主張が明確に描かれている。この小説の舞台はアメリカで、政府の介入と労働者の堕落によって損なわれてしまった社会という設定である。そのような状況において実業家や企業家が英雄となり、彼らの生産力が社会を支え、彼らの協力によって文明が維持されることとなる。今日も、国家権力の縮小を目指す自由主義者や保守主義者の運動において、ランドの思想が援用されている。

なことから彼女は、税制、国家による商業規制、そして国家による事業の多くを批難した。

## 客観主義

政治思想に対して彼女が行った最大の貢献は、客観主義という概念を提示したことである。ランドはこれを「この地球上で生きるための実践哲学」と位置づけており、政治・経済・美術・人間関係を含め、生活上のあらゆる側面に関する指針を与えてくれるものだと考えていた。

しかしその一方で、弱者が強者によって搾取されることを防ぐといった対策が、彼女の思想には欠けているという問題点も指摘されている。■

## アイン・ランド

アイン・ランドはロシアのサンクトペテルブルグで生まれた。本名をアリーサ・ジノヴィエヴナ・ローゼンバウムという。1917年のボリシェヴィキ革命により、一家は収入を断たれ、非常に貧しい生活を強いられる。ランドはロシアで哲学・歴史・映画を学び、学業を終えてからアメリカへ渡る。

ランドは、まずはハリウッドで脚本家として働き、1930年代に作家となる。1943年に出版した『水源』で有名になるが、彼女の名声を確立したのは、彼女の最後のフィクション作品『肩をすくめるアトラス』であった。ランドは多くのノンフィクション作品も著している。また、哲学の講演を行って客観主義について説き、現代の生活に客観主義をどのように適用すべきかを論じた。ランドの死後、彼女の作品はさらに影響力を持つようになり、現代の右派自由主義や保守主義の政治に哲学的基盤を提供するまでになる。

### 主著

1943年 『水源』
1957年 『肩をすくめるアトラス』
1964年 『利己主義という気概』

# 広く知られ定着している事実が歪曲されることもある

## ハンナ・アーレント（1906年〜1975年）
### Hannah Arendt

**背景**

イデオロギー
**反全体主義**

焦点
**真実と神話**

前史
**1882年** フランスの歴史家エルネスト・ルナンが、過去の出来事から選択され、歪曲された記憶に基づいて、国家に関するアイデンティティーができ上がると主張する。

**1960年** ハンス＝ゲオルク・ガダマーが『真理と方法』を出版し、共同真実をつくることの重要性を説く。

後史
**1992年** イギリスの歴史家エリック・ホブズボームが「真面目な歴史家は、献身的な政治的国家主義者にはなれない」と述べる。

**1995年** イギリスの哲学者デイヴィッド・ミラーが、真実でないにもかかわらず、神話には社会を統合するという重要な役割があると主張する。

**1998年** ユルゲン・ハーバーマスが『真理と正当化』においてアーレントの立場を批難する。

ドイツの政治哲学者ハンナ・アーレントが政治に関する執筆活動を行っていたのは、特に混乱の激しい時代のことだった。ナチスの台頭と崩壊、ヴェトナム戦争、パリの学生による暴動、そしてジョン・F・ケネディーとマーティン・ルーサー・キングの暗殺が立て続けに起こった動乱の時代を、彼女は生き抜いた。ユダヤ人としてドイツに生まれたアーレントは、占領下のフランスへ、さらにはアメリカのシカゴ、ニューヨーク、バークレーへと移り、これらの歴史的事件を直接体験した。このような事件を体験し、そして一般の人々がその事件をどう見ているのかを学ぶことで、彼女の政治哲学がかたちづくられていった。

アーレントは1967年に出版された『真理と政治』において、歴史的事実が歪曲されることへの懸念を示している。特に、特定の政治的判断を正当化するための道具として歴史的事実が利用される際に、それが歪められてしまうことが多いと彼女は指摘する。実は政治の分野においては、事実の歪曲は最近はじまったことではない。外交や防衛に際しては、嘘は重要な常套手段であった。ところが1960年代以降、その嘘があまりにも広範囲にわたるようになったのである。もはや国家機密を隠しておくためというレベルをはるかに超えて、あらゆる現実がその嘘の対象となってしまっていた。誰もが知っている事実がゆっくりと消されていき、それに代わる新しい歴史的「現実」がつくられるのである。

このような事実や意見に関する大規模操作は、いまや全体主義体制にとどまるものではなく、アメリカのような自由民主主義体制下においても増えてきているのだとアーレントは述べる。全体主義国家では抑圧が明白なかたちで日常的に行われているため、人々は次々と発表される情報に対して警戒の構えができているかもしれないが、自由民主主義国家はそうではない。にもかかわらず、たとえばアメリカにおいてヴェトナム戦争（1954年〜75年）のような暴力的政治介入を正当化するために、事実とは異なる報告を行ったり、誤った情報を意

ヴェトナム戦争のあいだ、アメリカ政府は、自らの介入を正当化するために誤った情報を流していた。アーレントが主張した通り、事実は歪められていた。

# 戦後の政治思想 283

参照： イブン・ハルドゥーン 72-73 ■ カール・マルクス 188-93 ■ ホセ・オルテガ・イ・ガセー 250-51 ■ ミシェル・フーコー 310-11 ■ ノーム・チョムスキー 314-15

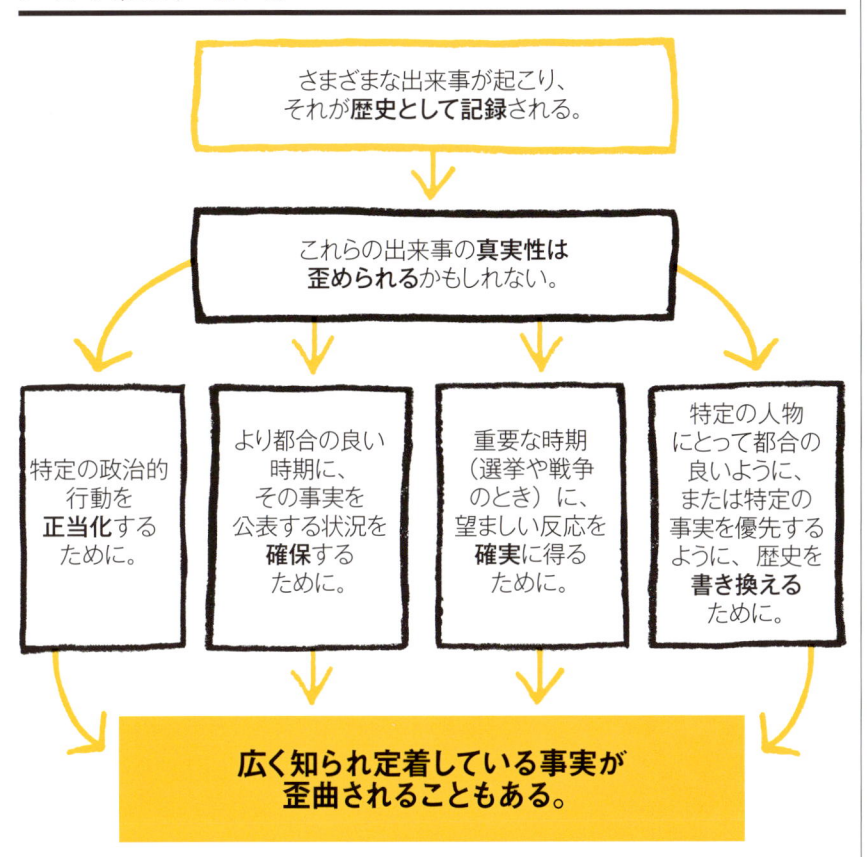

```
さまざまな出来事が起こり、
それが歴史として記録される。
        ↓
これらの出来事の真実性は
歪められるかもしれない。
```

- 特定の政治的行動を**正当化**するために。
- より都合の良い時期に、その事実を公表する状況を**確保**するために。
- 重要な時期（選挙や戦争のとき）に、望ましい反応を**確実**に得るために。
- 特定の人物にとって都合の良いように、または特定の事実を優先するように、歴史を**書き換える**ために。

**広く知られ定着している事実が歪曲されることもある。**

## ハンナ・アーレント

ハンナ・アーレントは、1906年にドイツのリンデンで、特に強い信仰を持たないユダヤ人家庭に生まれた。その後、ケーニヒスベルク、ベルリンへと移る。マールブルク大学に入学し、哲学者マルティン・ハイデガーのもとで哲学を学ぶが、ハイデガーとはきわめて知的な師弟関係に加えて恋愛関係も持つこととなる。しかし、のちにハイデガーがナチスを支持したことで、彼女は深く失望する。アーレントはユダヤ人であったため、ドイツの大学で教員としての職を得ることができず、ナチ党の支配が続くなか、パリ、そしてアメリカへと移住する。アメリカにおいて彼女は知識人たちと活発に交流し、非常に強い影響力を持つ著作を多数発表する。彼女は、カリフォルニア大学バークレー校、シカゴ大学、ニュースクール大学、プリンストン大学（ここでは彼女がはじめての女性講師であった）、イェール大学で講義を行っている。1975年に心臓発作で亡くなった。

### 主著

1951年 『全体主義の起原』
1958年 『人間の条件』
1962年 『革命について』

---

図的に流したりといったことが行われているのである。自由な国々においては、都合の悪い歴史的真実は単なる意見であるということにされ、事実とはみなされなくなっていく。たとえば、第二次世界大戦においてフランスとヴァチカンがとった政策について、「歴史的な記録の問題ではなく、単なる意見の問題」であるなどと言われることがある。

## つくりものの現実

広く知られ事実と認識されている出来事を、実は事実ではないのだと打ち消したり無視したりすることによって、その出来事を目撃した本人たちの目の前で歴史が書き換えられるということが起こっている。それによって、特定の政治的主張にとって、より好ましい現実がつくり出されてしまうことがある。しかし、それだけではなく、本当の事実とは一切関係のないまったく新しいつくりものの現実によって置き換えられてしまうということも起きるのである。これは特に危険であるとアーレントは主張する。たとえば、ナチ党体制下で大量殺戮を正当化したのも、このようなつくりものの現実だったのである。危険にさらされているのは「誰もが知っているはずの本物の現実」なのだと、彼女は述べている。

アーレントを支持する現代思想家は、2003年のアメリカ軍および同盟軍によるイラク侵攻を、この現象の一例として挙げる。また、ウィキリークスの創設者ジュリアン・アサンジは、世界各国の政府が公表した公的な事実と矛盾する機密文書を発表したが、この行為もアーレントの論を用いることで正当化できるかもしれない。■

# 女性とは何か

シモーヌ・ド・ボーヴォワール
（1908年～1986年）
Simone De Beauvoir

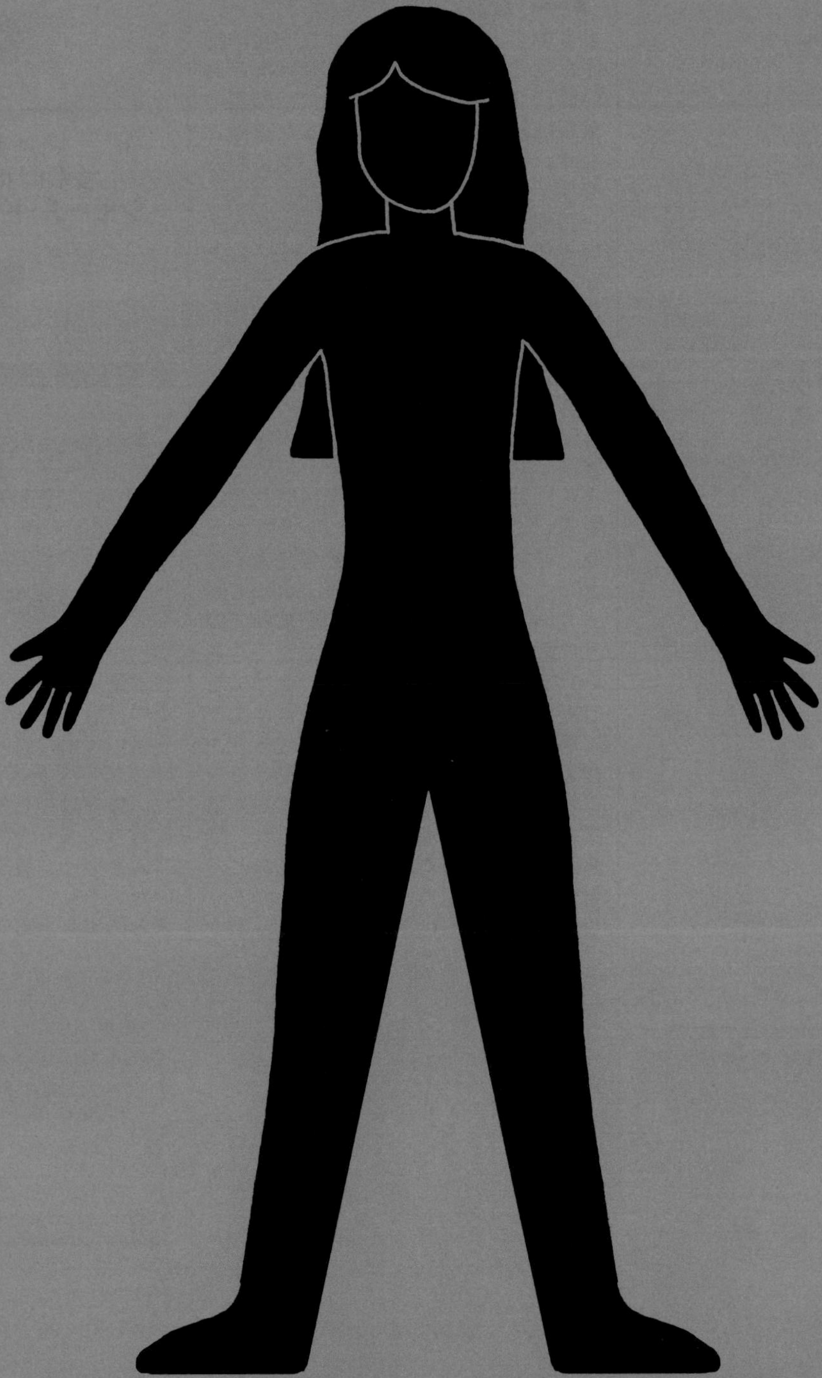

# シモーヌ・ド・ボーヴォワール

### 背景

**イデオロギー**
実存主義フェミニズム

**焦点**
選択の自由

**前史**
**1791年** オランプ・ド・グージュが『女性および女性市民の権利の宣言』を著す。

**1892年** ウジェニー・ポトニエ＝ピエールとレオニー・ルザドがフランスにおいてフェミニスト団体の連盟を結成する。

**1944年** フランスにおいて女性が投票権を獲得する。

**後史**
**1963年** ベティー・フリーダンが『新しい女性の創造』を出版し、ボーヴォワールの思想を多くの読者に紹介する。

**1970年** オーストラリア人作家ジャーメイン・グリアーが『去勢された女性』のなかで、消費社会における女性の人生の限界を検証する。

---

世界の至るところで、女性は男性よりも収入が低く、法的・政治的権利が与えられないことも多く、加えてさまざまな文化的抑圧を受けている。このような状況において、フェミニストによる政治問題の解釈は政治理論にとって大きな貢献となり、長いあいだ、政治思想家に刺激を与えてきた。

19世紀のあいだに、フェミニズムという概念は大幅に支持者を増やしたが、各フェミニスト団体のあいだにはその概念の解釈に関する隔たりが見られた。ある団体は「違いを前提とした平等」を支持し、男女のあいだには生まれながらに違いがあり、その違いによって社会におけるそれぞれの地位が強固なものになるのだと考えていた。それに対して、男女は完全に同じ扱いを受けるべきだと主張する団体もあり、男女平等の普通選挙を最優先事項として掲げ、参政権の平等を求めて闘っていた。このように権利を求めて闘うフェミニズムは「第一波フェミニズム」と呼ばれるようになる。それに対して「第二波フェミニズム」は、より広範な政治目的を持つ運動であり、1960年代に世界中に広がりを見せた。この第二波の運動では女性が家庭や職場で体験する差別が取り上げられ、無意識のうちにいだいている偏見など、単なる法の改定では解決できないような目に見えにくい差別も扱われるよう

> 男性は主体であり
> 絶対者である。
> 女性は他者である。
> シモーヌ・ド・ボーヴォワール

になった。この運動は、フランスの哲学者シモーヌ・ド・ボーヴォワールの著作から、思想面での影響を大いに受けている。

### フェミニズムを超えて

ボーヴォワールはときに「現代女性解放運動の母」と呼ばれることがあるが、その主著となる『第二の性』（1949年）を書いていた当時、彼女は自分がフェミニストであるとは考えていなかった。彼女はむしろフェミニズムの議論に行き詰まりを感じており、フェミニズムという定義を超越したいと考えていた。そして、フェミニズムの議論に自らの実存主義哲学における見解を結

---

### シモーヌ・ド・ボーヴォワール

シモーヌ・リュシ＝エルネスティーヌ＝マリ＝ベルトラン・ド・ボーヴォワールは、1908年にパリで生まれた。裕福な家庭に育ち、私立学校で初等・中等教育を受けたのち、ソルボンヌ大学で哲学を学び、そこでジャン＝ポール・サルトルと出会う。ボーヴォワールとサルトルは協力して哲学思想を深め、生涯をともに過ごす。

ボーヴォワールは10歳代のころから、無神論者であることを公言していた。宗教などの慣習にとらわれることを嫌ったために、のちに、サルトルとの結婚も拒むこととなる。彼女の著作に書かれている内容は、パリでの私生活における経験もあれば、共産主義の国際的台頭といったより広い政治問題にも及んでいる。政治関係の本を何冊も書いているほど、彼女の政治への関心は強かった。また、小説も多数出版した。

1980年にサルトルが亡くなると、ボーヴォワール自身も健康を害するようになる。そして、サルトルが死んで6年後に彼女も亡くなり、サルトルと同じ墓に埋葬された。

**主著**

1943年　『招かれた女』
1949年　『第二の性』
1954年　『レ・マンダラン』

# 戦後の政治思想 287

**参照:** メアリー・ウルストンクラフト 154-55 ■ ゲオルク・ヘーゲル 156-59 ■ ジョン・ステュアート・ミル 174-81 ■ エメリン・パンクハースト 207 ■ シーリーン・エバーディー 328

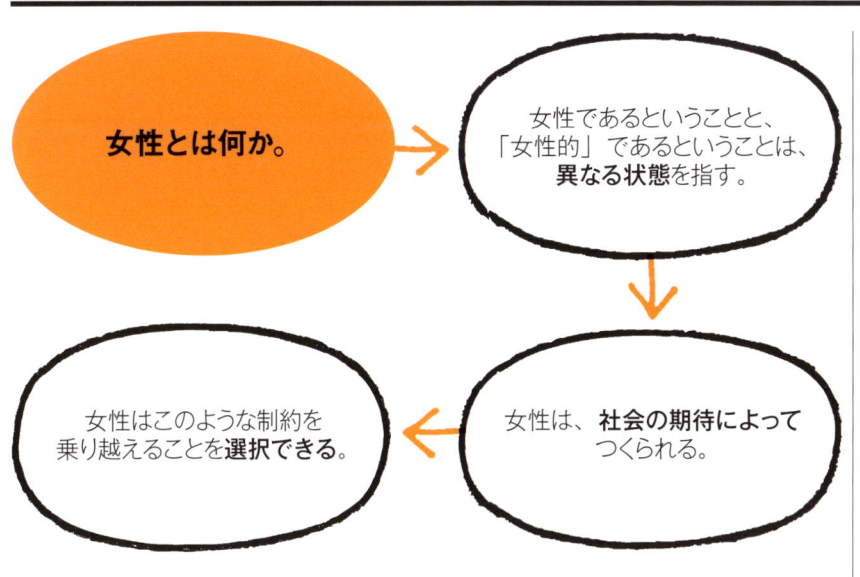

```
女性とは何か。 → 女性であるということと、「女性的」であるということは、異なる状態を指す。
                                          ↓
女性はこのような制約を乗り越えることを選択できる。 ← 女性は、社会の期待によってつくられる。
```

びつけることで、男女差という概念に対して、より主観的な取り組みを行った。しかし、のちに第二波フェミニズムの運動に参加するようになり、1970年代になってもその議論を積極的に支持し、自ら小説を書くなかで社会における女性の状況についてさまざまな可能性を探った。

自分を定義しようと考えた際に、ボーヴォワールの頭に最初に浮かんだのは「私は女性である」ということだった。この自然に浮かんできた答えがどういう意味を持つのか、その深い意味まで知りたいと思ったことが、彼女の研究の基礎となっている。動物としての性別が「女」であるということと、「女性」であるということには重要な違いがあるとボーヴォワールは考えた。そして最終的に、自分は「女性という状態の人間」であるという定義に行き着く。解明されていない女性性の本質を「永遠の女性」などと呼んでいる理論を彼女は批判し、そのような理論は不平等の正当化に利用されてしまうと述べた。彼女は『第二の性』において、自分が「女性とは何か」という疑問を持っていること自体が重要なのだと述べている。そして、社会のなかで男性との関係において女性が持つこととなる「他者性」に着目した。彼女は、もっとも早い時期に社会における「性差別」の定義を行った思想家の一人であった。彼女は、性差別とは女性に対して人々が持っている先入観や偏見であるとする。女性は女性として生まれるのか、それとも歴史上の先例、教育による先入観、宗教的構造といった社会の偏見によって女性につくり上げられるのかという疑問を、ボーヴォワールは提示した。そして精神分析学・歴史学・生物学といった分野で女性がどのように描かれているかについて、文学作品・学術文献・逸話などを題材に調査し、こういった先入観が女性にどのような影響を与えているのかを示した。

「女性とは何か」という疑問に答えるためにボーヴォワールが用いた手法は、彼女が研究していた実存主義に基づいたものであった。実存主義では、社会において個人が選択の自由を持つことで自己発見が可能になると考える。その観点からすると、女性の自由は極端に制限されているとボーヴォワールは述べる。この実存主義哲学に基づいた考え方は、1929年にソルボンヌで出会ったジャン=ポール・サルトルとの関係によって、さらに強固なものとなる。サルトルは実存主義の分野において、時代を代表する思想家であった。二人はその後、長く実りある知的対話を重ね、複雑な恋愛関係を発展させていくこととなる。

ボーヴォワールは政治的には左派寄

妻・主婦・母という女性の伝統的な役割が、女性を閉じ込めてしまう。そして、女性はほかの女性たちとの関わりを失い、夫によって定義される存在になるのだとボーヴォワールは考えた。

# シモーヌ・ド・ボーヴォワール

ボーヴォワールはジャン＝ポール・サルトルと生涯をともにするが、結婚はしなかった。二人のこの慣習にとらわれない関係を、女性の選択の自由の一例であるとボーヴォワールは考えていた。

りの立場をとっており、そのことも彼女の思想に影響を与えている。彼女は、女性が権利を求めて闘っている現状も、階級闘争の一部であるととらえていた。そして、自分は資本家階級の家庭に生まれたことで、より低い階級の女性には与えられない機会に恵まれているのだということを自覚していた。彼女が最終的に目指したのは、階級に関わりなくすべての女性に、つまりすべての人間に、そのような機会が与えられる社会であった。

女性は身体的に「台所と寝室」に閉じ込められているような生活を送っており、同様に知的な側面においても制限を設けられているとボーヴォワールは感じていた。その制限によって、女性は平凡さに甘んじるようになり、より高い目標を掲げることをやめてしまう。ボーヴォワールはこのような状態を「内在」と呼ぶ。自らが直接体験できる限られた世界のなかに、女性が閉じ込められる状態を指している。この「内在」の対立概念が「超越」である。「超越」は、自らが直接体験したことがあるか否かにかかわらず、選び取ることができるかもしれないあらゆる可能性に対して開かれた状態を指し、男性はそのような状態に置かれていると彼女は考える。つまり、男性は「主体」であって、自らを定義することができるのに対し、女性は男性によって定義

される「他者」なのである。

ボーヴォワールは、なぜ大半の女性がこの「他者」という地位に甘んじているのかという疑問をいだき、男性が持つ女性に対する先入観に女性が従い続ける理由を考えた。そのような女性の「内在」という性質は、女性の「道徳的欠陥」によるものではないとボーヴォワールは断言する。彼女はまた、女性が向き合わなくてはならない自らの二面性についても述べている。男性とは根本的に異なっている女性としての自分、そして、男性とまったく同等な人間としての自分という二つの側面

> **"**
> 女性であるということは何というひどい呪いだろう！だが、女性であることの最悪の呪いは、実は女性自身がそれを呪いだと理解していないことである。
> **セーレン・キェルケゴール**
> **"**

を女性は持っており、そのどちらか片方を選ぶことは不可能なのである。

## 選択の自由

『第二の性』には、議論を巻き起こすような主張がいくつも含まれていた。たとえば、女性の同性愛について、また、結婚制度を軽蔑する気持ちについて、ボーヴォワールは率直に語っている。これらの主張は彼女の人生にもよく表れていた。彼女はサルトルとの結婚を拒んでいるが、その理由は、サルトルとの関係を結婚という男性優位の慣習によって規定されたくないと考えたためである。結婚とは女性が男性に隷属することであり、結婚によって女性は社会的にも従属的な地位に置かれることとなり、ほかの女性たちとのつながりを失ってしまう。女性たちは、自らの自律性が守られるような状況に置かれたときにはじめて、団結して抑圧と闘うことができるのだと、ボーヴォワールは述べている。女性が「半神半人」と結婚してその支配下に置かれるという慣習を断ち切って、若い女性たちが「仲間、友人、パートナー」を探すことができるようになれば、彼女たちはより平等な男女関係を築くことができるだろう。

ボーヴォワールの思想の中核には、女性は社会における自らの地位を変えることを「選択」できる、という実存主義に基づいた考え方がある。「女性が自分の現状を本質的なところから離れていると感じながらも、本質的なものに変わらないとしたら、それは、女性自身が変わろうとしないからである」と彼女は述べる。つまり、女性を解放することができるのは女性本人にほかならない。女性が男性に解放してもらうなどということは不可能なのである。ボーヴォワールの実存主義の根底には、困難な選択の責任は自分でとらなくてはならないという考え方があ

# 戦後の政治思想 289

> 人間社会においては自然なものなど一つもない。女性もほかのものと同様に、文明によってつくり出された製品なのである。
>
> シモーヌ・ド・ボーヴォワール

った。結婚しないという彼女自身の選択も、1920年代においては相当な覚悟が必要なもので、教育の過程で植えつけられた価値観を否定し、当時の社会規範を無視するという行為だったのである。

『第二の性』を読んだ人々のなかには、女性は男性のようになるべきだとボーヴォワールが主張しているのだと誤解した人々もいた。女性に対して押しつけられた「女性性」を退け、同時に男性との本質的差異も排除すべきであるという主張だと解釈したのである。しかしながら、ボーヴォワールが主張していたのは、男性と女性が協力し合うことで、確立してしまっている「男性は主体であり、女性は他者である」という対立関係を解消できるはずだということであった。彼女は、自らとサルトルの関係において、この可能性を追究した。著書に記したほかの多くの主張に関しても、彼女は自らの人生において実現しようと試みていた。

結婚という制度に反対していたために、彼女は母性という概念も否定していると思われることが多い。しかし、彼女は母性を否定したのではなく、社会が女性に対して十分な選択肢を与えていないと述べたのである。出産後も仕事を続けるという選択肢や、結婚せずに出産するという選択肢が欠如していると指摘したに過ぎない。女性は母性を避難所のようにみなし、子どもを生み育てることを自らの人生の目標にすることがある。しかしその結果、その状況に自らが囚われてしまったように感じるのである。実際に選ぶことのできる選択肢が存在すること、そしてそこから自分の気持ちに正直に選択できるということの重要性をボーヴォワールは強調した。

## フェミニズム運動の再編

いまでは広く知られていることであるが、最初に出された『第二の性』の英語訳には問題点が多く、言語の面でも概念の面でもボーヴォワールの原著書を正確にとらえていなかった。そのため、フランス語の原著書ではなく英訳版を読んだ多くの人々は、彼女の主張を誤解することとなった。ボーヴォワール自身は30年間、英訳版の問題点について知らずにいたため、彼女が新しい英語訳の出版を求めたのは1980年代になってからのことだった。そして最終的に英語訳の改訂版が出版されたのは2009年のことである。

最初の英訳版が問題の多いものであったにもかかわらず、『第二の性』は世界中で読まれ、フェミニストの思想に多大な影響を与えてきた。社会における女性の役割に関するボーヴォワールの分析、そしてその分析の結果、男性と女性の両方に生じた政治面での影響は、欧米諸国で広く支持を受け、そこから第二波フェミニズムの急進的な運動が展開していくこととなる。1963年にアメリカ人作家ベティー・フリーダンは、家父長制の社会においては女性の持つ能力が活かされていないというボーヴォワールの論を取り上げた。この論は1960年代から1970年代にかけて、フェミニストの政治思想の基盤を支えるものとなる。■

---

男性は社会において「主体」であると認識されているが、女性は「他者」と分類されているのだとボーヴォワールは考えた。

- 男性は人生における自らの**役割**を自由に**選ぶ**ことができる。 → 主体 ♂
- 女性は制約があるために**従属的な役割**を受け入れなくてはならない。 → 他者 ♀
- **男性と女性が協力する**ことでのみ、男女の役割を定義し直すことが可能になる。

# いかなる自然物も単なる資源ではない

アルネ・ネス（1912年〜2009年）
Arne Naess

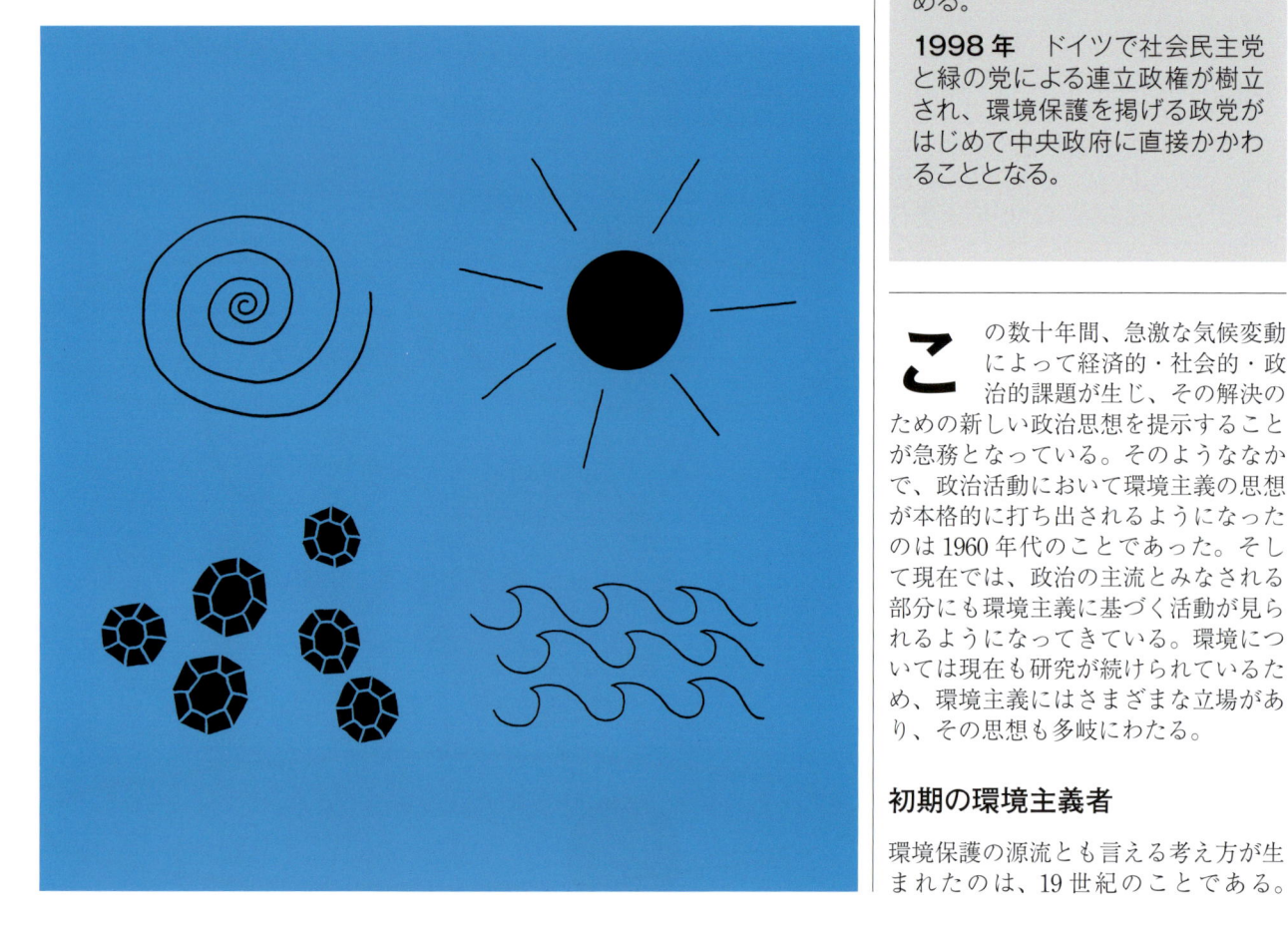

## 背景

**イデオロギー**
急進的環境主義

**焦点**
ディープ・エコロジー

**前史**
**1949年** 環境保護のための新しい倫理を提唱した、アルド・レオポルドのエッセイ「土地倫理」が、彼の死後に出版される。

**1962年** レイチェル・カーソンが『沈黙の春』を著し、環境保護運動の開始に向けた大きなきっかけとなる。

**後史**
**1992年** 第一回地球サミットがブラジルのリオで開催され、世界的に環境問題が意識されはじめる。

**1998年** ドイツで社会民主党と緑の党による連立政権が樹立され、環境保護を掲げる政党がはじめて中央政府に直接かかわることとなる。

　この数十年間、急激な気候変動によって経済的・社会的・政治的課題が生じ、その解決のための新しい政治思想を提示することが急務となっている。そのようななかで、政治活動において環境主義の思想が本格的に打ち出されるようになったのは1960年代のことであった。そして現在では、政治の主流とみなされる部分にも環境主義に基づく活動が見られるようになってきている。環境については現在も研究が続けられているため、環境主義にはさまざまな立場があり、その思想も多岐にわたる。

### 初期の環境主義者

環境保護の源流とも言える考え方が生まれたのは、19世紀のことである。

# 戦後の政治思想 291

参照：ジョン・ロック 104-09 ■ ヘンリー・デイヴィッド・ソロー 186-87 ■ カール・マルクス 188-93

---

人間は**壊れやすい生態系**の一部である。

↓

人間の行動により、生態系に**修復できない**ほどの損傷が引き起こされる。

↓　　　　　　　　　　　　　　↓

シャロー・エコロジーでは、**環境問題を解決する**には、現在の経済・社会構造を改良すれば良いと考える。

ディープ・エコロジーでは、**環境危機を回避する**には、抜本的な社会的・政治的変革が必要であると考える。

---

ジョン・ラスキンやウィリアム・モリスといったイギリスの思想家が、すでに、産業化の自然界への影響について懸念を表明していた。しかし、人間が環境に与える影響の大きさが科学的に理解されるようになったのは、第一次世界大戦が終わったあとのことだった。1962年、アメリカの海洋生物学者レイチェル・カーソンが『沈黙の春』を出版した。同著において彼女は、農薬の使用によって環境問題が引き起こされていることを指摘し、DDT（有機塩素系の農薬）などを規制せずに使用し続けることは自然界に深刻な影響を与えるだろうと述べている。カーソンは、人間を自然から切り離すことなく、生態系の一部としてとらえていたため、農薬の使用は人体にも悪影響を与えるものだと主張した。

カーソンの著書が引き金となり、政治の分野においても環境問題への取り組みがはじまった。ノルウェーの哲学者であり環境保護の運動家でもあったアルネ・ネスは、『沈黙の春』に衝撃を受け、環境主義の運動を支えることができるような哲学的理論を構築すべく、研究をはじめた。ネスはオスロ大学で教鞭をとる有名な哲学者であり、最初に名前が知られるようになったのは言語に関する研究においてであった。しかし彼は、1970年代からは研究の中心を環境・生態系の問題に移すことを決意する。そして1969年に大学での職を辞し、この新しい思想の研

> 地球は
> 人間の所有物ではない。
> **アルネ・ネス**

## アルネ・ネス

アルネ・ネスは1912年にノルウェーのオスロで生まれた。哲学を研究し、27歳でオスロ大学の哲学の教授になる。27歳というのは、それまででもっとも若い教授であった。言語学や意味論の分野で研究を続け名前を知られるようになるが、1969年に教授職を退き、環境倫理の研究に力を注ぎ、また、環境問題に対する実践的な解決策を積極的に発表する。執筆活動のために、ほぼ山にこもったままの生活を続け、400本近い論文を書き上げ、著書もかなりの数に上る。研究以外では登山を非常に愛しており、19歳のときにすでに登山家として名前を知られるまでになっていた。ノルウェーの田舎にある山小屋に滞在することが多く、論文や著書も、そのほとんどをこの山小屋で書いている。

**主著**

1973年　「シャロー・エコロジー運動と長期的視点を持つディープ・エコロジー運動」

1989年　『ディープ・エコロジーとはなにか　エコロジー・共同体・ライフスタイル』

# アルネ・ネス

産業革命によって、環境に対する人々の意識が変わった。人々は、環境を自分たちが利用できる資源であると考えるようになった。このような姿勢は人類を破滅に導くとネスは考えた。

究に没頭するようになるのである。彼は、環境倫理に関する実践的な哲学者となり、当時指摘されたばかりの生態系の問題に対処するために、新しい理論をつくり上げた。特に彼は、自然に対する人間の立ち位置について、新しい考え方を提唱した。

ネスの思想の根底には、この地球は人間に利用される資源として存在しているのではないという考え方があった。人間は自分自身を、自然界の物質の消費者としてとらえるべきではない。むしろ人間は、自分が自然のなかの複雑な相互依存関係の一部であることを自覚し、人間以外のものに対して思いやりの心を持つべきである。この点が理解できないと、人間は、狭量な私利私欲によって自然を破壊してしまう危険性が高くなる。

環境主義者として活動をはじめてすぐに、ネスは、生態系について考える際の枠組みを提示している。この枠組みを用いて、社会が抱えている問題に対する解決策を考え出そうという取り組みである。この枠組みを、彼は「エコソフィーT」と呼んだ。Tはネスが建てた山小屋の呼び名「トヴェルガスティン」の頭文字である。エコソフィーTの基盤にある考え方は、生きているものはすべて（人間も動物も植物も）、生きるということに関して同等の権利を持っているのだという事実を、人間は受け入れるべきであるというものだ。自分は、すべてのものが相互に結びついた複雑な機構の一部なのだと理解することができれば、自分がとった行動が、環境に影響を与えるのだということがはっきりわかるようになるだろう。そして、人間の行為がどのような影響を与えるのかがわからないうちは、その行為は行わないというのが、倫理的に許される唯一の選択肢である。

## ディープ・エコロジー

のちにネスは、「シャロー・エコロジー」（浅い生態学）と「ディープ・エコロジー」（深い生態学）という対になる概念を提唱し、環境問題に対する既存の取り組みの多くが不十分であるということを示した。シャロー・エコロジーにおいては、資本主義・産業・人間が介入することで環境問題を解決できると考える。既存の社会構造から環境問題解決のための手法を生み出せるという前提で、環境問題を人間中心の視点から考える立場である。シャロー・エコロジーに価値がないというわけではないが、この考え方では環境問題の表面的な解決にしか至らないとネスは主張する。この考え方においては、人間は生態系のなかで優越的な存在であるとみなされており、それゆえに、大規模な社会改革の必要性は認識されない。結果として、環境問題の根底にあるより大きな社会的・哲学的・政治的問題が未解決のまま残されることになるのである。なぜなら、このような立場では、自然全体について考えることよりも、人間の利益という小さな事柄が優先されてしまうからである。

これに対してディープ・エコロジーの立場では、人間の行動を大きく変えなければ、地球に対して取り返しのつかない環境破壊がもたらされるだろうと考える。急速な文明の進歩と社会変化により自然界の繊細なバランスが崩れてしまい、その結果として自然が破壊されるだけでなく、自然界の一部である人間も破滅への道を進むことになるのである。人間の価値観とはまったく別のものとして、自然には自然本来の価値がある。そのことを理解するために、人間は、すべての生命が重要なものであり互いにつながりを持っているのだということを認識し、精神面で一段階成長しなくてはならないのだと、ネスは言う。人間は地球を所有しているのではなく、ただ地球に住んでいるだけなのだと理解し、生きていく

> シャロー・エコロジーの支持者は、既存の社会構造の枠組みのなかで人間と自然の関係を変えることができると思っている。
> **アルネ・ネス**

# 戦後の政治思想 293

現在の政治・経済・社会制度の枠組みのなかで環境問題を解決しようとしても失敗するだろうとネスは考えた。必要なのは、人間を取り巻く世界を新しい視点から見ることであり、人間を生態系の一部としてとらえることである。

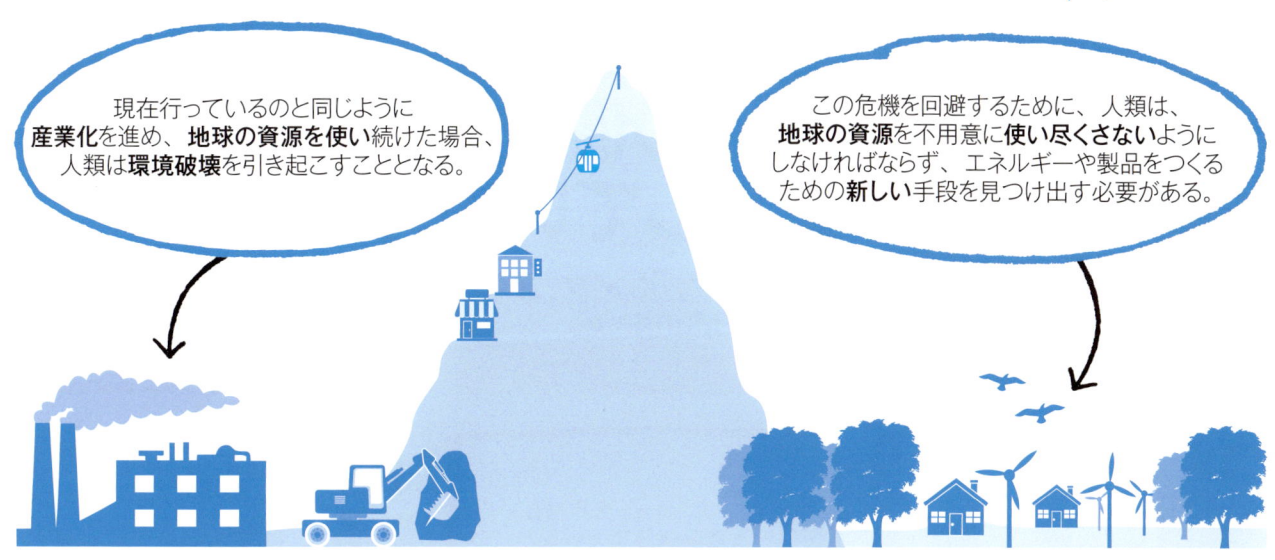

> 現在行っているのと同じように**産業化**を進め、**地球の資源を使い**続けた場合、人類は**環境破壊**を引き起こすこととなる。

> この危機を回避するために、人類は、**地球の資源**を不用意に**使い尽くさない**ようにしなければならず、エネルギーや製品をつくるための**新しい**手段を見つけ出す必要がある。

ために本当に必要な資源だけを使うようにしなくてはならないと彼は主張する。

## 直接行動

ネスは自らの環境主義思想に基づいて、直接行動を起こしている。彼はノルウェーのフィヨルドにあるマーダルスの滝の近くで、自らを岩に縛りつけたこともあった。このときは、その地にダムが建設されることになっていたのであるが、この抗議行動が成功して、ダムの建設は行われなかった。ネスは、ディープ・エコロジーの思想を広めることで、自然に対して、より倫理的で責任感を伴った取り組みを促進すべきであると主張した。そして、そのための大規模な改革の一環として、先進国において生じた物質社会・消費社会を切り崩していかなくてはならないと述べた。しかしネスは、環境問題に対する原理主義的な取り組みを支持する人々とは意見を異にしており、安定した社会を維持するために、自然が提供してくれる資源をある程度使用することは許されると考えていた。

## ネスの影響

ネスは段階的な変化が望ましいと考えていたため、原理主義には反対であった。しかし、ネスの思想は、急進的な考え方をする活動家たちにも取り入れられていった。たとえば「アース・ファースト！」（「地球が最優先」）という国際的な環境保護団体は、過激な直接行動で知られるが、彼ら独自のディープ・エコロジー理論を裏づけるために、ネスの思想を援用している。彼らの掲げる哲学においては、市民的不服従や破壊活動といった政治的活動を正当化するために、ディープ・エコロジーという考え方が利用される。

環境問題への関心が高まるなか、政治の場においても、ネスの思想に賛同する声がかつてないほど強まっている。環境問題には国境が存在しないため、問題はより複雑になり、理論を立てる人々もそれを実際の政策に移す人々も頭を抱えている。環境保護運動は政治的な場面においても注目されることが多くなり、環境保護を重視する政党や運動団体（「グリーンピース」や「フレンズ・オブ・ジ・アース」など）が現れた。ネスの研究は、このような発展のための哲学的基盤を提供したという点で重要なものである。ネスの思想に関しては議論も起こっており、多方面から批判も上がっている。たとえば、ネスの思想には社会経済に対する現実的な視点が欠如しており、非論理的であるといった批判がなされる。このような批判はあるものの、環境運動によって提起された政治的な問題や、その取り組みにおけるディープ・エコロジーという考え方は、いまなお重要なものであり、今後もその重要性は増していくことが予想される。■

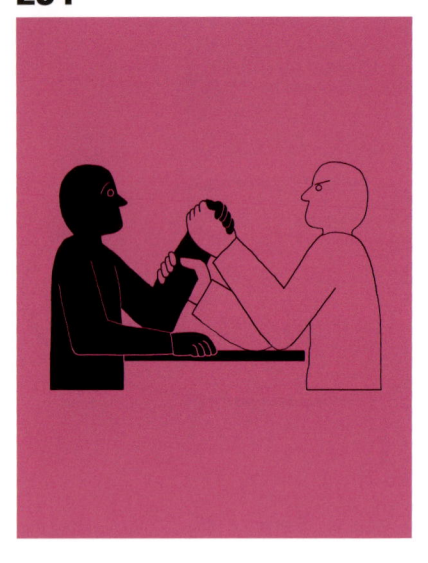

# 我々は白人と敵対しているのではない、白人の優位性に抵抗しているのだ

## ネルソン・マンデラ（1918年〜2013年）
Nelson Mandela

### 背景

**イデオロギー**
人種の平等

**焦点**
市民的不服従

**前史**
**1948年** アフリカーナー（オランダ系主体の白人入植者の末裔）主導の国民党が政権につき、南アフリカにおいてアパルトヘイトが始まる。

**1961年** フランツ・ファノンが『地に呪われたる者』において、圧政者に対する武装抵抗を描く。

**1963年** マーティン・ルーサー・キングがワシントンD.C.において「私には夢がある」という演説を行う。

**後史**
**1993年** 南アフリカにおける和解を追求した功績により、マンデラにノーベル平和賞が授与される。

**1994年** 南アフリカで多人種が参加するはじめての自由選挙が行われ、マンデラが初の黒人大統領になる。

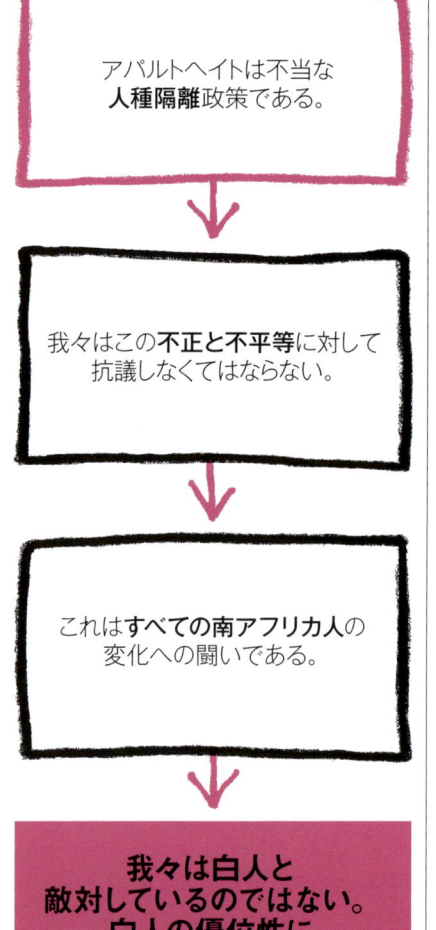

---

アパルトヘイトは不当な**人種隔離**政策である。

↓

我々はこの**不正と不平等**に対して抗議しなくてはならない。

↓

これはすべての南アフリカ人の変化への闘いである。

↓

我々は白人と敵対しているのではない。白人の優位性に抵抗しているのだ。

---

南アフリカ共和国におけるアパルトヘイトとの闘いは、20世紀後期の政治闘争のなかで特に目立つものの一つであった。1948年にアパルトヘイト政策を掲げた国民党が政権についたことにより、少数派である白人による圧政がはじまった。ネルソン・マンデラは、この白人の圧政に対する抵抗運動の先頭に立ち、抗議行動を指導し、アフリカ民族会議の一員として運動を支え続けた。この抵抗運動は、新政府が人種差別政策を導入したことに反対するものであった。1950年代には、人権運動の指導者であるマハトマ・ガンディーやマーティン・ルーサー・キングの影響もあって、多くの人々がアパルトヘイトに反対する運動に参加するようになる。

### 自由を求めて

アフリカ民族会議は、政権を機能不全に陥らせようとさまざまな戦略を考え、市民的不服従・集団就労拒否・抗議活動などを行った。そして、反アパルトヘイト運動に参加していたアフリカ民族会議などの諸団体は、1950年代半ばに自分たちの要求をまとめ上げ、自由憲章として発表した。自由憲章には彼らの要求の中心であった民主主義・政治参加・移動と言論の自由といった事柄が記された。しかし、政府は彼らの抵抗運動を反逆罪とみなした。

**戦後の政治思想 295**

参照：マハトマ・ガンディー 220-25 ■ マーカス・ガーヴィー 252 ■ フランツ・ファノン 304-07 ■ マーティン・ルーサー・キング 316-21

## 抵抗から暴力へ

アパルトヘイト政権に対する抗議運動は、ゆっくりとではあったが確実な効果を上げていた。1950年代には、まだ白人以外の人々には完全な民主主義は手に入らなかったが、多くの政党が、部分的にではあるものの南アフリカの黒人にも民主主義的な権利を与えるべきだと主張しはじめたのである。

このように政治活動に携わる少数派の白人の支持を得られたことは、画期的なことであった。なぜなら、反アパルトヘイト運動は人種の闘いではないのだと示すことができたからである。それは、この抵抗運動によってマンデラが目指す、新しい南アフリカにおける民族宥和の実現という理想とも一致するものだった。この抵抗運動の最大の動機は、人種差別と白人の優越性を排除することであり、少数派の白人を攻撃しようという意図はないとマンデラは強調していた。

アフリカ民族会議は組織をととのえ精力的に活動していたものの、劇的な改革には結びつかなかった。白人以外の人々にまで投票権が認められる普通選挙は、いくら要求しても認められなかった。それどころか、抵抗運動が激化するにつれて、政府の弾圧も徐々に暴力的になっていき、ついには1960年のシャープヴィル虐殺事件が起こる。黒人に身分証の携帯を義務づける法律が成立したことに反対し抗議活動を行った人々に対して、警察が発砲し、69名が死亡するという事件であった。

反アパルトヘイト運動自体もまた、完全に平和的なものであったとは言い難い。ほかの革命家たちと同様に、マンデラも、アパルトヘイト政策と闘うことができる唯一の方法は武装闘争であるという結論に達したのである。1961年、マンデラはアフリカ民族会議のほかの指導者らとともに、同会議内に武装組織ウムコント・ウェ・シズウェ（民族の槍）を結成した。このために、マンデラはのちに投獄されることとなる。このようなことはあったものの、マンデラの市民的不服従運動、および民族宥和の理念は世界中からの支持を受け、最終的にマンデラは釈放され、アパルトヘイト体制の崩壊へとつながった。■

> 私は白人支配とも黒人支配とも闘ってきた。
> 私は自由な民主主義社会の実現という理念を常に掲げてきた。
> ネルソン・マンデラ

アパルトヘイト撤廃のための闘いは、南アフリカの少数派である白人に向けた攻撃ではない。それは不平等との闘いであり、民族宥和への変化を求める闘いであると、マンデラは述べた。

### ネルソン・マンデラ

ネルソン・ホリシャシャ・マンデラは、1918年に南アフリカのトランスカイで生まれた。父親はテンブ族の首長の相談役であった。マンデラは若いうちにヨハネスブルグに移り、法律を学ぶ。1944年にアフリカ民族会議に入り、1948年にはじまったアパルトヘイト政権の政策に抵抗する活動に参加した。1960年にシャープヴィル虐殺事件が起こったこともあり、1961年にアフリカ民族会議内に武装組織ウムコント・ウェ・シズウェが設立される。マンデラはその設立に尽力した。1964年にはマンデラは終身刑を宣告され、18年間ロベン島の強制収容所に入れられていた時期も含め、1990年まで拘束され続ける。

釈放後、マンデラはアパルトヘイト撤廃を求める運動の先頭に立った。1993年にノーベル平和賞を受賞し、1994年には南アフリカの大統領に就任した。1999年に大統領職を退いてからは、エイズ撲滅運動などさまざまな活動に参加した。

**主著**

1965年　『容易ならざる自由への道』
1994年　『自由への長い道』

# 政治が協調の場であると信じているのは低能な人間だけである

## ジャンフランコ・ミリオ（1918年〜2001年）
Gianfranco Miglio

### 背景

**イデオロギー**
連邦主義

**焦点**
反統一

**前史**
**1532年** ニコロ・マキャヴェッリが『君主論』において、いずれはイタリアが統一されるであろうと予測する。

**1870年** 国王ヴィットーリオ・エマヌエーレ2世率いるイタリア軍がローマを占領し、イタリアが統一される。

**後史**
**1993年** アメリカの政治学者ロバート・パットナムが『哲学する民主主義』を出版し、イタリアにおける政治および市民生活に見られる亀裂について論じる。

**1994年** 分離を支持する党レガ・ノルドが、はじめてイタリア連立政府に加わる。

---

イタリアの政治は対立の歴史であると言える。イタリアは都市国家のゆるやかな連合であった時代が長く、1870年に国家として統一されるまでは、そのような都市国家の寄せ集めとしての歴史を刻んできた。特に、産業の発達した北部と発達が遅れた南部のあいだには長期間にわたり不平等が存在し、争いが絶えなかった。そして全国が統一された際も、北部の人々の多くは、南部は経済的な利益を得られるだろうが、北部にとっては不利益にしかならないと考えていた。

ジャンフランコ・ミリオは、イタリアの大学教授であり、同時に政治家でもあった。彼は、政治の世界における権力構造について研究していた。マックス・ヴェーバーとカール・シュミットの研究をもとに、ミリオは、イタリアの政治資源を中央に集めることに異議を唱えた。そのようなかたちの協調は北部の利益を損ない、北部の人々のアイデンティティーにも悪影響を及ぼすものだと彼は主張した。

### 北部分離主義

ミリオは、政治的に協調という路線をとるのは望ましくないと判断し、また、

イタリア北部には自動車メーカーのフィアットなどがあり、自動車産業に支えられて北部の経済は好調であった。その北部が貧しい南部のために資金を出さなくてはならないのは不公平だと、ミリオは訴えた。

政治的市場という観点から見れば不可能でさえあると述べた。イタリアのそれぞれの地域の利権問題は、妥協や議論によって解決できるものではなく、有力な地域には優位な立場が与えられるべきだとミリオは主張した。この思想が支持されたことで彼は政治家への道を歩むこととなり、1990年代にはレガ・ノルド（北部同盟）のメンバーとして国会議員に選出された。レガ・ノルドは1991年に設立された分離主義を支持する急進的な政党である。■

**参照**：ニコロ・マキャヴェッリ 74–81 ■ マックス・ヴェーバー 214–15 ■ カール・シュミット 254–57

# 迫害に対する闘いの初期段階においては被迫害者が迫害者へと転じやすい

## パウロ・フレイレ（1921年～1997年）
Paulo Freire

### 背景

**イデオロギー**
急進主義

**焦点**
批判的教育学

**前史**
**1929～34年** アントニオ・グラムシが『獄中ノート』において、マルクス主義を発展させて独自の論を示す。

**1930年代** 大恐慌のなか、ブラジルが極度の貧困に苦しむ。

**後史**
**1960年代** ブラジルのレシフェ大学で教育史・教育哲学の教授をしていたフレイレが、大衆の識字率を引き上げるための取り組みを進める。

**1970年代** フレイレが世界教会協議会とともに、約10年間、世界中の多くの国々に教育改革についての助言を行う。

---

政治思想家は、政治的迫害をなくすための闘いについて理解しようと、長年にわたって努力してきた。カール・マルクスやアントニオ・グラムシといった思想家は、迫害を行う者と迫害を受ける者というように人々を二分することによって、迫害を説明しようとした。

ブラジルの教育者パウロ・フレイレは、この二分法を援用し、迫害の繰り返しを断つために必要な条件について考察した。彼は、迫害行為は、迫害する人々からも迫害される人々からも人間性を奪うものであると主張する。そして、迫害がなくなったと思っても、迫害を経験した人々は、その不正を繰り返してしまう危険性があるのだと述べている。実際、迫害を受けていた側の人々が、今度は迫害する側に回ることもあり得るのだ。

### 真の解放

このように考えていくと、本当の意味で迫害から解放されるためには、迫害における役割の交代で終わらせずに、迫害そのものを永久に止める必要があることがわかる。フレイレは、教育によって人間性を回復させることができると主張した。また、教育改革を行うことで、自分の人生について立ち止まって考えられるように、人々を再教育することができるはずだと述べている。そうすれば、迫害を行っている人々も、自分たちが迫害している相手は概念上の集団ではなく、迫害という不正に苦しむ一人一人の人間なのだということを理解するようになるだろう。

フレイレは、教育は政治活動であると考えており、学生と教師はそれぞれの立場について、および教育が行われている環境についてよく考える必要があると述べている。彼の研究は多くの政治思想家に影響を与え続けている。■

> 迫害を受けた人々が取り組まなくてはならない人道的・歴史的課題のうちで最大のものは、自らを解放すること、そして迫害者を解放することである。
> **パウロ・フレイレ**

**参照：** ゲオルク・ヘーゲル 156-59 ■ カール・マルクス 188-93 ■ アントニオ・グラムシ 259

# 正義は社会制度における第一の徳である

ジョン・ロールズ（1921年〜2002年）
John Rawls

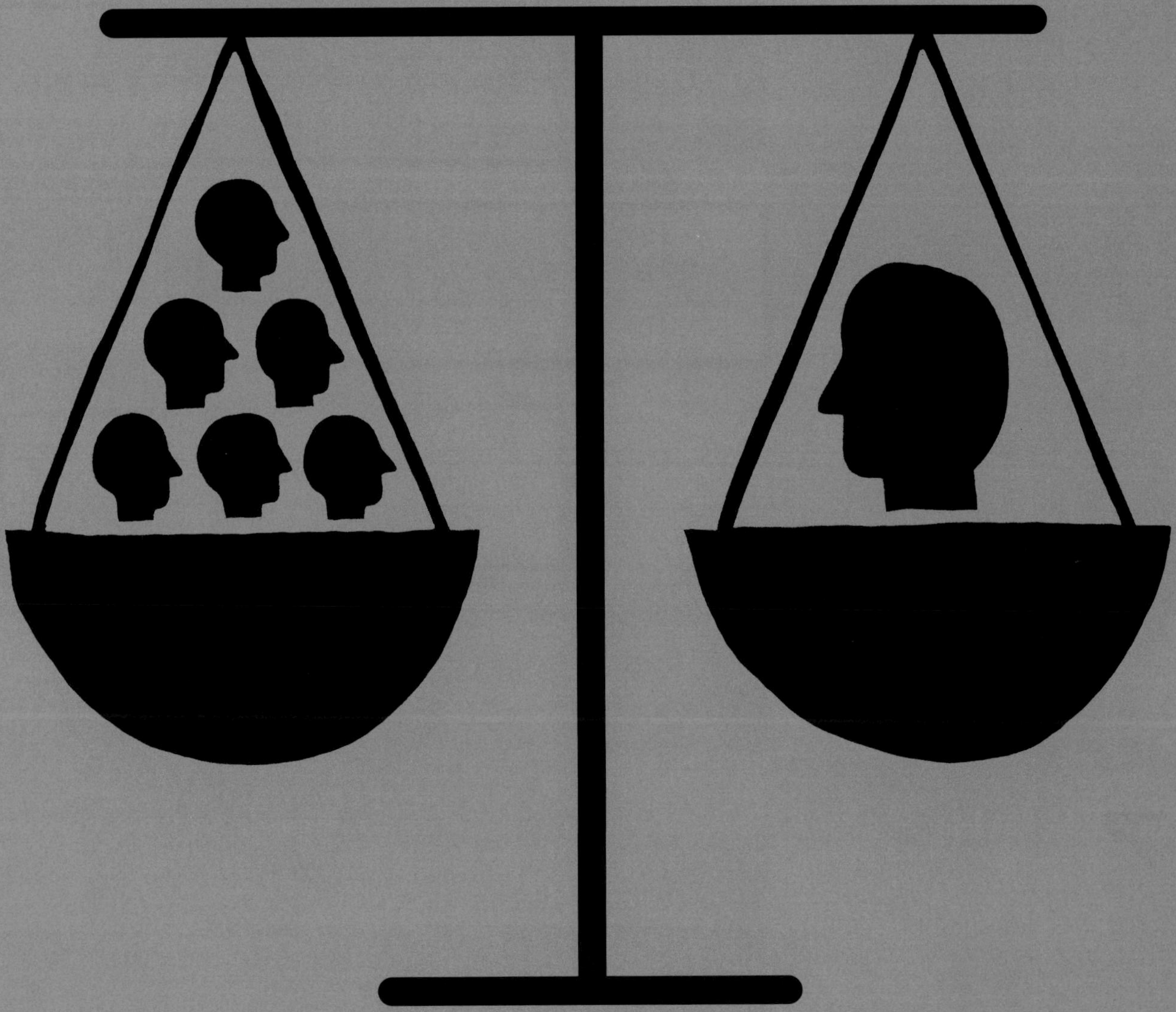

# ジョン・ロールズ

## 背景

**イデオロギー**
自由主義

**焦点**
社会的正義

**前史**
**1762年** ジャン゠ジャック・ルソーが『社会契約論』において、権力の正統性について論じる。

**1935年** アメリカの経済学者フランク・ナイトの「経済理論と国家主義」によって、ロールズが議論を進めていくための基礎が築かれる。

**後史**
**1974年** ロバート・ノージックが、ロールズの『正義論』を批判する『アナーキー・国家・ユートピア』を出版する。

**1995年** ジェラルド・コーエンが、マルクス主義の立場からロールズを批判する著書を出版する。

**2009年** アマルティア・センがロールズに捧げる『正義のアイデア』を出版する。

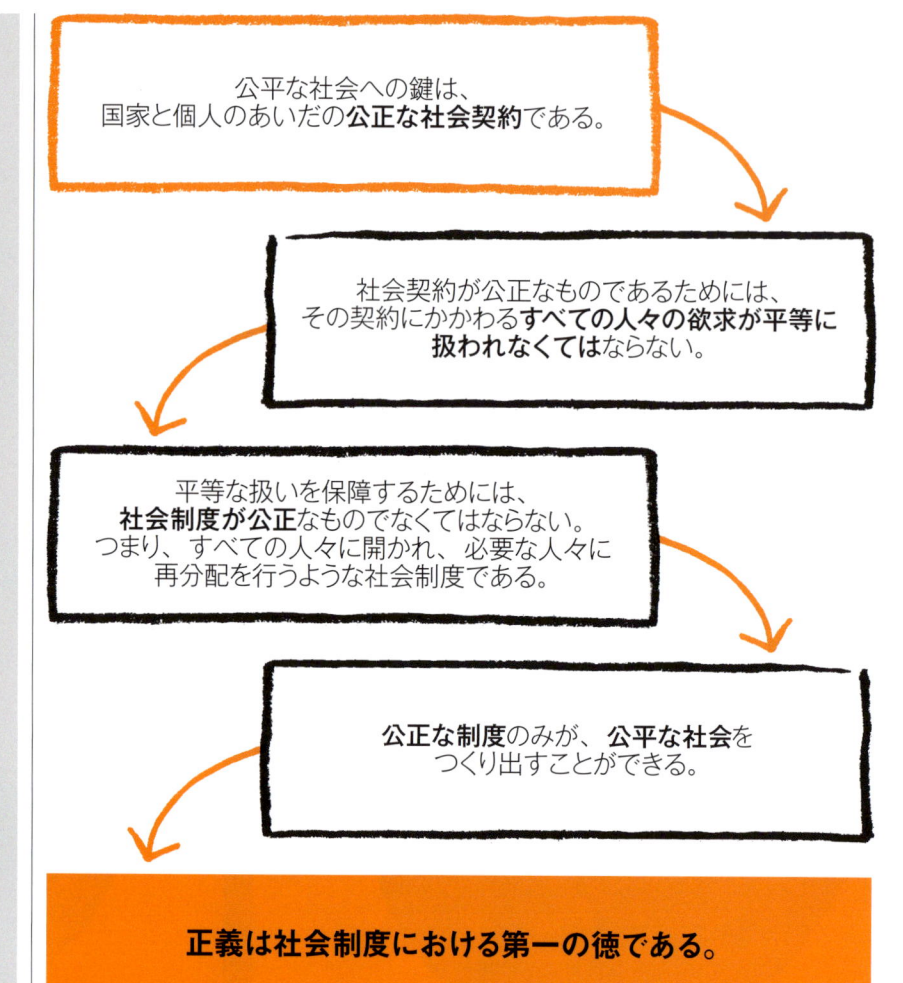

---

公平な社会への鍵は、国家と個人のあいだの**公正な社会契約**である。

↓

社会契約が公正なものであるためには、その契約にかかわる**すべての人々の欲求が平等に扱われなくては**ならない。

↓

平等な扱いを保障するためには、**社会制度が公正なものでなくてはならない。**つまり、すべての人々に開かれ、必要な人々に再分配を行うような社会制度である。

↓

**公正な制度**のみが、**公平な社会**をつくり出すことができる。

↓

**正義は社会制度における第一の徳である。**

---

アメリカの哲学者ジョン・ロールズは、正義・公平・不平等といった概念の研究に生涯にわたって情熱を傾けた。彼がこのような概念に関心を持った原因は、人種差別の行われていたボルティモアで育ったことや、アメリカ陸軍に在籍した経験だった。ロールズは、個別の道徳的判断の際に利用できるような道徳原理の大きな枠組みを特定することに力を注いだ。そのような道徳原理が正しいものだと認められ人々の賛同を得られるようになるためには、その決定の際に、広く認められている手順を踏まなくてはならないとロールズは考えていた。そのような手順こそが、民主主義の発展のために大切なことなのである。民主主義に真の値打ちを与えるものは、選挙という行為そのものよりも、選挙の前段階の議論と熟慮であるとロールズは述べている。

## 富の不平等

正義の原理は、個人が持つ道徳的枠組みのみで決められるものではないということを、ロールズは示そうとした。正義の原理はむしろ、教育制度・医療制度・納税制度・選挙制度といった社会制度のなかで、個人の道徳観が表現され保護される方法に基づいて決められるものなのである。ロールズは特に、富の不平等がさまざまな政治的影響力に変換される過程に着目した。社会制度や政治制度は、結局のところ、裕福な個人や企業にとって有利なものになっているのである。

ロールズはヴェトナム戦争を不当な戦争であると批難しており、その戦争の最中に、彼は執筆活動を行っていた。その著書において彼は、市民的不服従運動とは、少数派の正しい市民が多数派の良心に訴え掛けるために行っている、やむを得ない行為なのだと解釈されるべきだと主張している。また、ロールズはアメリカ政府による徴兵制度を批判し、裕福な学生が徴兵を逃れることを許されている一方で、貧しい学

**参照**: ジョン・ロック 104-09 ■ ジャン=ジャック・ルソー 118-25 ■ イマヌエル・カント 126-29 ■
ジョン・ステュアート・ミル 174-81 ■ カール・マルクス 188-93 ■ ロバート・ノージック 326-27

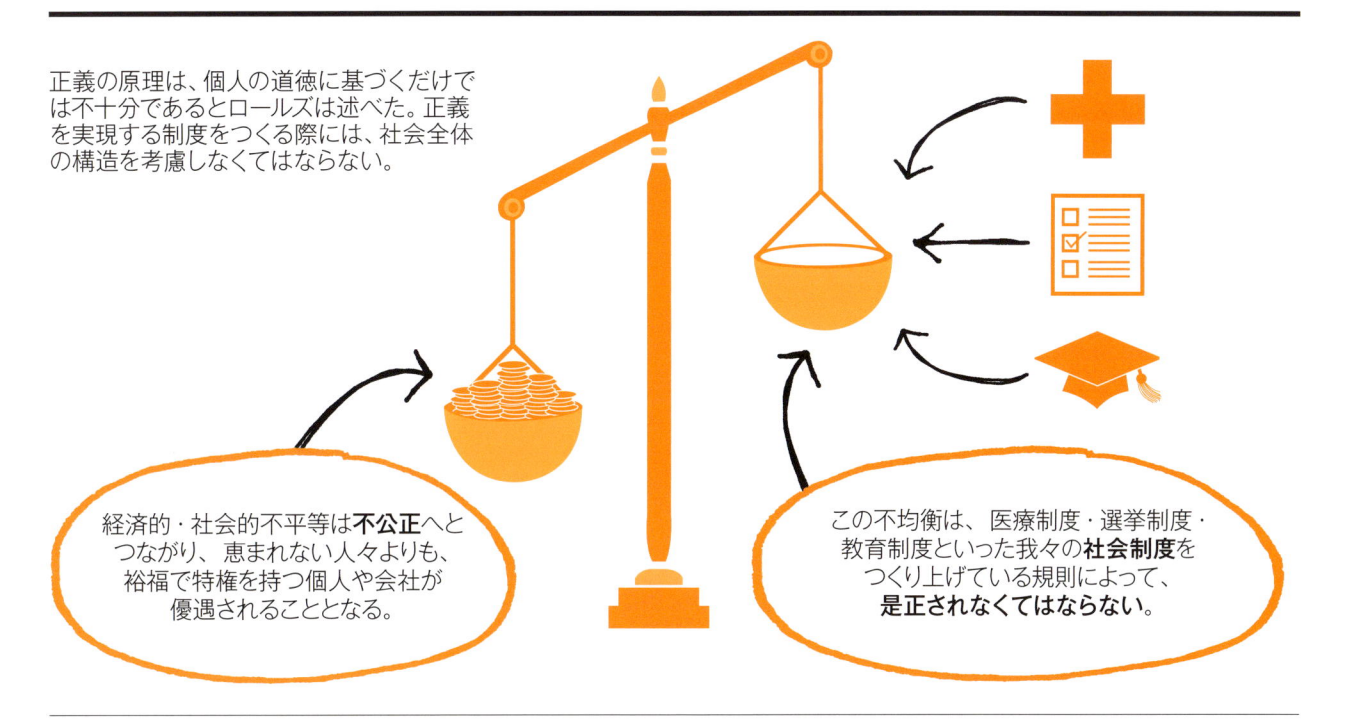

正義の原理は、個人の道徳に基づくだけでは不十分であるとロールズは述べた。正義を実現する制度をつくる際には、社会全体の構造を考慮しなくてはならない。

経済的・社会的不平等は**不公正**へとつながり、恵まれない人々よりも、裕福で特権を持つ個人や会社が優遇されることとなる。

この不均衡は、医療制度・選挙制度・教育制度といった我々の**社会制度**をつくり上げている規則によって、**是正されなくてはならない**。

---

生は一つ落第点を取ったがために軍隊に連れて行かれてしまうという仕組みに異を唱えた。この徴兵制度のように、経済的不平等がそのまま制度上の差別につながっている状況は大きな問題であると彼は考えていた。特にその制度が正義とみなされる行為にかかわるものであるときは、さらに問題が大きくなる。

> 公正さという正義のためには、善という概念よりも正しさという概念の方が優先される。
> **ジョン・ロールズ**

### 正義の原理

正義とは、平等の原理に基づいて「公平」であると判断されるものでなくてはならないと、ロールズは考える。公平さに基づく正義という理論において、彼は正義に関する二つの原理を提示した。一つめは、すべての人々が基本的な自由を求める平等な権利を有するというものである。そして二つめは、「社会的・経済的不平等が生じる場合は、すべての人々の利益になるように配慮すべきであり、その不平等な部分はすべての人々に開かれている地位や職業に対して付与されるべきだ」というものである。一つめの自由の原理は、二つめの格差の原理よりも優先されるべきだと彼は考える。なぜなら、文明が発達することで経済状況が良くなるにつれ、自由に対して疑問をいだくことが重要になるためである。より多くの物質的資産を得るために、手に入る自由が減少しても構わないという個人や団体は減多に存在しないだろう。

ロールズはある種の社会的・経済的特権を「脅威による優位性」とみなした。そのような優位性として「事実上の政治権力、富、生まれつきの才能」が挙げられるとし、そのような優位性を持つ人々は自分の正当な分け前以上のものを手にすることができるとロールズは考える。それはちょうど、学校のいじめっ子が、ほかの生徒よりも体が大きいことを利用して、ほかの生徒からお昼代を巻き上げることができるのと同じようなものである。不平等や、このような不平等に基づく優位性を、正義の原理や正義の理論の基盤とすることはできない。不平等は、あらゆる社会における避けがたい現実の一部分であるため、「そのような恣意性は、最初の契約段階において、環境をととのえて排除しなくてはならない」とロールズは述べている。「契約段階」という部分で彼は社会契約を意味している。それには個人間の契約、個人と国家のあらゆる制度とのあいだの契約、さらには個人と家族という制度との契約までが含まれる。しかし、この社会契約には、不平等な基盤の上に結ばれ

た個人間の契約も含まれている。国家は各国民に対して等しく責任を負っており、そのような根本的な部分での不平等を是正しなくては、正義は守られないのである。

そのような是正のために重要となるのが社会制度であるとロールズは考える。すべての人々が平等に社会制度を利用できるようにし、すべての人々の経済状況を良くするために再分配の仕組みをつくり上げることで、不平等の是正が行えると、彼は述べている。そして、この再分配を確実に行うのに適した政治体系は、自由主義と自由民主主義であるとロールズは主張する。共産主義では、その結果がすべての人々にとって最善のものになるのかどうかを考慮せず、完全な平等状態をつくり出すことばかりが重視される。そのような共産主義ではなく、資本主義を選択し、強力な社会制度を整備した方が、平等な正義を保障する体制に近づけるであろう。資本主義だけでは不平等な部分が残ってしまうだろうが、正義を貫いた社会制度を導入することで、その不平等を是正することができるのだとロールズは主張する。

## 多文化社会

正しい制度は、社会をまとめ上げる際に別の役割も果たすということを、ロールズは指摘した。現代社会から得られるもっとも重要な教訓の一つは、我々が社会を構築するにあたって道徳的な責任を共有している限り、同じ道徳律を共有していなくても、同じ規則のもとで共存することが可能だということである。社会が公平につくられていると人々が信じていれば、たとえ道徳律のまったく異なる人々に囲まれて生活していたとしても、彼らは満足するだろう。これこそが、多元・多文化社会の基盤であり、そのような複雑な社会においては社会制度こそが公平さを保障してくれるものであるとロールズは主張した。

## 無知のヴェール

再分配を司る原理の決定は、彼が「無知のヴェール」と呼ぶものの裏で、まずは行われるべきであるとロールズは述べた。理想的な社会の構造が決定されつつある状況において、その決定に携わっている人々は、新しい社会での自らの立ち位置についてまだ何の確信もない。自らの社会的地位、個人的信条、そして、自らが果たすことになる知的・身体的貢献について彼ら自身が知らずにいる状況を、ロールズは「無知のヴェール」と呼んでいた。また、彼らには、性別・性的指向・人種・階級があるだろうが、互いにそのような知識もない状況である。つまり、社会的地位にも個人の属性にも関係なく、すべての人々に正義だけを保障してくれるものが無知のヴェールなのである。そのような状況で社会構造の決定に携わる人々は、公平な決定を行うことができるので、自らの決定した社会構造に満足するはずである。そして、

> 人をうらやむことはすべての人々の経済状況の悪化につながる。
> ジョン・ロールズ

このように無知のヴェールに覆われたなかで社会契約を策定することで、社会のなかで経済的にもっとも恵まれない人々を助けるような契約ができあがるはずだとロールズは述べた。なぜなら、誰もが貧困状態に陥ることを恐れており、そのようなことが起こらないようにと配慮して社会制度をつくり上げるだろうと考えたからである。

社会のなかにどうしても格差ができてしまうことは、ロールズも受け入れている。しかしそれでも、正義に基づいた公平な原理によって、社会でもっとも恵まれない人々に最大の恩恵がもたらされるようにしなくてはならないと彼は主張する。インドの理論家アマルティア・セン、カナダのマルクス主義者ジェラルド・コーエンといった学者たちは、ロールズの説に疑問を呈し、自由資本主義政権においてこれらの原理が本当に守られるのだろうかと述べている。また、現代社会における「無知のヴェール」の効用についても、彼らは疑わしいと考えている。なぜなら、現代社会においては社会制度のなかに不平等が深く根づいてしまっているからである。そのような社会制度が存在しない、まったく何もない状況から社会構造をつくるときにのみ、無知のヴェールは力を発揮するのだと多くの

社会的地位に関係なく、すべての人々が人生において平等な機会を得られるような公平な社会をつくるためには、公立図書館などの施設がすべての人々に平等に開かれていなくてはならないとロールズは考えていた。

人々が述べている。

## ロールズへの批判

ロールズの論では、政治的権利と経済的権利のあいだの線引きが間違っているとアマルティア・センは述べている。不平等や欠乏は物質そのものがないために起こるのではなく、その物質を手に入れる権利を奪われることによって起こる場合が多いと、センは主張する。その例としてセンは、1943年のベンガル飢饉を挙げている。このインドのベンガル地方で起こった飢饉の際に食料の価格が上がったのは、食料が不足したためではなく、都市化の影響であった。食料などの物質が優位性を象徴するわけではない。人間と物質との関係によって、優位性が明確に定義されるのである。すなわち、高額の食料を買うことができる人々と、買うことができない人々との違いである。センはまた、ロールズによる社会契約の定義も間違っていると主張した。ロールズは人間同士のあいだでのみ社会契約が生じるとしているが、実際には直接契約に関与していない多くの集団の利益によって契約が取り決められていくのである。たとえば、外国人や後世の人々、さらには自然などの利益によって社会契約が決まるのだとセンは述べている。

## 資本主義の不平等性

ジェラルド・コーエンは、ロールズが自由主義に寄せている信頼を疑問視した。自由主義においては自己の利益を最大化することが非常に重要となるため、ロールズが支持する再分配の政策が目指す平等主義とは相容れない。資本主義には不平等が内在しているのだとコーエンは言う。それは、国家による不平等な再分配制度の結果などではない。したがって、資本主義と自由主義からは、ロールズが求めているような「公平」な結果は決して生まれないとコーエンは主張した。

このような批判はあるものの、ロールズの『正義論』が現代の政治理論関連の書籍のなかでもっとも影響力を持つものであるという事実に変わりはない。現在も、ハーヴァード大学出版から出されているなかでもっとも売れている書籍の一冊である。ロールズの思想によって、アメリカでもその他の国々でも、現代社会において福祉制度をどのように再構築すべきかという議論が活性化された。アマルティア・センのような、かつてのロールズの教え子たちが、その議論の中心となっている。社会・政治理論への貢献が評価され、ロールズは1999年にビル・クリントン大統領からナショナル・ヒューマニティー・メダルを授与された。クリントンは、ロールズの研究は民主主義の信頼回復に寄与するものであると述べている。■

ベンガル飢饉は人々のあいだの不平等な経済関係によって引き起こされた。経済構造よりも政治構造に主眼を置いたロールズの学説では、このような惨事を説明することはできないと思われる。

## ジョン・ロールズ

ロールズはアメリカ合衆国のボルティモアで生まれた。父親は有力な弁護士ウィリアム・リー・ロールズで、母親のアナ・アベル・スタンプ・ロールズは、ボルティモアの女性有権者同盟の会長をしていた。ロールズの子ども時代の大きな出来事は、兄弟二人が伝染病で亡くなったことである。このとき、実はロールズが気づかないうちにこの二人に病気をうつしていたのだった。ロールズはプリンストン大学で哲学を学ぶ。吃音症の内気な若者であった。学士号取得後は陸軍に入隊し、ニューギニア・フィリピン・占領下の日本と、太平洋の各地を訪れる。その後プリンストン大学に戻り、1950年に個人の道徳的判断の基盤となる道徳原理に関する論文で博士号を取得した。彼はまた、イギリスのオックスフォード大学で1年を過ごし、そこで法哲学者H.L.A.ハートや政治理論家アイザイア・バーリンと親しくなった。ロールズは長期にわたって活躍し、そのあいだに多くの著名な政治哲学者を育てあげた。

### 著書

**1971年** 『正義論』
**1999年** 『万民の法』
**2001年** 『公正としての正義　再説』

# 植民地主義は その本質において 暴力である

フランツ・ファノン（1925年〜1961年）
Frantz Fanon

**背景**

イデオロギー
**反植民地主義**

焦点
**脱植民地化**

前史
**1813年** ベネズエラのカラカスをスペインから取り戻したことで、シモン・ボリーバルが「解放者」と呼ばれる。

**1947年** ガンディーの非暴力による抵抗の結果、インドがイギリスの支配から独立を勝ち取る。

**1954年** フランスの植民地支配に抵抗するアルジェリアの独立戦争がはじまる。

後史
**1964年** 国際連合の総会においてチェ・ゲバラが演説を行い、ラテンアメリカはいまだ真の独立を獲得していないと主張する。

**1965年** マルコムXが「必要であればどのような手段を使ってでも」黒人の権利を獲得するべきだと述べる。

**20**世紀半ばには、ヨーロッパの植民地主義は急速な衰えを見せていた。植民地を保有していた大国は二つの世界大戦によって疲れ果て、産業化などの社会変化の影響もあって、植民地に対する支配力を失っていったのである。

世界大戦終了後、独立を求める市民運動が続々と起こった。ケニア・アフリカ民族同盟が力をつけたことでイギリスのケニア支配が揺らぎはじめ、また、長い闘いの末、1947年にインドがイギリスから独立した。南アフリカにおいては、人種差別的圧政との長年にわたる闘いに、植民地支配との闘いが加わった。そのようななかで、植民地支配を脱したのちの方針に関する疑問が生じた。独立後の国家はどのようなかたちをとるべきか、そして、長期

# 戦後の政治思想 305

**参照:** ■ シモン・ボリーバル 162-63 ■ マハトマ・ガンディー 220-25 ■ マナベンドラ・ナート・ローイ 253 ■ ジョモ・ケニヤッタ 258 ■ ネルソン・マンデラ 294-95 ■ パウロ・フレイレ 297 ■ マルコムX 308-09

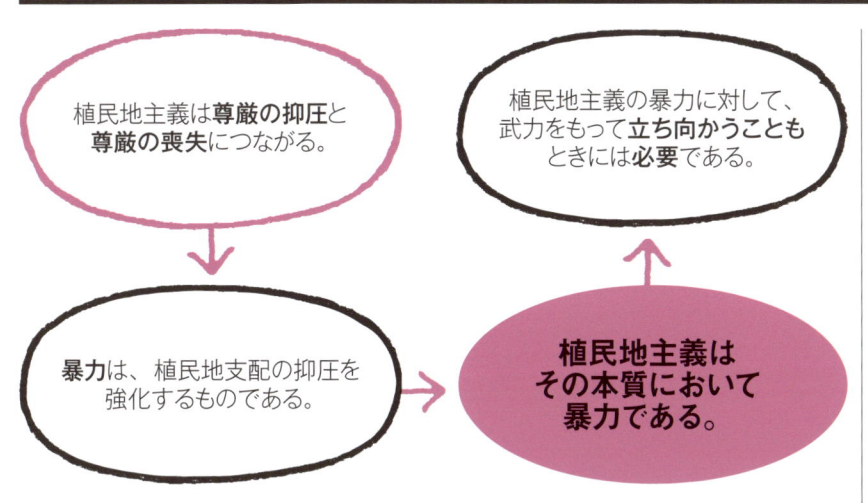

```
┌─────────────────┐      ┌─────────────────┐
│ 植民地主義は尊厳の │      │ 植民地主義の暴力に対して、│
│ 抑圧と尊厳の喪失に │      │ 武力をもって立ち向かうことも│
│ つながる。         │      │ ときには必要である。  │
└────────┬────────┘      └────────▲────────┘
         │                        │
         ▼                        │
┌─────────────────┐      ┌─────────────────┐
│ 暴力は、植民地支配 │─────▶│ 植民地主義はその本質│
│ の抑圧を強化するも │      │ において暴力である。│
│ のである。         │      │                  │
└─────────────────┘      └─────────────────┘
```

アルジェリアを植民地化していたフランスが、アルジェリアの独立運動を抑え込もうとしたことで、アルジェリア戦争（1954年～1962年）が起こった。ファノンはアルジェリアの主張を世界に伝えた。

間の植民地支配のあとに残された暴力と抑圧の傷跡にどのように対処するのが最善なのかといった疑問である。

## ポストコロニアル理論

フランツ・ファノンは、フランス領アルジェリアで活躍した思想家である。彼は、植民地主義の影響について、そして、抑圧されてきた人々がヨーロッパの支配の終焉にどのように反応するかについて論じている。ファノンは、マルクスとヘーゲルの初期の理論を援用し、人種差別や植民地主義に対する独自の分析を行った。彼の著書は政治に関するものから言語や文化に関するものまであり、それらの異なる分野の研究を突き合わせて相互の関係性についても調査した。そして、人種差別やその他の偏見によって、言語や文化がかたちづくられていることを示した。ファノンは脱植民地化（植民地支配からの解放）に関する分野で、おそらくもっとも影響力を持つ思想家である。彼の思想は、反帝国主義思想に大きな影響力を持ち続けており、今日の活動家や政治家も彼の思想から様々な着想を得ている。

ファノンは植民地主義が残したものについて検証を行った。植民地主義は白人支配と密接に結びついているとい

うのが彼の見解である。そのような状況に対して彼は強い平等主義を打ち出し、植民地支配によって人々が抑圧され尊厳を奪われる事態に断固として反対した。ある意味で、彼のこの立場は、彼自身が抑圧に抵抗する戦いに実際に参加していたことで生まれたものだと言える。ファノンはその著書『革命の社会学』において、フランスの植民地支配からの独立を勝ち取ろうとするアルジェリアの戦いに参加したときのことを記している。その著書では武力衝突が詳述され、アルジェリアがどのように独立を勝ち取ったかが描かれている。彼は、植民地主義との戦いにおける戦略とイデオロギーをすべて説明

> 重要なのは
> 世界を知ることではなく
> 世界を変えることである。
> **フランツ・ファノン**

し、両陣営が用いた戦略の詳しい分析まで行っているのである。

## 抑圧の構造

しかし、ファノンの貢献は実践的ではなく理論的なもので、植民地体制下で抑圧の構造がどのように機能しているかを明らかにするという性質のものであった。ファノンは植民地における抑圧の下地となっている民族的階層構造を検証し、その階層構造は、厳格に定められた特権による序列を示すだけでなく、政治的・文化的な差異をも表すものであると指摘した。アルジェリアやセネガルといった国々においては、独立後の政治組織をつくる際に、このような支配構造を避けるということが明確に意図されていた。

ファノンの掲げる脱植民地化の理念は、暴力とは対極に位置する。有名な話であるが、彼の著書『地に呪われたる者』をジャン＝ポール・サルトルが紹介したことがある。サルトルは、植民地主義に抵抗する闘いには暴力が用いられることが多いという内容の序

植民地支配に抵抗してケニアで起こったマウマウ団の乱は、イギリス軍によって鎮圧された。ケニア最大の民族であるキクユ族のなかにはイギリス側についた者もおり、そのためにキクユ族内部に対立が起こることとなった。

文において、ファノンの著書に言及した。そして、ファノンの書は武力闘争を呼び掛けるものだと書いたのである。抑圧された人々の「集合的無意識」が「殺人への強い衝動」として表れたものであり、長期にわたる暴政への直接的な反応なのだとサルトルは述べた。このようないきさつで、ファノンの著作は武力革命を呼び掛ける書であると解釈する人々が増えてしまったのである。

## 植民地における人種差別

しかしながら、ファノンの著作を読む際に革命という点にばかり焦点を当ててしまうと、彼の思想の複雑さを理解できないことになる。ファノンの見解では、植民地における暴力は、圧政者の側にある。植民地主義は本質的に暴力的なものであり、その暴力はさまざまな部分に表れる。はっきりとした暴力というかたちで表れることもあれば、人種差別に結びつく固定観念や社会的断絶として表れることもあるだろう。ファノンは人種差別こそが植民地での生活を象徴するものだと考えていた。植民地の支配体制下で白人文化が優位性を発揮するということは、ヨーロッパ出身の白人以外はすべて劣った人種だとみなされるということである。支配する人々と支配される人々とのあいだには明白な断絶があり、支配する側は、自分たち以外の文化は劣ったものだと考えているのである。

ファノンは、植民地支配には必ず暴力が付随すると考えた。彼の功績は、植民地保有国によるそのような暴力を明確に批難した点である。植民地支配における抑圧を正当化するものは、軍事力だけであるとファノンは言う。そして、植民地の人々を黙らせ従わせるために、支配のための唯一の基盤である暴力を用いるのである。支配された人々は、服従生活に甘んじるか、迫害に抵抗するかという厳しい選択に直面する。植民地支配からの独立を考える際には、植民地支配に反対する立場で物事を考えなくてはならない。しかし同時に、植民地支配を超越した視点を持つことも重要である。そのようにして、ヨーロッパの人々の定義に頼らない、新しいアイデンティティーや価値観をつくり上げなくてはならないのである。武力闘争や暴力を伴う革命が必要なこともあるかもしれない。しかし、真の脱植民地化が行われない限り、そのような闘争や革命は失敗することになるだろう。

## 脱植民地化に向けて

ファノンの『地に呪われたる者』は、いまもって大きな意味を持った著作である。この著作は、個人や国家が植民地支配という過酷な状況から抜け出すための理論的な枠組みを提供してくれている。どこか別の土地で優れているとみなされた文化を、植民地でも優れたものだとみなす態度を、ファノンはその著作において徹底的に検証している。その上で彼は、まるで法医学分析のような手法で、白人文化による抑圧がどのようにして生じるのかを解き明かす。少数派の白人は、自らの価値観を社会全体に押しつけることによって、文化的抑圧を確立するのである。そのような理解に則って、ファノンは、脱植民地化という難しい取り組みに際して、人種の宥和に基づいた方法を提示する。彼が考えるのは、個人の人種や背景に関係なく、すべての人々の尊厳と価値観を基盤に据えた脱植民地化なのである。あらゆる人種のあらゆる階級の人々が、脱植民地化に参加することができ、また、脱植民地化の恩恵を受けることになるのだと、ファノンは主張する。さらにファノンは、支配されていた人々のなかで選ばれた特権階級のエリートが脱植民地化を主導して、植民地の支配者と交渉を行うというかたちで改革を進めた場合、それは植民地体制の不当な支配を再現するも

> "
> 支配者は先住民に
> 怒りの感情をいだかせ
> そのはけ口も奪ってしまう。
> 先住民は
> 植民地主義という鎖に
> 縛られている状態である。
> フランツ・ファノン
> "

# 戦後の政治思想 307

> 私は
> 私の祖先の人間性を奪った
> 奴隷制の奴隷などではない。
> フランツ・ファノン

のにしかならないと述べている。そのような手法には、すでに特権階級を認めてしまっているという問題点がある。そして、より致命的なのは、支配されていた人々には、支配者の行動や態度を真似る傾向が見られることである。この傾向は特に中流階級と上流階級に強い。彼らは比較的裕福で教育も受けているために、植民地支配を行っていた人々の文化を真似ることができ、彼らがかつての支配者に取って代わったかのような状況ができ上がってしまうのである。

これとは対照的に、真の脱植民地化とは大衆によって行われるものであり、国家のアイデンティティーをつくり上げるための運動となって継続されていくものなのである。脱植民地運動がうまく進めば、国家としての意識が発達し、新しい芸術や文学が生まれることで文化が確立するだろう。そして最終的に、植民地保有国の暴政に対抗し、独立を目指すことが可能になるであろう。

## ファノンの影響

植民地主義の暴力に関する以上のような考え方、および国家の将来の政治的・社会的方向性を考える際のアイデンティティーの重要性についての議論は、活動家や革命指導者が植民地保有国と戦う際の姿勢に直接的な影響を与えた。『地に呪われたる者』は、その意味では、武力による革命の青写真という性質も備えていた。しかし、そのような側面以上に重要なのは、植民地主義の機能と影響を理解するための枠組みを提示したという功績である。ファノンが示した思想は、その後長く、人々に受け継がれていくこととなる。植民地主義の根底にある人種差別についての洞察に満ちた彼の見解、そして特に、脱植民地化を成功に導くための条件に関する彼の理論は、いまなお、貧困およびグローバル化の研究において大きな影響力を持っている。■

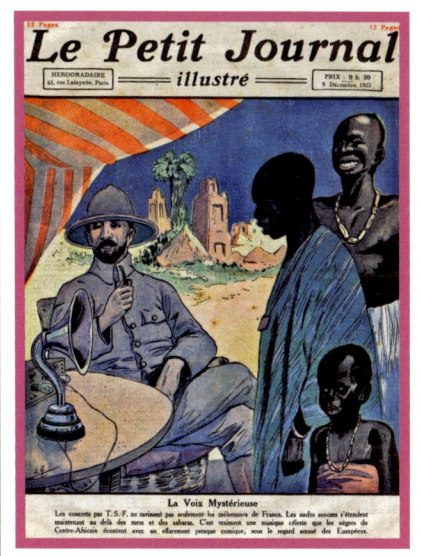

フランスでは、植民地支配を行う支配層は、野蛮な先住民に秩序をもたらす文明的なヨーロッパ人として描かれた。このような人種差別によって、抑圧と暴力が正当化されたのである。

## フランツ・ファノン

フランツ・ファノンは1925年にマルティニークの経済的に不自由のない家庭に生まれた。第二次世界大戦では「自由フランス軍」の兵士として戦い、その後、リヨンで医学（特に精神医学）を学んだ。ここで彼は人種差別に遭い、それが彼の初期の研究において大きなテーマとなる。

勉学を終えると、彼はアルジェリアに移り、精神科医として働く。そして、革命を目指す活動家として指導的立場に立ち、アルジェリアの実情を世界に訴える。また、アルジェリア民族解放戦線のために看護師を養成し、彼らの活動に同調した雑誌において革命に関する自らの見解を発表する。ファノンはアルジェリアから追放されるまで、独立運動を指導し続けた。独立戦争が終わるころ、暫定政府によってガーナへの特使に任命されるが、その後すぐに病に倒れる。ファノンは1961年に36歳の若さで白血病により亡くなった。その死の直前に『地に呪われたる者』を完成させている。

### 主著

1952年　『黒い皮膚・白い仮面』
1959年　『革命の社会学』
1961年　『地に呪われたる者』

# 投票か弾丸か
## マルコムX（1925年〜1965年）
Malcolm X

## 背景

イデオロギー
**公民権と平等**

焦点
**自決権**

前史
**1947年** マハトマ・ガンディーによる独立運動の結果、イギリスがインドからの撤退を余儀なくされる。

**1955年** アメリカの黒人ローザ・パークスが、バスの「白人専用席」を白人に譲ることを拒否する。このことに衝撃を受けたマーティン・ルーサー・キングが、直接行動を開始する。

後史
**1965年** マルコムXの暗殺が、好戦的な黒人の政治運動組織ブラックパンサー党の設立につながる。

**1965年** アメリカで投票権法が可決され、すべての市民に平等な投票権が与えられる。市民に読み書き能力のテストに合格することを要求したそれ以前の法律が廃止される。

---

アメリカの黒人は**選挙に参加**すべきである。

↓

黒人の投票者は、**黒人の権利を守る**と約束する候補者にのみ投票すべきだ。

↓

しかし政治家は、選挙に当選したあとで、選挙中に提示した**公約を破る**ことが多い。

↓

もし政治家が、選挙の際に約束した平等を**実現しない**ならば、アメリカの黒人は**暴力に訴えて**自らの目的を達成すべきである。

↓

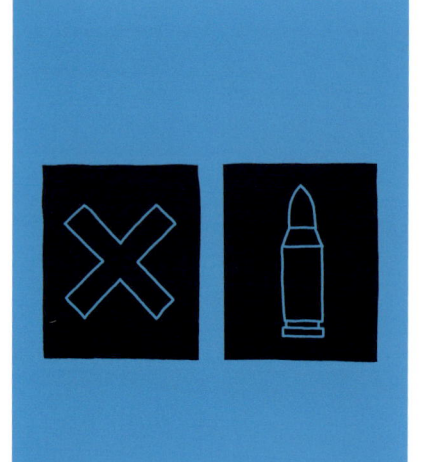

**投票か弾丸か。**

---

戦後のアメリカにおける公民権運動は、社会的・政治的平等性が保障される社会を確立するための長期にわたる闘いの中核であった。しかし、そのような社会の実現のために用いられた手段は、とても確実な手段と呼べるものではなかった。マーティン・ルーサー・キングのような公民権運動の指導者は、インドのマハトマ・ガンディーによる非暴力的抵抗に倣い、類似の運動を行った。このような運動は、たしかに市民の多くから支持を得られるものであった。しかし、なかなか変化が起こらず、アメリカの黒人の抑圧された状況は変わらなかったため、多くの人々が非暴力的運動に異議を唱えはじめた。

マルコムXは、ネーション・オブ・イスラム（NOI）という人種分離と黒人民族主義を掲げる組織の指導者の一人であった。この組織の一員として、彼は、キングが主導している主流の運動とはまったく異なるかたちでの、公民権獲得のための闘いを提唱した。彼は非暴力にこだわる必要はないと主張し、むしろ、平等性を求める闘いは自分の人生を自分で決定する能力を認めさせるものであり、その権利を阻もうとする者に対しては直接行動をもって、必要であれば武力を用いてでも抵抗しなくてはならないと述べた。ネーション・オブ・イスラムではメンバーが政治運動にかかわることが禁止されていたが、マルコムは1964年にこの

# 戦後の政治思想 309

参照： ホセ・マルティ 204-05 ■ エメリン・パンクハースト 207 ■ エミリアーノ・サパタ 246 ■ マーカス・ガーヴィー 252 ■ 毛沢東 260-65 ■ ネルソン・マンデラ 294-95 ■ チェ・ゲバラ 312-13 ■ マーティン・ルーサー・キング 316-21

> 必要ならばどのような手段を使ってでも自由を手に入れたい。必要ならばどのような手段を使ってでも正義を手に入れたい。必要ならばどのような手段を使ってでも平等を手に入れたい。
> 
> マルコムX

組織を離れ自分自身で組織を設立したために、それ以降、政治活動への参加を求め、平等な投票権を要求するようになる。彼は、黒人の組織票を使うことで選挙において真の変化を要求し、白人政治家の行動を変え、社会的・政治的平等を生み出すことができるのではないかと考えた。そのような未来を期待しつつも、彼は、アメリカにおいて選挙権が拡大され真の変革がもたらされる可能性は、あまり高くないだろうと感じていた。特に、選挙運動中の政治家の発言と、彼らが実際に政権についてからの行動は、おそらく一致しないだろうと、彼は憂慮していた。

## 行動の年

1964年、マルコムはデトロイトで演説を行った。その演説には、政治家たちに対する、次のような厳しい警告も含まれていた。もし政治制度が黒人の要求を十分に反映したものにならないのであれば、黒人は自分たちの手で事を運ばざるを得なくなり、暴力的行動が起こることになるだろう。「若い世代は不満をいだいている。欲求不満の若者が、行動を起こしたがっているのだ」と、彼は述べた。黒人はもはや、二流の地位に甘んじるつもりはなく、自分たちに勝ち目があるかどうかも気にしていなかった。アメリカの黒人は「白人のごまかしや嘘や不誠実な約束を、あまりに長いあいだ信用してきた」とマルコムは言った。政治制度が黒人の投票者の要求に応えるものにならないのであれば、もはや選択肢は銃を使う以外残されていないだろう。投票か弾丸か、だ。

マルコムXは、当時、非常に有名な人物であったものの、自分の主張を書き残すことはほとんどなかった。それ

アフリカ系アメリカ人が棺と「ジム・クロウここに眠る」と書かれた看板を手に行進を行っている。黒人の人種差別を合法化した1944年のジム・クロウ法に反対するデモ行進である。

でも彼の思想は公民権運動の基盤としていまも生き続けており、権利を手にすることを重視する姿勢を伝え、また、アメリカの黒人にアフリカの伝統を失わないようにと訴えかけている。■

## マルコムX

マルコムXは1925年にネブラスカ州オマハに生まれた。本名はマルコム・リトルといった。子どものころから、家族に向けられる人種差別を経験して育つ。特に彼の父親はバプティストの牧師であり、強い人種差別を受けていた。1931年にその父親が亡くなったことで、彼の家族はばらばらになってしまう。母親は精神病院に送られ、マルコムは養子に出される。彼は軽犯罪を犯すようになり、1946年には不法侵入罪で逮捕された。

獄中でマルコムは宗教的・社会的覚醒を経験し、イスラムに改宗する。そしてネーション・オブ・イスラム（NOI）に参加した。釈放後、彼はマルコムXと名乗るようになり、アメリカの黒人民族主義運動を代表する人々のなかの一人となる。1964年に彼はネーション・オブ・イスラムを脱退し、スンニ派ムスリムとなる。その後、メッカへの巡礼を果たし、アフリカ・ヨーロッパ・アメリカで演説を行った。1965年にネーション・オブ・イスラムのメンバー3名によって暗殺された。

### 主著

1964年 『マルコムX自伝』（アレックス・ヘイリー執筆）

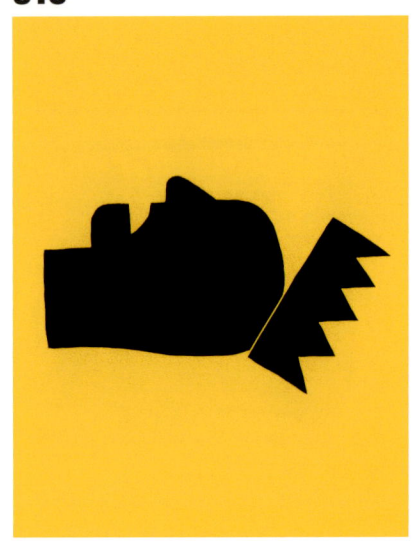

# 我々は「王の首を切り落とす」必要がある

## ミシェル・フーコー（1926年～1984年）
Michel Foucault

### 背景

**イデオロギー**
構造主義

**焦点**
権力

**前史**
**1532年** マキャヴェッリが『君主論』において、個人や国家による権力の利己的な利用について分析する。

**1651年** トマス・ホッブズが自身の代表作となる『リヴァイアサン』を完成させる。『リヴァイアサン』では、主権者の役割と、人間が堕落してしまう「自然状態」について論じている。

**後史**
**1990年代** 環境保護主義の思想家がフーコーの思想を援用し、政府と専門家がどのように環境保護政策を策定するべきかを説明する。

**2009年** オーストラリアの学者イレイン・ジェフリーズがフーコーの理論を用いて中国の権力構造を分析し、中国社会は合理的性質を持っていると主張する。

政治思想の議論の中心は、長いあいだ、社会における権力というものをいかに定義するか、どこに権力を持たせるかということであった。政治に関する有名な著作の多くは、権力を持つ国家こそが正当な政治的権威の中心であるとみなしていた。たとえば、マキャヴェッリは『君主論』において、統治のためには権力を誇示することも必要であると述べた。また、ホッブズはその主著『リヴァイアサン』において、人類の堕落した精神を救うことができるのは強力な君主であると述べた。彼らをはじめとする思想家たちは、政治に関するより新しい学問をつくり出していったが、政治分析の主流は相変わらず国家の有する権力の分析であった。

フランスの哲学者ミシェル・フーコーは、権力は国家に集中しているのではなく、社会に存在する非常に多くの「ミクロサイト」（小さな場所）に分散しているのだと考えた。彼は主流の政治哲学を批判し、主流の学者たちは形式的権威の概念に頼りすぎており、「国家」と呼ばれるものを分析することにこだわりすぎていると述べた。フーコーの見解では、国家とは人々に対して支配力を持つような一つの実体ではない。社会における権力構造が、国家というかたちをとっているだけなのである。このように国家を「国家という実体」としてではなく、権力が「行使される場」であると考えた場合、社会における権力の構造や分布を理解するためには、これまでよりも幅広い分析が不可欠となる。

フーコーの分析は主権の本質に関するものであった。法を制定し、その法を犯した者を罰する権限を持つ君主という個人が存在し、その君主が有する権力を理解するのが政治理論であるという考え方を、フーコーは誤りであるとして、この考え方から抜け出さなくてはならないと主張した。16世紀にはたしかに、主権を有する君主がどのように権力を獲得し維持していくかという点が、政治上の問題の焦点であったかもしれない。しかし、16世紀から今日までの長い年月のあいだに、統治の本質は変化したのだとフーコーは述べる。今日では、国家の権力を、社

> 権力は組織ではなく構造でもない。また、我々が授かった力でもない。
> **ミシェル・フーコー**

**戦後の政治思想 311**

参照：ニコロ・マキャヴェッリ 74-81 ■ カール・マルクス 188-93 ■ パウロ・フレイレ 297 ■ ノーム・チョムスキー 314-15

```
社会の**本質**が変化した。  →  **権力**はもはや**国家**のみに
                              属するものではなく、
                              一人の**権力者**に
                              属するものでもない。
                                      ↓
国家の持つ権力を、        ←  学校・職場・家族といった、
社会の持つ権力から            社会の至るところに存在する
**切り離して論じることは**     「ミクロサイト」も
**もはや不可能**である。       権力を有している。
       ↓
```

**権力の仕組みについて理解するために、我々は政治理論において「王の首を切り落とす」必要がある。**

会におけるほかの権力から切り離して論じることは不可能になっている。政治思想家は「国王の首を切り落とし」、この変化を反映したかたちで、権力について理解する手法を考え出さなくてはならないのだと、フーコーは主張する。

## 統治性

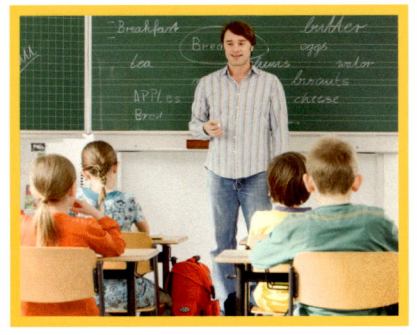

フーコーは、パリのコレージュ・ド・フランスで行った講義のなかでこれらの考えを発展させ、「統治性」という概念を提示した。統治とは、支配と統制のための一連の技法を含む技術なのだという考え方である。このような技法は、家庭・学校・職場などのさまざまな場で用いられるものである。主権の階層構造といった考え方を排し、権力について広く理解していくなかで、フーコーは、知識や統計データに至るまで、社会にはさまざまな種類の権力があるのだと考えるようになった。このような権力の分析に関して、彼は自分の著書で詳しく説明しており、言語・刑罰・性別といったさまざまな分野について論じている。■

学校の教室は政治権力の「ミクロサイト」であるとフーコーは考えた。ミクロサイトは、社会のなかで、伝統的な政府組織とは別のかたちで政治権力を行使する。

## ミシェル・フーコー

フーコーはフランスのポワティエで、裕福な家庭に生まれた。きわめて優秀で、早い段階で哲学者として名前を知られるようになった。1969年に彼はパリ第八大学の哲学科の初代学科長になる。パリ第八大学は、1968年にフランスで起こった学生の暴動を受けて創設された大学である。彼は学生の直接行動を擁護し、学生と警察との衝突に自ら参加したこともあり、悪評が高かった。1970年には有名なコレージュ・ド・フランスで、思想体系の歴史の教授に就任する。彼は亡くなるまでこの職に就いていた。

フーコーは、人生の後半をおもにアメリカで過ごしたが、その間、行動主義の立場に徹していた。彼は長期にわたってさまざまな著書を出版しており、哲学と社会科学のいくつもの分野で代表的な研究者とみなされている。1984年にエイズが原因で亡くなった。

### 主著

1963年 『臨床医学の誕生』
1969年 『知の考古学』
1975年 『監獄の誕生』
1976年〜1984年 『性の歴史』

# 解放者は存在しない、民衆は自らを解放する

## チェ・ゲバラ（1928年～1967年）
### Che Guevara

### 背景

**イデオロギー**
革命的社会主義

**焦点**
ゲリラ戦術

**前史**
**1762年** ジャン＝ジャック・ルソーが『社会契約論』の冒頭に「人間は生まれながらに自由であるのに、至るところで鎖につながれている」と記す。

**1848年** 政治思想家カール・マルクスとフリードリヒ・エンゲルスが『共産党宣言』を出版する。

**1917年** ロシア革命により皇帝とその一族が退けられ、共産主義のボリシェヴィキ政権が樹立される。

**後史**
**1967年** フランスの政治哲学者レジス・ドゥブレが、ゲリラ戦術を「焦点化」という理論によって形式化する。

**1979年** ニカラグアのソモサ家一族による独裁政権が、ゲリラ戦術を用いた戦いで倒される。

---

ゲバラは、キューバやコンゴ（民主共和国）の革命に参加したことから、政治思想家としてよりも「行動の人」として広く知られるようになった。しかし、彼がゲリラ戦術を取り入れたことは、革命的社会主義の発展につながる大きな貢献だった。南アメリカの国々では、アメリカ合衆国の支援を受けた独裁政権のもと、抑圧が強まり貧困が蔓延していた。その状況を直接目にしたことで、ゲバラは、南アメリカの救済は、カール・マルクスの主張した通り、反資本主義革命による以外はないと考えるようになる。

しかし、マルクスによる経済分析がヨーロッパの資本主義国家と闘うことを意図したものであったのに対して、ゲバラの実践的な革命の解釈は、より政治的で好戦的なものであった。ゲバラは、南アメリカの独裁政権に比べればヨーロッパの国々はまだ紳士的であると感じ、南アメリカの独裁政権を転覆させるには武力による戦い以外に道はないと考えた。そして、革命が成功するような条件がととのうのを待つの

---

- 民衆の力によって、**革命**を可能にする条件をととのえることができる。
- **農村**という**環境**では常に、小部隊が有利である。

↓

農村から**ゲリラ集団**による攻撃を開始することで、民衆の不満を煽り、体制に対抗するための**人民戦線**をつくり上げることができる。

↓

**解放者は存在しない。民衆は自らを解放する。**

# 戦後の政治思想 313

**参照：** カール・マルクス 188-93 ■ ウラジーミル・レーニン 226-33 ■ レフ・トロツキー 242-45 ■ アントニオ・グラムシ 259 ■ 毛沢東 260-65 ■ フィデル・カストロ 338-39

民衆のつくった軍が政府軍を倒し、キューバ革命を勝利へと導いた。ゲバラが提唱したゲリラ戦術を用いる方針が、革命成功への鍵となった。

ではなく、ゲリラ戦術を用いてそのような条件を自らつくり上げ、民衆を反乱へと奮起させるべきだと結論づけた。

## 民衆に権力を

『革命戦争回顧録』および『ゲリラ戦争』においてゲバラは、1956年のキューバ革命は、民衆を動員した人民戦線によって成功したのだと述べている。革命とは、解放者が民衆に自由をもたらすというような性質のものではなく、民衆が抑圧的な体制を倒し、自らを解放するものであるとゲバラは考えた。そのような革命の第一歩を踏み出すのにもっとも適した場所は、工業化された町や都市ではなく、農村地帯であると彼は述べる。農村においてこそ、反乱軍の武装した小部隊が、政府軍に対して最大限の力を発揮できるのである。この反乱を受けて人々の不満が表面化し、反乱軍への支持が集まり、人民戦線へと発展していく。そしてついには、国家規模の全面的な革命へとつながるのである。

キューバ革命を成功させたのち、ゲバラは、中国・ヴェトナム・アルジェリアでの武装闘争を支援した。さらに、コンゴとボリビアの革命のために戦うが、この革命は失敗に終わる。ゲリラ戦は、革命に関してゲバラが唱えた「焦点化」理論の核となる部分であった。のちに、彼の思想に影響を受けた多くの運動家が、ゲリラ戦術を取り入れていくこととなる。そのなかには、南アフリカでアパルトヘイトと戦うアフリカ民族会議や、アフガニスタンのタリバンのようなイスラム主義運動も含まれている。

ゲバラは有能な政治家としても知られており、キューバの社会主義政権において大臣を務め、キューバを世界でも有数の社会主義国家に育て上げた経歴を持つ。また、産業・教育・財政に関する政策を策定し、利己主義や強欲といった資本主義社会に見られる性質を排除することに努めた。そうすることで、キューバ国民の解放が促進されると考えたのである。個人的な日記も含め、彼の書き残した書物は、今日も社会主義思想に多大な影響を与え続けている。■

> すべての不平等に憤りで身震いするならあなたは私の同志である。
> **チェ・ゲバラ**

## チェ・ゲバラ

エルネスト・ゲバラはアルゼンチンのロサリオで生まれた。本名よりもチェ・ゲバラの呼び名で広く知られている。彼はブエノスアイレス大学医学部に入学したが、オートバイでラテンアメリカをめぐる旅に出るために、二度、勉学から離れている。この旅で目にした貧困・病気・劣悪な労働状況が、ゲバラの政治思想の形成を促した。

1953年に大学を卒業したのち、ゲバラはラテンアメリカのさらに遠い国まで旅をする。その際に彼は、民主主義を奉じるグアテマラ政府が、アメリカ合衆国の支援を受けた軍によって倒されるのを目撃した。そして1954年にフィデル・カストロに紹介される。カストロとゲバラは、キューバ革命においてともに反乱軍を率い、成功へと導いた。1965年、彼はキューバを離れ、コンゴでゲリラ軍を支援する。その翌年にはボリビアでも戦った。1967年10月8日、彼はアメリカの中央情報局（CIA）の支援を受けた軍隊に捕えられる。そして翌日、アメリカ政府の中止要請にもかかわらず、ゲバラは処刑された。

### 主著

- 1952年 『モーターサイクル南米旅行日記』
- 1961年 『ゲリラ戦争』
- 1963年 『革命戦争回顧録』

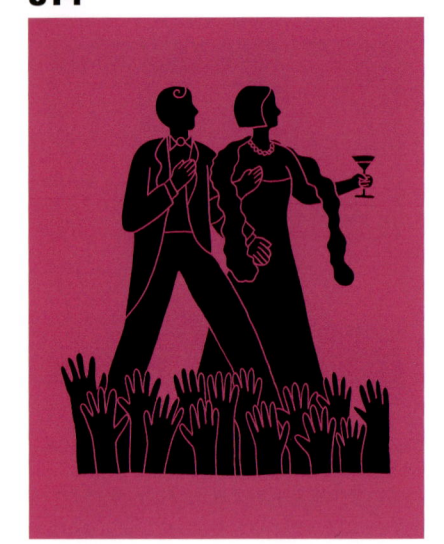

# 裕福な人々の幸福を あらゆる人々が 保障しなくてはならない

## ノーム・チョムスキー（1928年～）
Noam Chomsky

**背景**

**イデオロギー**
自由至上主義的社会主義

**焦点**
権力と支配

**前史**

**1850年代** カール・マルクスが、それぞれの社会階級に、完全な政治的・経済的権力が備わっていると主張する。

**1920年代** ドイツの社会学者マックス・ヴェーバーが、官僚は社会を管理するエリートであると述べる。

**1956年** アメリカの社会学者チャールズ・W・ミルズが『パワー・エリート』において、重要政策は大企業の経営者・軍・一部の政治家により決められると主張する。

**後史**

**1985年** チェコの劇作家ヴァーツラフ・ハヴェルが「力なきものの力」という文章を記す。

**1986年** イギリスの社会学者マイケル・マンが、社会は権力が重なり合ってでき上がっているのだと述べる。

---

メディアや銀行といった社会の**有力な組織は、少数派の富裕層によって**支配されている。

↓

この少数派の富裕層は、**自らの利益につながるような方法でその組織を運営する。**

↓

その構造に対して**改革を試みた場合、**富裕層からの投資が断たれ、**経済は破綻する。**

↓

経済を健全な状態に保つためには、貧困層も含めたすべての人々が、**富裕層の利益のために運営されている制度を支えなくては**ならない。

↓

**裕福な人々の幸福を、あらゆる人々が保障しなくてはならない。**

---

**権**力は社会のどこに集中しているのかという問いの答えを、政治思想家と政治家は探し続けてきた。さまざまな人々、そしてさまざまな社会制度の力によって、人類は発展し、組織をつくり上げた。長い時間をかけて、権力は世界中で細かい網の目のようにつながり合いながら発達してきたが、これは、権力が社会全体に分散したということになるのだろうか。それとも、エリートと呼ばれる少数の特権階級に権力は集中しているのだろうか。

アメリカの言語学者であり政治哲学者であるノーム・チョムスキーは、多くの国で、少数の裕福な人々が、マスメディアや金融制度といった社会的・政治的に重要な組織を支配していると考える。そのため現代社会は、権力を持ったエリートにとって有利な仕組みになっている。新聞から銀行に至るまで社会において影響力を有する組織が、自らの利益のために協力して互いの立場を守ろうとするため、現状に逆行するような意味のある変革を引き起こすことは、ほぼ不可能なのである。社会のエリートは、富や地位という特権を手にしているだけでなく、彼らにとってさらに有利に動くようにつくられた社会の頂点に座しているのだ。

大規模な改革の試みはすべて、次の二つのうちのどちらかのかたちをとることになると、チョムスキーは考える。一つめは、軍事クーデターが起こり、

# 戦後の政治思想 315

参照：プラトン 34–39 ■ カール・マルクス 188–93 ■ フリードリヒ・ハイエク 270–75 ■ パウロ・フレイレ 297 ■ ミシェル・フーコー 310–11

> **わけのわからない組織に権力がますます集中している。**
> **ノーム・チョムスキー**

個々人が再び権力を手にすることができるというかたちである。二つめは、投資資本が断たれ、経済に大きな打撃が与えられるというもので、こちらの方が可能性は高い。この二つめのパターンからわかることは、非常に貧しい人々まで含めて社会の構成員すべてが、富裕層の特権的地位を支えているのだということである。富裕層に投資を続行させて経済の健全さを保つためには、裕福な人々の幸福を全員で守らなくてはならないのだ。

## 利益を維持する

このような権力の集中は、少数の人々による陰謀というよりも、構造的なものである。大企業・政府・投資家に経済的利益が集まるという構造のなかで、それらの団体が相互に依存し合って、社会的な決定を行う。そして、その相互依存度の高さのために、抜本的な変革を行うことが不可能な状況が生じている。組織が相互に支え合うかたちで安定した経済制度が維持され、それがすべての人々のためになるのだと言われている。しかしチョムスキーは、この制度の「恩恵」の多くは「人々にとっての恩恵ではなく、利益が得られるという恩恵でしかない。つまり、厳密に言うと、経済にとっての恩恵ということだ」と述べている。チョムスキーはまた、世界のもっとも裕福な国々はいわばエリートのような存在であり、発展途上の小さな国々の安全や資源を脅かすものであると主張する。しかし、帝国主義支配の原理自体はほとんど変わっていないものの、多様化する世界に権力が広く分散したことで、その原理を実行に移す能力は弱まってきていると、チョムスキーは指摘している。■

フランスのソシエテ・ジェネラルのような大銀行が裕福であることは、立派な本社ビルに表れている。このような裕福な組織の幸福を維持するために、社会全体が運営されているのだと、チョムスキーは考える。

## ノーム・チョムスキー

エイヴラム・ノーム・チョムスキーは、アメリカ合衆国ペンシルヴェニア州で生まれた。ペンシルヴェニア大学で大学院まで修了したのち、ハーヴァード大学でジュニアフェローという研究員に選ばれ、その後、マサチューセッツ工科大学に50年以上勤める。この間に彼は、言語学の分野において多大な貢献をしたことで有名である。また、政治の分野における重要な問題に取り組んだことでも知られている。チョムスキーは12歳のときにファシズムを批判する記事を書いている。それ以来、政治活動家として、特に権力についての疑問と、アメリカ合衆国が世界に及ぼす影響について思索を行ってきた。彼の研究はしばしば議論を呼び起こし、さまざまな分野に多大な影響を与えている。名誉ある賞も数多く受賞した。また、100冊以上の本を著し、世界中で講演を続けている。

### 主著

1978年 『人権とアメリカ外交政策』
1988年 『同意を捏造する　マスメディアの政治経済』
1992年 『民主主義の阻止』

# この世で本物の無知ほど危険なものはない

マーティン・ルーサー・キング
(1929年〜1968年)
Martin Luther King

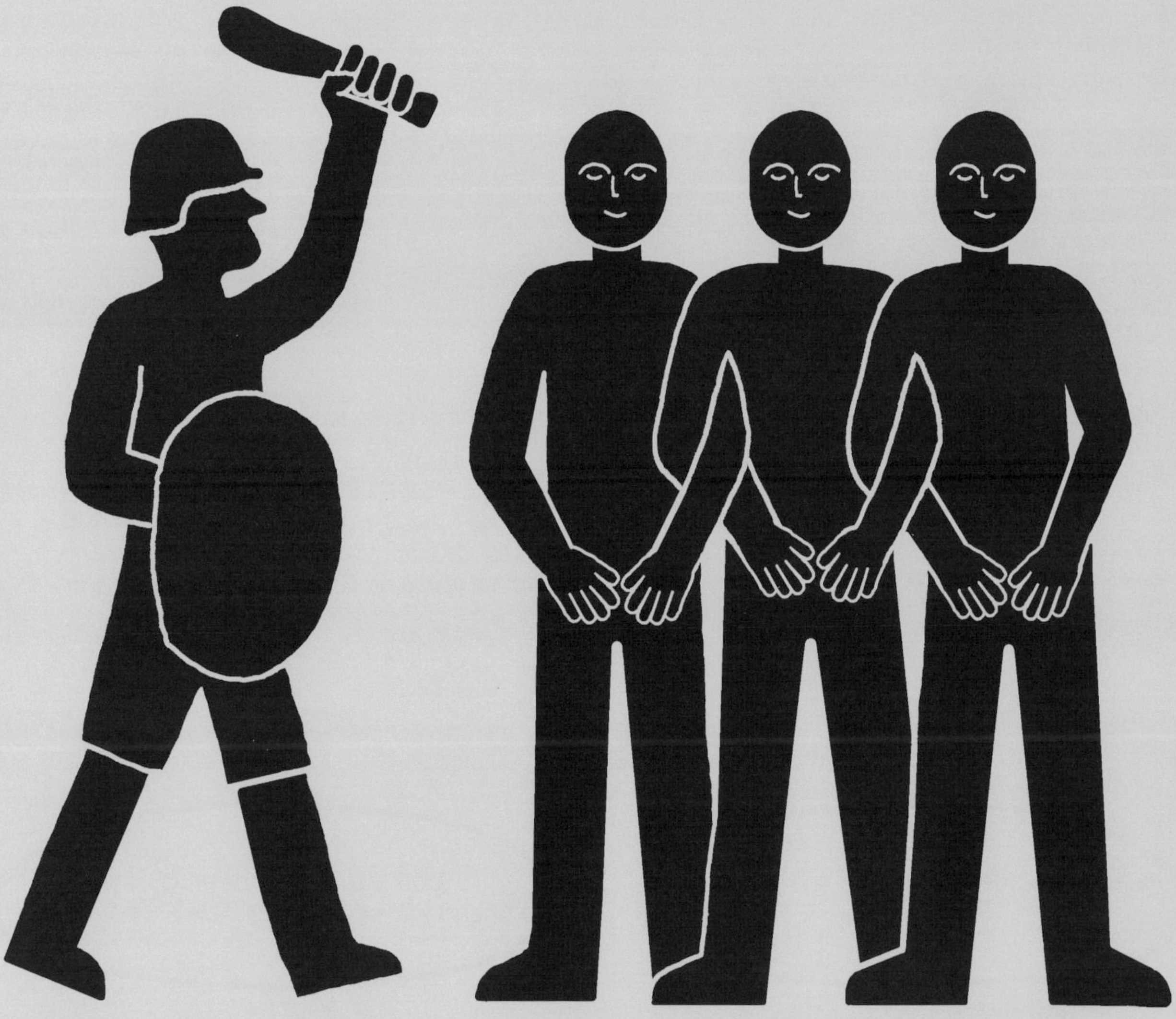

# マーティン・ルーサー・キング

## 背景

**イデオロギー**
社会的正義

**焦点**
市民的不服従

**前史**
**1876年〜1965年** ジム・クロウ法が施行され、アメリカ南部の州で一連の差別的慣習が合法化される。

**1954年** アメリカ合衆国最高裁判所で行われた「ブラウン対教育委員会裁判」において、人種分離は憲法違反であるという理由に基づき、公立学校における人種分離を禁止する命令が出される。

**後史**
**1964〜68年** アメリカで、差別的慣習を禁じ投票権を回復させる一連の法律が成立する。

**1973年** アメリカ国内での反戦運動が盛り上がりを見せるなか、アメリカ陸軍がヴェトナムから撤退する。

---

**19**60年代には、アメリカ合衆国の公民権運動は最終的な段階に達していた。およそ1世紀前に起こった南北戦争のあとの復興以来、アメリカ南部の諸州では、黒人に対する人種隔離と公民権を剥奪する政策が、公然と合法的に進められていた。そのような政策は「ジム・クロウ法」と呼ばれる法律によって成文化されていた。ジム・クロウ法とは、事実上、黒人から多くの基本的人権を奪うこととなった一連の州法のことである。南北戦争の終結以降、公民権獲得に向けた黒人の闘いが続いていたが、1950年代の半ばになると、その動きは大規模な抗議や市民的不服従を伴うような大きな運動へと発展していった。

### 無知に対する闘い

こうした運動の最前線にいたのは、公民権運動家マーティン・ルーサー・キングであった。キングは全米黒人地位向上協会と協力しながら活動を行い、この闘いの指導者のなかで、おそらくもっとも偉大な人物となった。さまざまな土地で公民権運動の指導者が成功を収めている事実に刺激を受け、そしてとりわけ、マハトマ・ガンディーがイギリスのインド支配に対して行った非暴力の抗議から着想を得て、キングはこの闘いを指導した。1957年に、ほかの宗教指導者とともに、キングは黒人教会の連合である南部キリスト教指導者会議を設立した。この会議ができたことで公民権運動に携わる機関の数が増加し、これによりはじめてアメリカ合衆国全土へと公民権運動が広がった。

公民権運動のほかの多くの指導者と同様に、マーティン・ルーサー・キングもこれらの闘いを、無知に対する啓蒙活動の一つと考えていた。白人は優れた人種であり、より多くの権利を持つべきであるという考え方が、アメリカ南部の政治においては一般的になってしまっていた。そしてそのせいで、黒人やほかのさまざまな少数派の人種を排除するかたちで、政治制度が整備

> 抑圧者が自発的に
> 自由を与えてくれることはない。
> 抑圧されている人々が要求
> しなければならないのである。
> **マーティン・ルーサー・キング**

---

- 熱狂的に白人の優位性を信じた人々がいたために、差別が起こった。
- → たとえ間違った考えであったとしても、そのように信じることで人々は野蛮な行為へと走る。
- → **この世で本物の無知ほど危険なものはない。**
- → 差別と闘うためには、態度を変えることが必要である。

# 戦後の政治思想 319

**参照：** ヘンリー・デイヴィッド・ソロー 186-87 ∎ マハトマ・ガンディー 220-25 ∎ ネルソン・マンデラ 294-95 ∎ フランツ・ファノン 304-07 ∎ マルコムX 308-09

されていた。キングは、権力を手にしている人たちがそのような考え方を熱狂的に信じているのだと感じ、こうした「本物の無知」こそが不平等問題の原因であると考えた。したがって、政治的な手段のみに頼ってこの問題に取り組んだとしても、失敗することは目に見えている。政治を改革し、平等な参政権と民主的な暮らしを勝ち取るためには、直接行動が必要となる。それと同時に、長期的な変化を起こすために、公民権運動は、その問題の根底にある少数派に対する多数派の態度という課題にも取り組まなくてはならなかった。

## 非暴力による抵抗

マルコムXやストークリー・カーマイケルといった公民権運動指導者とは対照的に、マーティン・ルーサー・キングは平等を求める闘いの基本原則の一つとして、非暴力を貫いた。度を越えた挑発に対しても非暴力に徹するということは、非常に強い精神力を要するものである。しかし、マハトマ・ガンディーがすでに歩いた道である。抵抗運動が暴力的なものになった場合、抵抗運動の参加者の道徳意識は低下し、一般の人々の共感を失うことになるとガンディーは考えていた。ガンディーの思想を受け継いだキングは、自らが公民権運動にかかわることが暴力につながってしまわないように、最大限の注意を払っていた。活動家が暴力的な行動に出る可能性があると感じたときには、キングは講演や抗議運動を取りやめるほどであった。しかし同時に、公民権運動に参加している活動家に対して脅迫や暴力が向けられた場合には、キングは果敢に立ち向かった。彼はデモの先頭に立つことが多く、一度ならず怪我を負い、幾度となく投獄された。公民権運動家に向けられる警察の暴力的行為の映像を見せることは、公民権運動に対する全米の支持を集めるためのもっとも効果的な手段の一つとなった。

マーティン・ルーサー・キングの徹底した非暴力は、ヴェトナム戦争への反対にもつながった。1967年、キングは「ヴェトナムを超えて」という演説を行い、ヴェトナム戦争の遂行を支える倫理に異議を唱えた。キングはヴェトナム戦争はアメリカ合衆国の冒険主義であると述べ、資源を軍事行動のために浪費することに反対した。その戦争に使われなければ貧困問題の解決のために使えたであろう膨大な国家予算をこのような戦争に注ぎ込むことは、道徳的にきわめて間違ったことであるとキングは考えた。その予算をヴェトナム戦争に用いたことで、むしろ、ヴェトナムの貧しい人々の苦しみを深刻化させてしまっているとキングは感じていた。

公民権運動において、非暴力を掲げる人々と暴力に訴えることを辞さない立場の人々との意見の相違は、今日に至るまで、市民的不服従に関する議論の主要な争点である。マーティン・ルーサー・キングは公開書簡「バーミングハム監獄からの手紙」において、アメリカの人種差別という無知と闘うための戦略を説明し、「非暴力的な直接行動は、交渉を拒んできたアメリカ社会に危機感と緊張感を生み出し、この問題に直面せざるを得ない状況をつくり出すことを目的としている」と述べた。しかし、活動家のなかにはこの意見に反対する人々もいた。彼らは、非

> 非暴力とは
> 身体的な暴力だけでなく
> 精神面での暴力も行わないということである。
> 人を銃で撃つことを拒むだけでなく
> 人を憎むことも
> 拒否することである。
> **マーティン・ルーサー・キング**

リトルロックにある白人のみが通っていたセントラル高校では、法律が変わっても黒人の登校が認められなかった。1957年に9人の黒人の生徒がこの人種隔離に抵抗し、彼らの安全を守るために連邦軍が派遣された。

# 320 マーティン・ルーサー・キング

公民権を求める闘いにおいて、非暴力による市民的不服従がさまざまなかたちで行われた。たとえば、公共のバスで後方の「黒人席」に座ることを拒否するといった行動が挙げられる。

暴力では変化が遅すぎると感じており、暴力や脅迫に対しては、こちらも暴力と脅迫をもって応えるべきだと考えていた。

## すべての不平等に立ち向かう

1960年代、マーティン・ルーサー・キングは公民権運動に関する思想をさらに発展させ、より広く不平等を扱うべきだと考えるようになる。そして、人種的な不平等だけでなく、経済的不平等にも取り組むべきであると述べた。1968年にキングは、「貧者の行進」を開始した。これは、収入・住宅・貧困を焦点とした運動で、連邦政府に対し貧困問題への対策に十分な資金をあてるようにと要求するものであった。特に、最低所得の保障、公営住宅の増設、完全雇用の確約を国家に求めた。この運動は、開始時点から、すべての人種が結集することを目指しており、貧困という共通の問題に焦点を当てるものであった。ところが、この運動がはじまる前にキングが亡くなってしまい、行進や抗議行動が広く報道されたにもかかわらず、公民権運動ほどの成功には至らなかった。人種差別と貧困との関係性は、公民権運動において長いあいだ注目されてきており、キングが携わった多くの直接行動においても両者の関係性は重要視されていた。1963年の「ワシントン大行進」の中核にあったのは人種差別に対する闘いであったが、それと同時に経済的な権利拡充の要求も行われた。ヴェトナム戦争に反対の立場をとっていたキングは、アメリカがこの戦争をはじめたことによって、貧困との闘いに向けるべき注意と資金を戦争に向けてしまっていると批難した。これらすべての運動の先には、社会福祉の拡充という目標があった。それはキングと南部キリスト教指導者会議が行った直接行動の多くが、一貫して求めていたものだった。

マーティン・ルーサー・キングは、貧困問題を解決するためには、人種の平等を求める闘いのなかで彼が見出したもう一つの無知に取り組まなくてはならないと考えた。最後の著書となった『黒人の進む道　世界は一つの屋根のもとに』において、キングは、貧しい人々に対する態度を変える必要があると主張した。貧困問題のなかには、貧困層は怠け者であるという固定観念の存在があると彼は感じていた。このような固定観念が社会に浸透しているために、「経済状況はその個人の能力や才能を示す尺度」であり、「財産を持っていないということは、勤勉な習慣や道徳心が欠如していることを表す」のだと人々が考えるようになっている。貧困に立ち向かうには、根底にあるこの態度を改めなくてはならないのである。

> 差別は地獄の番犬のようなものである。その犬は黒人が起きているあいだずっと噛みつき続け黒人が劣っているという嘘が真実として認められていることを彼らに思い出させるのである。
> **マーティン・ルーサー・キング**

## キングの影響

現代の公民権運動の指導者のなかで、マーティン・ルーサー・キングはもっとも影響力を持つ人々の一人である。彼の演説は今日も説得力を失っておらず、キングの著書はアメリカ合衆国および世界中の国々で彼に続く活動家を生み出している。だがおそらく、キングの影響力をもっともよく表しているのは、彼が率いた運動の結果として起こった公民権改革であろう。1965年に制定された投票権法と、1968年に制定された公民権法は、ジム・クロウ法の終焉を告げるものであり、南部の諸州において公然と行われていた差別を終わらせるものであった。しかしな

# 戦後の政治思想 321

がら、キングが最後に挑んだ貧困問題という不公平は、いまだ解決には至っていない。■

> **人間としての尊厳を認めることを
> 拒むような社会に対して
> 抗議を行うとき、
> その抗議行動自体によって
> 尊厳がもたらされることとなる。**
> **バイアード・ラスティン**

キングは自分が暗殺の標的となっていることを知っていたが、それでも公民権運動の先頭に立つことをやめなかった。公民権法は、彼が亡くなって数日後に成立した。

## マーティン・ルーサー・キング

マーティン・ルーサー・キング・ジュニアはジョージア州アトランタで生まれ、ボストン大学で教育を受けた。1954年には牧師になり、全米黒人地位向上協会で重要な地位についていた。このような立場にあったため、彼は公民権運動の指導者となり、南部全域で抗議運動を組織する。そのなかには1955年のモントゴメリーでのバス・ボイコットも含まれる。彼は、1963年にアラバマ州バーミングハムでの抗議運動の最中に逮捕され、2週間以上刑務所に入れられた。

解放されたあと、キングはワシントン大行進を指揮し、有名な「私には夢がある」という演説を行った。1964年にはノーベル平和賞を受賞している。そして、ジム・クロウ法の撤廃を求め、大衆の抗議行動の先頭に立った。1968年4月4日、キングは、ゴミ収集業者のストライキを支援するために訪れたテネシー州メンフィスで暗殺された。

### 主著

| | |
|---|---|
| 1963年 | 『黒人はなぜ待てないか』 |
| 1963年 | 『バーミングハム監獄からの手紙』 |
| 1967年 | 『黒人の進む道　世界は一つの屋根のもとに』 |

# ペレストロイカは社会主義と民主主義を結合する
## ミハイル・ゴルバチョフ（1931年〜）
Mikhail Gorbachev

**背景**

イデオロギー
**レーニン主義**

焦点
**ペレストロイカ**

前史
**1909年** レーニンが『唯物論と経験批判』を著し、同書はソヴィエト連邦のすべての高等教育機関において必読の書となる。

**1941年** スターリンがソヴィエト連邦の最高指導者となり、強力な支配体制を敷く。

後史
**1991年** ソヴィエト連邦が崩壊し、15の独立した主権国家となる。これは冷戦の終結を意味する。

**1991年〜1999年** ボリス・エリツィンがロシア連邦初代大統領となり、国家主導型経済から市場経済への切り替えに着手する。

ソヴィエト連邦共産党書記長であったミハイル・ゴルバチョフは、1980年代に、停滞しているロシア経済を活性化させるための改革を打ち出した。ゴルバチョフは、ロシア経済が停滞している原因は、社会の富の分配が不平等であること、柔軟性のない組織のせいで人々が充分に創造性を発揮できないこと、そして国家が権力を持ちすぎていることであると主張した。

ゴルバチョフの改革案は、二つの主要な計画からなっていた。一つめはペレストロイカ（再構築）で、民主主義的中央集権制の原理の再考・科学的手法への移行・社会正義の普遍原理の適用を進めるものである。二つめはグラスノスチ（情報公開）で、社会面・経済面における透明性を高め、言論の自由を守るべきであるとした。

ゴルバチョフは、このように民主化を進めることは、社会主義を放棄するということにはならないと述べた。実際、レーニンは、社会主義を固定された理論的枠組みとみなしていたわけではなく、常に変化する過程ととらえていたのだとゴルバチョフは述べた。社会主義と民主主義とは、実は不可分のものなのだとゴルバチョフは主張する。もっとも、彼の言う民主主義とは、労働者階級の人々が権力を手にする自由のみを指すものである。

残念ながら、ゴルバチョフの経済改革は経済を著しく悪化させる結果となり、彼の社会改革によってソヴィエト連邦の崩壊が早まることとなった。■

ゴルバチョフの民主化政策には、アメリカ合衆国大統領ロナルド・レーガンとの冷戦終結交渉も含まれていた。

**参照：** カール・マルクス 188-93 ■ ウラジーミル・レーニン 226-33 ■ レフ・トロツキー 242-45 ■ アントニオ・グラムシ 259 ■ 毛沢東 260-65

戦後の政治思想 323

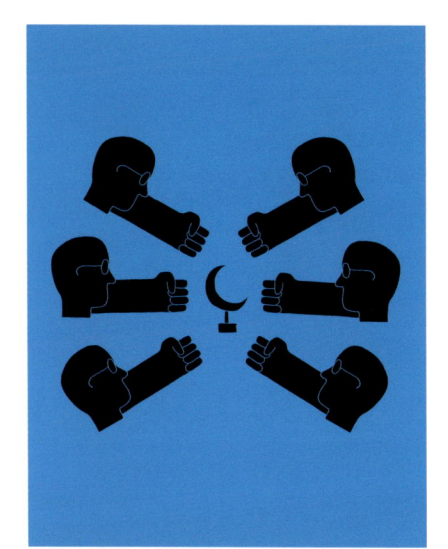

# 知識人はイスラムへの誤解に基づいてイスラムを攻撃している

アリ・シャリアティ（1933年〜1977年）
Ali Shariati

## 背景

**イデオロギー**
イスラム

**焦点**
イスラムの独立

**前史**
**1941年** ソ連軍とイギリス軍が石油の利権確保のためにイランに侵攻する。

**1962年** ジャラール・アーレ＝アフマドが『西洋かぶれ』を出版し、西洋文明を批判する。

**後史**
**1978年** イラン革命が起こり、アヤトラ・ルーホッラー・ホメイニが権力を手にする。

**1980年** 欧米列強による支援を受けたイラクがイランに侵攻し、8年間に及ぶ戦争がはじまる。これにより両国が荒廃状態に陥る。

**2005年** マフムード・アフマディネジャドがイランの大統領となり、宗教を重視する強硬路線により改革前の状態に引き戻そうとする。

イスラム原理主義・マルクス主義・ポストコロニアル主義の影響を強く受けたイランの哲学者アリ・シャリアティは、イスラム社会の柱としてイスラム思想を支持し、欧米諸国の支配からの独立を提唱した。

シャリアティは、イスラムを誤解から守ろうと努力した。イスラムへの誤解は、イランにおいて、高い教育を受けた人々と一般大衆とのあいだに不健全な断絶があるために起こるのだと彼は考えた。彼は、知識人と賢人とを区別している。彼の言う賢人とは、大学の学位を持っている人ではなく、伝統や宗教に精通しており、人々が何を必要としているのかを理解している人のことである。

### 知識人への批判

シャリアティによれば、知識人は、ヨーロッパ型の発展や現代的なものをイランに導入しようとし、イランの状況がヨーロッパの状況とは違うということを認識していない。また、知識人は、イランの文化がイスラムの精神によって支配され維持されているのだということを理解せず、宗教では世俗的問題に対応できないと批難する。イランの解放は、イランという国の根幹にイスラムが存在することを理解し、宗教的規範に則った平等な社会制度をつくることによってのみ可能となる。一般大衆は自己認識を高めることが必要かもしれないが、知識人は「信仰心」を高めることが必要だと彼は述べている。シャリアティは決して現代性を否定していたわけではない。彼は、イランが現代世界を理解するにはイスラムを介して理解すべきだと主張したのである。■

> ムハンマドの預言ほど進歩的で力強く意識的な預言はない。
> **アリ・シャリアティ**

**参照：** ムハンマド 56-57 ■ マハトマ・ガンディー 220-25 ■ ムスタファ・ケマル・アタテュルク 248-49 ■ アブル・アッラ・マウドゥーディー 278-79

# 戦争の凄惨さゆえに
# 我々はあらゆる制約を
# 守れなくなっている
## マイケル・ウォルツァー（1935年〜）
**Michael Walzer**

---

**背景**

イデオロギー
**共同体主義**

焦点
**正戦論**

前史
**1274年** トマス・アクィナスが『神学大全』において、正しい戦争の道徳的原則について述べる。

**14〜15世紀** サラマンカ学派の学者が、戦争は巨悪を妨げるという目的で行われるときにのみ正しいものであると結論づける。

**1965年** アメリカがヴェトナムで地上戦を開始する。アメリカが最終的に敗北したこと、および国内で反対運動が高まったことで、アメリカにおいて戦争の道徳的限界についての再検討がはじまる。

後史
**1990年** アメリカの大統領ジョージ・ブッシュが第一次湾岸戦争をはじめるにあたり、正戦論を説く。

**2001年** 9・11のテロを受けて、アメリカ軍を中心とする多国籍軍がアフガニスタンに侵攻する。

---

**戦争の倫理**が危機的状況に置かれている。
なぜなら、**戦いの質が変わり**、次のような状況が生まれているためだ。

↓ ↓ ↓

- ゲリラ戦術
- 国家間の**複雑な関係**
- 軍事産業化、核兵器の使用

↓

このような変化に対処するために、
**正しい戦争という概念**を再検討しなくてはならない。

↓

再検討の結果、特定の状況下では**やはり戦争が必要**であるが、
戦争には制約が課されるべきであると示される。

↓

しかし戦争は凄惨なものであるため、制約を破ることで終戦が早まる場合には、
**どのような制約も破られる可能性がある**。

↓

**戦争の凄惨さゆえに、
我々はあらゆる制約を守れなくなっている。**

# 戦後の政治思想 325

**参照**：孫子 28-31 ■ アウグスティヌス 54-55 ■ トマス・アクィナス 62-69 ■ ニコロ・マキャヴェッリ 74-81 ■ スメドリー・D・バトラー 247 ■ ロバート・ノージック 326-27

戦争はどのようなときに正当なものとみなされるだろうか。戦場で許される行為とは何だろう。人々が戦争を続けるなか、このような問いが政治思想家たちを悩ませてきた。ヒッポの聖アウグスティヌスは、もっとも早い時期に、正しい戦争の条件について考察した。彼は、自衛のため、または必要な場合に他者を守るための戦争であれば、道徳的に正しいと述べた。同時に、そのような目的以外では戦争を行うべきでないとも述べている。アウグスティヌスよりのちの時代では、トマス・アクィナスが『神学大全』において、現代の正戦論の基礎となる思想を提示した。彼は、戦争は個人の利益のためのものであってはならず、正当性を持つ組織によって遂行されなくてはならないと主張した。また、最優先の目的が、平和を守ることでなくてはならないとも述べている。

しかし近年、軍事産業が急速に発展したこと、国家間の関係が複雑化したこと、さらにはゲリラ戦術が出現したことなどにより、戦争の倫理的正当性を立証することが困難になってきた。ウォルツァーはアメリカの政治哲学者であり、20世紀の正戦論の分野において、もっとも優れた思想家の一人とみなされている。彼の研究により正戦論が再び活気づき、複雑化した戦争にどう対処すべきかというさまざまな議論が行われた。ウォルツァーは状況によっては戦争が必要であると考えているが、戦争の条件と戦場での行為に関しては、強力な道徳的・倫理的制約が課されるべきであると主張する。

しかしウォルツァーは、正しく必要な戦争においては、どれほど恐ろしいと感じたとしても、あらゆる可能な手段を用いるべきだと考える。たとえば、民間人を殺すことが終戦を早めると判断される場合には、それも正当化される可能性がある。戦争を遂行する人々には道徳的な制約を課すべきであるが、その制約は絶対的なものではないと、彼は述べている。

## 正しい戦争と不正な戦争

ウォルツァーはその著書『正しい戦争と不正な戦争』において、戦争が必要な場合があると述べつつも、強力な倫理的基盤を維持することが必要だと主張している。しかし彼は、道徳絶対主義（ある特定の行為がどのような状況下でも道徳的に決して許されないという考え方）には反対の立場をとる。

現代の戦争においては、戦場での力学が不明瞭化しており、倫理も複雑になっている。そのために、戦争について倫理的に考えることがきわめて難しくなってきているとウォルツァーは言う。彼は、第二次世界大戦において連合軍がドレスデンを爆撃したことを例に挙げ、これも判断が非常に難しい事例であると述べた。核兵器は特にウォルツァーを悩ませる問題である。核兵器が登場したことで、道徳的にどこまでが許されるかという境界線が大きく変わってしまい、戦争の道徳的枠組みを提示することがひどく困難になったと彼は述べる。これ以上ないほど残酷な行為でさえ、最終手段として正当化される時代が、すでにはじまっているのかもしれない。■

戦争での核兵器の使用は、ウォルツァーの思想に大きな影響を与えた。核兵器の破壊力の高さから、ウォルツァーは戦争の倫理の再評価を急がなくてはならないと考えた。

## マイケル・ウォルツァー

マイケル・ウォルツァーはニューヨークで生まれ、ボストンのブランダイス大学を卒業し、イギリスのケンブリッジ大学に留学したのち、1961年にハーヴァード大学で博士号を取得した。1970年代にロバート・ノージックとともにハーヴァード大学で講義を行い、その結果、2冊の影響力を持つ本が生まれることとなった。ノージックの『アナーキー・国家・ユートピア』と、ウォルツァーの『正義の領分』である。ウォルツァーは、2007年にプリンストン高等研究所の名誉教授となった。

ウォルツァーの研究は、正戦論を含め多くの分野に影響を与えている。彼はまた、平等・自由主義・正義といった概念についても論じている。ウォルツァーは自治共同体を支持しており、福祉国家の役割・市民社会にも関心を持っている。彼は現代を代表する論客の一人であり、彼の正戦論の研究は、現代の多くの政治家や軍事指導者に影響を与えている。

### 主著

1977年 『正しい戦争と不正な戦争』
1983年 『正義の領分』
2001年 『戦争・正義論』

# 拡張国家が最小国家よりも正しいはずがない

**ロバート・ノージック（1938年〜2002年）**
Robert Nozick

国家は敵軍から国民を守るなど、国民の**基本的な権利**を保障すべきである。

→ 国家がそのような基本的なもの以外の機能を持つようになった場合、国民の権利の**侵害**につながる。

↓

**拡張国家が最小国家よりも正しいはずがない。**

## 背景

**イデオロギー**
自由主義

**焦点**
完全自由主義の権利

**前史**
**1689年** ジョン・ロックが統治に関する論文を2本著し、社会契約という概念を示す。

**1944年** フリードリヒ・ハイエクが『隷属への道』において、中央政府による管理を批判する。

**1971年** ジョン・ロールズが『正義論』において、国家は社会の不平等を是正すべきであると述べる。

**後史**
**1983年** マイケル・ウォルツァーが『正義の領分』において、社会が教育や労働といった「社会的財」をどのように分配しているかについて考察する。

**1995年** カナダの理論家ジェラルド・コーエンが『自己所有権、自由、平等』を出版し、マルクス主義の立場からロールズとノージックを批判する。

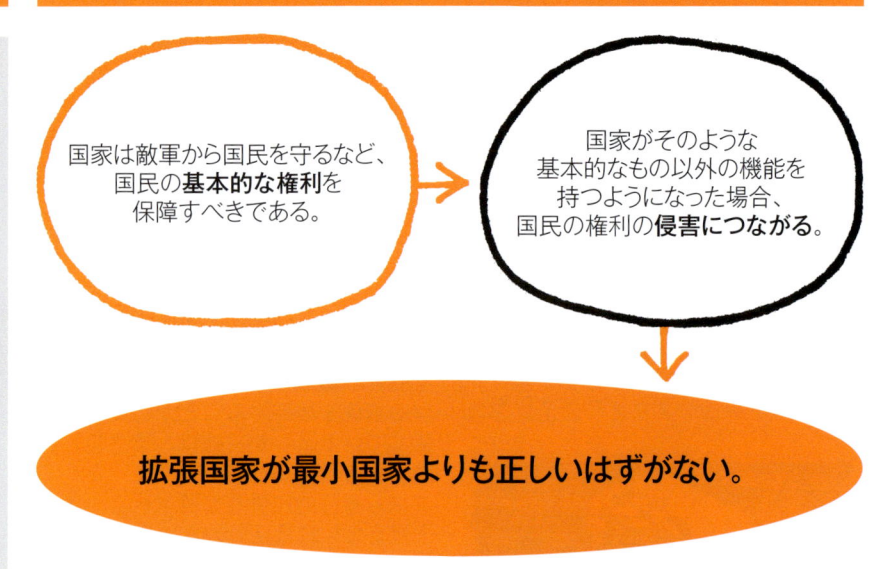

---

国家が強力な権力を持ち、公的機関が拡張されている現代において、個人の権利をどう位置づけるかという議論からはさまざまな政治理論が生まれてきた。この議論において特に有名なのは、哲学者のロバート・ノージックである。彼の研究は、ジョン・ロックやジョン・ロールズの思想を部分的に受け継ぐものであった。

ロックは1689年に出版された『統治二論』において、現代国家の理論的基盤となる思想を提示した。人民は個人の権利を有するが、その権利を行使するためには何らかのかたちの国家が必要になると彼は述べた。ここから生まれたのが社会契約という概念であり、ジャン＝ジャック・ルソーがその概要をまとめ上げた。人民は国家の保護を得るために、自らの自由をある程度手放さなくてはならないというものである。

ロールズは1971年に、大きな影響力を持つこととなる『正義論』を出版した。彼はこの著書においてルソーの提唱した社会契約という概念を発展させ、新しいかたちの社会契約を提示した。この新しい社会契約であれば、ロックの示した自由・平等という思想と合致するとロールズは考えた。ロール

**参照：** ジョン・ロック 104-09 ■ イマヌエル・カント 126-29 ■ ヘンリー・デイヴィッド・ソロー 186-87 ■ ジョン・ロールズ 298-303 ■ マイケル・ウォルツァー 324-25

> 人々は権利を有している。どのような人も集団も彼らに対して行ってはならないことがある。
>
> **ロバート・ノージック**

ズの提示した枠組みにおいては、人々は、個人の利益ではなく公平・平等に基づいて、正義という概念を合意によって決定する。そしてそれが社会の民主主義の基盤となる。それに対してノージックは、ロックやカントの思想を援用し、ロールズの理論に見られる協力という形式には危険が潜んでいると指摘した。そしてノージックは、国家の権限は可能な限り制限されるべきであるという完全自由主義の思想をよみがえらせた。

個人に対する干渉を最小限に抑えた国家以外は、個人の権利と衝突するため、正当な国家のかたちとして認められないというのがノージックの結論であった。敵軍・窃盗・詐欺からの保護、契約の履行といったもっとも基本的なもの以外の機能を持つようになった国家は、ロールズが守ろうとしていた権利を侵害するようになる。

## アナーキー・国家・ユートピア

ノージックがこの主張をもっとも明確に打ち出したのが、彼の著書『アナーキー・国家・ユートピア』である。同書においてノージックは、個人への干渉を可能な限り抑えた最小国家を支持し、ロールズの主張に関する自らの見解を述べた。この本は、ノージックがハーヴァード大学において、政治思想家マイケル・ウォルツァーとともに行った講義から生まれたものであり、ノージックとウォルツァーの議論というかたちで書かれている。のちにウォルツァーは、同書で扱った分野におけるもっとも優れた思想家の一人として知られるようになる。

『アナーキー・国家・ユートピア』において導き出された結論としておそらくもっとも有名なのは、税金という制度は道徳的に認めがたいというものだ。現代国家は税制を利用して収入の再分配を行い、公的機関のための資金をつくり出している。このように、個人の労働の一部が強制的に他者の利益に還元される状況を、ノージックは事実上の強制労働であると述べている。これはつまり、社会に暮らすあらゆる市民が、他者の労働の一部に対して所有権を有しているということであり、ある種の奴隷制と呼べるものだと、ノージックは主張する。

『アナーキー・国家・ユートピア』は非常に影響力があり、また、現代における完全自由主義と自由主義の境界線を定義する際の指針となった。同書は『正義論』とともに読まれることが多く、現代の政治哲学においてもっとも重要な書のなかの一冊とされている。■

税制は奴隷制の一種だとノージックは述べる。社会に暮らす人々が他者の労働の一部を要求できるという状況は、強制労働とも呼べるものだからである。

# 戦後の政治思想 327

### ロバート・ノージック

ロバート・ノージックは、1938年にニューヨークでユダヤ人企業家の息子として生まれた。彼はコロンビア大学、オックスフォード大学、そしてプリンストン大学で学んだ。

彼は当初は左派の思想に関心があったが、大学院時代にフリードリヒ・ハイエクやアイン・ランドやほかの自由市場を支持する思想家の著書を読んだことで、完全自由主義を主張するようになる。彼は長きにわたってハーヴァード大学で教鞭をとり、その間に完全自由主義思想の第一人者となった。有名な話であるが、彼は、同じ講義を繰り返したことはほとんどなかったと言われている。

ノージックの著した政治理論の著作のなかでもっとも有名なものは、彼の最初の著書『アナーキー・国家・ユートピア』である。もっとも、彼は研究分野を政治哲学のみに限っていたわけではなく、生涯のあいだにさまざまな主題に関する本を書いた。後年、彼は極端な完全自由主義を捨て、相続に制限をかけるべきだと主張するようになる。

### 主著

1974年 『アナーキー・国家・ユートピア』
1981年 『考えることを考える』
1993年 『合理性の本質』

# どのイスラム法も女性の権利を侵害せよとは述べていない
## シーリーン・エバーディー（1947年～）
### Shirin Ebadi

---

**背景**

**イデオロギー**
イスラム

**焦点**
人権運動

**前史**
**1953年** アメリカ中央情報局（CIA）の支援を受けたクーデターにより、民主的に選ばれたイランの首相モハンマド・モサデクが倒される。

**1979年** アヤトラ・ホメイニ率いるイラン革命が独裁君主を倒し、抑圧的法律を備えたイスラム共和国が誕生する。

**後史**
**2006年** イランのテヘランで女性の権利を求める平和的デモが鎮圧され、デモ参加者の数名が投獄され体罰を受ける。

**2011年** 「アラブの春」により北アフリカと中東の多くの国に急速な社会的・政治的変化が起こるが、イランまでは変化が届かない。

---

イスラム国家における人権の位置づけについて考えるとき、政治思想にとって重大な意味を持つ問題が浮かび上がってくる。特に、イスラム原理主義の台頭によって、公的生活において女性の果たす役割が縮小されたことは大きな問題である。原理主義においては、多くの退歩的な法によって性差別が行われている。このような問題に対する適切な対処法について、そしてとりわけ欧米の大国が果たすべき役割について、イスラムの思想家たちは活発な議論を行ってきた。

シーリーン・エバーディーは、2003年にノーベル平和賞を受賞した人権活動家である。1979年のイラン革命以前は、彼女は裁判官として働いていた。しかし、新政権が女性の権利を制限する法律を制定したことで、彼女はその仕事を辞めなくてはならなくなった。エバーディーは、女性の権利がこのように侵害されたことは、イスラム法のせいではないと主張する。イラン社会において、かつて女性が強い立場に立っていたことを考えれば、この問題の原因がイスラム法にあるのではなく現政権にあるのだということがわかるはずだと、彼女は言う。

欧米諸国の役割について、およびこのような状況下で人権運動を行うことの意味について、激しい議論が行われている。エバーディーは、イランに対して欧米の国々が介入することに強く反対する。イラン政府は人権を守らず、性別による差別を行い、民主主義的政治も行われない。しかしそれでも、外国の介入は望ましくなく、助けにもならず、事態をより悪化させる可能性が高い。変化は、外国に頼るのではなく国内から起こさなければならないと、エバーディーは考える。ほかのイスラム諸国と比べると、イランにおける女性の運動は力を持っていると彼女は主張する。■

イランの新しい法律によって、女性は公の場において布で身を覆うことが義務づけられ、1979年に女性たちの抗議活動が起こった。政権による圧政はイラン人自身によってのみ覆すことができると、エバーディーは考えた。

---

**参照：** エメリン・パンクハースト 207 ■ アブル・アッラ・マウドゥーディー 278-79 ■ シモーヌ・ド・ボーヴォワール 284-89 ■ アリ・シャリアティ 323

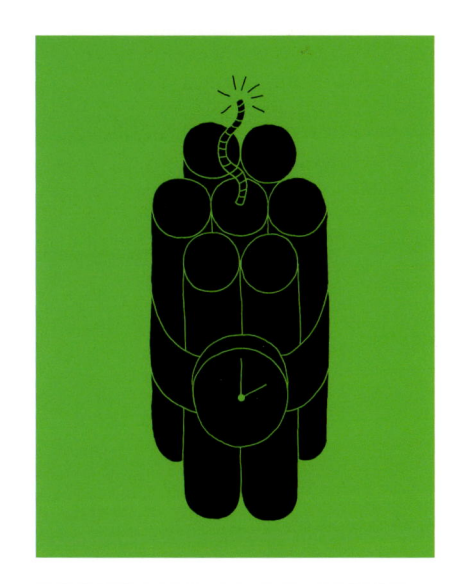

## 自爆テロは
## おもに外国による占領への
## 抵抗である
### ロバート・ペイプ（1960年〜）
Robert Pape

---

**背景**

イデオロギー
**戦争研究**

焦点
**経験的政治学**

前史
**1881年** ロシアの皇帝アレクサンドル2世が自爆テロによって暗殺される。

**1983年** レバノンのベイルートでアメリカとフランスの兵舎が自爆テロの攻撃を受ける。これはイスラムの聖戦として行われたとされる。

**2001年** アル＝カイダによる9・11のテロを受けて、アメリカ主導のイラクおよびアフガニスタン占領が行われる。

後史
**2005年** ロンドンでバスと電車に対する自爆テロが立て続けに起こり、52人が殺される。

**2009年** 26年にわたるスリランカ内戦が終結する。内戦中に「タミル・イーラム解放のトラ」が273件の自爆テロを行う。

**2011年** アメリカ軍がイラクから撤退する。

---

自爆テロとは、宗教的な原理主義の表現手段であり、殉教する覚悟のある人々によって行われているのだと広く信じられてきた。ところが、アメリカの政治学者ロバート・ペイプは証拠を集め、自爆テロは実は宗教的表現手段ではなく、世俗的な戦略なのだと主張した。外国からの勢力が自国の領土であると主張して乗り込んできている状況において、その占領軍を追い出すためにとられる一連の戦術のうちの一つが自爆テロなのだと彼は述べた。

> 自爆テロは
> イスラム原理主義とも
> そのほかの宗教とも
> ほとんど関係のないものである。
> **ロバート・ペイプ**

### 戦略的反応

ペイプは2005年に出版した『勝利のための死』において、1980年から2003年までに起こった、知られているすべての自爆テロを分析した。その数は315件に上る。それらの自爆テロは、個人的な動機や信条によって説明できるものではなく、自爆テロと宗教のあいだにはほとんど関係性が認められなかったと、彼は述べた。彼は「自爆テロの因果性の理論」を提示し、外国の民主勢力による占領に対して、戦略的反応として自爆テロが行われるのだと主張した。ペイプの研究では、すべてのテロ活動、そして自爆テロの95パーセント以上において、民族解放こそが真の目的なのだと結論づけられている。

この研究結果から考えられるのは、外国が軍事介入によってある社会を服従させたり改革したりしようとした場合、軍事介入を行わない場合と比べて、自爆テロの件数が大幅に増加する可能性があるということである。ペイプの主張によれば、自爆テロは宗教的な狂信者が存在する結果として起こるのではなく、「需要主導型の現象」なのである。■

---

参照： アブル・アッラ・マウドゥーディー 278-79 ■ フランツ・ファノン 304-07 ■
アリ・シャリアティ 323 ■ マイケル・ウォルツァー 324-25

# 政治学人名録

# 政治学人名録

　本書では、もっとも重要な政治思想や著名な政治思想家を紹介してきた。しかし当然のことながら、世界中のすべての時代の政治思想家を網羅できたわけではない。ここでは、やはりすべての思想家を取り上げることは不可能であるものの、本文で扱えなかった思想家について、彼らの功績やもっともよく知られている思想を紹介する。また、それぞれの思想家に関する記述の最後に、関係の深い思想家のページを記してあるので参考にしていただきたい。その思想家が影響を受けた、または影響を与えた思想・運動・思想家について書かれたページである。

## ダレイオス1世
### 紀元前550年ころ〜前486年

ダレイオス1世は紀元前522年にペルシャの王となった。彼の前の王であったキュロス大王を倒した反乱を鎮圧したのちに、中央アジア・北東アフリカ・ギリシャ・バルカン地域へと帝国を拡大していった。この広大な帝国を統治するために、ダレイオスは帝国全土を行政区に分割し、それぞれを総督府に治めさせた。総督は税を管理する責任も負った。総督の置かれた場所は、ペルセポリスやスーサなど、それぞれの地域の大きな都市で、それらの都市には大規模な建造物が建てられた。また、帝国を統一するためにダレイオスは統一通貨ダリクを導入し、アラム語を公用語に定めた。
**参照**：アレクサンドロス大王 332

## 孟子
### 紀元前372年ころ〜前289年

中国の哲学者孟子は、孔子の孫のもとで学んだと言われている。孟子による儒教の解釈は、戦国時代に統治の形態として儒教を確立する際に大きく貢献した。孔子とは異なり、孟子は、人間は生まれながらに善であるという性善説を唱えた。そしてその善が社会のせいで堕落してしまうという考えのもとに、社会の道徳を改善するための教育を提唱した。彼はまた、統治者に対して絶対的な敬意をいだいてはおらず、不当な統治者は民衆によって倒されるべきであると考えていた。
**参照**：孔子 20–27 ▪ 墨子 32–33 ▪ 韓非子 48

## アレクサンドロス大王
### 紀元前356年ころ〜前323年

アレクサンドロスは、マケドニア王ピリッポス2世の息子として、古代ギリシャがもっとも繁栄していた時代に生まれた。アリストテレスが家庭教師として招かれ、アレクサンドロスは若いころにその指導を受けたと言われている。父親の死後、王位を継承し、領土拡大に着手した。アレクサンドロスは小アジアの征服に成功し、さらにダレイオス3世が治めていたペルシャ全土を支配下に収める。そして最終的にはインド北部まで領土を拡大した。進軍の過程で、アフリカやアジアにギリシャの文化や制度を導入し、古代ギリシャの都市国家に倣ったヘレニズム都市を数多く建設した。
**参照**：アリストテレス 40–43 ▪ チャーナキヤ 44–47

## チンギス・ハーン
### 1162年〜1227年

テムジンはモンゴル北部の有力な一族に生まれ、のちにモンゴル帝国を築き上げた際にチンギス・ハーン（「チンギス皇帝」という意味）を名乗るようになる。チンギス・ハーンがモンゴルを統一する以前は、中央アジアの人々はいくつかの異なる部族に分かれており、その多くが遊牧民であった。チンギス・ハーンはそれらの部族を一つの国家にまとめ上げ、領土を中国へと拡大すべく遠征を開始した。皇帝となったのちは、モンゴル帝国を汗国と呼ばれる小国に分け、そのそれぞれを自らの一族に治めさせた。そしてさらに中央ヨーロッパへと支配を広げていった。チンギス・ハーンの征服は残忍なものであったと考えられているが、彼の築いた帝国では各民族の文化の多様性が尊重されていたという一面もある。
**参照**：孫子 28–31 ▪ チャーナキヤ 44–47

## バルトロメ・デ・ラス・カサス
### 1484年〜1566年

バルトロメ・デ・ラス・カサスは、スペインの司祭であり歴史家であった。1502年にイスパニョーラ島に移住し、

はじめのうちは農園を経営し奴隷を所有していた。しかしラス・カサスは司祭でもあり、従軍司祭としてキューバ征服のための軍隊に同行した。キューバにおいて彼は、現地のタイノ族に対するスペイン人の残虐行為に愕然とし、インディオを擁護するようになる。サントドミンゴの修道院に入ってドミニコ会修道士となり、中央アメリカをめぐり、最終的にはメキシコのチアパスにおいて司教となった。そして「全インディオの代弁者」と呼ばれるようになる。1547年にスペインに戻るが、ラス・カサスが南北アメリカの植民地の残忍性について記した書物は、普遍的人権に関する提案の草分けとみなされている。

**参照**：フランシスコ・デ・ビトリア 86–87 ▪ ネルソン・マンデラ 294–95 ▪ マーティン・ルーサー・キング 316–21

## アクバル大帝
### 1542年～1605年

インドのムガル帝国第3代君主であったアクバルは、ムガル帝国の拡大に努め、インドの中部・北部の大部分を支配下に収めた。そして、さまざまな民族が存在する帝国に宗教的に寛容な文化を導入し、また、政府の再編成を行った。アクバルは、帝国を自治区に分割してそれぞれに統治者を置くというかたちをとらず、中央政府の支配下にある軍の長官たちにそれぞれの地域を管理させるという方法をとった。その中央政府は、財政・司法・軍事といった分野を扱う部門に分けられていた。このようにしてアクバルは、相違点を持つ諸地域を統一し、平和で繁栄した帝国にまとめ上げた。

**参照**：チャーナキヤ 44–47 ▪ マハトマ・ガンディー 220–25 ▪ マナベンドラ・ナート・ローイ 253

## 徳川家康
### 1543年～1616年

日本の軍事指導者であり政治家であった徳川家康は、三河国の岡崎城主の嫡男として生まれた。家康が生まれたのは長期にわたる内戦の時代であった。家康は父親のあとを継ぎ、隣国の豊臣秀吉との同盟関係も引き継いだ。しかし秀吉の死後もこの同盟関係を守るという約束を破り、家康は豊臣家を滅ぼし、江戸(現在の東京)に幕府を開いた。1603年に徳川家康は、すでに名前だけの支配者となっていた後陽成天皇によって将軍の地位を与えられ、事実上、日本全土の支配者となった。そして、幕府を徳川幕府とした。それぞれの地域の大名に土地を分配し、大名の地方統治に厳格な規制を課すことで、家康は権力基盤を維持し、安定した国家をつくり上げた。

**参照**：孫子 28–31 ▪ ニコロ・マキャヴェッリ 74–81 ▪ 伊藤博文 195

## オリヴァー・クロムウェル
### 1599年～1658年

クロムウェルはあまり注目されていない議員であったが、イングランド内戦での活躍によって重要人物となる。内戦において議会軍を率いて国王軍を倒したことで、優れた軍事指導者であることが証明された。クロムウェルはチャールズ1世の処刑判決書に署名した人物の一人でもある。クロムウェルが専制君主を倒す動きに参加し、また、のちにカトリックのアイルランドを占領することとなった背景には、政治的な動機だけでなく宗教的な動機もあった。イングランド共和国時代は長くは続かなかったが、その間、彼は政治的指導者として権力を握った。そして1653年に、イングランド・ウェールズ・スコットランド・アイルランドの護国卿となった。クロムウェルは冷酷な反カトリックの独裁者と目されることもあるが、退廃的な君主政の時代に、君主政を退け議会制民主主義の基礎を築くことで、自由をもたらした人物であるとの見方もある。

**参照**：ジョン王の諸侯 60–61 ▪ ジョン・リルバーン 333

## ジョン・リルバーン
### 1614年～1657年

イギリスの政治家ジョン・リルバーンは、法律によって保障される権利に反対し、自身の提唱した「自由民の権利」を求める闘いに生涯を捧げた人物である。リルバーンは1630年代に違法な文書を刊行したとして投獄された。イングランド内戦がはじまると議会軍に参加するが、自身の考えていたような自由を求める闘いではないと感じ、1645年に議会軍を離れる。財産権の平等を求める平等派の指導者であったが、彼自身は人権の平等を主張し、平等派によって出された『人民協約』にも彼の主張の影響が見られる。1649年にリルバーンは大逆罪を言い渡されるが、世論を受けて釈放され国外追放となった。1653年にイギリスに戻り、1657年に亡くなるまでのあいだに再び罪に問われて投獄されている。

**参照**：トマス・ペイン 134–39 ▪ オリヴァー・クロムウェル 333

## ザミュエル・フォン・プーフェンドルフ
### 1632年～1694年

ザミュエル・フォン・プーフェンドルフは、ドイツのザクセン地方でルター派の牧師の息子として生まれた。はじめはライプツィヒで神学を学んでいたが、法律を学ぶためにイェーナに移る。そこでグロティウスやホッブズの著書と出会い、彼らの自然法についての思想を知る。プーフェンドルフは普遍法に関する研究で名前を知られるようになり、ハイデルベルク大学ではじめての法と国家を専門とする教授になる。そこで自然法に関する自らの理論を発展させ、のちにルソーが提唱する社会契約という概念の基礎を築いた。プー

フェンドルフはまた、宗教の干渉を受けない国際法の制度を提案した。その後、スウェーデンに移り、歴史家として、教会の法と国家の法の区別を明確にした教会運営の理論を構築した。

参照：フーゴー・グロティウス 94–95 ▪ トマス・ホッブズ 96–103 ▪ ジャン＝ジャック・ルソー 118–25

## フアナ・イネス・デ・ラ・クルス
1651年～1695年

フアナ・イネス・デ・アスバヘ・イ・ラミレス・デ・サンティジャーナは、メキシコシティー近郊でイサベラ・ラミレスとスペイン人との非嫡出子として生まれた。デ・ラ・クルスは幼いころから読み書きを学んでおり、1660年に祖父のもとに送られると彼の蔵書に大きな関心を示した。当時、学問は男性だけのものであり、彼女は男装して大学に行くことを許してくれるように家族に懇願した。結局デ・ラ・クルスは、独学で古典を学ぶこととなる。1669年に聖ヒエロニュムス修道院に入り、生涯をそこで過ごす。彼女は多くの詩を書いた。そして、教会権威が彼女の作品を批判したことを受けて、女性が教育を受ける権利を強硬に主張する「ソル・フィロテアへの返信」（『知への賛歌』所収）を記した。デ・ラ・クルスは、女性を無知なままにさせていることで社会は損失を被っていると述べ、「もしも年配の女性たちが教育を受けていたら（中略）どれほどの損害を避けることができただろう」と問い掛けている。彼女はこのような発言のために、教会からの批難を受けていた。

参照：メアリー・ウルストンクラフト 154–55 ▪ エメリン・パンクハースト 207 ▪ シモーヌ・ド・ボーヴォワール 284–89 ▪ シーリーン・エバーディー 328

## ジョージ・ワシントン
1732年～1799年

ワシントンはアメリカ独立戦争時に大陸軍の総司令官を務めた。また、アメリカ建国の父の一人であり、合衆国初代大統領でもある。政党には属しておらず、政党政治は不和につながるものであるとして警告を発していた。2期にわたる大統領任期中に、連邦政府によって統治される共和制国家としてアメリカをまとめるための諸政策を導入した。また、国民に愛国意識を持たせ、国家の繁栄と貿易の促進のために実用的な措置を施した。彼は、国家の負債を解消するために平等な税制を定め、外交においてはヨーロッパの戦争に巻き込まれないようにするため中立の立場を貫いた。就任演説といった行事や大統領職を2期までとする慣例など、アメリカ政府の決まりごとの多くはワシントンによって確立された。

参照：ベンジャミン・フランクリン 112–13 ▪ トマス・ペイン 134–39 ▪ トマス・ジェファーソン 140–41

## ジョゼフ・ド・メーストル
1753年～1826年

ジョゼフ・マリー・ド・メーストル伯爵は、フランス革命後の反動で社会が保守主義に傾いていた時代に頭角を現した。彼は、革命は無神論者が啓蒙思想を支持したために起こったものであるとし、革命後の恐怖政治はキリスト教を拒絶したことによる必然的な結果であると主張した。ド・メーストルは革命を逃れるために、スイス、イタリア、サルデーニャへと逃げた。また、彼は、合理的に正当性が示された制度は、暴力によって終焉を迎える運命なのだと述べた。そして、唯一安定した統治形態は、教皇を絶対的権威とする、神によって正統性を認められた君主政であると主張した。

参照：トマス・アクィナス 62–69 ▪ エドマンド・バーク 130–33

## ニコライ・モルドヴィノフ
1754年～1845年

ニコライ・モルドヴィノフは、ロシア海軍士官であり、イギリス海軍に所属していたこともある。パーヴェル1世の目に留まり、将官に任命され、のちに軍事政策に影響力を持つ海相に昇進する。モルドヴィノフはロシア政府が強硬な専制路線をとっていた時代に、自由主義を主張した。また熱烈な親英派で、特にイギリスの政治における自由主義を称賛していた。彼は農奴制がロシアの経済発展を妨げていると考え、自らの影響力を行使して農奴制廃止を主張した。その変革に革命は必要ないと考えていた。

参照：ジョン・ステュアート・ミル 174–81 ▪ ピョートル・クロポトキン 206

## マクシミリアン・ロベスピエール
1758年～1794年

ロベスピエールはフランス革命の指導者であり、彼の支持者には革命の原理を貫く堕落とは無縁の人物と目されていたが、一般的にはむしろ冷酷な独裁者として記憶されている。パリで法律を学び、そこではじめて革命に関するジャン＝ジャック・ルソーの著書と出会った。その後、アラスで弁護士として働くうちに政治にかかわるようになり、議会議員となる。ロベスピエールは平等な権利を主張し、共和政樹立を目指した。ルイ16世が処刑されたのち、ロベスピエールは公安委員会に入り指導的立場につく。そこで恐怖政治を行い、脅威となる反革命的な動きを弾圧した。しかし最終的には彼自身が逮捕され処刑される。

参照：モンテスキュー 110–11 ▪ ジャン＝ジャック・ルソー 118–25 ▪ グラキュース・バブーフ 335

## グラキュース・バブーフ
### 1760年～1797年

フランソワ・ノエル・バブーフは公的な教育をほとんど受けていない。彼は作家・ジャーナリストとなり、フランス革命がはじまると、ローマの改革者であり護民官であったグラックス兄弟に敬意を表し、「護民官」という意味の「トリビューン」やグラックス兄弟の名前をとった「グラキュース・バブーフ」というペンネームを用いて自らの主張を発表した。バブーフの主張は、革命推進派にとってすら過激なものであった。彼は『人民の護民官』という恐怖政治の理念を支持する雑誌を出版し、そこで彼の支持者となった人々によって「ソシエテ・デ・エゴー」（平等クラブ）と呼ばれる会がつくられる。彼のつくった組織への潜入者が証拠を持ち帰ったことで陰謀が発覚し、バブーフと仲間の運動家の多くが逮捕され処刑された。

参照：ジャン＝ジャック・ルソー 118-25 ▪ マクシミリアン・ロベスピエール 335

## ヨハン・フィヒテ
### 1762年～1814年

フィヒテは一般的には哲学者として知られているが、ドイツの政治に国家主義を植えつけた人物としても有名である。フランス革命後、フランスはドイツ西部の多くの州を取り込み、彼らに自由・市民権という概念を教え込んだ。しかし、このことがドイツの愛国心を煽ることとなる。フィヒテは、同じ伝統と言語を共有するドイツ人は団結してフランスの影響力に抵抗すべきであると主張した。フィヒテの主張は議論を呼ぶものが多く、たとえば、「国家の内部にあるユダヤ人国家」からもたらされる脅威を取り除くべきであると述べている。彼はこのように公然と反ユダヤ主義思想を開陳し、同時に、女性には市民権を与えるべきではないという主張も行った。フィヒテの思想のもっとも急進的な部分が、のちにヒトラーの国家社会主義運動に取り入れられることとなる。

参照：ヨハン・ゴットフリート・ヘルダー 142-43 ▪ ゲオルク・ヘーゲル 156-59 ▪ アドルフ・ヒトラー 337

## ナポレオン・ボナパルト
### 1769年～1821年

ナポレオンは、コルシカ島に渡ったイタリア貴族の家系の出身であったが、フランスの陸軍士官学校で学び、フランス軍に所属した。フランス軍入隊後も、変わらずコルシカ民族主義者であった。ナポレオンは共和政を支持しており、フランス革命が終わるころにフランス共和軍に参加する。クーデター後には統領政府の第一統領となり、ナポレオン法典を制定した。これにより実力主義の政府が確立し、世襲による特権が退けられ、信教の自由が保障された。特にユダヤ人とプロテスタントの人々の信教の自由が認められたことは画期的であった。彼はまた、ローマ教皇ピウス7世と政教条約を結び、いくつかのカトリック教会の地位を回復させた。1804年にナポレオンは即位して皇帝となり、自らの破滅へとつながる一連の戦争に着手する。1813年に退位してエルバ島に追放されたが、すぐに復位する。しかし、1815年のワーテルローの戦いでイギリス軍に敗れ、亡くなるまでセントヘレナ島に幽閉されることとなる。

参照：フリードリヒ・ニーチェ 196-99 ▪ マクシミリアン・ロベスピエール 335

## ロバート・オーウェン
### 1771年～1817年

オーウェンはウェールズの身分の高くない家庭に生まれ、10歳代で仕事を求めてイングランドのマンチェスターに移った。紡績業で成功し、19歳のときに紡績工場の経営者となった。オーウェンはその著書『新社会観』において、社会改革に関する自らの見解を述べている。彼の空想社会主義哲学の目指すところは、住宅・社会福祉・教育面における労働者の環境改善であった。スコットランドのニューラナークやイギリスの各地に協同村を創り、アメリカのインディアナ州にも「ニュー・ハーモニー」という協同村を設立した。協同運動の先駆者であり、オーウェンの創った協同村が、その後のイギリスの社会改革運動にも大いに影響を与えることとなる。

参照：トマス・ペイン 134-39 ▪ ジェレミー・ベンサム 144-49 ▪ カール・マルクス 188-93 ▪ ビアトリス・ウェッブ 210

## シャルル・フーリエ
### 1772年～1837年

フーリエは、フランスのブザンソンで商人の息子として生まれた。ヨーロッパ各地を回りさまざまな仕事をしたのちに、作家となった。革命時代のほかの社会主義思想家とは異なり、社会問題は不平等によってではなく貧困によって生じるのだと考え、ある種の完全自由主義的社会主義を提唱した。また、早くに女性の権利を擁護した人物でもある。フーリエは、ユダヤ人によって行われている貿易や競争が社会に悪影響を及ぼしていると指摘し、それらを排して人々が協力し合う制度をつくるべきだと述べた。フーリエは、そのようなユートピア的思想を実現するために、「ファランジュ」と呼ばれる共同体をつくり、集合住宅でともに暮らすというライフスタイルを提案した。そこでは、労働者は各自の貢献に応じて賃金が支払われ、人気のない仕事には高い賃金が設定されることとなる。このフーリエの構想は、1871年にパリで結成されたパリ・コミューンにも取り入れられ（ただし短期間で鎮圧された）、またアメリカのいくつかの地域においては実際にファランジュが組織された。

参照：メアリー・ウルストンクラフト 154-55 ▪ ロバート・オーウェン 335

## ジュゼッペ・ガリバルディ
1807年～1882年

ガリバルディは、19世紀のイタリア統一運動の指導者であった。赤シャツ隊として有名なゲリラ軍を率い、シチリア島とナポリを占拠した。また、イタリアから亡命していた期間に南アメリカでも軍を指揮しており、アメリカ合衆国に滞在した時期もあった。ガリバルディの功績はヨーロッパでもアメリカ大陸でも知られるようになり、その人気のためにイタリア統一が早まったほどである。ガリバルディは共和政支持者であり、ローマ教皇が政治的権力を持つことに強く反対していたが、イタリア統一のために政権を立てることは必要であると考えた。そこでサルデーニャ国王ヴィットーリオ・エマヌエーレ2世のもとでのイタリア統一に協力し、1861年のイタリア王国成立に貢献した。1870年に教皇領が併合されたことで、イタリア統一が完了した。また、ガリバルディはヨーロッパの連邦化を提唱しており、その連邦は、東西統一を果たしたばかりのドイツによって主導されるべきであると考えていた。

参照：ジュゼッペ・マッツィーニ 172–73

## ナーセロッディーン・シャー
1831年～1896年

ナーセロッディーンはカージャール朝の四代目のシャー（王）であり、1848年にイランの王になると、ヨーロッパ思想を取り入れる改革を進めた。道路建設や郵便電信サービスといった国家のインフラ整備を改善し、西洋様式の学校をつくった。また、聖職者の権力を弱めるための政策を導入し、ユダヤ人国家の建設を支持していたことでも知られる。ナーセロッディーンは1873年と1878年にヨーロッパを訪れ、特にイギリスの政治制度に感銘を受けた。しかし徐々に独裁的になっていき、少数派に対する迫害を行うようになる。その一方でヨーロッパの商人には特権を与え、自らも私腹を肥やしていた。彼は外国の利益になることばかりしているとみなされ、当時勢力を増していたイランの民族主義運動家に嫌われるようになり、1896年に暗殺された。

参照：テオドール・ヘルツル 208–09 ▪ ムスタファ・ケマル・アタテュルク 248–49

## オスヴァルト・シュペングラー
1880年～1936年

ドイツの歴史家オスヴァルト・シュペングラーは、『西洋の没落』という著書で有名になった。1914年にこの本を書き上げていたが、出版されたのは第一次世界大戦終了後であった。同書においてシュペングラーは、すべての文明が最終的な崩壊の時代に到達してしまったという説を提示した。この主張は1920年代のドイツの衰退によって説得力を増すこととなる。また、別の著書『プロイセン主義と社会主義』においては、権威主義的社会主義という新しい国家主義運動を提唱した。しかしシュペングラーはナチズムの支持者ではなく、ヒトラーが唱えた民族優位性という考え方に反対した。そして、世界大戦は西洋文明の終焉につながるものであるかもしれないと、警告を発していた。

参照：イブン・ハルドゥーン 72–73 ▪ アドルフ・ヒトラー 337

## リチャード・トーニー
1880年～1962年

イギリスの社会歴史学者であり経済歴史学者であったリチャード・トーニーは、資本主義社会に見られる物欲を強く批判した。古典的な歴史分析で知られる『宗教と資本主義の勃興』はトーニーの著書であり、ほかにも社会批判の書を何冊か著している。キリスト教社会主義を提唱し、平等主義の社会を支持した。改革社会主義者であり独立労働党員でもあったトーニーは、シド二ー・ウェッブやビアトリス・ウェッブとともに産業・教育分野における改革を求める運動を行った。成人教育の必要性を強く主張しており、労働者教育協会の活動に積極的に参加し、1928年には会長に就任している。

参照：ビアトリス・ウェッブ 210 ▪ ロバート・オーウェン 335

## フランクリン・D・ルーズヴェルト
1882年～1945年

アメリカ合衆国第32代大統領であったルーズヴェルトは、大恐慌が最悪の局面を迎えた1932年に大統領に選ばれた。就任後すぐにニューディール政策を打ち出し、経済成長の促進・失業率の削減・金融機関の規制を推し進めた。同時に、市民の権利を拡大するための社会改革に着手した。ルーズヴェルトが行った社会制度の拡張や金融市場への介入は、アメリカの20世紀における自由主義政治の規範となった。これらの政策により経済は上向き、国民の意識も高揚した。そして第二次世界大戦が起こるが、アメリカは不干渉主義を貫き、それによって世界情勢において主導権を握ることに成功する。この手腕によってルーズヴェルトの人気がさらに高まることとなった。

参照：ウィンストン・チャーチル 236–37 ▪ ヨシフ・スターリン 240–41

## ベニート・ムッソリーニ
1883年～1945年

ムッソリーニは若いころにイタリアを離れてスイスに移り、そこで社会主義活動家となり、さらに政治ジャーナリストとなった。また、熱烈なイタリア国家主義者であり、第一次世界大戦において参戦派に加担したことでイタリア社会党から除名される。その後しばらく、イタリア軍に所属していた時代がある。軍をやめたのち、ムッソリーニはプロレタリア革命において支持

された正統派社会主義を放棄し、1921年のファシスト宣言で提示されることとなる国家主義と社会主義を合わせた思想を発展させた。1922年には、ファシスト党を率いて「ローマ進軍」と呼ばれるクーデターを起こし、その翌年に連立政権の首相となった。そこから数年のうちに、ムッソリーニはドゥーチェ（「統帥」という意味で国家指導者を指す）という称号を用いて独裁政治を行うようになり、公共事業や経済改革に着手した。第二次世界大戦ではドイツのヒトラーと手を組んだ。連合軍がイタリアに侵攻し、ムッソリーニは投獄されるが、ドイツの特殊部隊によって解放される。その後、1945年に、イタリアの抵抗勢力であるパルチザン部隊に捕えられ処刑された。

**参照**：ジョヴァンニ・ジェンティーレ 238–39 ▪ アドルフ・ヒトラー 337

## アドルフ・ヒトラー
### 1889年～1945年

アドルフ・ヒトラーはオーストリアで生まれるが、青年期にドイツに移住し、すぐに過激なドイツ国家主義者となった。第一次世界大戦で従軍したのち、当時結成されたばかりのドイツ労働党（のちのナチ党）に入り、1921年にはその指導者となる。1923年にミュンヘンのビアホールでクーデターを起こすが（ミュンヘン一揆）、失敗して投獄される。刑務所においてヒトラーは自叙伝『我が闘争』を著した。翌年に解放されると、ドイツ国家主義・人種的優越性・反ユダヤ主義・反共産主義といった独自の思想を掲げて支持者を集め、1933年に首相に選ばれる。彼は即座に独裁的統治体制を確立し、ワイマール共和国を廃して第三帝国を打ち立てた。そして、ドイツ国民のために領土を獲得すべく、ドイツの再軍備を進めた。ヨーロッパ全土に国土を広げようとする過程で、1939年にポーランドに侵攻したことで第二次世界大戦が勃発し、1945年にドイツは敗北する。ベルリンの戦いが起こり、連合軍が迫るなか、ヒトラーは地下壕で自殺した。

**参照**：ヨシフ・スターリン 240–41 ▪ ベニート・ムッソリーニ 336–37

## ホー・チ・ミン
### 1890年～1969年

ホー・チ・ミンはフランス領インドシナ（現在のヴェトナム）で生まれ、幼名をグエン・シン・クンといった。フエにおいてフランス様式のリセ（後期中等教育機関）で学び、しばらくは教員として働いた。その後、船員の仕事を得てアメリカに渡り、また、ロンドンやパリの厨房などでも働いた。フランスにいるあいだに共産主義について学び、ヴェトナムをフランスの支配から取り返し国民政府の統治下に置くべきだと考えるようになり、ヴェトナム返還を求める運動をはじめる。ソヴィエト連邦や中国に数年間滞在し、香港ではイギリス政府によって投獄されたこともある。1941年にヴェトナムに戻り、ホー・チ・ミンを名乗り独立運動の指導者となった。第二次世界大戦では日本による侵略を防ぎ、1945年にヴェトナム民主共和国（別称「北ヴェトナム」）を建国して大統領兼首相に就任する。そして1955年に病で引退するまで、ヴェトナム南北統一のために戦い続けた。ヴェトナム戦争の終わりを待たずに、ホー・チ・ミンは1969年に亡くなったが、その後も彼は、ヴェトナム共和国（別称「南ヴェトナム」）やアメリカ主導の軍隊と戦うヴェトナム人民軍や解放戦線の象徴であった。

**参照**：カール・マルクス 188–93 ▪ 毛沢東 260–65 ▪ チェ・ゲバラ 312–13 ▪ フィデル・カストロ 338–39

## ホセ・カルロス・マリアテギ
### 1894年～1930年

ペルー人ジャーナリストのマリアテギは、新聞配達をするために14歳で学校をやめた。『ラ・プレンサ』紙と『エル・ティエンポ』紙で仕事を学び、1918年に自ら左派寄りの『ラ・ラソン』紙を創刊した。彼は、社会主義活動家を支援したとして1920年に国外追放された。その後、ヨーロッパを回り、ムッソリーニが権力を手にしていた時代にイタリアに住み、社会主義政治にかかわった。マリアテギは、ファシズムが台頭したのは左派が弱かったせいであると述べている。1923年にペルーに戻ると、イタリアでの経験を活かし、自らの母国ペルーの現状について執筆活動をはじめた。彼はペルーの社会民主主義政党であるアメリカ革命人民同盟と協力し『アマウタ』紙を発行した。1928年にペルー共産党の共同創立者となり、また、『ペルーの現実解釈のための七試論』を著した。同書はマルクス主義の立場から分析を行ったもので、ペルーの人々は集産主義に戻るべきであると主張するものである。マリアテギは1930年に若くして亡くなるが、その死後もマリアテギの思想はペルーにおいて影響力を持ち続け、20世紀後期のセンデロ・ルミノソの活動やトゥパク・アマル革命運動にも影響を与えている。

**参照**：シモン・ボリーバル 162–63 ▪ カール・マルクス 188–93 ▪ チェ・ゲバラ 312–13 ▪ ベニート・ムッソリーニ 336–37

## ヘルベルト・マルクーゼ
### 1898年～1979年

1930年代にドイツから多数の知識人がアメリカに移住した。マルクーゼはそのなかの一人であった。哲学を研究しており、ドイツに社会研究所を設立したフランクフルト学派と良好な関係を築いていた。そして1940年にアメリカに帰化したのちも、その関係を維持していた。マルクーゼはその著書『一元的人間』および『エロス的文明』において、マルクス主義の流れをくむ哲学を提示し、現代社会における疎外について論じた。マルクーゼはマルクス主義をアメリカ社会のために解釈し直し、階級闘争についてはあまり強調しない手法をとった。また、ソヴィエト

共産主義を批判し、共産主義も資本主義と同様に人間性を奪うものであると述べた。マルクーゼの思想は少数派の人々や学生に人気があり、1960年代と1970年代には「新左翼の父」と呼ばれた。

参照：ジャン＝ジャック・ルソー 118–25 ▪ カール・マルクス 188–93 ▪ フリードリヒ・ニーチェ 196–99

## レオポール・セダール・サンゴール
### 1906年～2001年

サンゴールはフランス領西アフリカで生まれ、フランスで勉強するための奨学金を得た。フランスで学業を終え、トゥールとパリの大学で教授職につく。サンゴールは、ナチスがフランスを占領しているあいだ、積極的に抵抗運動に参加した。彼は、エメ・セゼールやレオン・ダマといったアフリカからのほかの亡命者とともに、ネグリチュード（黒人性）という概念を発展させた。これは、ヨーロッパ中に広がっている人種差別的な植民地主義に抵抗して、アフリカ文化の価値を主張するものである。第二次世界大戦後、サンゴールはアフリカに戻り研究を続け、また、政治活動にそれまで以上にかかわるようになった。1960年にはセネガルが独立し、初代大統領に選ばれる。植民地支配を脱した多くの国々がマルクス主義を採用していたのに対して、サンゴールはネグリチュードに基づいたアフリカ社会主義を導入した。そして、フランスやほかの欧米諸国との関係を維持した。

参照：マハトマ・ガンディー 220–25 ▪ マーカス・ガーヴィー 252 ▪ マーティン・ルーサー・キング 316–21

## ミハイロ・マルコヴィッチ
### 1923年～2010年

セルビアの哲学者ミハイロ・マルコヴィッチは、ベオグラード（当時はユーゴスラヴィアにあった）で生まれた。彼は、プラクシス学派によるマルクス主義ヒューマニズム運動において重要人物とみなされていた。第二次世界大戦で抵抗派のパルチザン部隊に所属して戦ったのち、ユーゴスラヴィア共産党員として名前を知られるようになっていく。マルコヴィッチは、ソヴィエトのスターリン主義を激しく批判し、マルクス主義への回帰を主張した。ベオグラードやロンドンで研究を行い、学者として尊敬を集めていたため、1960年代のプラクシス学派による運動において中心人物となった。この運動は、言論の自由を求め、マルクス主義の立場から徹底した社会批判を行うものであった。1986年には、セルビア民族主義の現状を記した「セルビア科学芸術アカデミーの覚書」の作成者の一人となる。また、セルビア社会党員として、セルビア民族主義の指導者であったスロボダン・ミロシェヴィッチを支持した。

参照：カール・マルクス 188–93 ▪ ヘルベルト・マルクーゼ 337–38

## ジャン＝フランソワ・リオタール
### 1924年～1998年

リオタールは、フランスのポストモダン哲学運動における指導者であった。フランスのソルボンヌ大学で学び、また、国際哲学コレージュの創設者の一人でもある。1950年代に多くの社会主義者がそうであったように、リオタールはスターリン統治下のソヴィエト連邦の行き過ぎに幻滅した。1949年、マルクス主義の立場からスターリンへの反対を唱える雑誌『社会主義か野蛮か』の創刊に参加し、のちに別のマルクス主義団体に移った。また、1968年5月にパリで行われた学生と労働者の抗議行動に参加したが、政治思想家からの反応が得られなかったことに失望した。1974年にリオタールは、その著書『リビドー経済』において、マルクス主義革命はもはや信用できないと明言した。同書およびほかの政治関係の著書において、マルクスの思想・資本主義・ジークムント・フロイトの研究に関して、欲望の政治という観点からポストモダンの切り口で分析を行っている。

参照：カール・マルクス 188–93 ▪ ヘルベルト・マルクーゼ 337–38

## フィデル・カストロ
### 1926年～2016年

反帝国主義政治の象徴とも言えるカストロが、はじめてキューバの政治にかかわるようになったのはハバナの大学で法律を学んでいた時代だった。大学を出てから、コロンビアとドミニカ共和国の右派政権に対する抵抗運動に加わる。1959年には、弟のラウル・カストロと友人のチェ・ゲバラとともに、キューバにおいてアメリカの支援を受けて独裁政治を行っていたフルヘンシオ・バティスタを倒す戦いの先頭に立つ。新たに独立したキューバ共和国の首相となったカストロは、マルクス・レーニン主義の一党独裁体制を敷いた。アメリカはカストロを倒そうとし暗殺まで試みたが、彼は1976年にキューバの大統領に就任した。カストロは、ソヴィエト連邦とあまりに密接な関係になることを避け、国際主義の立場をとって非同盟運動に参加した。非同盟運動とは、冷戦のあいだ、東西いずれの陣営にも属さず、反帝国主義の立場を守ろうとする国々の国際組織である。ソヴィエト連邦崩壊後、カストロはラテンアメリカ諸国と同盟を結び、また、外国からの投資を受け入れるための法案を可決させた。2008年に体調の悪化により引退し、弟ラウルに大統領職を譲った。

参照：カール・マルクス 188–93 ▪ ウラジーミル・レーニン 226–33 ▪

チェ・ゲバラ 312–13

## ユルゲン・ハーバーマス
### 1929年～

ドイツの哲学者であり社会学者であるユルゲン・ハーバーマスは、マルクス主義を広義に解釈し、その視点から現代の資本主義社会と民主主義について分析を行ったことで知られている。ハーバーマスはマルクス主義の分析が合理的なものであることを強調し、マルクス主義の分析手法は啓蒙思想の延長線上にあるものだと述べた。第二次世界大戦中の経験から、そして特に戦後のニュルンベルク裁判の影響を受けて、ハーバーマスは戦後のドイツのための新しい政治哲学を提示する必要性を感じていた。フランクフルト学派の社会研究所で研究を行っていたが、研究所の反モダニズム的な体制に反対していた。のちに同研究所の所長となる。ハーバーマスは著作が多く、民主社会主義に賛成する立場から執筆を行っており、また、ポストモダニズムを批判する著書も多い。

**参照**：カール・マルクス 188–93 ▪ マックス・ヴェーバー 214–15

## デイヴィッド・ゴティエ
### 1932年～

ゴティエはカナダのトロントで生まれ、トロント大学・ハーヴァード大学・オックスフォード大学で哲学を学び、1980年までトロント大学で教授職についていた。その後、ピッツバーグ大学に移っている。専門分野は道徳哲学、そして特にホッブズとルソーの政治思想である。ゴティエは多くの論文や本を著し、合理的な啓蒙思想の枠組みで道徳理論に基づいた完全自由主義の政治哲学を発展させた。主著である『合意による道徳』では、社会契約という概念に、ゲーム理論などの意思決定に関する現代理論を適用し、政治・経済上の意思決定における道徳的基盤について考察している。

**参照**：トマス・ホッブズ 96–103 ▪ ジャン＝ジャック・ルソー 118–25

## エルネスト・ラクラウ
### 1935年～2014年

政治理論家エルネスト・ラクラウは、母国アルゼンチンでは社会主義活動家であり左翼国民社会党員であったが、1969年にイギリスに亡命して学問の道に進む。エセックス大学で学び、現在は同大学の政治理論の教授となっている。ラクラウは自らの立ち位置はポスト・マルクス主義だと述べている。基本的にはマルクス主義の政治思想を踏襲しており、そこに、ジャン＝フランソワ・リオタールやジャック・デリダといったフランスの哲学者の思想や、ジャック・ラカンの精神分析理論を部分的に取り入れた。しかしラクラウは、マルクスが主張した階級闘争や経済決定論を否定しており、「根源的で多元的な民主主義」を支持している。

**参照**：カール・マルクス 188–93 ▪ アントニオ・グラムシ 259 ▪ ジャン＝フランソワ・リオタール 338

# 用語解説

アパルトヘイト Apartheid：アフリカーンス語で「分離」を意味する。南アフリカにおいて1948年の選挙で国民党が勝利したのちに導入された人種隔離政策。

一国主義 Unilateralism：自国の考えのみで行動すること。政治では、外交において、他国と（同盟国とさえも）最小限の協議しか行わずに単独で行動する国家を指すことが多い。**多国間主義**の対立概念。

右翼／右派 Rightism, right wing：政治的「右派」のイデオロギー。保守主義や自由市場に賛成し、国家の介入を嫌い、個人の自由を重視し、法や秩序に厳格で、**国家主義**を支持する、という大まかな定義がなされる。

エコソフィ Ecosophy：環境保護政策の分野でアルネ・ネスが提唱した生態学的哲学。生態系の調和や平衡状態を訴える。

エリート主義 Elitism：社会はエリート集団によって統治されるべきであるという考え方。

王権神授説 Divine right of kings：国王は神によって正統性を与えられているとする学説。神以外の世俗的な権威づけは不要であると考える。

過激主義 Extremism：妥協を認めない強硬な政策・行動を支持する立場。

寡頭政治 Oligarchy：少数の人々が権力を有するような統治体制。その少数の人々が自らの利益のために権力を行使し、民衆にとっては不利益となることが多い。

環境保護政策 Green politics：生態系を維持できるような社会を構築することを最大の目標とするイデオロギー。

完全自由主義 Libertarianism：自由および自由意思を擁護する考え方。政治的左派・右派の両者に見られ、経済的・個人的事柄に関して、自立・理性・国家の不干渉を重視する。

急進主義 Radicalism：政治的手段として、抜本的な改革を主張する立場。伝統的な考え方やすでに確立している思想から大きく逸脱した考え方。

共産主義 Communism：私有財産を廃し、共同所有を提唱するイデオロギー。1848年にカール・マルクスとフリードリヒ・エンゲルスが作成した政治的宣言書に基づいている。

共和主義 Republicanism：共和国（君主がおらず、人民が権力を有し、選挙によって選ばれた人民の代表者が権力を行使する国家）が最善の統治体制であるとする考え方。

金権政治 Plutocracy：富裕層が政治権力を掌握する、あるいは政治に多大な影響力を有する状態。

グラスノスチ Glasnost：ロシア語で「公開」を意味する。ソヴィエト連邦においてミハイル・ゴルバチョフが導入した情報公開政策で、政府に透明性を持たせ説明責任を課すもの。

軍事政権 Junta：政権が倒されたのちに権力を手にする団体のことで、本質的に軍事主義であることが多い。

経済構造主義 Economic structuralism：世界の政治のあり方は、世界の経済的構造に基づいているという考え方。

啓蒙運動 the Enlightenment：「理性の時代」とも呼ばれる、18世紀の知識面での進歩が著しかった時代に見られた思想運動。世界を宗教的視点から理解することに疑問を呈し、理性を重んじた。

現実政策 Realpolitik：道徳的・倫理的目的に基づく政策ではなく、現実的・実用的な政策。自由権に関してはあまり本格的な取り組みを行わないこともある。

原理主義 Fundamentalism：宗教原理を信じて厳格に従う立場。

功利主義 Utilitarianism：社会哲学の一分野で、ジェレミー・ベンサムが体系化した。どのような状況下でも、最大多数に最大幸福を与えてくれるような政治が最善であると考える。

国民主権 Popular sovereignty：政治的主権は国民が平等に有するものであるという考え方。国民は、国家・政府・政治指導者がその権力を行使することを認めるものの、**主権**を放棄することはない。

国家主義 Nationalism：自分の属する国家に対する忠誠と献身を重視する考え方。また、政策の主要な目的は自国の利益を追求することだという政治的信念。

古典的自由主義 Classic liberalism：18世紀に生まれた考え方で、国家や教会よりも個人の権利に重きを置く。**絶対主義**や**王権神授説**に反対する。

# 用語解説

**コモン・ロー Common law**：法律や憲法では定められておらず、裁判所の判例から導き出される法。

**孤立主義 Isolationism**：軍事同盟や国際協定、そしてときには国際貿易からも撤退するという政策。

**左翼／左派 Leftism, left wing**：政治的「左派」のイデオロギー。干渉主義的な手法で社会福祉や国際主義的世界観を目指す。この概念は18世紀のフランスで生まれた。農民の置かれた状況を改善しようとする貴族が王の左側に座っていたことから、左派と呼ばれる。

**サンディカリズム Syndicalism**：資本主義や社会主義に代わるものとして20世紀初頭に登場したイデオロギー。特にフランスとスペインで人気があった。労働組合によるゼネラル・ストライキを通して国家の生産手段を奪い取り、政府を倒し、地方の組合同士が連盟を組むことで生産を組織化することを目指した。

**自然状態 State of nature**：社会契約論において、政府という組織が現れる前に存在していたと仮定される状態。ジャン＝ジャック・ルソーは、この状態を、人間と自然が調和した平和な状態であると考えた。それに対してトマス・ホッブズは、自然状態はディストピアであるとし、万人の万人に対する闘争であると表現した。

**自然法 Natural law**：公正な実定法は「より高次の法」に基づいてつくられるものだという考え方。ほとんどの人は、その高次の法を常識によって感じ取ることができる。この高次の法という概念を提示したトマス・アクィナスは、高次の法とは宇宙を司る神の永久法を反映したものであると定義した。

**資本家階級 Bourgeoisie**：マルクス主義思想の用語で、生産手段を所有している階級を指す。労働によってではなく、所有する生産手段から収入を得る。

**資本主義 Capitalism**：生産・流通手段を民間人が所有し、生産・流通に対して民間からの投資が行われるような市場を認める経済制度。

**社会契約 Social contract**：個人のあいだでの社会をつくるという契約、または、個人と社会、もしくは個人と政府とのあいだでの制限・権利・義務を定めるための契約を言う。実際に交わされる契約を指すこともあれば、理論上の契約を指すこともある。人々が自然状態を脱して、統治者の権力による保護を受けるために用いる手段として、トマス・ホッブズやジョン・ロックといった思想家が社会契約を提唱し定義づけた。

**社会主義 Socialism**：国家が産業を所有・統制し、資源の分配を中央政府が管理するという統治体制を支持し、市場の力によってこれらの事柄が決定されることを認めないイデオロギー。

**社会民主主義 Social democracy**：平和的で民主的な手段によって、資本主義から社会主義に徐々に移行することを主張する改革主義の政治運動。おもな主張は、市民が教育・医療・労災補償を受ける権利を有し、差別を受けないような社会の実現である。

**シャリーア法 Sharia law**：イスラムの人々の生活において宗教的・非宗教的両側面を規定する神の法。イスラムにはシャリーアのみが法律の正当な拠りどころであると主張する人々もいる。

**集産主義 Collectivism**：特に生産手段に関して、社会的・経済的機関を個人ではなく集団で管理すべきであるとする考え方。

**自由主義 Liberalism**：個人の権利と自由を主張する政治的イデオロギー。自由主義者は、自由貿易・言論の自由・宗教結社の自由を守ることなど、幅広い政策を取り入れる。

**従属理論 Dependency theory**：北半球の裕福な国々が南半球の国々と新植民地主義的な支配関係にあるとする考え方。南半球の発展途上の国々は、先進国に依存する不利な立場に置かれる。

**儒教 Confucianism**：孔子の教えに基づいてつくられた体系。序列と忠誠を重んじるが、同時に個人の成長の可能性も大切にする。

**主権 Sovereignty**：自治権を有する国家またはその統治者によって行使される最高権力であり、外部からの支配や影響を受けない。通常、内政において、また、他国との関係において、国家が自己決定権を持つことを指して言う。

**植民地主義 Colonialism**：国家が新しい領土の統治権を主張すること。その土地を植民地として支配する人々と、支配される先住民とのあいだに不平等な力関係が生じるという特徴がある。

**神権政治 Theocracy**：宗教的教義または「神の介入」と考えられているものに従って、聖職者（あるいは時には自称「生き神」）の主導で組織化され統治される政治体制。

**人種差別主義 Segregationism**：人種・階級・民族によって人々を分離する必要があるという考え方。

**進歩主義 Progressivism**：穏やかな政治的進歩を重ねることで、より良い政治的・社会的状況へ向けて前進することを目指す立場。

**正戦論 Just war theory**：「戦争のための法」（正しい戦争のための道徳

# 用語解説

的・法的基盤）と「戦争における法」（戦争における道徳的行為の義務）からなる軍事上の倫理原則。

**絶対主義 Absolutism**：政治において絶対的で無制限の力を有していること。**全体主義**とも。

**選挙権 Suffrage**：選挙や国民投票において投票する権利のこと。普通選挙権とは、性別・人種・社会的地位・財産に関係なく投票権が与えられることを言う。また、女性参政権とは、女性が男性と同じ条件で投票できる権利のことで、20世紀初頭に「女性解放運動」などによって活動家が求めたものである。

**専制君主 Despot**：絶対的な権力を持つ統治者。一般的には権力を乱用し独裁的な統治を行うことが多い。

**専制政治 Autocracy**：共同体や国家において、一人の支配者が無制限に権力を行使すること。

**全体主義 Totalitarianism**：個人の権利を重視せず、国家の利益に重きを置く体制。政治・経済を支配し、国民の意見・価値観・思想を統制することで、そのような体制を築く。

**第四階級 Fourth estate**：新聞およびその他の報道機関を社会勢力とみなし、理論上の階級として位置づけた表現。18世紀末までフランスの立法議会において、聖職者・貴族・市民をそれぞれ第一階級・第二階級・第三階級と呼んだことから、報道機関を第四階級とした。

**多元的共存 Pluralism**：さまざまな社会集団・民族集団が、自らの伝統文化や関心のある事柄を自由に表現しつつ平和に共存するという考え方。

**多国間主義 Multilateralism**：国際関係において、多数の国家で協力して課題に取り組むこと。**一国主義**の対立概念。

**直接民主主義 Direct democracy**：基本方針としてだけではなく、実際に市民が直接統治を行うこと。市民が自分たちに影響のあるすべての事柄に関して投票を行うもので、古代アテネで見られた形態。

**帝国主義 Imperialism**：他国の情勢に直接介入し、自国の領土を拡大していく政策。帝国を築く過程で、他国の領土を奪い他民族を征服する。

**ディストピア Dystopia**：機能不全状態にある悲惨な社会。理論上のもので、ユートピアの反対概念。地獄郷・暗黒郷とも。ユートピア参照。

**党官僚 Apparatchik**：もともとは共産主義政党の幹部を指す語であるが、組織に対して過度に忠実な官僚を指して軽蔑的表現として使われるようになった。

**道徳的絶対主義 Moral absolutism**：特に国際法に関して、道徳こそが人間の活動の絶対的指針であるとする考え方。

**独裁者 Dictator**：絶対的な統治者。通常は、人民の同意を得ずに自らの権力によって絶対的・抑圧的支配を行う者を指す。

**泥棒政治 Kleptocracy**：政治家・官僚・その仲間が、自らの物理的利益のために権力を行使することを指す。それにより政治は堕落する。ギリシャ語の「泥棒による統治」という表現から生まれた語。

**二大政党提携 Bipartisan**：通常は対立している二党が、特定の状況や問題に関して歩み寄ること。

**ネグリチュード Négritude**：アフリカ黒人というアイデンティティーを共有することで、連帯意識を生み出そうとするイデオロギー。フランスの植民地主義による人種差別に抵抗して、1930年代にフランスの知識人が発展させた思想である。

**農本主義 Agrarianism**：都市や賃金労働者よりも農村や農民に価値を置き、農業こそが社会的価値を生み出す生活様式であると考える立場。

**能力主義 Meritocracy**：統治者は資産や家柄ではなく能力に基づいて選ばれるべきだという立場。

**パルチザン Partisan**：特定の政治指導者・政党・政治的目的を、無条件の忠誠心をもって支持する者。

**平等主義 Egalitarianism**：社会的・政治的・経済的平等を主張する考え方。

**ファシズム Fascism**：強力な指導力・集団的アイデンティティー・国家の利益拡大のための武力使用と戦争遂行を特徴とするイデオロギー。語源はイタリア語のファッショ（束ねた棒）で、集団的アイデンティティーを表している。この語は、ムッソリーニ政権においてはじめて用いられた。

**フェビアン協会 Fabian Society**：イギリスで組織された運動。教育や段階的な法律改革によって、徐々に社会主義を導入していくべきだと主張した。

**復古主義 Reactionism**：急進的な社会変化に反対し、以前の政治的・社会的状況に戻すことを望む政治的な動き。反動主義とも。

**ヘイビアス・コーパス Habeas corpus**：有罪の疑いで拘束されている人間が、裁判所での判決を求める権利。人身保護令状請求権。

**平和主義 Pacifism**：紛争を解決する手段として戦争や暴力を用いることに反対する立場。宗教的・道徳的根

# 用語解説

拠を持つことが多い。この語は、フランスの平和運動家エミール・アルノー（1864年〜1921年）の造語である。

**ペレストロイカ Perestroika**：政治・官僚・経済に関する制度や組織を改造すること。ロシア語で「再構築」を意味する語。ミハイル・ゴルバチョフが**共産主義**体制を改革しようとする際にはじめて使った用語である。

**法家の説 Legalism**：中国で戦国時代に導入された功利主義的政治哲学。必要があれば厳しい刑罰を用いてでも、法や秩序を維持することが重要であると考える。

**封建制度 Feudal system**：中世の政治制度。国土を公国・公爵領といった小さな土地に分割し、それぞれを貴族に統治させる。それぞれの土地に住む農民は、その貴族の支配下に置かれる。

**保守主義 Conservatism**：社会における急激な変化に反対する政治的立場。保守派は、経済的自由・企業・自由市場・私有財産の保護、事業の民営化、政府の活動の縮小など、多岐にわたる政治的主張を行う。

**ボリシェヴィキ Bolshevik**：ロシア語で「多数派」を意味する。1903年にロシア社会民主労働党がボリシェヴィキとメンシェヴィキ（「少数派」の意味）に分裂した。ボリシェヴィキは1917年に改称し、ソヴィエト連邦共産党になった。

**マキャヴェッリ流 Machiavellian**：政治活動を行う際に、狡猾・利己的・日和見主義である様子。16世紀フィレンツェの政治理論家ニコロ・マキャヴェッリの名前から生まれた表現。

**マルクス主義 Marxism**：カール・マルクスの著作に一貫して見られる考え方。社会の経済状態によって、政治的・社会的関係性が決まるというもの。

**マルクス主義的社会主義 Marxian socialism**：経済的発展の一段階。**資本主義**国家から**共産主義**国家への移行期に必ず通過する段階であるとマルクスは主張した。

**マルクス・レーニン主義 Marxism-Leninism**：カール・マルクスとウラジーミル・レーニンの思想に基づいたイデオロギー。国際的な**共産主義**社会をつくり上げることを目指した。

**民主主義 Democracy**：国民が最高権力を有する、または、国民によって選ばれた代表者が最高権力を行使するような統治体制。

**無政府主義 Anarchism**：必要であれば暴力的手段を行使してでも、政府に代表される政治的権威を排し、市民の自発的な協力によって運営される社会をつくろうとする立場。

**毛沢東思想 Maoism**：毛沢東の教えから生まれた思想で、**マルクス・レーニン主義**を発展させたもの。マルクス・レーニン主義では**労働者階級**が革命を支えるが、それを農民に置き換えるという解釈が、この思想の中核である。

**ユートピア Utopia**：理想的で完璧な場所。政治においては、理想的な社会を目指すあらゆる体制が「ユートピア」と呼ばれる。「どこにもない場所」という意味のギリシャ語で、トマス・モアが出版した架空の物語『ユートピア』（1516年）で初めて用いられた。理想郷とも。**ディストピア**参照。

**立憲主義 Constitutionalism**：国家の基本方針・理念が記されたものである憲法を厳守する統治体制。

**連邦主義 Federalism**：中央政府から地方政府である州や県に主権が分け与えられる統治体制。

**労働者階級 Proletariat**：マルクス主義理論において、財産を所有せず生活のために労働力を売らなくてはならない労働者を指す。労働者階級が立ち上がり、**資本主義**を掲げる指導者を倒し、**共産主義**体制をつくり上げ、政治的・経済的権限を行使するようになる、という流れは避けられないものだとマルクスは考えた。

# 索引

太数字は見出し項目の掲載ページ。
「聖〜」は読みに入れていない。

## あ

アイルランド蜂起　116
アインシュタイン，アルベルト　225
アヴィケンナ　53, 58
アヴェロエス　53, 64
アウグスティヌス（ヒッポの）　39, 52, **54-55**, 56, 64, 65, 120, 164, 268, 325
アウグストゥス（皇帝）　49
アエギディウス（ローマの）　40, 53, 70
アガンベン，ジョルジョ　257
アクィナス，トマス　40, 53, 58, **62-69**, 70, 84, 86, 90, 120
　　アクィナスの正戦論　54, 56, 87, 268, 325
アクバル大帝　333
アサンジ，ジュリアン　283
アジェンデ，サルバドール　204, 205
アタテュルク，ムスタファ・ケマル　218, **248-49**
アダムズ，ジェイン　211
アテネ　18-19, 36-37, 39, 40, 42, 136, 236
アパルトヘイト　269, **294-95**
アフガニスタン　268, 324, 329
アフマディネジャド，マフムード　323
アフリカ　219, 258, 269
アフリカ統一機構　258
アフリカ民族会議　294-95
アメリカ（合衆国）　84, 106, 112-13, 169, 171, 181, 186-87, 219, 225, 282
　愛国者法　254, 257
　海外戦争　269, 324
　干渉主義　204-05, 247
　建国の父　112-13, 139, 150-53, 334
　憲法　90, 91, 93, 109, 111, 112, 150-52, 164, 182, 252
　権利章典　109, 150-53
　公民権　187, 268, 269, 308
　銃の所持　150-53
　大恐慌　218, 219
　独立宣言　60, 85, 140-41, 176, 182, 253
　独立戦争　116, 137, 152, 205, 334

奴隷制度　164, 168
南北戦争　168-69, 182, 205, 318
ニューディール政策　219, 242, 337
保守主義　280
アラブの春　269, 328
アリストテレス　12, 14, 19, 36, 39, **40-43**, 47, 54, 58, 93, 156, 332
『政治学』　19, 42, 67, 68, 70, 71
アル＝カイダ　269, 278, 329
アル＝キンディー　52, 53, 58
アルジェリア　304, 305
アルトゥジウス，ヨハネス　4, **92-93**
アル＝ファーラビー　52, **58-59**, 72
アーレ＝アフマド，ジャラール　323
アレクサンドル2世（皇帝）　329
アレクサンドロス大王　19, 41, 47, 332
アーレント，ハンナ　125, **282-83**
アンガー，ジェイン　154
移住　143
イスラエル　208
イスラム（教）　52-53, 56-59, 72-73, 269, 323
　イスラム原理主義　278-79, 328
イスラム帝国　39, 56, 57, 58
イタリア　172, 173, 200, 218, 238-39, 259, 296, 336, 337
一般意志　120-25
イデオロギー　14, 276-77
伊藤博文　195
イラク　236, 247, 268, 269, 283, 323
イラン　269, 323, 328, 336
イングランド内戦　60, 61, 84, 85, 98, 99, 102, 106, 109, 333
インターナショナル　169, 185, 200
インド　19, 186, 253, 278, 279, 303, 304, 333
　ガンディー　219, 220-25, 304, 308
　チャーナキヤ（カウティリヤ）　28, 39, **44-47**
　マウリヤ朝　28, 44, 47
ヴァーグナー，リヒャルト　197
ウィリアム3世（イングランド王）　108
ウィルソン，ウッドロー　162
ヴェストファーレン条約　89

ウェッブ，ビアトリス　169, 210, 336
ヴェトナム　268, 269, 300, 318, 319, 320, 324, 337
ヴェーバー，マックス　169, **214-15**, 296, 314
ウォルツァー，マイケル　268, **324-25**, 326, 327
ヴォルテール　85, 110, 116, 146, 185
ウルストンクラフト，メアリー　117, 130, **154-55**, 207
英雄神話　200-01
エバーディー，シーリーン　269, 328
エリツィン，ボリス　322
エリート　314-15
エンゲルス，フリードリヒ→マルクス，カール，『共産党宣言』参照
オーウェン，ロバート　335
王権神授　14, 70, 84, 85, 87, 91, 98, 110, 162
欧州連合　15
オークショット，マイケル　130, 165, **276-77**
オーストラリア　195
オスマン帝国　117, 248, 249
オルテガ・イ・ガセー，ホセ　**250-51**

## か

階級　14, 84, 168, 179, 203, 231, 241, 250, 288
外交　28, 45, 160
外交政策　29, 247
階層（制度）　23-26, 28, 29-30, 32-33
ガーヴィー，マーカス　252
カエサル，ユリウス　19, 49, 60
科学　165, 200
核兵器　268, 325
革命　14-15, 116-17, 190, 192, 194, 218
　永続革命　242-45, 253
　大衆革命　228-33, 234-35
　暴力による革命　169
革命的社会主義　234-35, 253, 312-13

# 索引

カストロ，フィデル　204, 313, **338-39**
課税、徴税　72, 73, 140, 327
家族、一族　24, 26, 32, 48, 165, 301
カーソン，レイチェル　290, 291
ガダマー，ハンス=ゲオルク　282
寡頭政　43, 49, 68
カトリック教会　64, 69, 71, 90, 335
カーマイケル，ストークリー　319
ガリバルディ，ジュゼッペ　**336**
カール5世（神聖ローマ帝国皇帝）　80, 87
カール大帝　52, 71
カルフーン，ジョン・C　164
漢王朝　19, 27, 48
環境決定論、環境主義　269, **290-93**
環境保護　269, 290-93, 310
ガンディー，マハトマ　186, 219, **220-25**, 253, 304, 308, 318, 319
カント，イマヌエル　85, 116, **126-29**, 161, 196, 327
韓非子　18, 19, 32, 48, 76
官僚　33, 48, 147, 314
議会　60, 61, 98, 102, 106, 151, 276-77
議会制民主主義　201
起業家精神　85, 112-13
キケロ　49, 54, 60, 64, 66, 150
『国家論』　19, 36, 76
儀式　25, 32
貴族政　43, 49, 68, 133
ギデンズ，アンソニー　214
詭弁　18
客観主義　280-81
9・11のテロ　257, 269, 329
キューバ　204-05, 268, 313, 333, 338
キュロス大王　332
教育　38-39, 155, 173, 211, 259, 297, 332, 334
教皇　52, 53, 69, 70, 71, 86
共産主義　14, 27, 168, 170, 202, 206, 218, 269, 338
　　中国　212, 260-65
　　トロツキー　242-45
　　反共産主義　258, 302
　　マルクス　188-93
　　レーニン　226-33
行政官　18, 23, 24-25, 26, 27, 33
行政権　106, 111, 124
共同体主義　324-25
共和国　53, 76, 79, 94, 116, 163, 170, 218

共和主義　49, 112, 136, 141
　　ペイン　136-39
　　ボリーバル　162-63
　　ルソー　120-25
ギリシャ　18-19, 34-39, 68, 111, 117, 121, 332
キリスト教会　52, 53, 54, 64, 69, 70, 71, 86, 88, 110-11
キリスト教（世界）　39, 40, 52-53, 54, 56, 64, 70, 86
ギールケ，オットー・フォン　93
ギルバート，マーガレット　101
キング，マーティン・ルーサー　187, 222, 225, 252, 268, 269, 294, 308, **316-21**
近代化　161, 195, 262-65
グージュ，オランプ・ド　154, 286
グティエレス，グスタボ　161
クライン，ナオミ　275
クラウゼヴィッツ，カール・フォン　76, 160
グラムシ，アントニオ　80, **259**, 297
グリアー，ジャーメイン　286
クリスチャン，デイヴィッド　232
グレゴリウス13世（ローマ教皇）　91
グロティウス，フーゴー　64, 84, 85, 86, 90, **94-95**, 122
クロポトキン，ピョートル　184, 206
クロムウェル，オリヴァー　101, 102, 136, **333**
グローバル化　15, 269
軍産複合体　268
君主、統治者、主権者　24, 25, 28, 30, 45-46, 88-89, 100, 122, 255-56
君主政、君主制　43, 49, 60-61, 68, 69, 70, 109, 137, 163, 176
軍隊　29-30, 45, 56
啓蒙思想、啓蒙主義　43, 85, 98, 110, 116, 131, 146, 154
　　アメリカの啓蒙　85, 112, 140
ケインズ，ジョン・メイナード　272-73, 274
ゲーテ，ヨハン・ヴォルフガング・フォン　143
ケトレー，アドルフ　165
ケニア　219, 258, 268, 304, 306
ケニヤッタ，ジョモ　219, **258**
ケネディー，ジョン・F　268
ゲバラ，チェ　162, 304, **312-13**, 338

ゲルツェン，アレクサンドル　194
ゲルナー，アーネスト　73
権威主義　14, 18, 26, 32, 39, 48, 102, 245
憲法、立憲政治　110-11, 195
権利　100, 106, 117, 182
　　完全自由主義の権利　326-27
　　権利章典　109, 150-53
　　権利と義務　85, 172-73
　　権利の章典　85, 98, 106, 108, 136, 138, 276
　　個人の権利　94, 132, 172-73, 326
　　財産（の所有）権　134-39, 183
　　自然権　131-33, 148
　　州の権利　164
　　普遍的権利　86-87, 140-41, 172
原理主義　278-79, 328, 329
権力　13, 269, 310-11, 314-15
　　権力の堕落　184-85
　　権力の分立　84, 85, 107, 110-11, 146
　　権力の崩壊　72-73
工業化、産業化　168, 228-30, 247, 250, 291
孔子　13, 18, **20-27**, 28, 32, 39, 47, 48, 332
公正　131, 301
構造主義　310-11
幸福　13, 117, 142-43
　　カント　126-29
　　功利主義　146-49, 179-80
公民権、市民権　182, 222, 268, 269, 304, 308-09, 316-21, 337
功利主義　4, 146-49, 179-80, 198
合理主義、理性主義　36, 53, 276-77, 339
功利性、有用性　76, 78, 80
コーエン，ジェラルド　300, 303, 326
国王殺し、大逆罪　109
国際関係（論）　29, 30, 103
国際法　86, 87, 90, 91
国際連合　60, 64, 69, 140
国際連盟　218
国政術、政治的手腕　45, 76-81
国民国家、民族国家　15, 84, 88, 89
国有化、国営化　240
五・四運動　263
個人主義　186-87, 238, 280
個性　176, 178-79
国家　92, 310
　　最小国家　272, 326-27
国家社会主義　240-41
国家主義、民族主義、ナショナリズム、愛

国意識　14, 117, 142–43, 197, 209, 218, 335
　アメリカ　140–41
　イタリア　172–73, 238
　インド　222–25
　黒人　252, 308
　中国　212–13
　トルコ　248–49
ゴティエ, デイヴィッド　339
ゴドウィン, ウィリアム　184
コラディーニ, エンリコ　200
コーラン　57
ゴルバチョフ, ミハイル　240, 322
コロンブス, クリストファー　86, 162, 204
コンスタンティヌス１世（皇帝）　52, 54, 64
コント, オーギュスト　161, 165, 210

## さ

財産権　134–39, 183
再分配　274, 302, 303, 327
サッチャー, マーガレット　236, 272, 275, 280
サパタ, エミリアーノ　218, 246
サラマンカ学派　54, 84–87, 91, 94, 324
サルコジ, ニコラ　129
サルトル, ジャン＝ポール　286–89, 306
サンゴール, レオポール・セダール　338
サン＝シモン, アンリ・ド　165, 170, 190
サンディカリスム　200–01
ジア＝ウル＝ハク（軍司令官）　278
ジェイムズ１世（イングランド王）　90
ジェファーソン, トマス　88, 109, 133, 140–41, 151
ジェフリーズ, イレイン　310
シェリー, パーシー・ビッシュ　186
ジェンティーレ, ジョヴァンニ　238–39
シオニズム　169, 208–09
自決権　12–13, 308–09
始皇帝　29
ジジェク, スラヴォイ　233
自然状態　13, 98–103, 107, 120, 121, 123, 127
実証主義　165
実存主義　286–89

ジハード、聖戦　57, 278–79
資本主義　85, 113, 170, 196, 202, 203, 281, 302, 303
　ハイエク　270–75
　反資本主義　184, 229
　マルクスの資本主義　190–93
市民的不服従　186–87, 207, 222–25, 294–95, 300–01, 318–21
ジム・クロウ法　318, 321
ジャイナ教　222, 223
社会運動　252
社会改革　211, 335
社会学　214–15
社会契約　13, 40, 70, 84, 88, 91, 92, 93, 116, 127, 128, 254
　ホッブズ　98–103, 120
　ルソー　120–25
　ロック　106–09, 326
　ロールズ　300–303
社会主義　14, 169, 170–71, 183, 190, 194, 210, 228, 322
　革命的社会主義　234–35, 253, 312–13
　国家社会主義　240–41
　自由至上主義的社会主義　314–15
　修正主義　202–03
社会的正義　274, 298–303, 318–21
社会的選択理論　126
社会保険　210, 211
社会民主主義　218
ジャコバン派　120
シャリアティ, アリ　323
自由　13, 43, 60, 85, 107, 123, 126–29, 269, 301
　行動と思想の自由　177–81
　個人の自由　94–95, 101, 176–81, 280–81
周王朝　22, 23
銃規制　150–53
宗教改革　71, 84, 90
自由共和主義　162–63
集合行為問題　101
私有財産　122, 123, 133, 170, 183, 190–92, 230
集産化　228, 240–41
集産主義　238
自由市場　176, 180, 272–75, 276, 280
自由主義　14, 85, 95, 117, 161, 169, 334
　ヴェーバー　214–15
　オルテガ・イ・ガセー　250–51

ド・トクヴィル　170–71
ノージック　326–27
批判　239, 254–57
フランクリン　112–13
ミル　176–81
ロック　106–09
ロールズ　300–03
修正主義　202–03
自由民主主義　180–81, 257, 282, 302
主権　92, 98, 100, 222, 254, 310
　国民主権　93, 123–24, 138–39, 249
シュトラウス, レオ　257
シュペングラー, オスヴァルト　336
シュミット, カール　88, 254-57, 296
春秋時代　18, 22, 28
シュンペーター, ヨーゼフ　113
商鞅　19, 32, 48
蒋介石　263
将軍　30, 44
植民地主義　86–87, 143, 162–63, 168, 253
　脱植民地化　304–07
　独立運動　116–17, 172, 204, 218, 268, 304
　反植民地主義　169, 204–05, 222–25
　ポストコロニアル理論、ポストコロニアリズム　258, 305
諸子百家　18, 22, 28, 32
女性　14, 112, 117, 154–55, 207, 284–89, 328, 334, 335
ショーペンハウアー, アルトゥル　196, 198
ジョン（イングランド王）　53, 60–61
ジョン王の諸侯　60–61
自律　126, 128
人権　60, 61, 85, 87, 140, 328, 333
人種　252, 294–95, 305, 306, 308
新自由主義　272–75
人身保護令状　60
神聖ローマ帝国　52, 53, 71, 117
新世界　86–87, 112
親族重用主義　22, 27, 33
慎到　48
申不害　48
新プラトン主義　52
進歩主義運動　211
人民憲章　117
スアレス, フランシスコ　54, 70, 84, 87, 90–91, 94
隋王朝　48
スターリン, ヨシフ　218, 232, 240–41, 264,

322, 338
　トロツキー　242, 243, 244
スティール, デイヴィッド　275
ストライキ　201, 234–35, 250
スハーノフ, ニコライ　232
スペイン　184, 250
スペイン語圏アメリカ　162–63, 204, 304
スペイン内戦　218, 219, 250
スマッツ, ヤン・クリスティアン　224
スミス, アダム　72, 147
スリランカ　329
生活共同体　92–93
正義、公正　12, 31, 36, 37, 52, 56, 65–66, 70, 268
　社会的正義　274, 298–303, 318–21
　正しい戦争　52, 55, 56–57, 62–69, 87, 247, 324–25
　正しい統治　54–55
政治的な動物としての人間　40–43, 67–68, 70
正統性　106–09, 123, 300
政府の役割　108
世襲　24, 70
セゼール, エメ　338
世俗主義　71
絶対主義　84, 85, 88–89, 98, 101, 106, 108, 176, 244
セン, アマルティア　300, 303
選挙　117, 168, 252
選挙権、参政権　136–39, 148, 154, 186, 207
戦国時代　18, 22, 27, 33, 48, 332
専制政治、独裁政治　14, 18, 26, 27, 37, 43, 49, 110, 162, 163, 244
　多数者の専制　125, 176–77
戦争　13, 28–31, 48, 76, 78, 160, 168, 244, 268, 329
　革命戦争　162–63
　ゲリラ戦争　312–13, 324
　自然状態としての戦争　99–101
　正戦(論)、正しい戦争　52, 55, 56–57, 62–69, 87, 247, 324–25
　戦争による不当利得　247
　戦争の倫理　268
　独立戦争　116, 161
全体主義　39, 124, 218, 242, 245, 265, 282–83
ソヴィエト連邦→ロシア参照
相互主義　183

ソクラテス　18, 36–37, 38, 39, 186
ソト, エルナンド・デ　183
ゾラ, エミール　208
ソルジェニーツィン, アレクサンドル　240
ソレル, ジョルジュ　169, 200–01
ソロー, ヘンリー・デイヴィッド　186–87, 222
ソロン　18, 36
孫子　18, 26, 28–31, 44, 56, 160
孫文　32, 33, 212–13, 218, 263

## た

第一次世界大戦　218, 231, 238, 250, 255, 262
大恐慌　218, 219, 236, 272, 297, 336
大臣　22, 24–26, 27, 33, 44–47, 48
第二次世界大戦　219, 244, 268, 337, 339
タキトゥス　142
タクシャシラ　44, 47
ダグラス, フレデリック　158
脱植民地化　304–07
ダット, ラジャニ・パーム　225
ダマ, レオン　338
堕落　184–85
タリバン　313
ダレイオス１世　332
チェンバレン, ネヴィル　236, 237
力への意志　196–99
知識人　250–51, 259, 323
チャーチル, ウィンストン　225, 233, 236–37
チャーティスト　136, 139
チャーナキヤ（カウティリヤ）　19, 28, 39, 44–47, 76
チャベス, ウーゴ　162, 163, 242
チャールズ１世（イングランド王）　85, 101–02, 106, 107, 109, 140, 333
チャンドラグプタ・マウリヤ　19, 28, 47
中国　18, 19, 72, 168, 179, 310
　共産主義　27, 219, 228, 233, 258, 262, 263
　孔子　20–27
　孫子　28–31
　孫文　212–13, 218
　墨子　32–33
中国国民党　212, 213

朝鮮戦争　268
諜報（活動）　30, 46
直接行動　186–87, 222–25, 308
チョムスキー, ノーム　268, 314–15
チリ　204, 205, 275
チンギス・ハーン　332
ディアス, ポルフィリオ　218, 246
デイヴィス, エミリー　155
デイヴィスン, エミリー　207
ディケンズ, チャールズ　148
帝国主義→植民地主義参照
ティーパーティー運動　280
ディープ・エコロジー　269, 290–93
テオドシウス１世（ローマ皇帝）　52
デカルト, ルネ　156
哲人王　19, 36–39, 40, 58, 59, 250
デモステネス　236
デ・ラ・クルス, フアナ・イネス　334
デリダ, ジャック　339
テロリズム　268, 269, 329
天命　22, 25
ドイツ　142, 143, 180, 195, 219, 290
　ドイツ社会民主党　168, 194, 202–03
　統一　168, 169
道教　32
統治性　311
道徳主義　12–13
道徳(性)　33, 128, 146, 186, 196–99, 243–44, 300
道徳哲学　18, 22, 25–27, 28, 32, 33, 65, 339
ドゥブレ, レジス　312
ドゥルーズ, ジル　199
徳　32, 33, 36, 113
　枢要徳・対神徳　53, 58
　儒教の徳　22, 23, 25, 26, 28, 39
　政治的な徳　40, 58–59
　有徳な人生　37, 38, 42, 70
トクヴィル, アレクシ・ド　110, 170–71
徳川家康　333
独裁　49, 133, 242
都市国家　18, 19, 40–43, 49, 56, 59, 71
土地　212–13, 246
トーニー, リチャード　336
富　300–01
豊臣秀吉　84, 333
トルコ　218, 248–49
トルストイ, レフ　223
奴隷制　14, 156, 164, 168, 252, 327

主人と奴隷　157-59
ソロー　186-87
奴隷制廃止論、奴隷制廃止運動　182
奴隷の道徳　198-99
ドレフュス，アルフレド　208-09
トロツキー，レフ　242-45
鄧小平　262

# な

内政不干渉の原則　247
ナイト，フランク　300
ナーセロッディーン・シャー（カージャール朝）　336
ナチ党、ドイツ国家社会主義　208, 218, 219, 237, 256, 257, 283, 335, 336, 337
ナポレオン・ボナパルト　117, 133, 158, 162, 163, 236, 335
ナンダ朝（インド）　44, 47
ニカラグア　247
ニコライ2世（ロシア皇帝）　218, 228
ニーチェ，フリードリヒ　156, 168, 169, 196-99, 200
ニヒリズム、虚無主義　196-99, 257
日本　84, 168, 169, 195, 212, 219, 333
人間の意識　156-59
人間の本質　23, 77, 78
ネス，アルネ　269, 290-93
ネロ（皇帝）　39
能力主義、エリート階級　19, 22, 26, 27, 32-33, 48
ノージック，ロバート　13, 176, 183, 268, 300, 326-27

# は

ハイエク，フリードリヒ　268, 270-75, 326
バウアー，ブルーノ　208
ハヴェル，ヴァーツラフ　314
パキスタン　278, 279
バーク，エドマンド　116, 117, 120, 125, 130-33, 137
ハーグ条約　86
パークス，ローザ　308
バグダード　58, 59

バクーニン，ミハイル　184-85, 262
パーソンズ，タルコット　214
バタイユ，ジョルジュ　196, 199
パットナム，ロバート　296
バティスタ，フルヘンシオ　204, 338
バトラー，スメドリー・D　247, 268
パナマ運河　247
ハーバーマス，ユルゲン　282, 339
バブーフ，グラキュース　242, 335
パリ・コミューン　168, 335
バーリン，アイザイア　94, 176, 180, 303
ハルドゥーン，イブン　53, 54, 72-73, 121, 165
パンクハースト，エメリン　207
反全体主義　282-83
反帝国主義　169, 204-05, 222-25, 304-07
反ユダヤ（人）主義、反セム主義　143, 208-09, 219, 335
非同盟運動　258
ビスマルク，オットー・フォン　160, 211
ピット，ウィリアム　138
ヒトラー，アドルフ　142, 160, 180, 208, 218, 219, 236-37, 254, 256, 337
ビトリア，フランシスコ・デ　84-85, 86-87, 90, 94
ピノチェト，アウグスト　275
非暴力抵抗　220-25
非宥和政策　236-37
ヒューマニズム、人文主義　76, 77, 80, 90-91
ヒューム，デイヴィッド　102-03, 146, 153
平等派　333
ピリッポス2世（マケドニア王）　41, 332
貧困、貧乏　210, 211, 297, 320-321, 336
ビン・ラーディン，ウサーマ　278
ファシズム　14, 218, 219, 238-39, 280, 337
ファノン，フランツ　253, 269, 294, 304-07
フィヒテ，ヨハン　142, 335
フィレンツェ　53, 76, 81
フェミニズム、女性解放論　154-55, 180, 207, 268, 269, 286-89
福祉国家　169, 176, 202, 210, 268, 269, 274-75
フクヤマ，フランシス　196
父権的温情主義、父親的干渉　22, 24, 39, 180
フーコー，ミシェル　310-11
婦人参政権　186, 207

ブース，チャールズ　210
不正、不当、不法　54-55, 72-73
ブータン　195
プーチン，ウラジーミル　242
プッシー・ライオット　242
ブッシュ，ジョージ　324
ブッシュ，ジョージ・W　236
不平等、不均衡、不公平　121-23, 148-49, 300-03
プーフェンドルフ，ザミュエル・フォン　333-34
プラクシス学派　338
ブラジル　297
ブラックパンサー（党）、黒豹党　308
プラトン　14, 18, 19, 34-39, 52, 54, 55, 59, 170, 183, 186, 190, 250
『国家』　13, 19, 36, 37, 40, 49, 54, 58, 88, 127, 242
ブランキ，オーギュスト　228
フランクフルト学派　219
フランクリン，ベンジャミン　85, 112-13
フランコ，フランシスコ　218, 219
フランス　88, 89, 110, 111, 183, 208-09, 304, 335
　共和国、共和制　116, 194, 195
フランス革命　85, 92, 110, 140, 172, 182, 334, 335
　バーク　116, 130-33
　ペイン　136-39
フーリエ，シャルル　335
プリーストリー，ジョゼフ　146, 147
フリーダン，ベティー　286, 289
ブリテン、英国　116-17, 176, 178-81, 186, 207, 236-37, 280
　イギリス帝国、大英帝国　112, 116-17, 219, 253, 258, 304
　権利の章典　85, 98, 106, 136, 138, 276
　福祉国家、社会保障制度　169, 202, 268
　マグナカルタ、大憲章　60-61
　名誉革命　98, 106, 130, 132, 136, 195
フリードマン，ミルトン　272
プリモ・デ・リベラ，ミゲル　250
フルシチョフ，ニキータ　240
ブルジョアジー、市民階級、中産階級　228, 230, 250
ブルデュー，ピエール　250
プルードン，ピエール＝ジョゼフ　126, 183, 184, 206, 272

# 索引

ブレア，トニー　236
フレイレ，パウロ　297
プロタゴラス　18, 36
プロティノス　52, 58
文化　142–43, 259
文官　24–27
分離主義　296
ヘイウッド，ハリー　245
ペイプ，ロバート　269, 329
平和主義、戦争反対主義　222–25
ペイン，トマス　116, 130, 133, 134–39, 141, 148, 151
ベヴァリッジ，ウィリアム　210
ヘーゲル，ゲオルク　14, 15, 117, 156–59, 160, 168, 190, 238
ベッカリーア，チェーザレ　146
ベネズエラ　162–63, 204, 205, 242
ペリクレス　40
ペルー　337
ベルクソン，アンリ　200
ペルシャ帝国　332
ヘルダー，ヨハン・ゴットフリート　142–43, 172
ヘルツル，テオドール　169, 208–09
ベルリンの壁　170, 269
ベルンシュタイン，エドゥアルト　169, 201, 202–03
ペレストロイカ　322
ベンサム，ジェレミー　117, 144–49, 179–80, 181
ヘンリー1世（イングランド王）　53, 60
法　26, 27, 36, 40–42, 45, 68–69, 106–08, 123, 127–28, 137, 274
　神の法、神聖法　53, 55, 58, 67, 71, 90–91
　国際法　84, 85, 86, 87, 90, 91
　自然法　53, 54, 58, 64–69, 84, 85, 86–87, 90–91, 94–95, 107, 148, 185
　シャリーア法　278, 279
　法の支配　40, 47, 54, 56, 70, 106–09
　良い法　70, 108, 146, 147
ボーヴォワール，シモーヌ・ド　268, 269, 284–89
法家の説、法家　18, 19, 22, 27, 32, 33, 48, 76
暴力　169, 200, 201, 251, 253, 256–57, 304–07, 308–09
墨子　18, 19, 22, 26, 32–33, 39, 47, 48
保守主義　14, 24–25, 117, 130–33, 147, 258, 274, 280–81
　（オークショットの）保守主義　276–77
　（シュミットの）保守主義　254–57
　（チャーチルの）保守主義　236–37
ポストコロニアリズム、ポストコロニアル理論　258, 304–07, 323
ポストモダニズム　338, 339
ボダン，ジャン　84, 88–89, 92, 93, 98, 100
ホー・チ・ミン　31, 337
墨家　32–33
ホッブズ，トマス　13, 40, 80, 84, 96–103, 106, 107, 116, 121, 122, 123, 255
『リヴァイアサン』　70, 76, 85, 88, 98–99, 120, 150, 254, 310
ポトニエ＝ピエール，ウジェニー　286
ホブズボーム，エリック　282
ホメイニ，アヤトラ　323, 328
ポーランド　234
ボリシェヴィズム、ボリシェヴィキの政策［思想］、ソ連共産主義　206, 218, 230–33, 235, 240, 242–45, 312
ポリス、都市国家　40–43, 70
ポリティア　19, 36, 43, 68–69
ボリーバル，シモン　117, 162–63, 205
ポリュビオス　49
ボールドウィン，スタンリー　236
ポル・ポト　276

# ま

マウドゥーディー，アブル・アッラ　56, 269, 278–79
マウリヤ朝　19, 28, 44, 47
マキャヴェッリ，ニコロ　13, 53, 74–81, 94, 160
『君主論』　47, 53, 88, 120, 254, 276, 296, 310
マクシミリアン（メキシコ皇帝）　161
マグナカルタ、大憲章　60–61
マッツィーニ，ジュゼッペ　172–73
マディソン，ジェイムズ　150–53
マティック，ポール　245
マリアテギ，ホセ・カルロス　337
マルクス，カール　14, 133, 142, 159, 188–93, 203, 215, 230, 231, 314
『共産党宣言』　165, 168, 183, 193, 234, 276, 312
『資本論』　130, 193, 214, 259
マルクス主義、マルキシズム　14, 165, 169, 201, 238–39, 241, 242–45, 257, 262–65
　グラムシ　259
　修正主義　202–03
　レーニン　229–30
マルクーゼ，ヘルベルト　337–38
マルコヴィッチ，ミハイロ　338
マルコムX　304, 308–09, 319
マルシリウス（パドヴァの）　53, 70, 71
マルティ，ホセ　204–05
マンデヴィル，バーナード・デ　214
マンデラ，ネルソン　269, 294–95
マン，マイケル　314
ミアシャイマー，ジョン　254
身内びいき（政治家の官職任命時）　22, 26, 33
ミーゼス，ルートヴィヒ・フォン　272
南アフリカ　223–24, 269, 294–95, 304, 313
南アメリカ、南米　84, 162–63, 204–05, 252, 275, 297, 304, 312–13, 338
ミラー，デイヴィッド　282
ミリオ，ジャンフランコ　296
ミル，ジョン・ステュアート　146, 154, 169, 172, 174–81, 207
ミルズ，チャールズ・W　314
民営化、私有化　129
民主主義　14–15, 68, 101, 136–39, 148, 239, 300
　議会制民主主義　85, 248–49
　ギリシャの民主主義　18–19, 36, 39, 40–43, 136
　自由民主主義　180–81, 257, 282
　民主化失敗　200, 201
　民主主義劣性　68, 151, 170, 176–77
　ローマの民主政　19, 49
無階級社会　170–71
ムガル帝国　333
無政府主義　184–85, 206, 234, 246
ムッソリーニ，ベニト　80, 218, 238, 239, 336–37
ムハンマド　52, 56–57, 64, 278
メキシコ　161, 169, 218, 246
メーストル，ジョゼフ・ド　334
メディナ　52, 56–57, 278
メンデルスゾーン，モーゼス　208
モア，トマス　13

孟子　18, 19, 22, 26, 32, 332
毛沢東　28, 31, 33, 219, 260-65
目的と手段　14, 242-45, 308-09
モサデク，モハンマド　328
モラ，ホセ・マリア・ルイス　161
モリス，ウィリアム　291
モルドヴィノフ，ニコライ　334
モンゴル　332
モンテスキュー　49, 84, 85, 110-11, 130, 142, 146, 194
モンロー主義（1823年）　205

# や

有徳都市　52, 59
有徳な生活、善い人生　18, 36-38, 41-43, 54, 58-59, 68, 70
宥和政策　236-37
ユーゴスラヴィア　338
ユダヤ人　143, 169, 208-09, 237, 282-83
ユートピア的理想主義、空想的政治改良計画　13-14, 58-59, 335, 336
ヨハネス22世（ローマ教皇）　70, 71
ヨーロッパ　190, 193, 268

# ら

ラカン，ジャック　339
ラクラウ，エルネスト　339
ラス・カサス，バルトロメ・デ　332-33
ラスキン，ジョン　291
ラッファー，アーサー　72, 73
ラディカリズム、急進主義　297
ラテンアメリカ　161, 238, 247, 304
　アメリカの干渉　204-05, 312-13
　独立戦争　117, 161, 162-63, 204-05
ランド，アイン　280-81
リアリズム、現実主義　13, 28, 44, 76-81, 98-103, 160
リオタール，ジャン＝フランソワ　338
リクール，ポール　196
利己主義、私利　33, 43, 98-99, 280
理性　67, 68, 85, 107, 116, 280-81
理想主義、観念論　148, 156-59, 238

立法機関、議会　106-07, 110-11
リバタリアニズム、完全自由主義　314-15, 326-27, 336, 339
リルバーン，ジョン　333
リンカーン，エイブラハム　164, 182
倫理学　12, 18, 45
ルイ4世（フランス王）　70
ルイ14世（フランス王）　85, 106
ルカーチ，ジョン　250
ルクセンブルク，ローザ　234-35
ルザド，レオニー　286
ルーズヴェルト，フランクリン・D　219, 242, 247, 336
ルソー，ジャン＝ジャック　110, 118-25, 146, 154-55, 162, 300
　自然状態　98-103, 120-21
　社会契約　88-89, 92-93, 116, 120, 122-25, 206, 326
ルター，マルティン　71, 84, 88
ルーデンドルフ，エーリヒ（将軍）　160
ルートヴィヒ（バイエルン王）　71
ルナン，エルネスト　282
ルネサンス　39, 76, 80
例外　254-57
冷戦　190, 219, 268, 322
レオポルド，アルド　290
レーガン，ロナルド　272, 275, 280, 322
歴史の終わり　15, 196, 198
レーニン，ウラジーミル　169, 190, 218, 226-33, 235, 240, 242, 322
レーニン主義　262-65, 322
レバノン　329
連邦主義　92-93, 150-53, 296
ローイ，マナベンドラ・ナート　253
老子　32
労働組合　201, 235
労働者階級　14, 168, 190-92, 200-01, 228-33, 242-45, 250-51, 259
労働疎外　190-93
労働党　202
ロシア　194, 246, 322
　スターリン　240-41
　ソヴィエト社会主義共和国連邦　170, 218, 219, 234, 322
　トロツキー　242-45
　レーニン　226-33
　ロシア革命　169, 190, 194, 202, 218, 280, 312
ロック，ジョン　85, 88, 98, 100, 102, 104-09, 116, 140-41, 151, 152, 153, 164, 176, 183, 326
ロベスピエール，マクシミリアン　334
ローマ　18, 19, 39, 49, 52, 54, 60, 64, 110, 111, 238
ロールズ，ジョン　103, 126, 268, 298-303, 326-27

# わ

ワシントン，ジョージ　334
ワレサ，レフ　234, 235

# 出典一覧

Dorling Kindersley and Tall Tree Ltd would like to thank Sarah Tomley for contents planning, Alison Sturgeon and Gaurav Joshi for editorial assistance, Debra Wolter for proofreading, and Chris Bernstein for the index.

## PICTURE CREDITS

The publisher would like to thank the following for their kind permission to reproduce their photographs:

(Key: a-above; b-below/bottom; c-centre; f-far; l-left; r-right; t-top)

**23 Dreamstime.com:** Rene Drouyer (tr). **25 Getty Images:** Yann Layma / The Image Bank (br). **26 Wikimedia Commons:** http://de.wikipedia.org/w/index.php?title=Datei:Palastexamen-SongDynastie.jpg&filetimestamp=20061104233014 (bl). **27 Getty Images:** Peter Gridley / Photographer's Choice RF (tr). **29 Corbis:** Danny Lehman (cra). **31 Dreamstime.com:** Ron Sumners (tl). **Getty Images:** Chinese School / The Bridgeman Art Library (bl). **33 Getty Images:** Lintao Zhang / Getty Images News (cla). **37 Getty Images:** G. DAGLI ORTI / De Agostini (br). **39 Corbis:** Bettmann (bl). **Getty Images:** FPG / Taxi (tr). **41 Wikipedia:** Jastrow(2006) / National Museum of Rome. Inv. 8575 (tr). **42 Corbis:** Aristidis Vafeiadakis / ZUMA Press (bl). **45 Dreamstime.com:** Basphoto (br). **47 Corbis:** Richard & Gloria Maschmeyer / Design Pics (tr). **49 Getty Images:** Ken Scicluna / AWL Images (crb). **55 Getty Images:** Sandro Botticelli / The Bridgeman Art Library (bl); French School / The Bridgeman Art Library (cr). **57 Getty Images:** Muhannad Fala'ah / Stringer / Getty Images News (tr). **59 Corbis:** Michael S. Yamashita (tr). **61 Dreamstime.com:** Juergen Schonnop (bl). **Getty Images:** Danita Delimont (tr). **65 Corbis:** Alinari Archives (tr); Heritage Images (bl). **66 Getty Images:** Fabrice Coffrini / AFP (tr). **67 Dreamstime.com:** Newlight (cra); Paul Prescott (cla). **68 Corbis:** Hulton-Deutsch Collection (tl). **69 Corbis:** Wally McNamee (bl). **Wikimedia Commons:** Wilfried Huss/http://en.wikipedia.org/wiki/File:Flag_of_the_United_Nations.svg (tr). **70 Corbis:** Stefano Bianchetti (cr). **78 Corbis:** (tl). **80 Corbis:** Bettmann (tl). **81 Corbis:** Bettmann (tr). **Getty Images:** James L. Stanfield / National Geographic (bl). **87 Corbis:** Bettmann (bl); Ken Welsh / Design Pics (tr). **89 Getty Images:** French School / The Bridgeman Art Library (br). **91 Alamy Images:** Prisma Archivo (tr). **Getty Images:** Juergen Richter / LOOK (cla). **93 Corbis:** Bettmann (cla). **Wikimedia Commons:** Jean-Jacques Boissard/http://en.wikipedia.org/wiki/File:JohannesAlthusius.png (bl). **95 Corbis:** The Gallery Collection (bl). **Dreamstime.com:** Georgios Kollidas (tr). **98 Dreamstime.com:** Georgios Kollidas (bl). **99 Library Of Congress, Washington, D.C.:** http://www.loc.gov/exhibits/world/images/s37.jpg (cla). **100 Corbis:** The Print Collector (bl). **102 Corbis:** Bettmann (tl). **Fotolia:** Andreja Donko (br); Vladimir Melnikov (cb). **103 Corbis:** Alfredo Dagli Orti / The Art Archive (bl). **106 Getty Images:** Hulton Archive (bl). **107 Corbis:** The Print Collector (br). **108 Getty Images:** Hulton Archive / Stringer / Hulton Royals Collection (bl). **109 Corbis:** The Gallery Collection (br). **111 Corbis:** (bl); Rick Maiman / Sygma (cr). **113 Corbis:** Doug Wilson (clb). **Dreamstime.com:** Georgios Kollidas (tr). **121 Corbis:** Alinari Archives (br). **124 Getty Images:** Time & Life Pictures (bl). **SuperStock:** Peter Willi (tl). **125 Corbis:** Stefano Bianchetti (tl). **127 Getty Images:** The Bridgeman Art Library (br). **129 Corbis:** Michael Nicholson (bl). **Getty Images:** Mario Tama / Getty Images News (cr). **131 Getty Images:** James Gillray / The Bridgeman Art Library (cra). **133 Corbis:** Hulton-Deutsch Collection (tr). **Getty Images:** Imagno / Hulton Archive (tl). **137 The Bridgeman Art Library:** Fitzwilliam Museum, University of Cambridge, UK (br). **138 Corbis:** Owen Franken (tl). **139 Corbis:** Bettmann (bl). **Getty Images:** Universal Images Group (tr). **141 Getty Images:** Hulton Archive (tr). **143 Corbis:** Bettmann (bl); Lebrecht Music & Arts (cr). **148 Corbis:** Andrew Holbrooke (bl). **Getty Images:** Mansell / Contributor / Time & Life Pictures (tr). **149 Getty Images:** Apic / Contributor / Hulton Archive (tr); Peter Macdiarmid / Contributor / Hulton Archive (bl). **151 Corbis:** Bettmann (br). **153 Corbis:** (bl); Martin Van Lokven / Foto Natura / Minden Pictures (tr). **155 Getty Images:** Fine Art Photographic / Hulton Archive (cb); John Keenan / The Bridgeman Art Library (tr). **157 Getty Images:** Universal Images Group (tr). **158 Alamy Images:** The Art Gallery Collection (b). **159 Getty Images:** Samuel N. Fox / Archive Photos (crb). **160 Getty Images:** Hulton Archive / Hulton Royals Collection (cra). **161 Getty Images:** SuperStock (cb). **163 Corbis:** Sergio Alvarez / Demotix (cb); Christie's Images (tr). **171 Corbis:** Bettmann (bl, tr). **173 Corbis:** Bettmann (bl); Alfredo Dagli Orti / The Art Archive (tr). **177 Corbis:** Nazima Kowall (tr). **179 Corbis:** Bodo Marks (bl). **180 Corbis:** Jeremy Horner (clb). **181 Corbis:** Bettmann (tr). **185 Corbis:** Hulton-Deutsch Collection (tr). **Dreamstime.com:** Regina Pryanichnikova (bc). **187 Corbis:** adoc-photos (tr); Bettmann (bl). **192 Corbis:** Swim Ink 2, LLC (tr). **193 Corbis:** Bettmann (tr). **Getty Images:** Time & Life Pictures (clb). **194 Corbis:** Philippe Giraud / Goodlook (cr). **197 Wikimedia Commons:** F. Hartmann/http://en.wikipedia.org/wiki/File:Nietzsche187a.jpg (tr). **198 Corbis:** Heidi & Hans-Juergen Koch / Minden Pictures (bl). **201 Getty Images:** Steve Eason / Stringer / Hulton Archive (cr); RogerViollet (bl). **203 Getty Images:** CHRISTOF STACHE / AFP (clb); UniversalImagesGroup / Universal Images Group (tr). **205 Corbis:** Bettmann (cr, bl). **207 Corbis:** Hulton-Deutsch Collection

# 352 出典一覧

(cb). **209 Corbis:** Bettmann (tr). **Getty Images:** Paul Chesley / Stone (clb). **211 Getty Images:** Fotosearch / Archive Photos (cr). **213 Corbis:** Adam Woolfitt (cla). **Library Of Congress, Washington, D.C.:** LC-USZ62-5972 (tr). **215 Corbis:** Mark Moffett / Minden Pictures (cla). **Getty Images:** German / The Bridgeman Art Library (tr). **223 Corbis:** Hulton-Deutsch Collection (bl); Frederic Soltan / Sygma (cr). **224 Getty Images:** Hulton Archive / Stringer / Archive Photos (clb). **225 Corbis:** David Osuna / Demotix (br). **229 Corbis:** Bettmann (tr); Hulton-Deutsch Collection (bl). **230 Corbis:** (bl). **231 Corbis:** Hulton-Deutsch Collection (tr). **232 Corbis:** Bettmann (bl). **233 Corbis:** Bettmann (tl). **235 Alamy Images:** The Art Archive (bl). **Corbis:** Bettmann (cla). **237 Corbis:** Bettmann (cla). **Library Of Congress, Washington, D.C.:** LC-USW33-019093-C (bl). **238 Alamy Images:** tci / MARKA (cb). **241 Corbis:** Bettmann (bl). **Getty Images:** Buyenlarge / Archive Photos (ca). **243 Getty Images:** Keystone-France / Gamma-Keystone (br). **244 Corbis:** Hulton-Deutsch Collection (tl). **245 Corbis:** Underwood & Underwood (bl). **Wikimedia Commons:** The Russian Bolshevik Revolution (free pdf from Archive.org)/http://en.wikipedia.org/wiki/File:Lev_Trotsky.jpg (tr). **246 Corbis:** (cra). **249 Corbis:** Bettmann (bl); Tolga Bozoglu / epa (cl). **251 Corbis:** Bettmann (tr). **Getty Images:** Alinari Archives / Alinari (cb). **257 Getty Images:** (br). **258 Corbis:** Bettmann (cb). **263 Getty Images:** Imagno / Hulton Archive (cra). **264 Corbis:** Hulton Archive / Archive Photos (tr). **265 Corbis:** Roman Soumar (tr). **Getty Images:** Keystone-France / Gamma-Keystone (bl). **274 Corbis:** Martin Jones; Ecoscene (bl). **275 Corbis:** Wally McNamee (tl). **Getty Images:** Apic / Hulton Archive (bl). **277 Corbis:** (bl). **279 Corbis:** Michel Setboun (cra). **281 Corbis:** Atlantide Phototravel (tr); Oscar White (bl). **282 Corbis:** Bettmann (bc). **283 Getty Images:** Apic / Hulton Archive (tr). **286 Corbis:** Hulton-Deutsch Collection (bl). **287 Corbis:** Blue Lantern Studio (br). **288 Corbis:** Gianni Giansanti / Sygma (tl). **291 Getty Images:** ERLEND AAS / AFP (tr). **292 Corbis:** Stapleton Collection (tl). **295 Corbis:** Hulton-Deutsch Collection (clb); Stephane Ruet / Sygma (tr). **296 Corbis:** Bettmann (cr). **302 Dreamstime.com:** Marcio Silva (bl). **303 Getty Images:** AFP / Stringer / AFP (tr); Frederic REGLAIN / Gamma-Rapho (bl). **305 Corbis:** Raymond Darolle / Europress / Sygma (cra). **306 Getty Images:** Topical Press Agency / Hulton Archive (tr). **307 Getty Images:** AFP (bl); Leemage / Universal Images Group (tr). **309 Corbis:** (cra). **Library Of Congress, Washington, D.C.:** LC-USZ62-115058 (bl). **311 Corbis:** Bettmann (tr); Wolfgang Flamisch (cb). **313 Corbis:** epa (cla). **Getty Images:** Joseph Scherschel / Time & Life Pictures (tr). **315 Corbis:** Christopher Felver (bl). **Getty Images:** Bloomberg (cra). **319 Wikimedia Commons:** US Army/http://en.wikipedia.org/wiki/File:101st_Airborne_at_Little_Rock_Central_High.jpg (br). **320 Corbis:** Bettmann (tr). **321 Corbis:** Flip Schulke (bl). **Library Of Congress, Washington, D.C.:** LC-USZ62-126559 (tr). **322 Corbis:** Bettmann (cb). **325 Corbis:** Najlah Feanny / CORBIS SABA (tr). **Getty Images:** AFP (clb). **327 Corbis:** Pascal Deloche / Godong (cb). **Getty Images:** Martha Holmes / TIME & LIFE Images (tr). **328 Corbis:** Bettmann (cra)

All other images © Dorling Kindersley

For more information see:
www.dkimages.co.uk

## 訳者あとがき

　本書は、*The Politics Book*, Dorling Kindersley Limited. 2013 の全訳である。古代から現代までの100名を超える政治家・政治思想家を図鑑にまとめた力作で、政治に詳しくない読者にも理解しやすいように、さまざまな工夫が凝らされている。日本語版でもその精神を受け継ぎ、カタカナの専門用語をできるだけ使わずに、明快な日本語訳を心がけた。内容は原著に忠実に従っているが、原著の刊行以降に生じた事柄についての情報追加、明らかな誤植や事実誤認の訂正は、こちらで行った。

　原著者らが最優先に考えたことは、とにかくわかりやすく伝えるという点であったと思われる。〈マインドマップ〉を採用するなど、斬新な構成・レイアウトにより、複雑な思想を視覚的にとらえられるように心を砕いている。また、相互参照も非常に丁寧で、関係の深い思想をたどって読んでいくこともできるようになっている。

　そして、もう一点、政治思想をバランスよく紹介しようという意識が強く感じられる。欧米に偏らず、日本を含め、世界のいろいろな地域の思想家が選ばれており、思想的にも、右派・左派の両方が取り上げられている。

　このような多様な思想家を編年体でまとめ上げ、図や写真をふんだんに用いながら、歴史の流れに沿って彼らの名言・主張を提示していく本書は、美しい絵巻物のようでさえある。その壮大さをお楽しみいただきながら、それぞれの時代に苦しみながらも必死に考え抜いた思想家たちの息づかいを感じていただければと願う次第である。

　なお、本書の訳出にあたっては、多くの方々のお力をお借りしました。細かい点まで親切にご指導くださった日本語版監修者の堀田義太郎さんに、まずはお礼を申し上げます。そして貴重なご助言をくださいましたすべての方々に、おひとりずつお名前を挙げることは叶いませんが、感謝の気持ちを記します。

　下訳をご担当くださった、斉藤博さん、金子麻子さん、古山祐子さん、甲田直喜さん、上村悠也さん、藤本祐三子さん、マグラス優香さん、岩橋桃子さん、山岡緑さん、宇治田佳那子さん、深谷春奈さん、伊藤あすかさん、そして、すべての原稿に最初に目を通して校正してくださった豊島陽子さんにお礼を申し上げます。また、編集全般を取りまとめ、かつ素敵な紙面を組んでくださったエディマンの原島康晴さん、ありがとうございました。最後に、三省堂の寺本衛さんには、あらゆる面で本当にお世話になりました。寺本さんのご尽力に心から感謝申し上げます。

2014年春

豊島 実和